PHILOSOPHIE AU MOYEN ÂGE

BIBLIOTHÈQUE D'HISTOIRE DE LA PHILOSOPHIE

Fondateur : Henri GOUHIER   Directeur : Jean-François COURTINE

Paul VIGNAUX

PHILOSOPHIE AU MOYEN ÂGE

précédé d'une
Introduction autobiographique

et suivi de
Histoire de la pensée médiévale
et problèmes contemporains

édités, présentés et annotés

par

Ruedi IMBACH

PARIS

LIBRAIRIE PHILOSOPHIQUE J. VRIN

6, Place de la Sorbonne, V^e

2004

En application du Code de la Propriété Intellectuelle et notamment de ses articles L. 122-4, L. 122-5 et L. 335-2, toute représentation ou reproduction intégrale ou partielle faite sans le consentement de l'auteur ou de ses ayants droit ou ayants cause est illicite. Une telle représentation ou reproduction constituerait un délit de contrefaçon, puni de deux ans d'emprisonnement et de 150 000 euros d'amende.

Ne sont autorisées que les copies ou reproductions strictement réservées à l'usage privé du copiste et non destinées à une utilisation collective, ainsi que les analyses et courtes citations, sous réserve que soient indiqués clairement le nom de l'auteur et la source.

© *Librairie Philosophique J. VRIN, 2004*

ISBN 2-7116-1680-0

Imprimé en France

www.vrin.fr

AVANT-PROPOS

Le bienveillant lecteur découvrira dans ce livre une réimpression de l'ouvrage la *Philosophie au Moyen Âge* de Paul Vignaux de 1958 qui a connu une première réédition en 1987 mais qui est épuisé depuis fort longtemps. A mon avis, ce texte du grand historien de la philosophie médiévale n'a pas du tout vieilli et peut encore aujourd'hui être considéré comme une des plus stimulantes introductions à la pensée médiévale ; il est précédé par une ample introduction autobiographique que l'auteur a rédigé peu avant sa mort et il est suivi d'une conférence inédite « Histoire de la pensée médiévale et problèmes théologiques contemporains » qui date de la même année. Je remercie M. Jean-François Genest de m'avoir procuré une copie de ce texte et d'avoir suggéré sa publication. Le lecteur s'apercevra rapidement que ces deux textes appartiennent à un genre littéraire différent.

J'ai cru utile de compléter cet ensemble de textes par une présentation qui tente de montrer la profonde unité de l'œuvre philosophique et syndicale de P. Vignaux ; par d'amples notes complémentaires (numérotées de 1 à 56) qui fournissent au

lecteur désireux d'approfondir ses connaissances des renseignements sur les éditions, les traductions et les études les plus
importantes ; par une bibliographie commentée et un index des
noms.

Il est impossible de terminer cet avant-propos sans formuler
d'abord le vœux que les lecteurs éprouveront la même joie
intellectuelle lors de la lecture de ce livre important que l'éditeur
a connu en préparant sa réédition et sans remercier les Éditions
Vrin d'avoir accueilli ce projet avec une grande sympathie et de
l'avoir accompagné avec une remarquable compétence.

En Sorbonne, février 2004.

PAUL VIGNAUX, SYNDICALISTE ET HISTORIEN DE LA PHILOSOPHIE

Wenn man nur an sich denkt, kann man nicht glauben, dass man Irrtümer begeht und kommt also nicht weiter. Darum muss man an jene denken, die nach einem weiter arbeiten. Nur so verhindert man, dass etwas fertig wird.

Bertolt Brecht

La tâche n'est pas aisée : situer l'œuvre de Paul Vignaux (1904-1987)[1] et introduire à la lecture de l'ouvrage *Philosophie au Moyen Âge* dont la première édition date de 1938. Est-il légitime de s'en acquitter en commençant avec le rappel d'une anecdote ? Je le pense car l'anecdote en question se réfère à ses deux maîtres, à savoir Étienne Gilson (1884-1978) et Léon

---

1. Vignaux est né le 18 décembre 1904 à Péronne (Somme) et mort le 26 août 1987 à Saragosse (Espagne). Pour une première information voir l'article de Frank Georgi, *Dictionnaire des intellectuels français. Les personnes. Les lieux. Les moments*, sous la direction de Jacques Julliard et Michel Winock, Paris, Seuil, 1996, p. 1161-1162. La biographie par Madeleine Singer dans le *Dictionnaire biographique du mouvement ouvrier français*, publié sous la direction de Jean Maitron, tome XLIII, Val à ZY, Paris, Les éditions ouvrières, 1993, p. 217-219, est brève mais d'une excellente qualité. Sur l'importance de Vignaux pour l'histoire de la philosophie médiévale consulter l'excellent article d'Alain de Libera, « Les études de philosophie médiévale en France d'Étienne Gilson à nos jours », *Gli studi fi filosofia medievale nel Otto e Novecento*, a cura di Ruedi Imbach e Alfonso Maierù, Rome, Storia e Letteratura, 1991, p. 21-50 qui contient quelques pages sur Vignaux, p. 39-44. Pour les titres complets des œuvres citées de Vignaux, voir la bibliographie à la fin de cette introduction.

Brunschvicg (1869-1944)[1]. Aux dires de Vignaux lui-même, le
premier fut son maître en médiévisme, le second en rationalisme.
La scène est relatée par Vignaux dans l'introduction autobiographique qu'il avait rédigée à ma demande lorsque l'éditeur suisse
Paul Castella projetait une ré-édition de ce volume en 1986.
Ayant reçu la première édition de l'ouvrage, Brunschvicg, le
célèbre philosophe français, spécialiste de Descartes et Pascal,
interpella l'auteur à Paris, au Quartier latin, et lui fit remarquer
que le Moyen Âge présenté dans ce petit livre « ne ressemblait
pas à celui de Gilson ». On ne peut me reprocher de surévaluer
l'importance de ce petit récit significatif puisque Vignaux le
raconte dans un texte qui doit rendre compte de son parcours
intellectuel et de sa propre démarche d'historien de la philosophie médiévale. Que recèle-t-il en vérité? Identifier des différences et mettre en lumière des diversités ne signifie pas encore
émettre un jugement de valeur mais aide à mieux percevoir la
valeur propre des réalités distinguées. C'est dans ce sens qu'il
faut comprendre la comparaison – dans les pages qui suivent – de
l'œuvre intellectuelle de ces deux grands historiens français de la
philosophie médiévale.

1. Paul Vignaux a mené de front à la fois une carrière scientifique et une activité syndicale. Cette tentative d'unir les deux
activités le distingue de la plupart de ses confrères scientifiques
mais aussi de son maître Gilson dont on conserve quelques pages
de nature politique[2] et qui, proche du *Mouvement républicain*

---

1. Vignaux évoque fréquemment l'influence de Brunschvicg, par exemple
dans le *Témoignage* qui ouvre le volume *De saint Anselme à Luther*, Paris, Vrin,
1976, p. 7 où il dit : « La réflexion que ce dernier conduisait devant ses élèves me
laissa le souvenir unique, inoubliable, de la rencontre *du* philosophe, non en idée,
mais parmi les vivants ».

2. Je pense en particulier à l'ouvrage : *Pour un ordre catholique*, Paris 1934.
Pour une biographie complète de Gilson voir : L.K. Shook, *Étienne Gilson*,
Toronto 1984. L'œuvre scientifique est présentée de manière concise mais riche
en perspectives par A. de Libera, « Les études de philosophie médiévale en France
d'Étienne Gilson à nos jours », *Gli studi di filosofia medievale fra Otto e
Novecento*, p. 21-50, sur Gilson p. 22-33. Le volume collectif *Étienne Gilson et
nous. La philosophie et son histoire*, Paris, Vrin, 1980, offre un vaste panorama de
l'héritage gilsonien.

populaire (MRP), fut conseiller de la République de 1947 à 1949, mais qui n'a jamais considéré cette activité comme étant équivalente à son travail scientifique. Il est significatif au plus haut point que l'année de la nomination de Vignaux comme successeur de Gilson à la Ve section de l'*École pratique des hautes études* (1934) soit aussi celle de sa rencontre décisive avec la *Confédération française des travailleurs chrétiens* (CFTC). Avec quelques amis, il fonde en 1937 le *Syndicat général de l'Éducation nationale* (SGEN) dont il sera le secrétaire général de 1948 à 1970[1]. L'importance de cette activité syndicale a été évaluée par des personnes plus compétentes. Il convient cependant de rappeler ici que la déconfessionalisation de la CFTC, qui aboutit en 1964 à la modification du nom du syndicat, puisqu'il s'appellera dorénavant *Confédération française démocratique du travail* (CFDT), est en grande partie l'œuvre de Vignaux, qui avait fondé avec trois amis le groupe *Reconstruction*, dont la revue (1946-1972) témoigne d'une réflexion approfondie sur les thèmes majeurs du socialisme français de l'après-guerre[2]. Selon l'appréciation de deux observateurs qualifiés du mouvement syndical français on peut

1. Madeleine Singer, *Le SGEN de 1937 à Mai 1986*, Paris, Cerf, 1993, p. 27-34. L'auteur rapporte cette parole significative de Vignaux (p. 30) : « C'est à un moment fort de la guerre d'Espagne, après la chute de Bilbao, que je jugeais d'un intérêt majeur la constitution à la CFTC, d'un syndicat universitaire ».

2. H. Hamon, P. Rotman, *La deuxième gauche. Histoire intellectuelle et politique de la CFDT*, Paris 1982, p. 28 : « Ainsi naît, en janvier 1946, *Reconstruction*. Sous cet emblème, se rassemblent des groupes qui éditent un bulletin d'abord ronéotypé, puis imprimé. Le choix du terme n'est évidemment pas innocent. On vit une époque où le syndicalisme ne se contente pas d'être revendicateur, où il est associé (…) au remodelage de la société. Il convient donc qu'il assume, mais en la maîtrisant, cette vocation "constructive", qu'il se reconstruise lui-même en favorisant, à la place qui lui revient et sans confusion des genres, la reconstruction d'une démocratie sociale ». Il vaudrait la peine d'étudier et d'analyser les très nombreux articles de Vignaux dans ce bulletin (parfois sous le pseudonyme de Jacques Rochelle) ; voir aussi F. Georgi, *L'invention de la CFDT 1957-1970*, Paris, L'Atelier, 1995.

affirmer que « Paul Vignaux est un homme dont les intuitions directrices ont bousculé l'Histoire de France »[1].

2. Recherché par la Gestapo, Vignaux s'est d'abord enfui à Toulouse et a quitté en 1941 la France pour se rendre à New York. C'est en Amérique qu'il publie un ouvrage de nature à la fois historique, théorique et politique dont il faut dire un mot car il révèle un aspect caractéristique du travail intellectuel de Vignaux. *Traditionalisme et Syndicalisme*[2] est d'abord, comme le sous-titre l'indique, un ouvrage historique qui tente de démontrer que la « Révolution Nationale » et sa « Charte du Travail » est l'aboutissement d'une pensée sociale : « Le régime de Vichy révèle ce qui demeurait presque inaperçu dans l'histoire sociale de la Troisième République : un traditionalisme qui domina l'école sociale catholique, au lendemain de la Commune »[3]. Cela signifie, pour le dire d'une autre façon, que le régime de Vichy n'est pas une imitation du régime nazi ou fasciste, mais qu'il « a quelques racines dans le sol même de la France »[4]. Ces racines peuvent être identifiées avec le corporatisme anti-syndical auquel, en ces années décisives de 1938 à 1940, s'oppose le syndicalisme français et chrétien, résistance qui a trouvé son expression notamment dans le célèbre manifeste des douze du 15 novembre 1940, signé par neuf dirigeants de la CGT et trois leaders de la CFTC[5]. Le livre de Vignaux, selon le diagnostic de

1. H. Hamon, P. Rotman, *La deuxième gauche*, p. 13. « Transformer un syndicat défensif et confessionnel en centrale subversive et laïque, c'est-à-dire autonome » (p. 17), on pourrait décrire de cette manière l'objectif principal de Vignaux. Sur ces aspects, voir : *Paul Vignaux, un intellectuel syndicaliste*, Paris, Syros-Alternatives, 1988. L'historien Henri Irénée Marrou faisait partie du SGEN dès les premières heures, voir à ce propos et sur les relations des deux amis : Pierre Riché, *Henri Irénée Marrou, Historien engagé*, préface de René Rémond, Paris, Cerf, 2003, p. 199-200.

2. *Traditionalisme et Syndicalisme. Essai d'Histoire Sociale (1884-1941)* par Paul Vignaux, Préface de Jacques Maritain, New York, Éditions de la maison française, 1943.

3. *Traditionalisme et syndicalisme*, p. 29.

4. *Traditionalisme et syndicalisme*, p. 17.

5. Voir le commentaire de ce manifeste, *Traditionalisme et syndicalisme*, p. 112-133.

Jacques Maritain[1], « dévoile aussi une des causes profondes du désastre de la France »[2] mais il montre également comment la conscience ouvrière a progressivement développé une nouvelle conception de la communauté fondée sur la liberté et le pluralisme syndicaux. L'ouvrage tout en dévoilant une profonde fracture dans le catholicisme français entre les traditionalistes et les syndicalistes, éclaire un des aspects de la résistance française, à savoir le syndicalisme qui dépasse les frontières entre croyants et incroyants :

> Entre confédérés et chrétiens, le principe d'unité a été la volonté d'indépendance syndicale, liée elle-même à une certaine indépendance intérieure, rebelle au conformisme de Vichy. Les hommes formés "sans dieu ni maître" ont paradoxalement rencontré des croyants qui, selon un mot de Barth[3], trouvent dans leur foi "l'humilité en face de Dieu" et non pas devant "les puissances et dominations"[4].

3. L'essai historique consacré au groupe de travail intellectuel fondé en 1946 par quatre responsables de la CFDT et qui porte le titre *De la CFTC à la CFDT*[5] est d'abord une analyse des

---

1. Le philosophe Jacques Maritain (1882-1973), après sa rupture avec l'Action française, s'est engagé pour la démocratie et a élaboré une théorie de la démocratie. Ce changement est analysé par Philippe Chenaux, *Entre Maurras et Maritain. Une génération intellectuelle catholique (1920-1930)*, Paris, Cerf, 1999 ; pour une perspective un peu plus critique, voir Ruedi Imbach, « La discussion sur le meilleur régime politique chez quelques interprètes français de Thomas d'Aquin (1893-1928) », *Saint Thomas au XXᵉ siècle*. Actes du Colloque du Centenaire de la « Revue thomiste », sous la direction de S.-Th. Bonino, Paris, Éditions Saint-Paul, 1994, p. 335-350.

2. *Traditionalisme et syndicalisme*, p. 8.

3. Le théologien suisse Karl Barth (1886-1965) a également joué un rôle important dans l'œuvre scientifique de Vignaux, notamment pour l'interprétation de la pensée de saint Anselme. Voir l'étude que Vignaux a consacrée à Barth : « Karl Barth : un théologien de Dieu vivant », *Cahiers universitaires catholiques*, février 1969, p. 257-259. Pour Vignaux, Barth représente un « exemple contemporain d'une grande œuvre théologique » (« Histoire des théologies médiévales », *De saint Anselme à Luther, op. cit.*, p. 15).

4. *Traditionalisme et syndicalisme*, p. 192.

5. *De la CFTC à la CFDT : Syndicalisme et socialisme. « Reconstruction » (1946-1972)*, postface d'E. Maire, Paris 1980.

positions théoriques de ce groupe, mais il contient en même temps une réflexion fondamentale non seulement, comme le sous-titre le suggère déjà, sur le rapport entre syndicalisme et socialisme mais encore sur l'horizon intellectuel qui explique le passage de la CFTC à la CFDT. On trouve dans cet essai des pages extrêmement lucides sur la culture laïque qui expliquent l'option de Vignaux pour un nécessaire dépassement d'un syndicalisme *chrétien* qui s'inspire en premier lieu des encycliques sociales de l'Église catholique, et qui font comprendre ses prises de position en faveur d'une distinction nette entre conscience politique et conscience religieuse. En plein accord avec Georgette Bérault (Georgette Paul Vignaux)[1] qui avait constitué dans les *Cahiers* un important dossier à ce sujet, Vignaux répète inlassablement que «la morale du citoyen est une morale laïque»[2]. Une thèse aussi tranchée implique à la fois la nécessaire déconfessionalisation de l'action syndicale et l'aspiration à un socialisme démocratique qui réclame «l'autonomie du politique»[3] et se bat pour la réaliser pleinement. On peut résumer de la manière suivante le sens et les implications de cette option :

> Grâce à des études contemporaines sur le laïc, citoyen adulte, majeur, responsable de ses options temporelles, on voit s'approfondir l'idée que le monde de la science et de la civilisation constitue une fin autonome, ayant, bien que non ultime, une valeur en elle-même. En définitive, l'insistance actuelle sur l'aspect communautaire de la vie religieuse ne saurait conduire

1. L'épouse de P. Vignaux avait publié dans *Reconstruction* d'abord en 1957 et ensuite en 1960 un important document de travail sur les rapports entre conscience politique et conscience religieuse qui insiste sur l'autonomie du politique, cf. *De la CFTC à la CFDT*, p. 33-34. Il faut ici rappeler le travail de Georgette Paul Vignaux sur le théologien socialiste américain Reinhold Niebuhr (1892-1971) : *La Théologie de l'histoire de Reinhold Niebuhr*, Paris, Delachaux et Niestlé, 1957. Il s'agit d'une thèse de doctorat à la Faculté des lettres de Strasbourg dont le premier rapporteur fut Paul Ricœur.

2. *De la CFTC à la CFDT*, p. 34.

3. *De la CFTC à la CFDT*, p. 33. On peut ici rappeler que le SGEN dès le point de départ se comprend comme un syndicat laïc : voir à ce propos M. Singer, *Le SGEN*, p. 35-82 (Des catholiques de l'enseignement public forgent un syndicat "laïc").

à une confusion entre l'ordre religieux et l'ordre politique dans la mesure où, par opposition à la communauté des croyants, la société civile est et apparaît celle où coexistent des croyants de diverses confessions et des incroyants : à la conscience de cette communauté temporelle est liée celle de l'autonomie du citoyen, qui fonde sa responsabilité à l'égard d'une société essentiellement distincte de la société ecclésiastique [1].

La laïcité dont il est question comporte trois dimensions [2]. Elle est d'abord *politique* ce qui signifie une pleine indépendance de l'action syndicale vis-à-vis des partis politiques. Un tel socialisme et syndicalisme laïcs prend ses distances face au communisme de Gramsci, parce qu'il laisse à la conscience individuelle les questions ultimes, philosophiques et religieuses [3]. On peut parler d'une laïcité *idéologique* dans la mesure où il faut concevoir la société comme un régime délibératif où les décisions politiques sont le résultat d'un véritable débat au sein d'une communauté pluraliste [4] tout en se rendant compte des « limites de la rationalité en histoire » [5]. Ce projet préservera les sujets politiques à la fois du danger du fanatisme et de la tentation de vouloir instaurer une quelconque orthodoxie. Finalement la

---

1. *De la CFTC à la CFDT*, p. 36. Vignaux cite ici G. P. Vignaux en approuvant pleinement ses propos.

2. La tripartition proposée par Vignaux est inspirée par l'article de Pierre Rosanvallon, « La CFDT et la laïcité », *Esprit*, avril-mai 1977, p. 143.

3. On lira avec intérêt à ce propos la longe note à la p. 24 dans *De la CFTC à la CFDT* qui en dit long sur les orientations théoriques de Vignaux : « *Reconstruction* a toujours considéré que la conception communiste du rapport parti-syndicat supposait fondamentalement une hégémonie intellectuelle du premier sur le second. C'était retrouver le point de vue *culturel* (plus large que celui du pouvoir politique ou économique) du théoricien communiste italien Antonio Gramsci. Son analyse conduit à une exaltation du parti : même quand la conception de la "courroie de transmission" est exclue (les communistes italiens l'écartent), cette exaltation empêche de concevoir une *égalité morale entre syndicat et parti* représentatif de la classe ouvrière. Elle le permet d'autant moins que le communisme de Gramsci se présente comme une conception totale du monde et de la vie (en allemand *Weltanschauung*) ; ce qui est contraire à notre conception d'un socialisme et d'un syndicalisme *laïcs* qui laissent à la conscience individuelle les questions ultimes, philosophiques et religieuses ».

4. Cf. *De la CFTC à la CFDT*, p. 23.

5. *De la CFTC à la CFDT*, p. 37.

laïcité comporte une dimension que l'on peut qualifier de *religieuse* puisqu'elle enseigne à éviter toute « confusion entre l'ordre religieux et l'ordre politique » et garantit ainsi la cohabitation dans un même état laïc de croyants de diverses confessions et d'incroyants. Vignaux fait sienne la déclaration de Charles Savouillan qui expliqua en 1953 comment le groupe *Reconstruction* comprend le renouvellement de la gauche française qui sera non seulement démocratique et socialiste mais encore laïque : « Cette gauche française renouvelée sera nécessairement laïque par sa conception d'un État indépendant des confessions, respectueux des croyances comme des incroyances, sauvegardant pour chaque citoyen la liberté de conscience, le droit et la sincérité » [1]. Cette conception de la laïcité [2] est directement solidaire de l'idée du socialisme – « mouvement politique pour la transformation de la société » – que Vignaux qualifie de socialisme sans utopie : « Un socialisme qui consentait à l'utopie a sans doute "offert à l'humanité souffrante l'espoir d'un salut total sur cette terre". Un socialisme sans utopie n'aura pas cette prétention religieuse : nous l'en féliciterons d'autant plus que nous refusons les transferts du religieux au politique » [3].

4. L'option politique et théorique de *Reconstruction* se démarque donc à la fois de la démocratie chrétienne [4] et du com-

---

1. *De la CFTC à la CFDT*, p. 122.

2. Il est intéressant de noter l'opposition remarquée en 1951 du SGEN, et donc en particulier de son secrétaire général Vignaux, à la loi Barangé qui entendait mettre fin à l'interdiction de subventionner sur fonds publics l'enseignement privé du premier degré. Le SGEN reprochait « aux hommes qui ont fait la loi Barangé, (…), d'avoir rétabli dans la vie publique française une ligne de démarcation confessionnelle », ligne de démarcation qu'il s'agissait précisément d'effacer. «*Reconstruction* ne se présentait pas comme des "chrétiens de gauche" demandant le respect de leur "sensibilité", ils rejoignaient simplement la gauche française (…) nécessairement laïque » (*De la CFTC à la CFDT*, p. 27). Vignaux se considère comme un de ces militants chrétiens qui, « insatisfait du "catholicisme social" et de la "démocratie chrétienne" » se libèrent de l'idée d'un "ordre social chrétien" (cf. p. 39).

3. *De la CFTC à la CFDT*, p. 145.

4. Dans un article de l'*Express* du 11 juin 1955 Vignaux constate qu'à la CFTC on peut « parler avec succès sans précédent un autre langage que celui de la démocratie chrétienne ».

munisme puisqu'il s'agissait précisément de créer une gauche française non communiste. Toutefois, cela ne voulait pas dire qu'il fallait méconnaître l'importance intellectuelle de Marx auquel Vignaux avait déjà consacré un article en 1935[1]. Il est revenu sur ce sujet dans une étude de 1978[2]. Deux aspects de cette étude frappent le lecteur. La possibilité d'un dialogue entre chrétiens et marxistes apparaît comme une préoccupation durable de Vignaux puisque le retour à ce sujet en 1978 rappelle une réponse en 1937 au «non» catégorique du Père Fessard selon qui la communication entre les deux convictions est impossible[3]. En second lieu, l'article de 1978, dans sa première partie, est une des premières discussions francophones approfondies de l'ouvrage d'Ernst Bloch (1885-1977), *Droit naturel et Dignité humaine*[4]. Quant au problème posé par ce livre important, qui possédait au moment de la parution de l'étude évidemment un tout autre statut qu'aujourd'hui, il convient de souligner que Vignaux plaide en faveur de la possibilité d'une discussion entre marxistes et chrétiens si l'on tient compte de deux points préalables, à savoir l'importance primordiale des droits de l'homme et l'examen des implications anthropologiques. Pour ce qui est de ce second point, il semble possible de reconnaître avec Marx l'importance du travail dans l'humanité et la nécessité d'une action historique pour transformer les conditions des travailleurs[5]. Traitant de la question des droits de l'homme, Vignaux compare de manière très suggestive les thèses de Jacques Maritain[6] et celle du marxiste allemand, approuvant sans ambiguïté la thèse directrice du livre de ce dernier sur le droit naturel :

1. « Retour à Marx », *Politique*, 6e année, 1935, p. 900-914.

2. « Pour discuter de marxisme en Occident », *Les Quatre Fleuves*, 8, 1978, p. 46-65.

3. Cf. G. Fessard, *La main tendue : le dialogue catholique-communiste est-il possible ?* Paris 1937, dont Vignaux rend compte, de manière critique, dans *Politique*, 1937, 749-752.

4. Paris, Payot, 1976.

5. « Pour discuter de marxisme en Occident », p. 55.

6. Il avait consacré à la conception de Maritain un long article en 1945 : « A propos de "Christianisme et démocratie" », *Renaissance* II-III, 1945, 446-460.

Nous sommes immédiatement en sympathie avec la philosophie de la liberté de ce marxisme postkantien qui relève chez
le jeune Marx "l'impératif catégorique de renverser tous les
rapports dans lesquels l'homme est un être humilié, asservi,
abandonné, méprisable"[1].

L'approche de Bloch qui lie de manière indissociable la fin
de l'exploitation et l'instauration des droits de l'homme est « une
philosophie de la liberté » qui paraît « compatible avec une théologie de l'espérance ». Or, cette exigence éthique de l'action de
classe ne représente pas seulement un préalable pour la discussion entre marxistes et chrétiens, elle vaut pour toute lutte
sociale : « une organisation ouvrière qui l'oublie et la méconnaît
ne se justifie plus en termes de libération humaine, d'éman-
cipation des travailleurs »[2].

5. Ces options théoriques dont ses textes témoignent ont
trouvé une expression politique dans l'attitude de Vignaux face à
la guerre civile en Espagne ou à la guerre d'Algérie. Madeleine
Singer a dédié un article à l'attitude de Vignaux durant la guerre
d'Algérie[3] ; quant à celle d'Espagne, il y a consacré lui-même
une étude approfondie où il tente d'analyser l'attitude de « catholiques français devant les fascismes et la guerre d'Espagne ». Ce
texte qui est en même temps un témoignage expliquant notamment pourquoi des « catholiques conscients de la situation politique se trouvaient ainsi, logiquement, du côté républicain »[4]
s'achève par un bilan qui vaut la peine d'être cité en entier :

Les chrétiens qui ont appuyé entre juin 1936 et février 1939 la
défense de cette liberté par la République espagnole ont pu alors
"considérer qu'avoir choisi contre les prêcheurs de la Croisade

1. « Pour discuter de marxisme en Occident », p. 49.
2. « Pour discuter de marxisme en Occident », p. 64.
3. « P. Vignaux intellectuel et syndicaliste devant la guerre d'Algérie », *La
guerre d'Algérie et les intellectuels français*, Bruxelles, Complexe, 1991. Voir
aussi, Michel Branciard, *Le syndicat dans la guerre d'Algérie*, Paris, Syros, 1984.
4. Le très long *Avant-propos* du dernier ouvrage de Paul Vignaux, *Manuel de
Irujo. Ministre de la République dans la guerre d'Espagne, 1936-1939*, Paris,
Beauchesne, 1986, p. 11-71. Ce texte a paru en italien dans le périodique
Cristianesimo nella storia, t. III, 1982, p. 343-408.

le camp de ses ennemis fut une juste affirmation de la liberté de l'homme chrétien"[1].

Parmi ces chrétiens, il faut compter Jacques Maritain bien que, sur le fond, Vignaux n'approuve pas l'argumentation de l'auteur de l'*Humanisme intégral* notamment parce qu'elle présupposait l'idée de philosophie chrétienne[2]. On peut qualifier de « catholicisme républicain » l'attitude de Paul Vignaux qui a évité toute référence chrétienne dans son action syndicale et politique. Sans jamais rompre avec l'Église, il reconnaît qu'un certain *rationalisme laïc* dont il a pris conscience auprès de grands universitaires comme Léon Brunschvicg a inspiré ses options et il avoue ouvertement sa dette envers Maurice Blondel (1861-1949) :

> Pour ma part, quand je procède à une vue rétrospective, je ne peux méconnaître la part qu'a eue, paradoxalement, dans la solidité de mon rapport à l'Église ma formation "laïque" universitaire : son exigence d'autonomie de pensée qu'à la fin du siècle précédent l'*Action* de Maurice Blondel avait, à mes yeux et à ceux de nombre de mes contemporains, montrée compatible avec la confession dogmatique d'une foi chrétienne[3].

6. Faut-il vraiment s'étonner qu'un homme qui, tout au long de son activité sociale et politique, a mené un combat pour la

---

1. Avant-propos, p. 70. La seconde partie de ce passage est une citation de l'article que Georgette Vignaux et Paul Vignaux ont publié dans *Témoignage Chrétien* du 30 octobre 1975 sous les titre « Chrétiens de 1936 contre Franco : ceux qui choisirent contre les prêcheurs de croisade ». Cet article est réimprimé dans *Manuel de Irujo*, p. 80-82. On peut ici rappeler que la revue *Ciencia tomista* qui paraît à Salamanque, dans son premier numéro de 1937, sous la plume du P. Menendez-Reigada O.P., appelait « sainte et la plus sainte que l'histoire ait connue » la guerre conduite par Franco.

2. Avant-propos, p. 60. On peut noter, en passant, le jugement sévère sur les tendances politiques de Gilson, dont il affirme qu'il évitait « tout engagement de principe pour la démocratie politique » étant préoccupé à entreprendre de « définir philosophiquement un projet d'ordre catholique » (p. 21). Vignaux fait ici allusion au livre qui est mentionné dans la note 2 page 10 de notre présentation et qui est issu d'une série d'articles dans la revue *Sept*.

3. « Un catholicisme républicain », *Esprit*, avril-mai, 1977, p. 149.

laïcité, ait été inquiété par le problème de l'*enseignement de la philosophie médiévale* dont le rapport avec la religion est incontestable ? Était-il « possible de traiter philosophiquement de religion, de Christianisme dans une Université qui se voulait laïque »[1] ? Question dont l'actualité persiste jusqu'à nos jours : comment enseigner les philosophies et les théologies médiévales dans une Université laïque ? C'est l'incontestable mérite de Gilson d'avoir assuré une place aux auteurs médiévaux dans l'histoire de la philosophie en donnant la preuve matérielle des sources médiévales de la pensée cartésienne et moderne. Toutefois, le même historien qui avait ouvert cette porte avec succès s'est efforcé de la refermer aussitôt, par une conception de plus en plus restrictive de la notion de *philosophie chrétienne*. Il vaut la peine de s'arrêter un instant à ce concept et son histoire, notion aujourd'hui délaissée et probablement méprisée. Gilson a élaboré sa conception de la philosophie chrétienne parce que ses recherches historiques l'ont convaincu que la philosophie moderne doit « quelques-uns des principes directeurs » à la pensée médiévale et que « l'influence prépondérante du Christianisme » a transformé la philosophie de manière décisive[2]. Ces constats amènent le grand historien à sa célèbre description de la notion :

> J'appelle donc philosophie chrétienne toute philosophie qui, bien que distinguant formellement les deux ordres, considère la révélation comme un auxiliaire indispensable de la raison[3].

Les conséquences d'un tel « exercice chrétien de la raison »[4] sont à mon avis doubles. Elles concernent d'abord le choix des questions vraiment importantes, car le philosophe chrétien s'intéressera de manière privilégiée aux problèmes dont la pertinence religieuse est patente, à savoir l'homme dans son rapport à

---

1. Introduction, p. 77-78.
2. *L'esprit de la philosophie médiévale*, 2ᵉ édition, Paris, Vrin, 1969, p. 11, p. 16. La première édition de ce texte date de 1932.
3. *L'esprit de la philosophie médiévale*, p. 33.
4. *L'esprit de la philosophie médiévale*, p. 11.

Dieu [1]. Par ailleurs, cette conception, dans la mesure où le Moyen Âge peut être considéré comme l'âge d'or de la philosophie chrétienne, influe directement sur la conception que l'on doit se faire de la philosophie médiévale : « *fides quaerens intellectum*, voilà le principe de toute spéculation médiévale » [2]. L'observateur de l'évolution de la pensée gilsonienne est frappé par l'interprétation de plus en plus restrictive de la notion en question puisqu'en 1960 Gilson entendra par philosophie chrétienne « la manière de philosopher que le pape Léon XIII a décrite sous ce titre dans l'encyclique *Aeterni Paris* et dont il a donné pour modèle la doctrine de saint Thomas d'Aquin » [3]. Or, il faut ajouter à cela qu'une intelligence adéquate de la pensée du dominicain médiéval n'est possible qu'à deux conditions. D'abord il faut le « lire en théologien » [4] et ensuite il faut le lire en chrétien :

> La foi de l'Église n'est pas suffisante pour l'intelligence des œuvres de saint Thomas d'Aquin, mais elle y est nécessaire [5].

1. *L'esprit de la philosophie médiévale*, p. 35 : « En choisissant l'homme dans son rapport à Dieu comme centre de perspective, le philosophe chrétien se donne un centre de référence fixe, qui lui permet d'introduire dans sa pensée l'ordre et l'unité. » On peut ici noter que selon Jacques Maritain qui a défendu l'idée de la philosophie chrétienne au même moment que Gilson dont l'intervention au sein de la *Société française de philosophie* (1931) a provoqué un véritable débat en France, la philosophie est chrétienne dans son exercice et non pas dans son essence : « L'expression de philosophie chrétienne désigne non pas une essence prise en elle-même, mais un complexe : une essence prise sous son état, sous des conditions d'exercice, d'existence et de vie, pour ou contre lesquelles à vrai dire l'homme est tenu d'opter » (*Science et sagesse*, Paris 1935, p. 140). Du même auteur : « De la notion de philosophie chrétienne », *Revue néo-scolastique de philosophie*, XXXIV (1932), p. 153-186.

2. *L'esprit de la philosophie médiévale*, p. 5.

3. *Introduction à la philosophie chrétienne*, Paris, Vrin, 1960, p. 9.

4. *Le philosophe et la théologie*, Paris, Fayard, 1960, p. 229 ; 2ᵉ éd. Paris, Vrin, 2004 : « Saint Thomas n'est qu'un commentateur dans ses écrits sur Aristote, c'est dans les deux *Sommes* et autres écrits du même genre qu'il est proprement auteur et c'est donc là qu'il faut chercher sa pensée personnelle. (…) C'est dire que les notions philosophiques les plus originales et les plus profondes de saint Thomas ne se révèlent qu'à celui qui le lit en théologien. » Il est patent que l'expression *lire en théologien* est ambiguë puisqu'elle peut se référer soit à Thomas lui-même soit à son interprète.

5. *Le philosophe et la théologie*, éd. cit., p. 228.

Parmi les opposants farouches à l'idée d'une philosophie chrétienne, on peut mentionner Émile Bréhier[1], mais aussi, et cela est plus inattendu, un représentant majeur du thomisme, Gallus M. Manser[2]. Fort de la conviction qu' «une philosophie cesserait d'être philosophie dans la mesure où elle deviendrait chrétienne», Fernand Van Steenberghen[3] définit la tâche de l'historien de la philosophie par l'étude de la philosophie au sens strict, à savoir d'un «savoir rationnel qui se construit à l'aide des moyens naturels de connaître de l'homme»[4]. Aucune place, dans une telle perception de l'histoire de la philosophie pour un «exercice chrétien de la raison» : la philosophie est rationnelle ou elle n'est pas.

7. Il est aisé de se rendre compte que les deux positions extrêmes mènent à de funestes impasses pour un exercice fécond du métier d'historien de la philosophie. Vignaux a fait progresser le débat par une importante clarification qui propose de comprendre la notion de philosophie chrétienne comme le fruit «d'une méditation théologique d'historien de la philosophie»[5]. Il s'agit d'un concept qui relève de la théologie de l'histoire «qui, conçue *dans* une Église, peut selon sa présentation, apparaître presque comme une doctrine d'Église, impérative sinon définitive, ou comme le produit de la simple réflexion individuelle d'un croyant sur son expérience, en son temps»[6]. Pour le philosophe qui veut situer, comme Gilson au point de

---

1. «Y a-t-il une philosophie chrétienne?», *Revue de Métaphysique et de Morale*, XXXVIII (1931), p. 133-162.

2. Le dominicain suisse a pris position sur le sujet dans deux longs articles : «Gibt es eine christliche Philosophie?», *Divus Thomas*, 14 (1936), p. 19-51, 123-141. Voir à ce propos : Ruedi Imbach, «Thomistische Philosophie in Freiburg: Gallus M. Manser», *Menschen und Werke. Hundert Jahre wissenschaftliche Forschung an der Universität Freiburg*, Fribourg, Éditions universitaires, 1991, p. 85-113.

3. *Introduction à l'étude de la philosophie médiévale*, Louvain-Paris, Publications universitaires – Béatrice Nauwelaerts, 1974, p. 96.

4. *Introduction à l'étude de la philosophie médiévale*, p. 83.

5. «Philosophie chrétienne et théologie de l'histoire», *De saint Anselme à Luther, op. cit.*, p. 67.

6. *Ibid.*, p. 66.

départ, la philosophie médiévale dans l'histoire de la raison, ces perspectives sont inacceptables[1]. Tout en reconnaissant que Gilson a éveillé en lui l'intérêt pour les théologies médiévales[2], Vignaux refuse la radicalisation théologique que son maître en médiévisme prône, plus exactement il revendique le droit à un regard philosophique sur les théologies médiévales car une histoire de la pensée médiévale, si elle tient vraiment compte de sa contextualité, ne peut suivre le découpage artificiel recommandé par Van Steenberghen. Il est indéniable que la majorité des textes médiévaux sont théologiques mais cela n'exclut pas que l'on puisse les lire *en philosophe*. Qu'est-ce à dire? Il convient de tenir compte d'un double enjeu philosophique. D'abord il faut se rendre à l'évidence que même les spéculations théologiques sont une œuvre humaine. Vignaux aime à citer dans ce contexte une phrase de Jean Laporte qui affirme que «la pensée religieuse en elle-même est nécessairement une pensée humaine»[3]. Si l'on concède cela, on est logiquement amené à vouloir analyser ces modes de penser comme modes de pensée de la raison humaine car même «un usage proprement théologique de la raison» relève d'une «histoire de la raison»[4]. Vignaux se réclame ici d'un autre maître que Gilson:

1. La notion de philosophie chrétienne est «utile pour signaler le problème de l'influence du christianisme sur le développement historique de la philosophie, mais notion en elle-même non philosophique parce que liée à une certaine théologie, à une conception déterminée de rapport entre la nature et la grâce» («Histoire des théologies médiévales», *De saint Anselme à Luther, op. cit.*, p. 16).

2. Le très beau nécrologue de Gilson que Vignaux a publié dans la *Revue de Métaphysique et de Morale*, 84 (1979), p. 289-295, insiste sur l'unité du travail philosophique et historique chez Gilson et sur la convergence du «christianisme du théologien» et le réalisme du péripatéticien mais s'achemine vers une interrogation critique: «Cette synthèse philosophique autour du thomisme et la réduction corrélative d'autres spéculations à un "essentialisme" générique n'ont-elles pas diminué l'apport d'Étienne Gilson à la compréhensions historique de la diversité intellectuelle du Moyen Âge latin?» (294). Toutefois, Vignaux reconnaît: «La préférence personnelle d'Étienne Gilson pour le thomiste n'a pas diminué l'ampleur d'horizon et la force suggestive de son œuvre d'historien; elle risquait d'autant moins de le faire qu'il disait en toute clarté et loyauté son option philosophique» (295).

3. Voir par exemple «Histoire des théologies médiévales», *op. cit.*, p. 17.

4. «Sur la place du Moyen Âge en histoire de la philosophie», p. 15.

> Lorsqu'on a appris de maîtres en histoire intellectuelle et en philosophie même comme Léon Brunschvicg l'intérêt moins des thèses systématiquement présentées que de l'attitude et de la démarche de l'esprit qui les pose, de la façon dont il se conduit, de la manière dont il a été et s'est formé, (…), on conçoit spontanément l'étude des théologies médiévales comme celle de modes de penser, de pensées en mouvement [1].

Une telle démarche, « rebelle aux vues d'ensemble définitives », attentive à la diversité, sensible avant tout à la logique et à l'argumentation et à l'acuité conceptuelle sera fascinée par la dimension critique de la pensée médiévale [2]. Vignaux plaide donc pour une réévaluation de l'intérêt d'œuvres *théologiques* pour l'histoire de la *philosophie* pour autant que l'on conçoit l'étude de ces œuvres comme une contribution à l'*histoire de la raison humaine*. Un tel projet peut être désigné comme philosophie de la religion et le recours à cette idée « permet de donner à l'histoire de la philosophie médiévale toute son ampleur sans en altérer le caractère philosophique » [3].

8. Il est indéniable que la vision du Moyen Âge qui résulte de cette critique de la notion de philosophie chrétienne est différente de celle de Gilson, comme Brunschvicg l'avait bien vu. *Élargissement d'abord du champ de recherche* et d'intérêt. Vignaux dès ses premiers articles dans le *Dictionnaire de théologie catholique* ne s'intéresse pas seulement de manière privilégiée à la philosophie du XIVe et XVe siècles – alors que Gilson privilégie le XIIIe – mais il est attiré par la logique – alors que Gilson l'est par la métaphysique – et il éprouve une grande sympathie pour le nominalisme. Mais la méthode aussi diffère puisque l'historien de la philosophie attendra moins des auteurs médiévaux « un *système* de philosophie que des *recherches*

---

1. « Histoire des théologies médiévales », p. 17.
2. « Sur la place du Moyen Âge en histoire de la philosophie », p. 16 : « Dans tous les cas, l'intérêt de l'historien philosophe, historien de la raison, va à l'aspect critique de pensées médiévales ».
3. Sur ce point, voir p. 56 *sq.* de « L'introduction », (1987).

philosophiques » [1]. L'ouvrage que nous republions ici témoigne à chaque page de ce caractère zététique de l'écriture de Vignaux. A tout moment, il invite son lecteur à participer à sa démarche, pensée en mouvement qui met son lecteur à l'épreuve [2] puisqu'elle le met en présence « d'un divers riche en opposition » [3] et exige de lui une attention accrue aux procédés et aux arguments plutôt qu'aux thèses et aux doctrines en elles-mêmes. Mais il faut évoquer un autre trait caractéristique de la démarche historique de Paul Vignaux, je veux parler du rapport à la pensée contemporaine [4]. L'article de 1977 sur le nominalisme médiéval et la philosophie actuelle [5] est à ce sujet paradigmatique parce qu'il décèle avec acuité une parenté entre le nominalisme des médiévaux et de la philosophie analytique contemporaine. La célèbre déclaration programmatique de Norman Kretzmann au début de la *Cambridge History of Later Medieval Philosophy* sur le rapport bénéfique entre l'argumentation philosophique contemporaine et l'enquête historique [6] comme le programme esquissée par Claude Panaccio pour une histoire analytique de la

---

1. « Sur la place du Moyen Âge en histoire de la philosophie », p. 14.

2. Je me sers ici d'une expression que Vignaux emprunte à Barth qui envisageait la scolastique comme une épreuve (« Histoire des théologies médiévales », p. 17-18).

3. « Histoire des théologies médiévales », p. 17.

4. Dans l'introduction au livre de L.-B. Geiger, *Penser avec Thomas d'Aquin*, Paris, Cerf, 2000, j'ai tenté de comparer l'attitude de Gilson et Maritain face à la pensée contemporaine avec celle d'un autre thomiste contemporain, L.-B. Geiger.

5. « La problématique du nominalisme médiéval peut-elle éclairer des problèmes philosophiques actuels ? », *Revue philosophique de Louvain*, 75 (1977), p. 332-357.

6. La brève introduction à cet ouvrage (édité par Norman Kretzmann, Anthony Kenny, Jan Pinborg, Cambridge, Cambride University Press, 1982) est un véritable programme (p. 3) : « It is one of our aims to help make the activity of contemporary philosophy intellectually continuous with medieval philosophy to the extent to which it already is so with ancient philosophy. Such a relationship has clearly benefited both philosophical scholarship on ancient philosophy and contemporary work in philosophy, and we hope to foster a similar mutually beneficial relationship between medieval philosophy and contemporary philosophy ». Il est à noter que Vignaux se réfère plus d'une fois à cette œuvre.

philosophie[1] peuvent se lire comme un écho plus ou moins lointain de cette étude pionnière. Cet article est d'ailleurs un exemple parlant du dialogue que Vignaux entretient avec les autres historiens, en particulier avec son collègue de l'École pratique, Jean Jolivet, dont la compréhension du nominalisme comme non-réalisme sert de fil conducteur à la première étape de l'article que je cite[2]. Mais en même temps, cette étude a ouvert des perspectives que de plus jeunes chercheurs ont approfondi, je pense en particulier au problème du contenu propositionnel, magistralement exposé dans un récent livre d'Alain de Libera[3]. On découvre quelques aspects de la fécondité des travaux de Vignaux pour la recherche en parcourant le livre d'hommage qui a été publié après sa mort[4]. On peut affirmer sans trop d'hésitation que les études de Jean-François Genest sur le problème des futurs contingents[5], celles d'Alain de Libera sur les universaux[6], celles d'Alfonso Maierù sur la logique et la théologie trinitaire[7]

1. « Philosophie analytique et histoire de la philosophie », *Précis de philosophie analytique*, sous la direction de Pascal Engel, Paris, PUF, 2000, p. 325-344.

2. L'ouvrage fondamental à ce sujet est : *Arts du langage et théologie chez Abélard*, Paris, Vrin, 1969. Le livre d'hommage à Jean Jolivet, *Langage et philosophie*, Paris, Vrin, 1997, p. IX-XVIII, contient une bibliographie des œuvres de ce médiéviste important. Voir aussi : *Philosophie médiévale arabe et latine*, Paris, Vrin, 1995.

3. *La référence vide*, Paris, PUF, 2002.

4. *Lectionum varietates. Hommage à Paul Vignaux (1904-1987)*, édité par J. Jolivet, Z. Kaluza, A. de Libera, avec un avant-propos de Charles Pietri, Paris, Vrin, 1991. On pourrait notamment signaler les articles d'Édouard Wéber sur Bonaventure (p. 67-83) et celui d'Elizabeth Karger sur Ockham (p. 163-176).

5. *Prédétermination et liberté créée à Oxford au XIVᵉ siècle : Buckingham contre Bradwardine*, Paris, Vrin, 1992.

6. *La querelle des universaux. De Platon à la fin du Moyen Âge*, Paris, Seuil, 1996.

7. « Logica e teologia trinitaria nel commento alle sentenze attribuito a Petrus Thomae », *Lectionum varietates*, p. 177-198, mais aussi : « Logique et théologie trinitaire dans le moyen-âge tardif : deux solutions en présence », *The Editing of Theological and Philosophical Texts from the Middle Ages*, edited by M. Asztalos, Stockholm, Acta Universitatis Stockholmensis, 1986, p. 185-212. – « Logic and Trinitarian Theology : "De modo praedicandi ac sylogizandi in divinis" », *Meaning and Inference in Medieval Philosophy, Studies in Memory of Jan Pinborg*, edited by Norman Kretzmann, Dordrecht, Kluwer, 1988, p. 247-295.

ou encore celles de Francis Ruello sur Jean de Ripa [1] prolongent et explorent des interrogations de Vignaux. Cela est vrai pareillement des travaux de Zénon Kaluza sur Nicolas d'Autrécourt et la pensée du XVe siècle [2] ou de Eelko Ypma sur les augustins [3]. Sans être ses élèves directs, Olivier Boulnois et Joël Biard ont poursuivi des directions de recherche chères à Vignaux, l'un en se tournant vers Jean Duns Scot [4] et l'autre en creusant les problèmes de sémantique et de sémiologie [5]. A l'opposé de Gilson, qui, au terme de sa longue et fructueuse carrière scientifique, a plaidé pour une lecture théologique de l'histoire de la pensée médiévale, Vignaux a orienté la recherche dans une direction opposée en privilégiant une approche *philosophique* des textes théologiques. On peut s'autoriser à transformer la célèbre phrase de Gilson disant que l'on ne comprend l'authentique pensée de Thomas d'Aquin qu'en le lisant en théologien : selon Vignaux on ne pourra comprendre la vraie place de la pensée médiévale qu'en tenant compte de l'ensemble de la vaste production théologique et en lisant ces textes *en philosophe*. L'extraordinaire fécondité d'une telle approche ne se manifeste pas seulement dans les études déjà signalées de Maierù mais aussi dans un très récent livre d'Irène Rosier-Catach qui tente une analyse logique, sémiotique et linguistique des traités sur les sacrements [6] et dans un ouvrage collectif publié sous la direction de Costantino Marmo et dédié aux théories du signe [7].

1. *La pensée de Jean de Ripa OFM (XIVe siècle). Immensité divine et connaissance théologique*, Fribourg- Paris, Éditions universitaires-Cerf, 1990.

2. On trouvera un bibliographie complète des travaux de cet éminent médiéviste dans le volume d'hommage : *Chemins de la pensée médiévale. Études offertes à Zénon Kaluza*, éditées par Paul J.J.M. Bakker avec la collaboration d'Emmanuel Faye et Christophe Grellard, Turnhout, Brepols, 2002, p. XIII-XXIX.

3. L'article « Les Ermites de Saint-Augustin » dans G. Fløistad (éd.), *Contemporary Philosophy*, vol. 6.1, p. 301-313, donne une vue d'ensemble des contributions de cet élève de Vignaux.

4. *Être et représentation. Une généalogie de la métaphysique moderne à l'époque de Duns Scot (XIIIe-XIVe siècle)*, Paris, PUF, 1999.

5. *Logique et théorie du signe au XIVe siècle*, Paris, Vrin, 1989.

6. *La parole efficace*, Paris, Seuil, 2004.

7. *Vestigia, imagines, verba. Semiotics and logic in medieval theological texts (XIIIth-XIVth century)*, Turnhout, Brepols, 1997.

9. Les deux textes qui entourent la réimpression de la *Philosophie au Moyen Âge* sont contemporains et occupent incontestablement dans l'œuvre de Vignaux une place bien particulière non seulement en raison de la date de leur rédaction (1985-1986) mais encore à cause de l'aspect autobiographique qui les caractérise car dans les deux cas il s'agit du bilan d'une expérience intellectuelle. On peut, en effet, les comparer à l'autobiographie intellectuelle de Gilson, *Le philosophe et la théologie* dont il a déjà été question. Dans l'*Introduction*, Vignaux n'explique pas seulement son itinéraire intellectuel et son évolution, se situant dans le paysage philosophique français et par rapport à ses maîtres mais encore développe son projet philosophique et historique dont j'ai évoqué quelques traits dans les lignes qui précèdent. Le texte inédit d'une conférence qu'il a donnée à Naples durant l'année qui précéda sa mort, bien que court, n'est pas moins capital puisqu'il y est question de sa conception de la relation entre philosophie et théologie, hier et aujourd'hui. Tandis que le premier de ces textes s'explique sur son rapport aux philosophes de son temps, le second rend compte des débats avec les théologiens[1] et fait comprendre le rôle que Luther, mais aussi Adolf von Harnack (1851-1930) ont joué dans son évolution intellectuelle. La rencontre avec Karl Barth, Reinhold Niebuhr (1892-1971) et Paul Tillich (1886-1965) a sensibilisé Vignaux aux «problèmes des théologies politiques plus récentes», tandis que le dialogue avec Oscar Cullmann (1902-1999) et Charles-Henri Puech (1902-1986), collègues à l'École pratique, a favorisé sa réflexion sur la perception du temps dans les religions et sur l'histoire, problème sur lequel Raymond Aron (1905-1983) avec sa célèbre thèse

---

1. Le texte fut prononcé lors d'un colloque en honneur du théologien Wolfhart Pannenberg (né en 1928) qui fut longtemps professeur de théologie protestante à l'Université de Munich. Il a écrit une thèse de doctorat sur Duns Scot: *Die Prädestinationslehre des Duns Skotus im Zusammenhang der scholastischen Lehrentwicklung*, Göttingen, Diss., 1954. Son ouvrage *Grundzüge der Christologie* a été traduit en français: *Esquisse d'une christologie*, traduit de l'allemand par A. Liefooghe, Paris, Cerf, 1971. Vignaux en discute dans l'article «Sur la christologie de W. Pannenberg», *Les quatre Fleuves*, I (1973), p. 119-127.

Introduction à la philosophie de l'histoire en 1938 avait déjà attiré l'attention de Vignaux. Mais ce texte éclaire surtout les raisons pour lesquelles il faut encore lire Duns Scot au XXe siècle »[1]. Il est indéniable que les deux textes de Vignaux sont des documents de première importance pour l'intelligence de l'histoire intellectuelle française du XXe siècle surtout si, au terme de cette présentation, on se souvient encore une fois – selon les termes de Jacques Julliard – qu'il « fut un des grands instituteurs de la pensée sociale démocrate sous la IVe République et même au début de la Ve »[2].

10. Depuis la mort de Vignaux, il y a certes eu des déplacements et des changements dans l'étude de la philosophie médiévale[3], mais la question reste : *comment* étudier la philosophie médiévale, et surtout, de manière plus aiguë encore : *pourquoi* l'étudier ?[4]. Sans épuiser le sujet, les discussions entre les tenants d'une approche analytique et ceux qui adhèrent au

---

1. Titre d'un des plus importants articles de Vignaux.

2. *Le choix de Pascal. Entretiens avec Benoît Chantre*, Paris, Desclée de Brouwer, 2003, p. 78. Ce livre contient un beau témoignage sur Vignaux et son influence sur l'auteur, p. 77-86.

3. Lorsque l'on parcourt l'œuvre scientifique de Vignaux en tenant compte de ses engagements politiques, on peut s'étonner de ce que Vignaux ne se soit jamais occupé de la pensée politique médiévale. Ce fait est d'autant plus étonnant qu'il aurait pu trouver, dans la pensée médiévale, certaines anticipations de son combat pour la laïcité. J'ai tenté d'en dire quelque chose dans un opuscule dont le seul intérêt est probablement d'avoir déniché une question oubliée et qui mériterait, incontestablement, un traitement plus approfondi et de meilleure qualité : *Dante, la philosophie et les laïcs*, Paris, Cerf, 1996.

4. Kurt Flasch, en particulier dans un long article intitulé « Wozu erforschen wir die Philosophie des Mittelalters ? » (*Die Gegenwart Ockhams*, herausgegeben von Wilhelm Vossenkuhl und Rolf Schönberger, Weinheim, Acta humaniora, 1990, p. 393-409) a proposé une réponse originale et circonstanciée à ces questions. Voir du même auteur : Kurt Flasch : *Philosophie hat Geschichte, Band 1 : Historische Philosophie. Beschreibung einer Denkart*, Frankfurt, Klostermann, 2003. Le livre suggestif d'Alain de Libera, *Penser au Moyen Âge*, Paris, Seuil, 1991, peut aussi être lu comme une réponse à ces questions. J'ai répondu, à *ma* façon, à ces questions qui inquiètent quotidiennement un professeur de philosophie médiévale lors de la réception du Prix Marcel Benoist : « Comment peut-on être médiéviste ? », *Rapport annuel de la Fondation Marcel Benoist 2001*, p. 18-29.

relativisme historique se poursuivent[1], heureusement, mais le problème de la fonction et de l'enjeu d'une étude historique et philosophique de la période médiévale est antérieur à ce débat méthodique. Je considère que, lorsque l'on s'efforce de répondre à ce problème crucial pour un enseignant ou un chercheur, la figure de Paul Vignaux est paradigmatique pour deux raisons. Sa tentative de concilier une carrière scientifique et syndicale, tout en étant très singulière et probablement unique, rappelle opportunément la responsabilité sociale et politique – dans le présent – de l'historien, de l'homme qui voue sa vie à l'étude du passé. Mais l'itinéraire de Vignaux rend également témoignage d'une autre unité difficile et problématique : la tension entre l'historien et le philosophe peut se vivre comme une stimulation dans une dialectique inachevée de questions et de réponses. L'historien oblige le philosophe à s'interroger sur les conditions contingentes d'une pensée qui se présente toujours comme a-temporelle ; le philosophe force à son tour l'historien à se prononcer sur le sens des données sorties de l'oubli. L'impossible synthèse définitive fait progresser inlassablement ceux qui participent, qui ont le privilège de participer à la formidable entreprise de l'écriture d'une *histoire de la raison humaine*, histoire qui est simultanément celle des *limites de la raison*. Cet effort est nécessairement *critique* dans un triple sens du mot : attentif aux moments critiques du discours médiéval, le philosophe historien s'interroge sur la pertinence des discours du passé et son parcours s'achève dans une mise à l'épreuve des discours du présent qui se trouvent ainsi au point de départ et au terme de l'enquête historique. Cette démarche, difficile et complexe, est le prix de l'avancement, et peut-être d'un certain progrès « vers des conclusions nécessairement provisoires, les seules permises par l'inachèvement naturel de la recherche »[2].

---

1. Voir à ce sujet Alain de Libera, « Archéologie et reconstruction. Sur la méthode en histoire de la philosophie médiévale », *Un siècle de philosophie. 1900-2000*, Paris, Gallimard, 2000, p. 552-587.

2. « Histoire de la pensée médiévale et problèmes théologiques contemporains », p. 277.

BIBLIOGRAPHIE DES ÉCRITS
PHILOSOPHIQUES DE PAUL VIGNAUX

1931

Article «Nicolas d'Autrecourt», in *Dictionnaire de théologie catholique*,
t. XI, Ire partie, Paris, Letouzey et Ané, 1931, col. 561-587.

Article «Nominalisme», *ibid.*, col. 717-783.

Article «Occam (Guillaume d')», III: *Originalité philosophique et théologique d'Occam, ibid.*, col. 876-889.

1934

*Justification et prédestination au XIVe siècle : Duns Scot, Pierre d'Auriole,
Guillaume d'Occam, Grégoire de Rimini*, Paris, E. Leroux, 1934, VIII-
194 p. (Bibliothèque de l'École des Hautes Études, Sciences religieuses,
vol. 48) ; Paris, Vrin-Reprise,

1935

«Humanisme et théologie chez Jean Duns Scot», in *Association Guillaume
Budé, Congrès de Nice*, 24-27 avril 1935, *Actes*, Paris, Les Belles
Lettres, 1935, p. 388-392.

Luther Commentateur des Sentences (Livre I, Distinction XVII), Paris, Vrin,
1935, II-144 p. (*Études de philosophie médiévale*, vol. XXI).

«Note sur la relation du conceptualisme de Pierre d'Auriole à sa théologie
trinitaire», in *Annuaire 1935-1936 de l'École pratique des Hautes
Études, section des Sciences religieuses* (1935), p. 5-23.

1936

«Humanisme et Théologie chez Jean Duns Scot», in *La France
franciscaine*, XIX (1936), p. 209-225.

1937

«Der Einfluss der Antike auf die Geistesgeschichte des Mittelalters : Der
Mittelalterliche Humanismus», in *Aufsätze zur Geschichte der Antike
und des Christentums*. Berlin, Verlag die Runde, 1937, p. 75-91 ; notes,
p. 115.

« Sur quelques tendances de la philosophie de Maurice Blondel », in *Recherches philosophiques fondées* par A. Koyré, H.-Ch. Puech et A. Spaier, VI (1936-1937), p. 363-372.

1938

La Pensée au Moyen Âge. Paris, A. Colin, 1938, 208 p. (Collection Armand Colin, Section de philosophie, n° 207).

Traduction en espagnol : Mexico, Fundo de Cultura Economica, 1952 ; 2ᵉ édition, 1959 ; traduction en italien : Brescia, La Scuola, 1947 ; traduction en portugais : Coimbra, Armenio Amado, 1941.

1939

« Égalité et communauté », in *Études carmélitaines*, II (1939), p. 88-108.

La nature humaine dans la pensée médiévale. [Prospectus annonçant la séance du 29 avril 1939 de la Société française de Philosophie]. Le compte rendu de cette séance n'a pas été publié, seul subsiste le prospectus.

1944 -1945

« À propos de *Christianisme et démocratie* [de Jacques Maritain] », in *Renaissance* (New York), II-III (1944-1945), p. 446-460.

1947

« Note sur le chapitre LXX du *Monologion* », *Revue du Moyen Âge latin*, III (1947), p. 321-334.

« Structure et sens du Monologion », in Revue des sciences philosophiques et théologiques, XXXI (1947), p. 192-212

« Les Travaux du P. Boehner sur Ockham », in *Revue du Moyen Âge latin*, III (1947), p. 99-102.

Compte rendu de : Allan B. Wolter, « The Transcendentals and their Function in the Metaphysics of Duns Scotus » (New York, 1946), in *Revue du Moyen Âge latin*, III (1947), p. 283-289.

1948

Nominalisme au XIVᵉ siècle, Montréal, Institut d'études médiévales, Paris, Vrin, 1948, 97 p. (Les conférences Albert-le-Grand, 1948) ; Paris, Vrin-Reprise, 1982.

« Travail et théologie. Notes en marge de Proudhon », in *Journal de psychologie normale et pathologique*, XLI (1948), p. 65-68.

Compte rendu de : Sebastian J. Day, « Intuitive Cognition : A Key to the Significance of the Later Scolastics » (New York, 1947), in *Revue du Moyen Âge latin*, IV (1948), p. 72-75.

1949

« Note sur *Esse beatificabile : passio theologica* », in *Franciscan Studies*, 9 (1949), p. 404-416.

« Sur l'histoire de la philosophie au XIVe siècle », in *Étienne Gilson philosophe de la chrétienté*, Rencontres 30, Paris, Cerf, 1949.

1950

« Sur Luther et Ockham », in *Franziskanische Studien. Vierteljahreschrift*, XXXII (1950), 1953, p. 21-30.

« Condition d'une métaphysique médiévale : Jean Duns Scot » (compte rendu de : Étienne Gilson, *Jean Duns Scot. Introduction à ses positions fondamentales,* Paris, Vrin, 1952), in *Critique*, 69 (février 1953), p. 134-141.

1954

« Influence augustinienne », in *Augustinus Magister*, Congrès international augustinien, Paris, 21-14 septembre 1954. t. III : *Actes*, Paris, Les Études Augustiniennes, 1954, p. 165-169.

Compte rendu de : Étienne Gilson, *Jean Duns Scot. Introduction à ses positions fondamentales* (Paris, 1952), in *The Modern Schoolman*, janvier 1954, p. 133-137.

1956

« Jean Duns Scot et Guillaume d'Occam », in *Les Philosophes célèbres*, Paris, Mazenod, 1956.

1957

Préface de : Jean de Ripa, *Conclusiones*, Édition critique par André Combes, Paris, Vrin, 1957, in-8°, p. 7-12. (« Études de philosophie médiévale », XLIV).

1958

Philosophie au Moyen Âge, Paris, A. Colin, 1955, 224 p. (Collection Armand Colin. Section de philosophie, n° 323).

Avant-propos reproduit dans le présent volume.

Traduction en anglais : New York, Meridian Books, 1959.

1959

Dogme de l'incarnation et métaphysique de la forme chez Jean de Ripa (Sent. Prol. Q I), in *Mélanges offerts à Étienne Gilson.* Toronto, Pontifical Institute of Mediaeval Studies I, Paris, Vrin, 1959, p. 661-672. (« Études de philosophie médiévale », hors série).

« Luther Lecteur de Gabriel Biel (*Disputatio contra scholasticam theologiam*, 5-19 ; III *Sent. d. XXVII. q.u.a. 3. dub.* 2) », in *Église et théologie* (Mars 1959), p. 33-52.

1961

Préface de : François de Meyronnes – Pierre Roger, *Disputatio (1320-1321)*, Édition critique par Jeanne Barbet, Paris, Vrin, 1961, p. 7-10. (« Textes philosophiques du Moyen Âge », X).

1962

« L'Être comme perfection selon François de Meyronnes », in *Études d'histoire littéraire et doctrinale* XVII (1962), p. 259-318.

« Recherche métaphysique et théologie trinitaire chez Jean Duns Scot », in *Aquinas*, III (1962), p. 301-323.

1964

« Alexandre Koyré (1892-1964) », in *Annuaire de l'École pratique des Hautes Études* (Ve Section) « Sciences religieuses », LXXII, 1964-1965 (1964), p. 43-49.

« Note sur le concept de forme intensive dans l'œuvre de Jean de Ripa », in *Mélanges Alexandre Koyré*. 1. *L'aventure de l'esprit*. 2. *L'aventure de la science*, Paris, Hermann, 1964, p. 517-526. (« Collection Histoire de la pensée », XII et XIII).

« Philosophie chrétienne et théologie de l'histoire », in *L'Homme devant Dieu, Mélanges offerts au Père Henri de Lubac. III. Perspectives d'aujourd'hui,* Paris, Aubier, 1964, p. 263-275. (Études publiées sous la direction de la Faculté de Théologie S. J. de Lyon-Fourvière, Théologie, 58).

En collaboration avec Mgr André Combes, édition critique de : Jean de Ripa, *Quaestio de Gradu Supremo*, Paris, Vrin, 1964, 228 p. (« Textes philosophiques du Moyen Âge », XXII).

Préface de : Camille Bérubé, *La connaissance de l'individuel au Moyen Âge*, Paris, P.U.F., 1964 (Publications de l'Université de Montréal).

1965

« De la théologie scolastique à la science moderne » [in *Alexandre Koyré 1892-1964*], in *Revue d'histoire des sciences*, XVIII (1965), p. 141-146.

« La méthode de saint Anselme dans le *Monologion* et le *Proslogion* », in *Aquinas*, VIII (1965), p. 110-129.

1967

Jean de Ripa I Sent. Dist. p. : De Modo inexistendi divine essentie in omnibus creaturis, Édition critique par André Combes et Francis Ruello. Présentation par Paul Vignaux : « Immensité divine et infinité spatiale », in *Traditio* XXXIII (1967), p. 191-209.

« *Processus in infinitum* et preuve de Dieu chez Jean de Ripa », in *Mélanges offerts à M.-D. Chenu, Maître en Théologie*, Paris, Vrin, 1967, p. 467-476. (« Bibliothèque Thomiste », XXXVII).

« La Sanctification par l'esprit incréé d'après Jean de Ripa, I *Sent.*, *Dist.* XIV-XV », in *Divinitas*, XI (1967), p. 681-714.

1968

« Être et infini selon Duns Scot et Jean de Ripa », in *De doctrina Ioannis Duns Scoti. Acta Congressus Scotistici Internationalis, Oxonii et Edimburghi 11-17 sept. 1966 celebrati.* Vol. IV : *Scotismus decursu saeculorum*, Romae, Societas Internationalis Scotistica,1968, p. 43-56. (« Studia scholastico-scotistica », 4).

« Histoire des théologies médiévales », in *Problèmes et méthodes d'histoire des religions*, Mélanges publiés par la Section des Sciences religieuses à l'occasion du centenaire de l'École pratique des Hautes Études, Paris, P.U.F., 1968, p. 221-229.

1969

« Karl Barth : un théologien de Dieu vivant », in *Cahiers universitaires catholiques*, février 1969, p. 257-259.

1971

« *In Memoriam* : André Combes (1899-1969) », in *Archives d'histoire doctrinale et littéraire du Moyen Âge*, XXXVII (1970) [1971], p. 7-8.

« Pour Lire Jean de Ripa (Sent. I prol. q. 3) », in *Studia mediaevalia et mariologica P. Carolo Balič OFM septuagesimum explenti annum dicata*, Roma, Ed. Antonianum, 1971, p. 283-302.

« Sur les dimensions métaphysiques du salut », in *Axes*, III (1971), p. 12-18.

Article « Nominalisme », in *Encyclopaedia Universalis*, t. XI (1971), p. 863-865.

1972

« Infini, liberté et histoire du salut », in *Deus et homo ad mentem I. Duns Scoti. Acta Tertii Congressus Scotistici Internationalis, Vindobonae*, 28 sept.-2 oct. 1970, Romae Societas Internationalis Scotistica, 1972, p. 495-507. (Studia scholastico-scotistica, 5).

1973

« Note sur la considération de l'infini dans les *Quaestiones disputatae de scientia Christi* », in *S. Bonaventura* 1274-1974, III, *Philosophica*, Grottaferrata (Roma) Collegio S. Bonaventura, 1973, p. 107-130.

« Saint Anselme, Barth et au delà », in *Les Quatre Fleuves*, I (1973), p. 83-95.

« Sur la christologie de W. Pannenberg », in *Les Quatre Fleuves*, I (1973), p. 119-127.

1974

« Christianisme et philosophie de la liberté », in *Les Quatre Fleuves*, III (1974), p. 99-116.

« Conditions d'une théologie de l'espérance », in *Les Quatre Fleuves*, II (1974), p. 92-96.

« La Philosophie médiévale dans *Le temps de l'Église* », in *Mélanges d'histoire des religions offerts à Henri-Charles Puech* sous le patronage et avec le concours du Collège de France et de la Section des Sciences religieuses de l'École pratique des Hautes Études. Paris, P.U.F., 1974, p. 549-555.

« Sur la place du Moyen Âge en histoire de la philosophie » (séance du 24 novembre 1973), in *Bulletin de la Société française de Philosophie*, 68ᵉ Année (1974), p. 1-29.

Article « Ockham, William of », in *Encyclopaedia Britannica*, 5ᵉ édition, 1974.

1975

« L'Histoire de la philosophie devant l'œuvre de Saint Anselme », in *Saint Anselme, ses précurseurs et ses contemporains. Journées d'études anselmiennes*, Aoste-Turin, 28-30 juin 1975, Quarante septième Bulletin de l'Académie saint Anselme (1974-1975), p. 11-24.

« Note sur le nominalisme d'Abélard », in *Pierre Abélard et Pierre le Vénérable. Les courants philosophiques, littéraires et artistiques en Occident au milieu du XIIᵉ siècle*. Abbaye de Cluny, 2-9 juillet 1972. Paris, Éditions du C.N.R.S., 1975, p. 523-527. (Colloques internationaux du C.N.R.S., n° 546).

« Penser Dieu révélé en Jésus : philosophie et anti-philosophie », in *Les Quatre Fleuves*, V (1975), p. 61-76.

« Pour une ecclésiologie critique », in *Les Quatre Fleuves*, V (1975), p. 29-44.

« La preuve ontologique chez Jean de Ripa (I. *Sent. Dist.* II *Qu.* I) », in *Die Wirkungsgeschichte Anselms von Canterbury. Akten der ersten internationalen Anselm-Tagung*, Bad Wimpfen, 13 sept. bis 16 sept. 1970, Frankfurt a. M., Minerva, 1975, p. 173-194.

1976

De saint Anselme à Luther, Paris, Vrin, 1976.

« La connaissance comme *apparentia* dans les *Prologi quaestiones* de Jean de Ripa », in *International Studies in philosophy*, VIII (1976), p. 39-56.

« Dieu contesté, Dieu incontestable », in *Les Quatre Fleuves*, VI (1976), p. 64-77.

1977

« Jean de Ripa, Hugues de Saint-Victor et Jean Scot sur les théophanies », in *Jean Scot Érigène et l'histoire de la philosophie*, Paris, C.N.R.S., p. 433-440.

« La problématique du nominalisme médiéval peut-elle éclairer des problèmes philosophiques actuels ? » in *Revue philosophique de Louvain*, 75 (1977), p. 293-331.

1978

Présentation p. 7-13, « Mystique, scolastique, exégèse », p. 295-311, in *Dieu et l'être, Exégèse d'Exode 3, 14 et de Coran 20, 11-24*, Paris, Études Augustiniennes.

« Le christocentrisme de saint Bonaventure et le problème d'une philosophie de la religion », in *Laurentianum*, 3 (1978), p. 391-412.

« Lire Duns Scot aujourd'hui », in *Regnum hominis et Regnum Dei*, Romae Societas Internationalis Scotistica, p. 33-46.

« Philosophie et théologie trinitaire chez Jean de Ripa », in *Archives de Philosophie*, 41 (1978), p. 221-236.

« Métaphysique de l'Exode, philosophie de la religion (à partir du *Primo principio* selon Duns Scot) », in *Rivista di filosofia neo-scolastica*, LXX (1978), p. 135-148.

1979

Contribution au symposium « La conception de la philosophie au Moyen Âge », *Actas del Congreso Internacional de Filosofia Medieval* (Madrid 1972), Madrid, Editoria Nacional, p. 81-85.

« Étienne Gilson », in *Revue de métaphysique et de morale*, 73 (1979), p. 289-295.

« Étienne Gilson », in *Annuaire LXXVII, 1978-1979 de l'École pratique des Hautes Études*, V⁵ section, p. 27-37.

« Situation eschatologique d'un métaphysicien : Jean de Ripa, *Prologi quaestiones* », in *Rozniki Filozoficzne*, XXVII (1979), p. 183-200.

1980

« Nécessité des raisons dans le *Monologion* », in *Revue des sciences philosophiques et théologiques*, 64 (1980), p. 3-25.

« Situation d'un historien philosophe devant la scolastique des XIVᵉ et XVᵉ siècles », in *Étienne Gilson et nous : la philosophie et son histoire*, Paris, Vrin, 1980.

1981

« Le concept de Dieu chez Jean de Ripa », in *Memoria di Anneliese Meier*, Roma, Edizioni di Storia e Letteratura, p. 453-479.

« Sur *esse* et *intelligere* en Dieu », in *Métaphysique, histoire de la philosophie*, Neuchâtel, La Baconnière, p. 143-150.

1982

Préface à Eduardo Briancesco, *Un tryptique sur la liberté : la doctrine morale de saint Anselme*, Paris, Desclée de Brouwer, 1982, p. 9-14.

1984

« Pour situer dans l'École une question de Maître Eckhart, interrogations et suggestions sur *être*, *connaître* et *vouloir* en Dieu », in *Maître Eckhart à*

Paris, Une critique médiévale de l'ontothéologie, Paris, P.U.F., p. 141-154.

« Valeur morale et valeur de salut », in *Homo et mundus*, Romae Societas Internationalis Scotistica, p. 53-67.

« Conclusions générales » de *Preuves et raisons à l'Université de Paris, Logique, ontologie et théologie au XIVe siècle*, Paris, Vrin, p. 287-296.

1985

« Sur un paradoxe scotiste et sa critique par Jean de Ripa », in *L'art des confins, Mélanges... de Gandillac*, Paris, P.U.F., p. 185-200.

1986

« Métaphysique de l'Exode et univocité de l'être chez Duns Scot », in *Celui qui est, Interprétations juives et chrétiennes d'Exode 3-14*, Paris, Cerf, p. 103-126.

1987

Philosophie au Moyen Âge, précédé d'une Introduction nouvelle et suivi de *Lire Duns Scot aujourd'hui*, Albeuve, Castella, 278 p.

INTRODUCTION À L'ÉDITION
DE 1987

Consentir à la reproduction d'un petit ouvrage épuisé en version française originale, mis au point il y a un quart de siècle et qui apparaît en tant de points dépassé par la recherche ultérieure : un vieil historien n'a pu s'y décider que sur l'insistance amicale de chercheurs beaucoup plus jeunes auxquels, attestant leur compétence, leurs travaux donnent autorité.

Un historien tendant naturellement à situer sa recherche historiquement, cet essai sur la condition de la *philosophie au Moyen Âge* peut être présenté en la rapportant successivement à sa préparation et aux réflexions de l'auteur après sa parution, références qui peuvent suggérer de nouvelles directions de travail.

I

Philosophie au Moyen Âge a été en 1958 une « édition refondue », par modification partielle du texte, de *La pensée au Moyen Âge,* livre paru en 1938 chez le même éditeur Armand Colin, dans la même collection ; la diversité des titres signale un changement du point de vue sous lequel étaient envisagées des données et reprise une analyse en très grande partie les mêmes : progrès dans la précision dont rend compte la différence entre l'*Avant-propos* de 1958, reproduit ci-dessous, et celui de 1938.

Nommé durant l'année académique 1934-1935 à la succession d'Étienne Gilson qu'il avait déjà suppléé en 1933-1934 dans une direction d'études *des doctrines et des dogmes* à la Vᵉ Section (Sciences Religieuses) de l'École pratique des Hautes

Études, à la Sorbonne, l'auteur de l'essai de 1938 en expliquait le titre en le « situant » parmi les travaux « également possibles sur la même matière » : il ne proposait « une brève histoire non de la *philosophie* mais de la *pensée...* terme moins déterminant, plus large » qu'en raison du débat en cours « sur le caractère *philosophique* de la pensée médiévale ». C'est comme *théologique* en effet que celle-ci se présentait à l'historien, qu'il l'envisageât sous « l'aspect total » d'une « spéculation... ultime » ou y discernât un « mode de penser ». Le nouvel intitulé de 1958 signalait que l'auteur, de formation philosophique, qui n'avait pas préjugé « du caractère philosophique de la spéculation médiévale », avait atteint un point de vue d'où apparaissait « l'insertion du Moyen Âge dans la suite d'une histoire *de la philosophie* » : perspective dont nous avons d'abord à suivre l'élaboration.

L'*Avant-propos* de 1958 spécifie la dimension propre du mode *théologique* de pensée qui se réfère à une *révélation,* source pour le croyant, à ses yeux et en lui, de pensées plus qu'humaines ; dans les termes classiques du *Discours de la Méthode,* cet « être plus qu'homme » par grâce, « extraordinaire assistance du ciel » que suppose la sagesse chrétienne du croyant, distingue celle-ci de la philosophie, « une des occupations des hommes purement hommes »[1]. La référence du même *Avant-propos* à « la notion de philosophie chrétienne » appelle à rapporter l'ouvrage, dans sa seconde version et sans doute sa première, à la controverse contemporaine sur cette notion, proposée par Étienne Gilson dans ses leçons de 1931 sur *L'esprit de la philosophie médiévale* comme permettant à la fois à l'historien de caractériser cet esprit et au croyant philosophe de résoudre « le problème de la philosophie chrétienne », objet de la première leçon. L'enracinement contemporain de *Philosophie au Moyen Âge* apparaît dans la remarque que le fait « d'une influence du christianisme sur des spéculations qui se veulent rationnelles pose... un problème plus grave pour le croyant que pour l'incroyant ». Gilson citant Lessing n'est pas seul présent à ce passage de l'*Avant-propos* ; avant même Gilson, l'auteur,

1. Édition Adam et Tannery, p. 3, 1.21-22 et p. 8, 1.16-17.

chrétien et apprenti philosophe d'une certaine génération, a connu Maurice Blondel et son projet dans *L'Action,* thèse alors fameuse de 1893, d'approche philosophique du Christianisme[1].

Le même enracinement paraît dans les pages de *La pensée au Moyen Âge* sur Thomas d'Aquin où il était dès l'abord noté que « la renaissance du thomisme n'a point, autant qu'on l'attendrait, servi l'intelligence réelle de saint Thomas, entendons la compréhension historique d'une œuvre d'un temps et d'un milieu donné » par un homme d'autres temps et milieu ; la continuité des textes entre *Philosophie* et *Pensée au Moyen Âge* et les différences entre le premier et le second éclairent l'un et l'autre la position du problème et le progrès dans son examen. La page 117 de l'édition de 1938 précise déjà « la plus grave difficulté » que l'historien éprouvait « à montrer dans le thomisme un mode de pensée rationnel » : sa présentation par Gilson comme « philosophie chrétienne » ne suppose pas seulement qu'ait un sens l'union des « deux termes » constitutive de cette expression, mais « d'abord l'application du premier (« philosophie ») à l'œuvre d'une raison imbue de philosophie aristotélicienne ». La même édition constate sur cet exemple à quel point « Descartes nous sépare du Moyen Âge ». La remarque était d'un élève de Léon Brunschvicg en histoire générale de la philosophie que ce maître liait à l'histoire des sciences, par l'articulation au XVIIe siècle entre conscience de la rationalité et avènement de la physique mathématique. Ayant abordé saint Thomas par la recherche des sources de Descartes, marqué dans la *formation du système cartésien* le rôle décisif du rejet des *formes substantielles* de l'aristotélisme scolastique et conclu son *Esprit de la philosophie médiévale* par une pointe polémique contre un propos, non moins polémique, de Léon Brunschvicg (« S'il était vrai, comme on l'a dit, que saint Thomas était un enfant et Descartes un homme, nous serions bien près de la décrépitude »), notre maître en médiévisme devait savoir combien nous était

1. La référence à Maurice Blondel est à joindre aux « indications rétrospectives » du *Témoignage* donné en avant-propos du recueil d'articles *De saint Anselme à Luther, op. cit.,* p. 7-11.

étrangère « l'espèce d'évidence qu'ont pu présenter à une pensée
– physique – les formes substantielles » : évidence fondamentale
en Physique scolastique, science de *natures* comparables à des
« formes » telles que l'âme du composé humain. N'étant plus
comme un médiéval en rapport immédiat avec ces objets de
philosophia naturalis, un historien moderne pouvait les
rapporter au « lien qu'a pu trouver un esprit religieux entre une
Bonté créatrice et des créatures agissantes »; l'occasionalisme
du cartésien Malebranche conduisait à comprendre le thomisme
« par antithèse » en rejetant sa conception de la causalité seconde
pour « réserver à Dieu l'efficace ». L'ouvrage de 1958 reliait à
« la générosité de Dieu selon le Pseudo-Denys le naturalisme
thomiste » centré sur une notion que Descartes a éliminée « pour
fonder sa physique et la nôtre » : celle de *nature* à laquelle le thomisme suppose « une valeur rationnelle » posée par « une philosophie pure ».

Dans l'*Avant-propos* de 1958, reproduit ci-dessous, deux
citations d'historiens de la philosophie indiquent l'amplitude
éventuelle de leur discipline. Dans le premier propos, déjà cité
par nous en 1934 *(Justification et prédestination au XIVᵉ siècle)*,
Jean Laporte, un de nos professeurs en histoire de la philosophie
moderne, affirmait sa compétence pour analyser *la doctrine de
Port-Royal,* une théologie de la grâce, parce que « quelle qu'en
soit l'origine, la pensée religieuse en elle-même est nécessairement une pensée humaine ». C'était justifier l'entreprise de
l'apprenti en histoire de la philosophie appelé en 1933 à un
enseignement *des doctrines et des dogmes* dans un centre de
sciences religieuses; en 1960 cette direction d'études fut spéci-
fiée en *histoire des théologies médiévales.* Comme exemple
contemporain du mode de penser théologique dont le renouvellement manifestait la vitalité continue, l'*Avant-propos* de 1958
citait la *Dogmatique* de Karl Barth qu'avait précédée en 1931,
sous le titre *Fides quaerens intellectum,* son interprétation de la
preuve de l'existence de Dieu aux chapitres 2-4 du *Proslogion,*
« un des plus beaux livres d'histoire médiévale ». En refusant de
classer cet argument « dans un genre spéculatif fixe au préa-

lable » : *philosophie* ou *théologie*, l'ouvrage de 1958 répondait à l'interrogation de Gilson en 1934 sur *sens et nature de l'argument anselmien*; auparavant il présentait la dialectique, aussi complexe qu'originale, du *Monologion,* il discernait une rationalité dans ce *De Trinitate* qui se voulait strictement rationnel – *sola ratione.* Dans un premier essai sur cette dialectique publié en 1947, l'attention que nous portons aux « termes humains » d'un langage signifiant des « choses » divines confirme notre relation à Barth, figure éminente de l'avant-guerre, théologien de la transcendance de la Parole divine qu'expriment « sous le toit de l'Église », lieu de la théologie, les paroles humaines qui l'attestent dans la Foi. L'*Avant-propos* reproduit ci-dessous signale la continuité de cette Dogmatique *ecclésiastique* « résolue à ne pas se dégrader en philosophie » avec la Scolastique; estimant que « nos paroles, si libres et originales soient-elles, doivent... se traduire en termes d'école », le grand théologien réformé reprend dans ses *Prolégomènes* le thème « la dogmatique comme science », en remarquant : « la crainte de la scolastique est la caractéristique des faux prophètes. Le vrai prophète accepte de soumettre son message à cette épreuve ... »[1].

La seconde citation de notre *Avant-propos* est d'un plus ancien maître de l'histoire de la philosophie en Sorbonne Victor Delbos, pour nous interprète de Spinoza, de Malebranche, de Kant, un ami depuis des années communes d'École Normale supérieure de Maurice Blondel. D'après un de ses cours resté inédit jusqu'en 1925 sur *la préparation de la philosophie moderne,* en particulier l'idéalisme postkantien, dans le « mysticisme allemand » de Maître Eckhart à Jacob Bœhme, l'influence, maintes fois vérifiée depuis, « exercée sur de très grands philosophes par un tel mysticisme... témoigne bien qu'il serait vain de présumer que tout ce qui est susceptible de prendre un sens

---

1. Jean Laporte, *La Doctrine de Port-Royal. Essai sur la formation et le développement de la doctrine,* Saint-Cyran, Paris, 1923, p. 13. – Sur l'histoire de la direction d'études des théologies médiévales : *Problèmes et méthodes d'histoire des religions. Mélanges... à l'occasion du centenaire de l'École pratique des Hautes Études,* Paris, 1968, p. 221-229. – Karl Barth, *Dogmatique,* 1er volume, tome 1er, fascicule 1, Genève, 1953, p. 266.

rationnel doit nécessairement entrer dans le monde et dans l'esprit humain par la voie de la simple raison »[1].

Devançant l'affirmation par Jean Laporte de la compétence de l'historien philosophe en analyse rationnelle de dogmatiques théologiques, Delbos appelait les historiens de la philosophie moderne à étudier les spéculations médiévales, en relation originaire avec la théologie de l'expérience mystique. L'ouvrage de 1958 manifeste une attention accrue aux mystiques médiévaux. Se référant aux *Quaestiones parisienses* publiées en 1936 avec un commentaire de Raymond Klibansky, il marque l'intérêt de l'œuvre d'Eckhart, à la fois allemande et latine, pour l'élucidation du rapport entre mystique et scolastique comme modes de pensées et d'expression. Plus attentif que celui de 1938 à la Trinité, ce livre de 1958 signale la similitude d'approche problématique dans la mystique d'Eckhart et la subtilité métaphysique de l'école scotiste. Indiquant une direction de recherche où nous ne nous sommes pas assez engagé, nos deux livres successifs lient Eckhart et sa suite jusqu'à la Renaissance du XVe par Thierry de Freiberg à Albert le Grand au XIII et en deçà au IXe, celui de Scot Érigène, suivant une filiation néo-platonicienne qui, dans l'interprétation du Moyen Âge intellectuel, apparaît une référence fondamentale. En présentant Érigène, nous rappelions dès 1938 qu'un de nos maîtres en histoire de la philosophie Émile Bréhier enseignait à propos de la création et du salut que l'« image chrétienne et l'image néo-platonicienne de l'univers ont en commun une sorte de rythme » : *exitus-reditus,* sortie de Dieu – retour à Dieu. Pour expliquer comment, sous le regard du dominicain Thierry de Freiberg, cette « procession » et cette « conversion » sont « un mouvement unique » et non « deux mouvements inverses d'aller et de retour », le même ouvrage se référait à la présentation par Henri Bergson de *l'intuition philosophique* de Spinoza. L'intellect de Thierry nous orientait ainsi vers celui d'Eckhart, lieu d'accomplissement du salut par

---

1. La leçon de V. Delbos sur « Le mysticisme allemand » a été publiée dans le N°3 des *Cahiers de la Nouvelle Journée*, Paris, 1925, p. 110-121. – Magistri Eckardi *Opera Latina… XIII Quæstiones Parisienses,* Leipzig, 1936.

« coïncidence avec Dieu ». Nous retrouvions chez ces dominicains allemands la conception plotinienne du salut selon laquelle,
au dire de notre maître en néo-platonisme Bréhier, « notre salut
n'est pas à faire, il est éternellement fait parce qu'il fait partie de
l'ordre des choses » : concept philosophique opposé à la présentation chrétienne du salut dans « une série d'événements dont
chacun part d'une libre initiative : création et chute, rédemption
et vie future dans la béatitude ». Retenons que la référence à « ce
cours irréversible, cette histoire » est présente au livre de 1938.
Retenons aussi que dans la controverse de 1931 à la Société
Française de Philosophie sur la *philosophie chrétienne*, Émile
Bréhier fut un adversaire radical de cette notion dont les deux
versions de notre petit livre ne discutent point. Celui de 1958
l'applique au thomisme sans la mettre en cause. En 1938 l'approche dominante des attitudes médiévales se fait apparemment
à partir du dilemme *philosophie* ou *théologie* ; en 1958 la constatation qu'en « théorie de la connaissance » – selon la terminologie moderne – le franciscain Matthieu d'Aquasparta ne trouve
pas dans la « philosophie naturelle » des principes d'explication
suffisants – *deficiunt principia philosophiae* (ou *physicae*) –
conduisait à parler de « théologie de la connaissance », terme
utilisé dans nos cours, – *recurrendum ad principia theologiae*.
Le livre de 1938 opposait déjà à la considération de la « nature de
la raison », de son *essence* de pure *lumière naturelle* la considération par les franciscains saint Bonaventure et Duns Scot des
états de la raison, de la diversité issue des événements péché
originel et rédemption. L'ouvrage de 1958 précise que « l'expérience de la philosophie » qu'invoque le thomisme était une
« expérience de la philosophie interrogée par le théologien ».
Quand il situait la noétique de Scot par rapport à celle de Thomas
d'Aquin, le livre de 1938 indiquait déjà que le Docteur franciscain « pense toujours les rapports de la foi et de la raison à la
manière historique de saint Bonaventure » ; le livre de 1958
présente de cette « théorie de la connaissance fondée sur une
révélation » une articulation rationnelle qui en manifeste la

cohérence. Des spéculatifs médiévaux situaient donc leur spéculation dans l'histoire du salut révélée à leur foi [1].

La réflexion de 1958 sur la noétique de Scot signale un nouveau rapport à un autre problème contemporain, non moins important pour la suite. Complétant la présentation de sa noétique, son interprétation de « l'illumination augustinienne » marque dans l'entendement divin la situation *seconde* par rapport à l'essence divine des créatures connues comme « créables » au moment de l'éternité – *instans naturae* – où elles sont produites *in esse cognito* ou *intelligibili* – simplement à titre d'objets connus. Quand il notait à ce propos en 1957 la place de « la théorie des Idées » dans une « philosophie de la religion ou critique de la théologie », Henry Duméry, disciple et interprète original de Maurice Blondel, signalait le rapport, signalé par nous en 1958, d'un travail de médiéviste à la problématique contemporaine de recherche philosophique. En 1938 nous avions simplement remarqué que Scot Érigène disait les idées *créées* comme les choses « mais point dans le même sens »; le livre de 1958 mentionna la reprise de cette situation érigénienne des Idées « au-dessous de Dieu » dans « la première effervescence du XIIIe siècle » à l'Université de Paris. Avant de présenter, au seuil du XIVe siècle, les intelligibles de Duns Scot « Idées divines » non « strictement coéternelles à l'essence divine », le même livre rappelait que saint Bonaventure avait « par le moyen du Verbe, pensé les Idées en fonction de la Trinité » en faisant « coïncider » la conception des Idées avec la génération du Verbe qui est Fils. Ce Verbe éternel était la même personne que Jésus, Verbe incarné; le christocentrisme de saint

---

1. H. Bergson, *L'intuition philosophique,* communication au Congrès philosophique de Bologne, 1911 : …« l'intuition qui fut celle de Spinoza… le sentiment d'une coïncidence entre l'acte par lequel notre esprit connaît parfaitement la vérité et l'opération par laquelle Dieu l'engendre, l'idée que la conversion des Alexandrins quand elle devient complète, ne fait plus qu'un avec leur procession et que lorsque l'homme sorti de la divinité arrive à rentrer en elle, il n'aperçoit plus qu'un mouvement unique là où il y avait eu d'abord les deux mouvements inverses d'aller et de retour… », p. 33-34 de l'édition de 1927. – É. Bréhier, note à son édition des *Ennéades,* tome I, p. 215.

Bonaventure annonce la christologie à la fois dogmatique et philosophique de Malebranche ; *Philosophie au Moyen Âge* situe ce christocentrisme et celui de Duns Scot entre les remarques sur la place de l'Incarnation dans la théologie mystique issue du Pseudo-Denys traduit par Érigène et dans le *De docta ignorantia* de Nicolas de Cues. Ces notations annoncent le refus de limiter le champ de l'histoire de la philosophie qu'exprime le rappel, aux dernières lignes de l'ouvrage, qu'« interpréter le message chrétien et la personne même de Jésus a été un problème pour Spinoza, Hegel ou Bergson ». Quelques pages auparavant nous rappelions qu'Émile Bréhier avait trouvé chez Duns Scot « l'affirmation sans réticence de ce que l'on pourrait appeler le caractère historique de la vision chrétienne de l'univers ». En joignant cette conception du « salut comme histoire » à la notion de « philosophie de la religion », le progrès depuis 1938 de notre réflexion avait atteint les deux idées directrices de notre compréhension ultérieure du Moyen Âge intellectuel [1].

Avant de la caractériser nous devons retenir les principaux traits de notre vue d'ensemble de 1938 à 1958. Ce fut dès 1938 une découverte de diversité dans ce Moyen Âge auquel on prêtait

---

1. Titres complets des ouvrages d'H. Duméry publiés à Paris en 1951 : *Critique et religion, problèmes de méthode en philosophie de la religion,* Paris, S.E.D.E.S. ; *Philosophie de la religion, essai sur la signification du christianisme,* 2 volumes aux P.U.F. – Disciple de Maurice Blondel qui préfaça en 1958 son exposé de *La philosophie de l'action,* Paris, 1948, H. Duméry a proposé de *L'Action* et des ouvrages postérieurs de M. Blondel une interprétation vivement contestée par Henri Bouillard dans *Blondel et le Christianisme,* Paris, 1961, au cours d'une longue controverse qui conduisit aux 597 pages d'H. Duméry, *Raison et Religion dans la Philosophie de l'action,* Paris, 1963 : avec l'approche philosophique du Christianisme sont en cause les notions de philosophie et de théologie dans une génération de catholiques, dont M. Blondel attira dès leur jeunesse étudiante l'attention *sur les exigences de la pensée contemporaine en matière d'apologétique,* objet de sa *Lettre* fameuse de 1896 rééditée en 1956 dans *Les premiers écrits de Maurice Blondel.* Dans son *Blondel* de 1961, le P. Bouillard se référait p. 250-253 à notre interprétation de la spéculation anselmienne et p. 255 à nos remarques sur « le mode de pensée » de Blondel dans le recueil *Recherches philosophiques* de 1936-1937. Nous ne séparons pas ce que nous devons aux travaux de H. Duméry de ce que nous devons à nos échanges de vues et aux ouvrages du P. Bouillard. Nous avons nous-même envisagé les dernières œuvres de M. Blondel dans un article de *La Vie intellectuelle* de juin 1935.

généralement une « forte unité intellectuelle » qui lui donnait « apparence de pauvreté » : le titre du chapitre central était : *diversité au XIIIᵉ siècle*. A l'égard de ce siècle, celui de saint Thomas, nous ne reprenions pas simplement la position d'Étienne Gilson qui présenta en 1924 une *Philosophie de saint Bonaventure* en dualité irréductible avec le thomisme, objet continu de sa recherche ; c'était de multiples synthèses que nous paraissait capable cet « âge organique » de construction doctrinale. Regardant ainsi *hors du thomisme,* nous écartions l'image commune d'un XIIIᵉ siècle centré sur les thèses philosophiques qu'avait diffusées à la fin du XIXᵉ et au début du XXᵉ le néothomisme de l'Église romaine. Nous y avons été paradoxalement aidé par l'approche de *saint Thomas et son temps* qu'élabora l'école dominicaine française du Saulchoir sur laquelle l'attention vient en 1984 d'être attirée par la réédition de l'ouvrage de 1937 du P. Marie-Dominique Chenu, *Une école de théologie : le Saulchoir.* Celui-ci a écrit avec raison : « Il n'y avait pas deux Chenu ». Une amitié qui allait indivisément au censeur compréhensif de *la Vie Intellectuelle* et au régent des Facultés du Saulchoir permet de nous situer l'un et l'autre : dans le contexte évoqué par la récente réédition. C'est pour répondre au problème contemporain d'enseignement supérieur lié à la recherche que parut en 1937 l'étude sur *la science des religions en France* demandée par le sociologue Célestin Bouglé à Henri-Charles Puech et moi ; nous le terminâmes en remarquant que « le point de vue sociologique rejoignait celui de l'histoire de l'Église et des dogmes ». L'équipe de chercheurs qui, trente ans plus tard, a réédité ce travail de jeunesse dans son *Introduction aux sciences humaines des religions* a reproduit dans ce volume collectif, sous le titre *Méthodes historiques et position de la théologie,* les pages « dont l'actualité demeure » où, en 1937, le régent du Saulchoir rapportait cette discipline à l'histoire au double sens de *mode d'approche du réel* dans le passé, et de *réalité* présentement vécue. L'Église devait apporter une réponse adéquate à l'ensemble de la situation intellectuelle à laquelle répondait en exégèse *l'École biblique* du P. Lagrange, institution dominicaine française : une crise doctrinale du christianisme catholique provoquée par l'application aux matières de foi de « la critique historique…, instrument rationnel nouveau », au XXe siècle encore pour la généralité des théologiens de l'Église romaine. Ceux qui vivaient cette crise relevaient des situations semblables dans des « cycles de culture » de « la chrétienté d'Occident » aux XIIe et XIIIe siècles : d'abord lorsque Abélard fit de la dialectique un instrument de la théologie, ensuite lorsque l'entrée d'Aristote révéla à la raison chrétienne l'idéal grec de la science. Promoteur en chrétienté de « la philosophie aristotélicienne des natures et la science rationnelle qu'elle fonde », le thomisme était au Saulchoir comme dans nos petits livres mis en relation avec « la Renaissance des XII-XIIIe siècles », le second dans une continuité avec le premier que manifestent les ouvrages ultérieurs du P. Chenu : *Introduction à l'étude de Thomas d'Aquin* (1950) et, recueil d'articles enfin réunis, *La théologie au XIIe siècle* (1957). En marquant la dimension « cosmique » de l'homme thomiste, « nature dans la Nature », nous ne rappelions pas seulement en 1958 la difficulté de compréhension qu'opposait cette *philosophia naturalis* à un postcartésien dépaysé au « pays des formes substantielles » ; nous la surmontions en faisant paraître dans ce *naturalisme* un *humanisme* accordé à l'idée paulinienne de Dieu qui veut des coopérateurs. Le naturalisme ainsi doté d'une rationalité religieuse, la Renaissance des XIIe et XIIIe siècles s'accompagnait d'un *évangélisme* : celui des Frères Prêcheurs et des Frères Mineurs, Ordres Mendiants à situer dans le mouvement social de l'époque : l'optimisme évangélique du P. Chenu surmonte les situations de crise. En laissant à l'histoire sa « consistance humaine… étoffe de la révélation », incarnation de « l'éternel dans le temps où seulement l'esprit de l'homme le peut atteindre », le théologien y atteint par la « grâce personnelle » de la foi, « parole de Dieu en moi » dans la « Lumière intérieure » où Il « se révèle ». C'est à partir de cette conception de la « transcendance de la foi, communication avec le savoir divin », que nous avons compris la notion thomiste de « théologie comme science ». Nous le devions à ces dominicains français qui furent aux prises avec le conservatisme d'une institution hiérarchique parce qu'ils réagissaient aux problèmes de leur temps avec la liberté de croyants auxquels la Foi avait été donnée pour penser l'expérience de leur époque en se référant à l'Évangile [1].

Cette approche dominicaine des études médiévales ne nous éloigne nullement des modes de penser franciscains qu'annonçant le livre de 1958 présentaient nos contributions de 1956, *Duns Scot* et *Occam*, à l'ouvrage collectif *Les philosophes modernes* conçu par Maurice Merleau-Ponty. Pour le régent du Saulchoir les systèmes théologiques étaient en effet « l'expression des spiritualités »; il envisageait avec « l'augustinisme bonaventurien ou scotiste » que le théologien « cherche l'intelligence » d'« une série d'initiatives divines, absolues », des « contingences… d'un amour »; par *philosophia perennis* il n'entendait pas « un système défini de propositions » mais « un corps d'intuitions maîtresses » inspirant des réponses à une « problématique » constamment renouvelée de « questions dites éternelles »; la philosophie était abordée avec un « sens de l'histoire » qui suggérait à des chrétiens de traiter le problème christianisme et philosophie en pensant avec Merleau-Ponty

---

1. M.-D. Chenu, *Une école de théologie : le Saulchoir*, avec les études de G. Alberigo, E. Fouilloux, H.L. Larivière et J.P. Jossua, préface de R. Rémond, Paris, 1985; réédition de l'essai du même auteur publié à la fin de 1937, retiré de la circulation après un voyage de l'auteur à Rome en février 1938, inscrit à l'Index par décret romain du 6 février 1942 : destin éclairé par les études de G. Alberigo, *Christianisme en tant qu'histoire et théologie confessante* et de E. Fouilloux, *Le Saulchoir en procès* (1937-1942); pour notre part, nous insisterions davantage que ce dernier sur les connexions politiques de la guerre d'Ethiopie au régime de Vichy. – Le *symposium* publié par H. Desroche et J. Seguy, *Introduction aux sciences humaines des religions*, Paris, Cujas, 1970, reproduit l'essai de H.C. Puech et P. Vignaux, « Les Sciences Religieuses » dans *Les Sciences sociales en France*, Paris, 1937. – M.-D. Chenu, *La théologie comme science au XIIIᵉ siècle, pro manuscripto*, 1943; édition revue et augmentée, Paris, 1947; *Introduction à l'étude de saint Thomas d'Aquin*, Montréal-Paris, 1950; *La théologie au XIIᵉ siècle*, Paris, 1957.

que, « quelles que soient ses acquisitions, la philosophie chrétienne n'est jamais chose faite » [1].

Nous venions de présenter la diversité d'un Moyen Âge en mouvement, au XIIIᵉ siècle même, lorsque, selon notre souvenir, au dernier printemps de l'avant-guerre Léon Brunschvicg nous fit signe de traverser la rue Gay-Lussac pour nous remercier avec humour de l'envoi de notre petit livre en précisant que notre Moyen Âge « ne ressemblait pas à celui de Gilson ». Notre maître en rationalisme avait aperçu ce que nous devions à l'exemple d'histoire critique donné à la fois dans son enseignement et ses ouvrages sur *la philosophie mathématique, la causalité physique, le progrès de la conscience* : l'attention aux modes de penser, point de vue philosophiquement majeur sous lequel Duns Scot et Occam étaient opposés dès 1938 dans le titre même du chapitre V. Nous retrouvions cette attention chez des scolastiques dont les thèses n'apparaissaient donc plus liées à une totale « naïveté dogmatique ». Cet aspect proprement *philosophique* de Scot fut, pour l'essentiel, confirmé en 1952 par *l'Introduction* de Gilson à ses *positions fondamentales* et par la parution de 1950 à 1956 des quatre premiers tomes de l'édition critique de l'*Ordinatio* suscitée et dirigée par le P. Balič ; celle-ci nous offrait l'occasion rare de saisir, dans son ultime phase inachevée, le travail d'un chercheur qui, appliquant l'acuité de *Subtilitas* aux concepts de la métaphysique, libérait, par une analyse critique de l'expérience des philosophes, l'image antique du monde « pour l'histoire humano-divine que racontent les Écritures ». Quant à Ockham, typique du *Nominalisme* dans notre article de 1931 du *Dictionnaire de Théologie Catholique*, sa *ruditas* ennemie de la *subtilitas* scotiste éprouvait les concepts de théologiens philosophes aux critères d'une autre rigueur. L'édition de 1958 demandait à Ockham plus que la présentation du mode de pensée « nominaliste » ou « terministe » : noter la valeur qu'aux yeux de ce théologien gardaient l'éthique et le

---

1. *Les philosophes célèbres...* sous la direction de Maurice Merleau-Ponty, Paris, 1956 : p. 104-109 « Christianisme et philosophie » par M. Merleau-Ponty ; p. 110-113 « Saint Augustin » ; p. 120-127 « Duns Scot », « Occam ».

droit naturel, évoquer l'ecclésiologie critique que manifesta la polémique contre la Papauté d'un franciscain allié en cette affaire à l'Empereur ne signalaient pas seulement les problèmes sur lesquels ses intérêts ont appelé la combativité d'un logicien dont la cohérence de pensée et de vie est en question; une direction de recherche était indiquée vers le contexte de crise de la Chrétienté dans lequel doit être située l'intelligentsia des deux derniers siècles du Moyen Âge. Si nous n'avons pu continuer l'analyse, commencée en 1931, de la préparation au siècle d'Abélard du mode ockhamien de penser, nous avons en 1958 pris en compte l'apport de notre leçon canadienne de 1949 *Nominalisme au XIVe siècle* et esquissé en 1977 une vue d'ensemble des rapports entre *la problématique du nominalisme médiéval* et les *problèmes philosophiques actuels* : cet élargissement de notre horizon ne marque pas seulement la place que dans l'analyse du *non-réalisme* apparemment essentiel au « nominalisme » et de la réflexion corrélative sur le langage devrait prendre à côté du *terminisme* la doctrine « augustinienne » du signifié de la proposition chez Grégoire de Rimini et Hugolin d'Orvieto. La fécondité de notre attention aux modes de pensée médiévaux est confirmée par le développement en cours d'histoire de la logique qui a récemment renouvelé l'intérêt international pour les études philosophiques médiévales [1].

Un quart de siècle après, la révision de 1958 de notre dernier chapitre apparaît prodigieusement insuffisante, en raison a la fois de l'abondance des documents mis au jour et des études publiées sur les différents *aspects des XIVe et XVe siècles*. Que dire de ceux signalés dans la seconde version, plus nombreux que

---

[1]. Léon Brunschvicg, *Les étapes de la philosophie mathématique,* Paris, 1912. – *L'expérience humaine et la causalité physique,* Paris, 1922. – *Le progrès de la conscience dans la philosophie occidentale,* Paris, 1927. – Notre conférence à Louvain « La problématique du nominalisme médiéval peut-elle éclairer des problèmes philosophiques actuels ? », *Revue philosophique de Louvain,* année 1977, p. 293-331. – La connexion entre le développement de l'histoire de la logique et le renouveau actuel des études de philosophie médiévale est manifeste dans le très remarquable ouvrage collectif dirigé par N. Kretzmann, A. Kenny et J. Pinborg, *The Cambridge History of Later Medieval Philosophy,* Cambridge, 1982.

dans la première? Si limité qu'il fût, l'enrichissement de la réflexion sur « la mystique spéculative » d'Eckhart justifiait par avance une orientation, récemment acquise, vers une étude plus poussée de *la mystique rhénane* et de ses sources néoplatoniciennes, développement qui vient équilibrer notre choix d'une perspective scotiste. En rappelant l'acquis de notre article *Nicolas d'Autrecourt* de 1931 nous maintenions, en présentant ce cas extrême, l'attention sur la mise en question, caractéristique de l'époque, du fond aristotélicien de la culture médiévale; il a été heureusement indiqué que le degré de critique doit être relevé dans chaque cas: sans recherche de la précision, intérêt même pour la nuance, on risque de mal évaluer la mutation des esprits quand le Moyen Âge allait s'achever. Tel était aussi l'esprit dans lequel, bénéficiant des études, de la culture et de l'amitié de notre collègue Koyré, nous avons en 1958 situé l'apport possible des XIVᵉ et XVᵉ siècles à l'histoire des sciences. A l'interprétation courante, exclusivement *critique* de l'orientation et de l'œuvre intellectuelles du XIVᵉ siècle, nous avons réagi par la double mention en 1958 de théologies métaphysiques si élaborées de franciscains « scotistes indépendants » sinon « ultra-scotistes » comme François de Meyronnes et surtout Jean de Ripa. C'est à la générosité du regretté Mgr Combes, jointe à sa puissance de travail, que le Centre des Religions du Livre doit d'avoir pu étudier l'œuvre du second; continuée par Francis Ruello, cette étude intéresse les historiens à la fois de la métaphysique, de la doctrine du salut, de la théologie mystique, de la théorie des nombres et de l'image de l'univers où elle met en cause la connexion proposée par Alexandre Koyré entre monde fini et Dieu infini. Les problèmes des « conditions de salut » est au centre du dernier *aspect* signalé *des XIVᵉ et XVᵉ siècles*: la simple lecture du texte montre l'intérêt œcuménique de réflexions dont le point de départ a été la remarque, notée en 1935, d'Adolf Harnack sur le sens « évangélique » de l'identification par Pierre Lombard de la vertu de charité à l'Esprit-Saint. Ainsi conduit à s'achever sur « l'humanisme théologique » de Duns Scot, notre petit livre de 1958

rappelait notre première communication d'avril 1934 : continuité explicable à la fois par la progression d'études historiques
et de la conscience de problèmes contemporains [1].

En 1958 comme en 1938, notre approche permettait de
discerner « l'intérêt humain de questions abstraites » ou qui du
moins paraissaient telles parce que sans rapport apparent avec la
vie, étant formulées dans un ancien langage technique : nous
donnions comme exemples, dès l'*Avant-propos* de 1938, les
problèmes que conduit à poser l'exégèse des textes d'Aristote
sur l'intellect. Pour le théologien philosophe penser étant
« comme un métier » et le « mode de penser » n'étant saisissable
qu'à travers le mode d'expression, nous avions à retrouver sous
les formes techniques des options vitales exprimant des préfé-
rences dans un jeu d'intérêts et de valeurs : les thèses scolastiques
deviennent sous le regard de l'historien des prises de position
dans un monde conflictuel ; une conclusion par synthèse intervient une fois rencontrée et surmontée une contradiction. Nous
avons perçu et marqué cet aspect de l'intellectualité médiévale
en un moment de crise de notre société où la nostalgie d'un « âge
organique » conduisait nombre de nos contemporains à rêver
d'un « nouveau Moyen Âge ». Pour notre part, nous ne présen-
tions pas au XIIIᵉ siècle la *reductio artium ad theologiam* comme
accomplie dans l'unité d'une « culture chrétienne » acquise
collectivement ; nous signalions « les oppositions intérieures »
que les données de la religion peuvent susciter en l'homme « pas
seulement dans l'incroyance, mais au sein même de la foi », sur
« la tension de l'humain avec le divin » évoquée dès 1938.

1. Sur l'orientation récemment engagée de nouvelles études sur le
néoplatonisme chrétien au Moyen Âge, remarquable présentation d'Alain de
Libera, *Introduction à la mystique rhénane d'Albert le Grand à Maître Eckhardt,*
Paris, 1984. – Article « Nicolas d'Autrecourt » du *Dictionnaire de Théologie
Catholique.* – Alexandre Koyré, *Du monde clos à l'univers infini,* Paris, 1962.
– Citation de A. Harnack, *Lehrbuch der Dogmengeschichte,* III, Tübingen, 1910,
p. 620-621 dans notre *Luther commentateur des* Sentences (Livre 1, Distinction
XVII), Paris, 1935, p. 1-4. – Communication au Congrès de l'Association
Guillaume Budé sur *l'humanisme,* Nice, avril 1935 : « Humanisme et théologie
chez Jean Duns Scot » reprise sous le même titre dans *La France franciscaine,* XIX
(1936), p. 5-23.

L'*Avant-propos* de 1958 estimait qu'un problème d'unité de la culture par « compatibilité des disciplines et des idéaux qui la composent » rendait le Moyen Âge « très proche de notre époque critique de laïcité ». Homme de cette époque, conscient de ce qu'il lui devait en possibilité de compréhension historique, l'historien qui référait la pensée médiévale aux dogmes et aux valeurs qu'elle accepta réservait en même temps le « jugement ultime » dont les uns et les autres relèvent : étaient-ce « des principes de vie ou des obstacles à surmonter » ? Il avait situé un théologien comme Duns Scot parmi « les philosophes de la religion » en un temps où le terme « philosophie de la religion » évoquait immédiatement Hegel et ses interprètes, tant de droite que de gauche, Marx notamment ; où Augustin entrait dans une suite de *philosophes célèbres* par son « anthropologie philo-sophique » qui retenait l'attention de Grœthuysen. Disons plutôt : « anthropologie théologique » puisque l'homme, image en tant qu'esprit, y est référé à un « exemplaire divin » révélé par « l'histoire du salut », la Trinité que l'Incarnation présuppose. Ce regard sur une source majeure du Moyen Âge latin était une part de notre réponse à la demande, faite par Merleau-Ponty, d'un « véritable échange… entre le philosophe et le chrétien », réponse par le discernement au sein d'exposés théologiques d'interrogations critiques de philosophes[1].

II

Notre *Avant-propos* de 1958 se termine par une référence à l'Institut d'Etudes Médiévales de l'Université de Montréal où nous donnions depuis 1946 un enseignement chaque année. Orienté vers l'histoire intellectuelle, cet Institut dominicain se souvenait d'avoir été fondé avant la guerre à Ottawa par le P. Marie-Dominique Chenu. Nous devons à nos séjours cana-diens des occasions de réviser la « présentation synthétique de la pensée médiévale » proposée dans notre livre de 1938 à 1958 et, par trois fois de 1959 à 1964, de réfléchir aux conditions d'une

1. Bernard Groethuysen, *Anthropologie philosophique,* Paris, 1953.

vue d'ensemble qui manifeste *la place du Moyen Âge en histoire de la philosophie*. Avant la reprise de 1973 de cette réflexion devant la Société Française de Philosophie, une étape significative fut notre contribution de 1964, *Philosophie chrétienne et théologie de l'histoire*, à des *Mélanges de Lubac* : la notion de « philosophie chrétienne » proposée par notre maître Gilson y était mise en cause après que les leçons de 1959-1964 eurent situé nos problèmes de médiéviste dans la problématique philosophique de nos contemporains [1].

En 1938, année de notre premier livre de synthèse, un aspect majeur de cette problématique apparut le 26 mars à la soutenance des thèses de Raymond Aron sur *la théorie de l'histoire dans l'Allemagne contemporaine* et *les limites de l'objectivité historique* : elle reste malgré l'avancée du temps l'événement intellectuel mémorable que perçurent immédiatement parmi les auditeurs du débat en Sorbonne ceux qui étaient « sous le coup » de l'événement politique des 11-12 mars 1938, l'entrée en Autriche de l'armée d'Hitler. La soutenance avait tourné en affrontement entre le candidat et les juges, ses anciens maîtres, dont la philosophie du progrès était mise en question par l'anthropologie philosophique qu'impliquait la philosophie critique de l'histoire. L'un de ces auditeurs intéressés à *l'actualité historique* entendait penser celle-ci théologiquement : depuis leur rencontre aux fameuses conférences sur Hegel de Kojève, que Koyré avait introduit aux Hautes Etudes, le Père Fessard fut jusqu'à la fin de sa vie lié d'amitié intellectuelle à Aron dont il suivit les travaux en ne manquant pas de se référer à la soutenance de mars 1938. Parmi les auteurs qui aussitôt la jugèrent mémorable, deux autres étaient chrétiens : en relation avec les dominicains de *La Vie Intellectuelle* et du Saulchoir, militant pour un appui de catholiques français à la République espagnole,

---

1. « Sur la place du Moyen Âge en histoire de la philosophie » (séance du 24 novembre 1973), *Bulletin de la Société française de Philosophie,* janvier-mars 1974, p. 1-29. – « Philosophie chrétienne et théologie de l'histoire », dans *L'homme devant Dieu, Mélanges offerts au Père Henri de Lubac,* Paris, 1964, tome III, p. 263-275.

ils participaient à un petit groupe d'étude informel constitué par de jeunes chrétiens dont l'historien Henri-Irénée Marrou; connaissant d'expérience l'approche du temporel dans l'Action Catholique ou le catholicisme social, ils ne s'en satisfaisaient point et réfléchissaient depuis 1935 sur le rapport entre le Christianisme et le « temporel moderne » : la modernité de la notion d'avenir social depuis le XIIIe siècle appelait cette réflexion, nécessaire pour éclairer les options décisives de leur génération. La même interrogation sur la rationalité de décisions politiques, à l'époque graves et urgentes, qui venait de conduire Aron à sa *Philosophie de l'histoire* conduisait ces chrétiens à une *théologie* de l'histoire qui prendrait en compte des problèmes critiques posés par cette philosophie; ils ont poursuivi, notamment aux Etats-Unis, une recherche qui pendant la guerre, par des travaux divers, aboutit au concept appliqué à la notion de « philosophie chrétienne » dans les leçons canadiennes de 1959-1964 et la contribution publiée en 1960. On y est parvenu par l'application de la philosophie critique de l'histoire à l'histoire de la philosophie, par une double référence au Christianisme comme « religion absolue » dans la philosophie de Hegel et comme « histoire du salut » aux yeux de nos contemporains, enfin par l'analyse des problèmes médiévaux de « l'ordre théologique » et de la condition où le travail philosophique se poursuivit. Cette recherche situait les multiples « théologies de l'histoire » entre deux extrêmes : d'une part l'exposé du « sens de l'histoire », ultime et total, tel que révélé au plus profond du Christianisme; d'autre part le discernement par *un* croyant d'un « signe des temps » de *son* temps [1].

Confidence de l'« aventure intellectuelle » d'Étienne Gilson, son livre de 1960 *Le philosophe et la théologie* rappelle que, publiées en 1932 dans *L'esprit de la philosophie médiévale,* ses

---

1. Thèses de Raymond Aron : *Essai sur la théorie de l'histoire dans l'Allemagne contemporaine ; Introduction à la philosophie de l'histoire, essai sur les limites de l'objectivité historique*, Paris, 1938. – Compte rendu de la soutenance des thèses dans l'ouvrage posthume du P. Gaston Fessard, *La philosophie historique de Raymond Aron*, Paris, 1980, p. 34-89. – Un ouvrage du même, *De l'actualité historique*, Paris, 1960.

conférences de 1931 et 1932 à l'Université écossaise d'Aberdeen lui avaient « offert une occasion inattendue de définir » cet esprit en reprenant la « notion alors tombée en désuétude » de *philosophie chrétienne* : la première leçon la met en question ; la seconde en explicite un sens ; l'enquête qui suit montre qu'elle peut spécifier l'histoire de la philosophie au Moyen Âge en la dotant d'« un objet propre » ; étant donné la diversité des philosophies de la Chrétienté latine, un terme ne peut les embrasser que s'il est suffisamment général. Cette généralité est manifeste dans la troisième leçon d'Aberdeen qui, après avoir présenté d'après le *De primo principio* de Duns Scot « la métaphysique de l'Exode » qui identifie Dieu à l'Être, retrouve cette identification chez Bonaventure, Thomas d'Aquin, Augustin, Anselme sans aucunement prendre en considération les différences entre ces Docteurs sur cet « être » qui est l'objet de la métaphysique. La diversité de leurs métaphysiques qui en résulte n'affecte point l'unité des philosophies médiévales qui tient à leur rapport commun au Christianisme. Les leçons précisent : « un rapport intrinsèque de la Révélation à la raison », et non celui d'un « principe régulateur *extrinsèque* ». Malgré l'intrinsécisme de sa relation à la Révélation, une philosophie doit conserver « la pureté formelle de son essence » ; cette relation ne saurait en être « élément constitutif » bien qu'elle entre dans « l'œuvre de constitution », dans la « réalité historique concrète » d'une philosophie distinguée de son essence, discernable par « définition abstraite ». La reprise du terme « philosophie chrétienne » au sens complexe ainsi explicité a provoqué chez les philosophes et les théologiens de multiples interrogations sur lesquelles l'ouvrage de 1932 prend position dans d'abondantes *notes bibliographiques*. Ayant apporté une « preuve » en quelque sorte expérimentale de la réalité historique qu'il dénommait « philosophie chrétienne », Gilson renversa en 1960, dans *Le philosophe et la théologie*, un propos d'Octave Hamelin, témoin de la situation antérieure en histoire de la philosophie : Descartes, disait Hamelin, est venu « après les Anciens presque comme s'il n'y avait rien entre eux et lui » ; pour Gilson, Descartes « est venu après le Moyen Âge comme si les Grecs n'avaient pas existé » en raison de la transformation profonde que la philosophie a subie en traversant l'âge théologique des Pères de l'Église et des Docteurs scolastiques. Les recherches commencées en 1905 sur Descartes et la scolastique ont conduit l'historien à découvrir dans les théologies du Moyen Âge la formation, due à ce contexte chrétien, d'un « corps de doctrines métaphysiques distinctes de celles d'Aristote » qui est « bien commun de la philosophie moderne » de Descartes à Kant.

La « pierre d'angle » de la structure intellectuelle ainsi dégagée est une théologie qui fait partie de la philosophie… *est pars philosophiae*; sa rationalité philosophique permet de l'appeler « naturelle » pour la distinguer de la *doctrina sacra,* théologie du « donné révélé ». La situation de la théologie naturelle dans la pensée d'un maître en *doctrina sacra* explique qu'en 1960 le terme de « philosophie chrétienne » ait une signification autre que son sens large de 1932, cela en conséquence de son application à la théologie de Thomas d'Aquin qui a de plus en plus attiré et fixé l'option personnelle d'un historien philosophe et croyant parti à la recherche des sources scolastiques du système *cartésien.* Ce développement se fit à partir du choix d'un mode d'exposition du thomisme : à la différence des auteurs de manuels néo-thomistes l'historien, constatant que Thomas d'Aquin n'avait pas composé une « Somme philosophique », refusa une « reconstitution purement hypothétique d'un édifice qui n'a jamais existé » et préféra exposer la philosophie de saint Thomas dans l'ordre où se présentaient dans ses « Sommes théologiques » les problèmes qui s'y résolvent par des raisonnements philosophiques. Cet *ordre théologique*, où la considération de Dieu est première, est inverse d'une méthode philosophique aristotélicienne où serait première « la considération des créatures en elles-mêmes ». Une note de *L'esprit de la philosophie médiévale* signalait déjà que ce livre naquit de l'expérience d'une philosophie, *perfectum opus rationis*, exposée dans l'ordre théologique d'une *doctrina fidei*. Datée de 1925, la préface à la troisième édition du *Thomisme* précisait que, chez ce « Docteur chrétien », le travail philosophique à l'intérieur de la *doctrina sacra* conduisait à une « philosophie pure… solution purement rationnelle d'un problème purement philosophique » en ajoutant que cette conception d'une « philosophie chrétienne » contredisait celle de saint Bonaventure dont le livre de 1924 venait de présenter la philosophie. Pour le sens de « philosophie chrétienne », la nouvelle *Introduction* à la quatrième et monumentale édition du *Thomisme* renvoya en 1941 à l'ouvrage de 1936 *Christianisme et philosophie* selon lequel il exprime « une vue théologique d'une réalité historiquement observable ». Le livre est « théologique » au sens le plus confessionnel du mot, évocateur d'une discipline d'Église. L'auteur y met en rapport sa notion de « philosophie chrétienne » et son catholicisme en écartant la *Dogmatique réformée* du calviniste français Auguste Lecerf qui ne refusait pas moins la théologie naturelle que Karl Barth (dont Gilson avait examiné deux ans plus tôt l'ouvrage sur le *Proslogion).* Dans cette élucidation de concepts où, déclarée compatible seulement avec des « formes adultérées » du calvinisme, cette théologie est exclue par son « essence », elle est au contraire incluse dans l'essence du catholicisme. Lorsqu'ils refusent une « influence positive et directe » de la Révélation sur la raison philosophique pour n'admettre qu'« un contrôle négatif », les adversaires catholiques de « la philosophie chrétienne » méconnaissent à la fois l'expérience des « faits essentiels » et l'enseignement du Pape Léon XIII dans l'Encyclique *Aeterni Patris* de 1879. Tout en signalant que la moitié des leçons d'Aberdeen *L'esprit de la philosophie médiévale* avait été rédigée en ignorant ce texte pontifical, *Christianisme et philosophie* anticipait en 1936 l'identification en 1960 de « la philosophie chrétienne » au mode de philosopher – *philosophandi genus* – proposé par Léon XIII, objet d'un chapitre entier du *philosophe et la théologie.* Ainsi située dans l'Église comme liée à une action de la foi dont il est précisé qu'elle ne demeure pas « extrinsèque à la raison », la théologie naturelle des *preambula fidei* ne s'est point constituée et ne pourra probablement revivre « sans tenir compte de la foi dont elle veut être le préambule ». Le petit livre de 1936 parle d'« une théologie naturelle catholique » ; rappelons qu'à l'époque le protestant Brunner adversaire de Barth envisageait une « théologie naturelle chrétienne ». En 1957, dans la revue romaine *Doctor communis,* Gilson identifiait sa « philosophie préambulaire » à « la philosophie fondamentale » requise par le Pape Pie XII dans l'Encyclique *Humani generis,* moment notable dans l'histoire de l'Église immédiatement antérieure au Concile Vatican II : selon cet article, c'est « sous forme implicite… non philosophique » que le christianisme inclut cette philosophie, mais ne portant que sur des « vérités intelligibles », elle peut, explicitée, devenir chez un croyant « l'épanouissement du donné intelligible offert à tous par la Révélation divine ». La gratuité de ce don divin d'un intelligible à mesure humaine place l'homme dans un « règne de la grâce » : comme dit en 1936, « s'il n'y a pas de philosophie chrétienne pour le philosophe, il y en a une pour le théologien, et c'est ce qui explique qu'il y en a une pour l'historien ». Intégrant une action de la foi sur la raison, la situation de « philosophe chrétien » déborde ce qui est concevable en philosophie pure ; il appartient au théologien d'expliquer cette situation historique ; la philosophie peut cependant et doit même s'enquérir si elle est compatible avec l'essence de la philosophie. Un article de 1958 traitait le problème de la *possibilité philosophique de la philosophie chrétienne,* précisait qu'on ne saurait le résoudre sans se référer à « une philosophie particulière » : pour Gilson non pas à un quelconque « aristotélico-thomisme » mais au « thomisme de saint Thomas lui-même », doctrine strictement rationnelle de la création et du concours divin qui relie l'intellect créé à l'Être créateur si immédiatement que suivre la raison revient à consulter « le Maître intérieur » ; cette conception de la « lumière naturelle » comme illumination divine « dit la vérité de ce que les ontologismes n'ont pas su dire ». Comme l'article précité de 57, cet article de 58 rend plus manifeste le double fondement de la notion *existentielle* de l'Être divin, novation qui dans l'édition de 1941 distingue radicalement le thomisme des autres interprétations de « la métaphysique de l'Exode », toutes des « théologies

de l'essence » : des raisonnements de philosophie pure conduisent à cette « conclusion proprement philosophique », que saint
Thomas « lit » immédiatement dans la Bible comme « parole
même de Dieu prise au sens littéral ». Cette coïncidence sur une
« sublime vérité » de la lecture du théologien avec la conclusion
du philosophe supposait une notion théologique dont nous a
avertis en 1960 une I*ntroduction à la philosophie chrétienne* :
devant compter avec la diversité des interprétations d'Exode
3,14, Étienne Gilson y précise qu'un catholicisme ne saurait se
satisfaire de la méthode en usage dans « la noble famille des
philologues » parce que, Dieu étant « l'auteur » du texte sacré, un
sens « littéral » ne peut en être déterminé indépendamment de
l'Église et de sa tradition. « Lire » comme saint Thomas dans
l'Écriture une métaphysique « abstruse » suppose une certaine
doctrine de l'inspiration, des sens scripturaires, du magistère de
l'Église. Adopter cette position, c'était, dans le contexte même
du catholicisme contemporain, écarter l'apport du débat exégé-
tique sur le texte hébraïque d'Exode 3,14 et la version grecque
des Septante qui fait apparaître *l'Ego sum qui sum* comme un
refus par Dieu de dire son Nom, exégèse déjà de certains
médiévaux ; nous avons remarqué cette situation dans la *Rivista
di filosofia neo-scolastica* en 1978. En 1983, la publication
posthume de remarques sur *Jahweh et les grammairiens* est
venue compléter les réflexions de Gilson sur l'originalité, l'unicité du sens *thomiste* de l'identification entre cette prise de position à l'égard de « l'aventure de l'être » chez Martin Heidegger a
ramené sur le maître disparu l'attention d'une nouvelle génération philosophique. Les deux éditions de *L'être et l'essence* en
1948 et 1962 avaient situé le thomisme, tel qu'interprété en
1941, dans ce regard d'ensemble sur l'histoire de la métaphysique dont nous avons noté les implications, même ecclésiales :
au terme d'un progrès qui conduit dans la chrétienté latine
d'Augustin à Thomas d'Aquin, ce thomisme apparaît découverte
de « l'*ultima Thulé* de la métaphysique » dans « une interprétation théologique de l'histoire de la philosophie » qui indique à
cette histoire profane « sa place dans l'économie du salut ». Tel

est le plan où nous avons situé « la philosophie chrétienne » de Gilson en la disant « théologie de l'histoire » [1].

Il s'agit tellement de théologie que la conclusion dans le livre posthume de Gilson du chapitre sur les *grammairiens* met en cause l'assimilation à une « coïncidence » de la rencontre sur *L'Être* entre le philosophe et le théologien : l'« expérience personnelle » de saint Thomas ne consista point, nous est-il dit, à « lire de la philosophie dans l'Écriture ; … au lieu de comprendre le Yahvé de l'Écriture comme l'être des philosophes qu'il a immédiatement assimilé au Dieu de l'Écriture ». En Se révélant Celui-ci s'est en effet posé « au-dessus de tout concept philosophique possible », dans une transcendance qui, dans la rencontre avec la métaphysique, lui assure une initiative qui exclut toute assimilation à une coïncidence sur un même plan d'égalité. On retrouve l'exigence dans *Le philosophe et la théologie* d'un « maintien inconditionnel du primat de la Parole de Dieu, même en philosophie ». On retrouve aussi, publiée en 1950, la contribution au premier Congrès scotiste International où, avant d'appeler *pour l'avenir de la scolastique* à un « retour à la théologie », le thomiste Gilson affirmait : « ni Duns Scot ni Thomas d'Aquin n'ont fondé leur théologie sur aucune philosophie, pas même celle d'Aristote », laquelle « était une promotion directe de la Physique » ; mais « philosophant non à la lumière de la Physique, mais dans celle de la Foi » ils nous ont laissé des métaphysiques

---

1. Ét. Gilson : *La liberté chez Descartes et la théologie,* Paris, 1963 ; *Le thomisme, introduction à la philosophie de saint Thomas d'Aquin,* éditions successives : Strasbourg, 1919, Paris, 1923, 1927, 1942 et 1944 ; *Études sur le rôle de la pensée médiévale dans la formation du système cartésien,* Paris, 1930 ; *Christianisme et philosophie,* Paris, 1936 ; *Réalisme thomiste et philosophie de la connaissance* (critique du P. Joseph Maréchal dans le chapitre V), Paris, 1939 ; *L'être et l'essence, Paris,* 1948 et 1972 (2e édition revue et augmentée) ; *Introduction à la philosophie chrétienne, Paris, 1960 ; Constantes philosophiques de l'être,* Paris, 1983 (ouvrage posthume) ; « La notion de philosophie chrétienne », *Bulletin de la Société française de philosophie,* 1931, p. 37-93 (séance du 21 mars) ; « Les recherches historico-critiques et l'avenir de la scolastique », *Acta Congressus Scholastici Internationalis,* Rome, 1951, p. 131-142 ; « Sur deux thèmes de réflexions », *Doctor communis* X, 1958, p. 178-196 ; – Nos Hommages à la mémoire d'Étienne Gilson, Annuaire de l'E.P.H.E., Ve section, LXXVII, 1978-1979, 27-37 ; *Revue de Métaphysique et de Morale,* 73, 1979, p. 289-295.

« qu'il n'y a pas lieu de refaire continuellement parce que ces doctrines participent de la stabilité dont jouit la lumière dans laquelle elles sont nées ». La pérennité de « la philosophie chrétienne » est exprimée par une théologie du *lumen fidei,* apparemment celle de saint Thomas ; l'ouvrage posthume de 1983 renvoie à la présentation par le Père M.-D. Chenu de la « science théologique » comme émanant de l'Évangile, née d'une parole intérieure de Dieu, entendue dans la Foi : le seul point de vue est-il précisé, « d'où la théologie thomiste soit intelligible ». Face aux « inquiétantes divagations de théologiens qui se croient qualifiés pour remplacer la théologie classique par une spéculation de leur cru », le grand historien catholique confirmait dans ses dernières années, après Vatican II, l'option pour la théologie thomiste qui s'était jointe à la « décision philosophique pure » constitutive de son *thomisme.* Pareille option pour *une* théologie ne s'imposait pas à un historien des théologies médiévales sensible à leur diversité ; laquelle l'intéressait d'autant plus que sa formation philosophique ne l'inclinait point à reprendre la décision philosophique de son maître en médiévisme. Il ne partageait évidemment plus le point de vue de ce dernier lorsqu'en 1962, dans *Philosophie chrétienne et théologie de l'histoire,* il rendait publique son évaluation de la notion de « philosophie chrétienne » après examen critique de la quatrième édition du *Thomisme,* pour autant qu'elle oppose une interprétation « existentielle » de « la métaphysique de l'Exode » aux autres interprétations qui, réduisant l'être « à la stabilité de l'essence », sont toutes classées « théologies de l'essence ». En 1947, notre premier article sur le *Monologion* de saint Anselme signalait dans *l'essentia* divine– *per se ens hoc est existens* – une dimension de force interne *vigere per se ipsum.* En 1965, un second article sur Anselme, notant vis *existendi per se, vigere omnium,* précise qu'il ne s'agit donc pas seulement d'un « Dieu *essentia* » caractérisé par son immutabilité. Confirmé en 1973, ce point de vue est développé dans la reprise en 1980 de l'article de 1947 sur le *Monologion* : lié à la quête d'une *ratio existendi* qui ne peut être *nihil,* l'explication du *per se esse* annonçait la traduction par

Henri de Gand en causalité formelle de soi de la *vehementia essendi* du Dieu d'Avicenne et par delà, dans une certaine mesure le Dieu *causa sui* de Descartes. L'intervention du *nihil* dans cette dialectique conduisait à évoquer Suarez, Christian Wolff et l'histoire de l'ontologie dont *L'être et l'essence* d'Étienne Gilson avait confirmé et complété en 1972 l'interprétation d'ensemble, proposée dès 1948. Jointe au rappel que, dans le *Proslogion*, « l'Être absolu purement être » ne se situe pas au point de départ de l'argument qu'on dira plus tard « ontologique » mais survient plus tard, conclusion de la dialectique ultérieure, cette réflexion sur le *Monologion* appelle une révision du concept *d'ontothéologie,* instrument pour Heidegger d'une définition critique de la métaphysique inapplicable pour Gilson à un thomisme dûment « existentiel ». À l'opposé du néo-thomisme qui a proclamé sa distinction entre existence et essence « vérité fondamentale de la philosophie chrétienne », c'était vers une compréhension de leur indistinction délibérée par exemple chez Duns Scot que s'orientait notre analyse des médiévaux. À situer au passage entre le *transcendantal* de l'École et celui de Kant qui commentait en cours la métaphysique de Baumgarten, l'ontologie « essentialiste » qui ne vise pas « l'exister » (*Dasein*) apparaît « théorie des objets en général » (*von den Gegenständen überhaupt*), disons : en tant qu'objets. Nos analyses de médiévaux nous ont amené à penser que par le refus d'une *existence* qui s'en distingue, l'*essence* ne reste pas nécessairement un pur *objet* sans autre dimension. Insistant sur le rôle de la « grandeur » de Dieu (*aliquid quo nihil majus…*) dans l'argumentation du *Proslogion*, nous déclarions dès 1938 impossible d'assimiler comme « essence » à un « objet de définition », à un « contenu de pensée… ce que la pensée ne peut contenir ». Cette remarque sur « la grandeur » anselmienne conduisait à une réflexion sur l'Infini selon Duns Scot, une de ses *positions fondamentales* analysées en 1932 dans le gros livre de Gilson : l'historien thomiste y indique « que l'Infini joue dans le scotisme un rôle analogue à celui que joue *l'Esse* dans le thomisme », parce qu'il vise « dans l'essence un au-delà de

l'essence ». Le Docteur Subtil conduisait à « surmonter les
entraves de l'essence » par son analyse métaphysique du divin.
Après avoir noté que ce métaphysicien « ne détachait pas les
essences du réel pour en faire de purs objets », notre petit livre
précisait dès 1938 l'aspect de « psychologie divine » que
présente chez Scot la doctrine de Dieu en la disant « un essai de
phénoménologie, non de la conscience humaine mais de
l'Absolu », qui s'apparaît à Lui-même dans la pleine clarté d'une
évidence ordonnée – *evidentia ordinata* – selon un ordre d'objets
de connaître et d'aimer où l'essence divine est posée en premier.
Dès 1934, le chapitre sur Scot de notre *justification et prédestination au XIVe siècle* s'achevait par la présentation en termes
dynamiques d'un ordre qui en Dieu « passe – *transit* – d'objet en
objet », processus d'abord nécessaire, puis tout à fait contingent
au moment de la prédestination, en premier celle du Christ qui
motive la création. Confirmée en 1956 par notre contribution sur
Scot aux *Philosophes célèbres*, cette vue dynamique du divin
s'enrichit en 1962 d'une réflexion sur *Recherche métaphysique
et théologie trinitaire* : pour Scot la meilleure manière d'expliquer la Trinité suppose que l'on considère Dieu comme Premier
– *primum producens*… dans une production de personnes également divines *quia pluralitas divinarum personarum declaratur
ex productione*. Cette égalité distingue la production de
l'efficience dans laquelle l'*effectibile* est autre que l'*effectivum* ;
la preuve scotiste de l'existence de Dieu L'atteint comme
premier efficient à partir de la possibilité même d'un effet
– *effectibilitas* – qui, *conceptus realis*, n'est point un pur concept
logique. Nos contributions aux Congrès Scotistes internationaux
ont maintenu l'attention sur ces dimensions de l'être ou « étant »
(*ens*) scotiste : réalisme, effectuation, productivité originaire,
présentes à notre esprit lorsqu'en 1962 nous classions le thomisme de notre maître une *théologie de l'histoire*. Après une
communication en 1966 sur *Être et infini selon Duns Scot et Jean
de Ripa* qui signalait « au XIVe siècle déjà le rapport entre histoire
de l'infini théologique et histoire de l'infini mathématique »,
rapport suggérant à notre époque une référence à Georg Cantor,

la communication de 1968 sur *Infini, liberté, histoire du salut*, envisageait en termes de notre siècle « l'objectivité de Dieu » chez Scot : pour lui c'est à titre d'objet que l'essence divine agit dans la Vie incréée en Se révélant aux créatures. Au premier moment – *prima motio* – du « mouvement éternel » constitutif du Dieu vivant et trine où cette essence meut l'entendement infini, on ne la pense infinie qu'en affranchissant son objectivité du « caractère défini » et de l'« aspect délimité » communs à toute objectivité de « chose ». Motrice par nature, donc nécessairement, de l'entendement infini, cette essence ne devient pour un entendement fini que de façon contingente, purement volontaire – *mere volontarie* – objet immédiat d'intuition et d'amour ultime dans l'accomplissement du salut annoncé par l'Évangile ; en opposition avec la nécessité *naturelle*, rationnellement connaissable qui assurerait un « salut philosophique », la *surnaturalité* de celui des chrétiens réside dans cette libre objectivation pour des créatures d'une essence naturellement cachée à leur regard. L'*essentia, objectum voluntarium* nous faisait retrouver chez Scot le Dieu qui Se révèle des dogmaticiens modernes. Aussi librement établi que révélé, l'ordre de la grâce englobe celui de la nature ; l'analyse par le Docteur franciscain de *l'ordo intentionis*, intérieur à la Volonté créatrice et salvifique porte sur *l'histoire du salut* dans sa source : l'acte divin de « prescience » et de « prédestination » à l'origine du monde. Nos études ultérieures ont repris, confirmé, précisé ce point de vue : – la communication au Congrès Scotiste international de 1978 *Lire Duns Scot aujourd'hui* ; – la mise au point la même année de la *Métaphysique de l'Exode* selon le *De primo principio* ; – la communication au Congrès de 1981 sur *Valeur morale et valeur du salut, bonum morale* selon la loi naturelle et *bonum meritorium* dans l'ordre de la grâce ; – une étude de 1984 sur *Métaphysique de l'Exode et univocité de l'être* qui, saisissant grâce à l'édition critique le Docteur Subtil au travail, situe sa recherche inachevée sur cette fameuse univocité dans l'histoire du discours aristotélicien sur l'être, de sa nature scientifique ou dialectique. Cette étude a été publiée dans le second volume sur *Dieu et l'être* issu des travaux du Centre d'Étude des Religions du Livre ; le premier, sur ce thème, publié en 1978, traitait à la fois des exégèses d'*Exode* 3, 14 et de *Coran 20, 11*-24. Issu d'une proposition d'Henry Corbin, ce centre d'études fondé en 1969 des théologies et mystiques comparées » du Judaïsme, du Christianisme et de l'Islam, trois religions dont la base textuelle appelle une *herméneutique* qui en « détermine le sens vrai » ouvrait une nouvelle perspective sur « le vocabulaire de l'être » dans la formulation et l'interprétation de la réponse de Dieu à la demande de Son nom par Moïse ; l'élargissement de l'horizon au monde juif et islamique auquel les médiévaux latins furent intellectuellement liés n'accrut pas seulement la *relativisation* de l'exégèse « existentielle » d'*Exode* 3,14, dépendante des options philosophique et théologique de Gilson ; elle mettait en question autant que le faisait le Père D. Dubarle toute exégèse « ontologique », fondamentale en « métaphysique de l'Exode ». Cette provocation à la recherche a été signalée dans notre présentation du volume collectif de 1978 sur *Dieu et l'être* où nos remarques sur *mystique, scolastique, exégèse* y reprennent et confirment celles, antérieures, sur la « dimension existentielle » des ontothéologies dites « de l'essence ». La découverte de la complexité des problèmes linguistiques et de l'amplitude des possibilités spéculatives conduit à penser que le point de vue proposé dans notre *Lire Duns Scot aujourd'hui* n'était pas moins *relatif* à une situation et à un choix que « la philosophie chrétienne » du thomiste Gilson. Nous devons cependant achever d'expliquer notre choix [1].

Revenons à la condition d'analyses philosophiques qui interviennent au cours d'un enseignement théologique. L'ordre commun d'un enseignement médiéval suit les *Sentences* de

---

1. Sur Anselme, nos articles : « Structure et sens du Monologion », *Revue des sciences philosophiques et théologiques,* 31, 1947, p. 192-212 ; « Nécessité des raisons dans le Monologion », même revue, 64, 1980, p. 3-25. – Sur Duns Scot : « Recherche métaphysique et théologie trinitaire chez Jean Duns Scot », *Aquinas,* III, 1962, p. 1-23 ; « Infini, liberté et histoire du salut », *Acta Tertii Congressus Scotistici Internationalis,* Rome, 1972, p. 495-507 ; « Métaphysique de l'Exode, philosophie de la religion à partir du "De Primo Principio" selon Duns Scot », *Rivista di Filosofia neoscolastica,* LXX, 1978, p. 135-148.

Pierre Lombard qu'il commente; le Premier Livre traite du Dieu trine auquel unit le salut chrétien – *frui trinitate* : les questions sur l'Esprit Saint ne concernent pas seulement Sa procession éter-nelle, mais aussi Sa donation dans le salut par la charité vertu si éminente que le Lombard l'identifie à l'Esprit; après ce pro-blème de la sanctification ou de la justification, viennent ceux de la prescience et de la prédestination. L'ordonnance des leçons de théologie, doctrine du salut, appelle à traiter en priorité telle ou telle question philosophique. Le problème de «la philosophie chrétienne» a été posé par l'ordre des *Sommes* thomistes : la *Summa contra Gentiles* opposait déjà sa considération de Dieu en premier, ensuite des créatures rapportées à Lui – ... *creaturas non nisi ad Deum* – à la démarche philosophique qui serait inverse – ... *doctrina philosophica quae creaturas secundum se considerat et ex eis in Dei cognitionem perducit*; l'ordre théolo-gique de la *doctrina fidei* est dit plus parfait parce que plus proche du connaître de Dieu, intuition des autres en Se connais-sant – ... *est perfectior ut-pote Dei cognitioni similior qui seipsum cognoscens alia intuetur*. On retrouve l'explication par le Père M.D. Chenu : la possibilité de penser théologiquement par l'assimilation de la Foi à une communication du savoir divin. Réfléchissant sur l'ordre de la *Summa Theologica* dont le commentaire avait chez les théologiens catholiques remplacé celui des *Sentences* du Lombard, le théologien du Saulchoir l'opposait à un «ordre historique», celui que suit le récit – *narrationis series* – d'«histoire sainte» proposé dans le *De sacramentis* d'Hugues de Saint-Victor : premier moment, de la création à l'Incarnation, événement central; second moment, de l'Incarnation au terme eschatologique. L'*Introduction à l'étude de saint Thomas* montre dans quelles conditions et quel esprit la théologie médiévale a recherché et adopté un ordre d'enseigne-ment – *ordo disciplinae* – autre que l'ordre historique du « donné révélé » judéochrétien; le facteur décisif a été l'apport de l'épistémo-logie aristotélicienne au XIIIe siècle et la position du problème de *La théologie comme science* : comment pourvoir à quelque degré d'une structure «scientifique» au sens de *l'Organon* une *doctrina sacra* fondée sur la « théorie biblique » de l'époque? Selon le P. Chenu l'ordre théocentrique de la *Somme* vaut par la reprise du schéma néoplatonicien d'*exitus a principio* (sc. Deo) et de *reditus ad finem* « producteur d'intelligibilité au sein du donné révélé ». En effet, explique Gilson, « l'histoire présuppose des natures dont elle ne se déduit pas mais conformément auxquelles elle arrive ». Pour faire servir à l'intelligence une foi en l'économie chrétienne de la création et du salut, « à base de liberté divine », il était nécessaire, remarquions-nous, d'« ouvrir » l'image néoplatonicienne de l'univers qui « originellement éliminait toute histoire » alors que, comme le P. Chenu nous l'accordait, même chez Scot Érigène, le Christianisme présente « une série d'événements dont chacun part d'une libre initiative ». L'intelligibilité apportée par la *Somme Théologique* résulte donc de son ordre d'exposition des problèmes où un *de Deo* vient en premier, suivi en second d'un *de motu rationalis creaturae in Deum*, où la christologie n'intervient que dans la *Tertia pars – de Deo qui, secundum quod homo, via est nobis tendendi in Deum*. L'Incarnation, disait Chenu en 1950, est intelligible à titre de « moyen ». Un autre dominicain français, le P. Th. G. Chifflot, remarquait en 1951 dans un très remarquable article sur *Saint Thomas et l'histoire* qu'en appliquant au « donné chrétien… un réactif aussi puissamment *ahistorique* (italique nôtre) que la pensée d'Aristote », le thomisme « aboutit en fait à une intelligence particulièrement lucide de ce que ce donné a d'irréductiblement historique… » : ne traiter de l'Incarnation qu'en *Tertia pars* après avoir dans la seconde élucidé en *Secundo* les structures du retour à Dieu des créatures raisonnables, c'est ne pas abstraire « le mystère du Christ… de l'histoire concrète de l'humanité pécheresse » et « manifester la résistance » que le *fait* de la Rédemption oppose à toute spéculation qui voudrait *déduire* l'Incarnation « de ce qu'est Dieu et de ce qu'est l'homme ». Rappel du débat entre les écoles thomiste et scotiste sur « le motif de l'Incarnation », cette pointe polémique attirait l'attention sur le christocentrisme de Scot. Avant de dégager le sens de cette doctrine franciscaine il était bon de mesurer du côté dominicain la portée des remarques du P. Chifflot sur la structure de la « science théologique » selon le P. Chenu : elles montraient quel obstacle à son unification en système constituait l'ouverture de la doctrine de la foi à l'« histoire du salut »[1].

Nos leçons canadiennes de 1959-64 rapportaient les convergences contemporaines sur le thème du « salut comme histoire » qui en explique l'émergence. Dès 1945-50 les publications sur « le temps selon l'hellénisme et le christianisme » de nos collègues Oscar Cullmann et Henri-Charles Puech ne nous invitaient pas seulement à poursuivre notre réflexion d'avant-guerre sur « la théologie du temps et de l'histoire... connaturelle à l'essence du Christianisme », mais à nous demander de plus si, malgré « une contamination de plus en plus forte de la pensée chrétienne par la philosophie ou la mentalité hellénique », cette théologie spécifiquement chrétienne n'était pas demeurée au Moyen Âge « agissante sous les formulations philosophiques qui la masquaient ». L'avant-dernier chapitre de *L'esprit de la philosophie médiévale* n'avait-il pas signalé qu'à l'époque « toutes les consciences vivaient du souvenir d'un fait historique, d'un événement... unique dont on pourrait presque dire qu'il marquait une date pour Dieu même : l'Incarnation du Verbe et la naissance de Jésus-Christ » ? Confirmée par les remarques des Pères Chenu et Chifflot sur la place de la christologie dans la *Somme Théologique*, cette direction de recherche s'accordait avec la reconnaissance par Bréhier chez Duns Scot d'une « affirmation sans réticence de ce qu'on pourrait appeler le caractère historique de la vision chrétienne de l'univers ». De ce point de vue on comprend la façon historique dont le Docteur Subtil envisage la philosophie et en traite les problèmes. Qu'il s'agisse du concept d'*ens infinitum*, de l'objet de l'intellect ou de celui de la métaphysique,

---

1. M.-D. Chenu, *La théologie comme science au XIIIe siècle, pro manuscripto*, Paris-Montréal, 1943, édition revue et augmentée, Paris, 1957 ; – Compte rendu d'Étienne Gilson dans *Bulletin Thomiste* VIII, 1951, p. 9. – Th.-G. Chifflot, « Saint Thomas et l'histoire » dans *Approches d'une théologie de l'histoire*, Paris, 1960, p. 87-102.

ces problèmes aristotéliciens sont résolus en les considérant dans l'état – *status iste* – de l'humanité en un certain moment de l'histoire du salut : après le péché d'Adam ; leur position s'éclaire par référence à l'état antérieur – *status naturae institutae* – à l'événement de la Révélation et à l'au-delà eschatologique. C'est, comme l'a montré Gilson, une des *Positions fondamentales* de Scot que de traiter historiquement des philosophes plutôt qu'abstraitement de *la* philosophie : il envisage celle-ci comme une « expérience », celle « faite » par des hommes qui, usant de la seule raison naturelle, ne se référaient pas à une révélation religieuse. Cette situation intellectuelle n'exclut pas que « du nouveau en philosophie » surgisse d'une « critique de la philosophie par la théologie ou par elle-même sur les instances de la théologie ». La toute première Question sur les *Sentences* dans l'*Ordinatio* finale comme dans la première *Lectura* partait d'une *controversia inter philosophos et theologos,* engageait le dialogue d'un théologien répondant à des objections de philosophes qui allait se poursuivre sur le dogme trinitaire après avoir concerné la fin de l'homme et les moyens d'y parvenir, le salut et ses conditions, l'existence, l'unité, la liberté de Dieu... Cette opposition *theologi-philosophi* nous plaçait immédiatement dans le régime mental des écoles et universités médiévales, « régime des auteurs » dont saint Bonaventure rappelait dans une de ses fameuses *Collationes in Hexaemeron* la hiérarchie des livres alors classiques : premièrement, au plus haut, ceux composant la Sainte Écriture ; au second rang, les œuvres des Pères ; au troisième, les thèses des maîtres en théologie – *sententiae magistrorum* ; c'est seulement en quatrième lieu et parce que ces maîtres rapportent les propos des philosophes que la connaissance de la philosophie était requise par le Docteur franciscain. Théologien en dialogue avec « les philosophes », l'autre Docteur du même Ordre nous appelait à nous situer dans le même univers mental à partir de l'opposition *philosophi-theologi* ; deux suites d'hommes, deux traditions dans la recherche du vrai et de la sagesse. Nous fûmes ainsi conduit à nous demander si, pour discerner la condition historique de la philosophie au Moyen

Âge, il ne valait pas mieux partir de l'opposition concrète, donnée de fait, que garder comme centre de perspective « la philosophie chrétienne » de notre maître Gilson, notion liée à son option philosophique personnelle et à son choix d'une théologie. La première approche nous est apparue plus ample par l'horizon qu'elle ouvrait, l'option thomiste se présentant simplement à l'historien comme une des réponses données au XIIIᵉ siècle à la question du rapport philosophie-théologie, reprise au XXᵉ en fonction à la fois d'une « décision philosophique pure » et d'une idée de « science théologique » liée à une ecclésiologie. Jointe à cette *relativisation* du point de vue de notre maître en médié-visme, cette préférence pour un Docteur médiéval dont l'ensei-gnement incluait une approche historique de la philosophie s'accordait avec des conceptions contemporaines de la théo-logie : Karl Barth écrivait en 1962 que « l'objet de la théologie évangélique est Dieu dans l'histoire de ses hauts faits » ; en 1965, au lendemain du Concile Vatican II, des théologiens catholiques dont Karl Rahner et Hans Urs von Balthasar entreprenaient la publication d'une *Dogmatique de l'histoire du salut*; situant « l'histoire du salut dans l'histoire de la théologie », le premier volume de cette œuvre collective expliquait que l'entreprise était « relativement nouvelle » : certains médiévaux ont laissé des théologies de l'histoire, par exemple saint Bonaventure dans les *Collationes in Hexaemeron*, mais l'âge scolastique chercha à penser la foi autrement qu'en accompagnant un récit d'histoire sainte d'« une réflexion parallèle » ; dans la recherche de l'intel-ligence de la foi, la théologie se voulut *science,* et « l'histoire du salut, horizon de la théologie », passa à l'arrière-plan; sans ouverture à cette histoire, une théologie « ne serait plus chré-tienne » mais cette ouverture n'est pas nécessairement « le principe moteur de cette théologie ». La « science » aristotéli-cienne étant a-historique, « la théologie comme science » ne pouvait être au Moyen Âge une « théologie de l'histoire du salut ». L'idée de « science historique » date en effet du XVIIIᵉ siècle ; le XIXᵉ en a élaboré la méthodologie et discuté la théorie. En liant à la découverte moderne de l'histoire comme science la possibilité de construire « une science théologique… à partir de l'histoire du salut », les initiateurs de cette *Dogmatique* éclaireraient le rôle que la *philosophie critique de l'histoire* a joué dans notre interprétation de la pensée médiévale : cette philosophie ayant dégagé les conditions d'une rationalité historique, n'était-ce pas sous ce type de rationnalité que pouvait être pensé le salut chrétien ? Cette approche de la pensée médiévale répondait à une demande de *philosophie de la religion* apparue dans la préparation de nos leçons de Montréal : l'histoire de la philosophie attestant sa rencontre avec le Christianisme et l'action qu'il y exerça, une réflexion de philosophe sur cette donnée historique ne suppose-t-elle pas une approche spécifiquement *philosophique* de la religion, la possibilité d'une « philosophie de la religion » applicable au Christianisme ? Si cette condition était réalisée, la pensée chrétienne du Moyen Âge rentrerait dans l'« unité de l'histoire de la philosophie ». « La philosophie chrétienne » de notre maître refusait de l'y faire entrer en se déclarant « une vue théologique » qui pouvait n'avoir « aucun » sens pour le philosophe. Énoncé dans *Christianisme et philosophie* de 1936, ce refus a été plus que confirmé dans *Le philosophe et la théologie* de 1960 : l'analyse par Bergson en 1932 dans *Les deux sources* de l'expérience spirituelle des mystiques chrétiens y est rejetée parce que le Christianisme étant « essentiellement une religion du surnaturel, aucune méthode philosophique ne permet d'atteindre "des faits" dépendant d'abord de l'initiative divine » ; ils ne peuvent être validement analysés que théologiquement, à partir de la Foi en la grâce de la Révélation. Posant « le problème de la possibilité même d'une philosophie de la religion », il déclarait possible qu'elle porte sur la religion vraie. Il maintint en 1962 qu'en traitant de cette religion, le bergsonisme avait « finalement éliminé l'objet dont il poursuivait l'étude » malgré l'attitude prise en 1961 dans *Bergson et le Christ des Évangiles* par Henri Gouhier, compréhensif de cette « philosophie du Christianisme » et d'autres « christologies philosophiques ». Nous avions de plus en 1960 trouvé un appui dans un article d'un maître de Louvain : *Y a-t-il chez saint Thomas une philosophie de la religion*? Une réflexion sur la *Prima* et la *Secunda Pars* de la *Somme Théologique* y motive une réponse affirmative : on peut assimiler à une « *philosophie de la religion* en général » la spéculation thomiste à la fois sur la *fin* divine de l'homme, objet d'un « désir naturel » et sur *les moyens* d'y accéder ; conduite selon l'universalité de la raison, l'argumentation ne présuppose point la vérité de la Révélation spécifiquement chrétienne. Le domaine philosophique apparaît ainsi autrement plus ample que dans la présentation par Gilson de « la philosophie de saint Thomas » à partir de la « théologie naturelle » extraite du *de Deo uno* des *Sommes* ; une note du *Thomisme* de 1941 signalait d'ailleurs que les Livres I à III du *Contra Gentiles* « qui incluent pourtant jusqu'aux principes de la grâce se réclament d'une méthode purement philosophique » dans une analyse de structures, des « natures » – avons-nous dit – que l'histoire du salut « présuppose » sans en être déductible. Tandis que la possibilité d'une « philosophie de la religion en général » inter-disait de réserver au théologien la considération du christianisme selon le vœu du *philosophe et la théologie,* la reconnaissance d'une rationalité proprement historique par la *Philosophie critique de l'histoire* modifiait radicalement la situation intel-lectuelle où avaient pu coexister dans la pensée d'Émile Bréhier la découverte chez Duns Scot d'une « affirmation sans réti-cence » du salut comme histoire et la négation de tout apport du Christianisme à la philosophie. La voie était ouverte à « une étude proprement philosophique d'œuvres théologiques » qui mani-feste, comme expliqué en 1973 à la Société Française de Philo-sophie, la place du Moyen Âge dans l'histoire de la philosophie [1].

Le point de vue auquel nous aboutissions ainsi résultait de convergences que nous n'avons pas toutes relevées ; l'une d'elles était une « référence à Hegel » qu'imposait pratiquement « la

---

1. O. Cullmann, *Christ et le temps,* Neuchâtel, 1947. – H.-C. Puech, « La gnose et le temps », *Eranos Jahrbuch* XX, 1952. – *Mysterium salutis, Dogmatique de l'histoire du salut*, tome 1, volume 1, Paris, 1969, édition française de *Mysterium salutis, Grundriss heilsgeschichtlicher Dogmatik*, Einsiedeln, 1965. – Compte rendu par Étienne Gilson de H. Gouhier, *Bergson et le Christ des Évangiles* dans *Les Nouvelles Littéraires* du 25 janvier 1962.

problématique générale de l'époque philosophique ». La thèse d'Aron avait signalé que la philosophie critique de l'histoire commençait « par le refus de l'hégélianisme », philosophie spéculative du « sens de l'histoire ». Auparavant, le volume de 1934-35 des *Recherches Philosophiques* dirigées par plusieurs de nos collègues avait publié des réflexions de Karl Löwith sur *L'achèvement de la philosophie classique par Hegel et sa dissolution chez Marx et Kierkegaard*, annonce d'un regard d'ensemble sur le problème du sens de l'histoire dans *Meaning in History*; cet ouvrage de 1949 retint immédiatement notre attention : la spéculation de Hegel et la question posée à ses disciples et interprètes par sa notion d'un « achèvement » qui mettrait « un terme à l'histoire » y était située par rapport aux théologies chrétiennes de l'histoire, notamment celle de Joachim de Flore. Engagé avant guerre, lié à un « retour à Marx » à partir de la publication des manuscrits de 1844, le « retour à Hegel » dans la pensée française d'après-guerre, y compris la théologie de la Compagnie de Jésus, conduisait à prendre position sur l'idée de *philosophie de la religion*, en élucidant le rapport de cette éventuelle philosophie à la religion même, plus généralement la relation entre philosophie et Foi. Ces problèmes étaient présents en 1945 dans l'ouvrage du Père Henri Niel, *De la médiation dans la philosophie de Hegel* que suivit en 1946-47 une discussion avec Kojève ; en 1961, ce théologien a examiné à propos de *Hegel et de Marx* et de Georg Lukacs qui intéressa Maurice Merleau-Ponty, le thème de la *Suppression de la philosophie* : une négation de la spéculation qui, achevée, peut être dépassée (*aufgehoben*) par la *praxis* révolutionnaire du prolétariat. Nous fûmes attentif en 1958 aux *Études hégéliennes* du lovanien Franz Grégoire, mais d'abord au chapitre de Karl Barth sur Hegel, traduit en 1955 de sa *Théologie Protestante au* XIXe *siècle* et plus tard à l'analyse en 1970 par Wolfhart Pannenberg de l'approche hégélienne du Christianisme. Nous étions intéressé par le christocentrisme de ces deux théologies contemporaines et notions après le jeune théologien allemand que l'unicité de la Révélation conçue « comme histoire » procédait déjà chez le

vieux dogmaticien suisse de la notion hégélienne que Dieu Se
révèle. Nous connaissions le conflit entre « droite » et « gauche »
hégéliennes et la diversité des interprétations, due peut-être à une
ambiguïté originaire; mais nous devions à la philosophie
hégélienne du Christianisme, « Religion absolue », l'éclaircisse-
ment de deux interrogations liées l'une à l'autre : – comment
sauver « la réalité qualitative propre... au développement historique », menacée (dans les termes du P. Niel) par l'identification
« de l'Histoire et de l'Idée » ? – appliquée au Christianisme, une
approche philosophique de la religion dépasse-t-elle nécessairement celle-ci en la niant et portant la philosophie au rang
suprême ? est-il au contraire possible que cette approche philosophique respecte la transcendance de la Parole de Dieu et de
l'acte de foi spécifiquement religieux qui y répond ? La première
question nous appelait à penser l'histoire du salut en fonction
d'une philosophie critique de l'histoire; répondant à la seconde,
notre analyse de la dialectique des *Monologion* et *Proslogion* la
situait dans l'histoire de la philosophie en 1973, à un plan de
« philosophie de la religion » *en deçà de celui où se situe
l'expérience du croyant* [1].

   Une autre convergence a lié notre travail historique au débat
qui se poursuivit après la guerre de 1939-45 sur le projet philosophique exposé par Maurice Blondel dans sa thèse de 1893
*L'Action : essai d'une critique de la vie et d'une science de la
pratique*. Notre génération de jeunes catholiques avait entendu,
adolescente, des échos de la polémique antimoderniste d'avant-
guerre et lu des reproductions dactylographiées de l'ouvrage de
1893 réédité seulement en 1950. Un jeune historien de la philosophie appelé à étudier le Moyen Âge trouvait dans cette thèse
provocatrice un essai de réponse à un problème pour lui vital :
était-il possible de traiter philosophiquement de religion, de

1. Karl Löwith, *Meaning in History,* Chicago, 1949. – Discussion entre
Kojève et le Père Niel et article sur « La suppression de la philosophie » dans la
revue *Critique*. – P. Vignaux, « L'histoire de la philosophie devant l'œuvre de
saint Anselme », dans *Saint Anselme, ses précurseurs et ses contemporains*,
Journées d'études anselmiennes Aoste-Turin, 28-30 juin 1975, Quarante-
septième Bulletin de l'Académie saint Anselme (1974-1975), p. 11-24.

Christianisme dans une Université qui se voulait laïque? La laïcité des institutions républicaines incluait en effet un «refus conscient de toute forme de transcendance»; rédigé par Léon Brunschvicg, le compte-rendu de soutenance de *L'Action* dans la *Revue de Métaphysique et de Morale* commençait par une déclaration de principe: «Le rationalisme moderne a été conduit par l'analyse de la pensée à faire de la notion d'immanence la base et la condition même de toute doctrine philosophique». Le jeune docteur devait donc convaincre son jury que, œuvre de philosophe sincère et strict, *L'Action* n'envisageait le transcendant chrétien que selon une *méthode d'immanence*. Durant la crise moderniste il y eut débat entre théologiens catholiques sur la compatibilité avec l'orthodoxie de cette méthode exposée en 1896 avec une force provocante dans une *Lettre sur les exigences de la pensée contemporaine en matière d'apologétique*. En accord avec le livre qu'en 1954 lui consacra Henri Duméry et son travail antérieur de 1948 sur *La philosophie de l'action*, nous avons pensé que la «méthode *philosophique* d'immanence» (italique nôtre) valait «pour l'incrédule comme pour le croyant», pouvait fonder une «philosophie de la religion positive» et faisait entrer le Christianisme «dans le champ philosophique» en affirmant la compétence «en critique religieuse» d'une philosophie «autonome». Ce jugement sur Blondel ne nous engageait pas à l'égard de l'ensemble philosophique présenté par Duméry avec une ampleur et une cohérence de système; sans nous associer aucunement aux réactions d'un conservatisme théologique toujours prêt à reprendre la polémique antimoderniste, nous considérions simplement en historien les spéculations médiévales comme des essais philosophiques sur une «religion *instituée*» (au sens du complément *Foi et institution* apporté en 1959 aux publications de Duméry en 1957). Le cours de nos études médiévales nous inclinait d'autant moins à y introduire l'interprétation systématique par Duméry de *L'Action* de 1893 et de la *Lettre* de 1896 que sa *phénoménologie* du Christianisme était liée à un «théisme philosophique» de l'Un: une «hénologie» à références néo-platoniciennes déclarée plus profonde que l'ontothéologie des « Métaphysiques de l'Exode » et le « contingentisme » des « théologies de l'histoire » ; l'évaluation dans la *Philosophie de la religion* de 1959 de la place de la christologie dans la théologie de saint Thomas manifeste entre Duméry et nous la divergence d'orientation. Une longue controverse de 1948 à 1964 opposa à Duméry le Père Henri Bouillard sur le sens de l'œuvre de Blondel, y compris la « deuxième » ou « dernière philosophie », d'aspect plus traditionnel et « éclectique », de la *Pensée*, l'*Être*, l'*Agir* et l'*Esprit chrétien*, publiés de 1934 à 1950 ; en suivant cette discussion, nous retenions la complexité *d'intention fondamentale* que décelait chez Blondel le théologien Bouillard ; nous prenions cependant en compte l'apport aux débats des XIXᵉ et XXᵉ siècles de spéculations théologiques postérieures au XIIIᵉ, comme le « système de la pure nature » étudié et critiqué en 1948 et 1965 par le Père de Lubac ; son interprétation du terme *surnaturel* fut un centre de controverse dans le catholicisme de l'époque. C'est en voulant appliquer la philosophie à cet objet transcendant que Blondel avait scandalisé à la fois « le rationalisme moderne » et le conservatisme théologique par une prétention incompréhensible à Gilson. Nos échanges de vue avec le P. Bouillard, historien de la *théologie dialectique* de Barth, sur l'argument du *Proslogion* nous ont conduit à réfléchir sur la reprise de « la preuve ontologique » au moment où la dialectique complexe et tendue de *L'Action* dans sa *quatrième partie* rencontre *L'unique nécessaire* [1].

1. Sur la dimension philosophique du problème politique de la laïcité : Claude Nicolet, *L'idée républicaine en France, essai d'histoire critique*, Paris, 1982. – Compte rendu de la soutenance de Blondel dans *Études blondéliennes*, Paris, 1951, p. 99. – d'un ami de Blondel, l'abbé J. Wehrle, *La méthode d'immanence*, Paris, 1911. – H. Duméry, *Blondel et la religion, essai critique sur la « Lettre » de 1896*, Paris, 1954. – Henri de Lubac, *Surnaturel, études historiques*, Paris, 1946 ; *Augustinisme et théologie moderne*, Paris, 1965 ; *Le mystère du surnaturel*, Paris, 1965. Thèses d'Henri Bouillard sur *La théologie dialectique de Karl Barth*, Paris, 1957 ; sur la référence à Hegel dans *Blondel et le Christianisme*, Paris, 1954, le P. Bouillard renvoie au P. Peter Henrici, *Hegel und Blondel Eine Untersuchung über Form und Sinn der Dialektik in der "Phänomenologie des Geistes" und in der ersten "Action"*, Pullach bei München, 1958.

Manifestant une « inévitable transcendance de l'action humaine », sa nécessité lie immédiatement aux preuves classiques de l'existence de Dieu Sa reconnaissance comme terme *surnaturel* d'une destinée qui met tout homme devant une *alternative* suprême entre vie ou mort éternelles. La *quatrième partie* faisait entrer dans *l'être* le lecteur qui avait parcouru tout « un ordre naturel des phénomènes » : de l'avis de Duméry, du P. Bouillard et d'un jésuite allemand, lui aussi interprète de Blondel, qui évoquent la *Phénoménologie de l'esprit*, *L'Action* présentait dans sa *troisième partie* une *phénoménologie* des objets du vouloir que « l'expérience » de la vie impose à « la réflexion » du philosophe. Dans la première moitié de la *quatrième partie,* cette réflexion sur cette expérience fait apparaître un conflit entre la *volonté voulue*, effectuée, déjà décrite, et la *volonté voulante* qu'elle implique, plus profonde ; de cette situation, donnée de l'« expérience la plus intime », résultat de tout « le mouvement de la vie », « l'unique nécessaire » surgit, voulu nécessairement comme fin de l'homme mais *surnaturel* puisqu'« inaccessible » par la force du vouloir humain. Blondel reprend dans ce contexte l'argument du *Proslogion* devenu en passant chez Descartes une preuve par l'idée de perfection : « la pensée vive » que nous avons de Dieu, « inévitable complément de l'action humaine », s'y présente comme un « surcroît de vie intérieure qui demande son emploi, ... Nous ne pouvons connaître Dieu sans vouloir le devenir » ; autant que de poser Dieu, il est nécessaire de « désirer intimement quelque chose d'analogue à ce que, du dehors, les dogmes nous proposent » ; nous sommes, pourrait-on dire, devant une appréhension de Dieu comme Grâce (*gratia increata*). L'inclusion d'un « besoin » du surnaturel dans la pensée humaine fut au centre de la polémique entre théologiens sur *L'Action* et la *Lettre* ; il en est résulté dans les écrits ultérieurs une prise en considération du débat scolastique sur le désir naturel en l'homme de la béatitude divine ; la discussion Duméry-Bouillard maintint ensuite l'attention sur ces problèmes de nature et de grâce, d'états concrets de l'humanité dans l'histoire du salut et de valeur de l'abstrait « nature pure ». Nous

nous trouvions devant le foisonnement des propositions suscitées par la tension, la densité et la difficulté du « moment » décisif de *L'Action* sur « l'unique nécessaire » et le « besoin » du surnaturel quand l'acuité d'une analyse du Docteur Subtil infléchit le cours de nos réflexions. Dès l'avant-guerre nous avons été conduit à la distinction chez Scot de valeurs spécifiquement morales et de valeurs proprement religieuses : une discrimination entre *bonum morale* et *bonum meritorium* qu'en 1517 Luther dénonça dans la scolastique. Notre attention fut ensuite retenue dès 1939 par un ouvrage de Jean Rohmer, évoquant l'éthique de Kant, sur la spécificité d'une finalité morale irréductible à l'eudémonisme comme à l'utilitarisme et en 1968 par une non moins remarquable contribution de Fernand Guimet au 2e Congrès Scotiste International sur la *conformité à la droite raison de la vertu théologale de charité.* Sous le titre *Valeur morale et valeur de salut* une réponse d'ensemble aux questions ainsi posées en 1939 a été publiée en 1984 dans les Actes du Congrès Scotiste de 1981. Du point de vue ainsi dégagé, la connexion envisagée en 1893-96 par Maurice Blondel entre existence de Dieu et surnaturalité de la destinée humaine devient contingente en raison de l'irréductibilité de l'ordre religieux du salut à « l'ordre moral naturel » de « la droite raison » : par un « *a priori* absolu » celle-ci commande bien d'aimer Dieu par-dessus toutes choses, mais cet amour que son unicité tourne en adoration est simplement, en termes volontaristes d'École, *velle Deum esse Deum,* vouloir que Dieu soit Dieu en Lui-même, Bien Absolu : – ce n'est pas vouloir qu'Il vienne en nous comme *notre* Bien, objet dont l'immédiation apporte la béatitude. Cette perspective, celle du salut ne peut s'ouvrir que si une libre décision du Créateur, connaissable seulement s'Il la révèle, a appelé des créatures à s'unir à Lui, s'Il les a « acceptées » à la vie éternelle. La doctrine scotiste de *l'acceptatio* apparut fondamentale ; les textes invoquent contre la possibilité d'un « salut Philosophique », naturellement accessible, la double contingence des moyens humains (*ea quae sunt ad finem*) d'accéder à la fin divine et la détermination divine de prédestination, la décision de se

faire accessible aux esprits finis d'un *objectum voluntarium* qui
n'est *objectum naturale* que pour l'entendement infini. Aucune
argumentation par désir naturel de la béatitude ne peut réduire
cette contingence de notre destination si le passage d'une « capacité » ou d'une « inclination » de notre « nature intellectuelle » à
l'acte de vouloir la fin qui suppose, comme Scot l'enseignait, la
certitude qu'il est possible d'atteindre cette fin : simple *causa
finalis* et non *finis attingentiae* dans l'ordre naturel de l'amour
moral suprême. L'interférence de nos études scotistes avec notre
attention ancienne au problème philosophique du surnaturel
dans *L'Action* de 1893 explique que l'interprétation du salut
comme histoire nous ait paru répondre à ce problème, pour
autant que nous pouvions user du concept de rationalité ou
d'intelligibilité fourni par une philosophie critique de l'histoire.
Nous parvenions à une « compréhension du scotisme comme
théologie philosophique de la religion » au plan même d'une
philosophie de la religion dans la mesure où il est possible en
« philosophie première » de prouver l'existence d'un Dieu infini,
libre de communiquer en Se révélant à des esprits finis le « savoir
absolu » qui lui est naturel ; cette preuve constituerait une « introduction philosophique », et pas seulement théologique, à une
théologie de l'histoire du salut [1].

Ainsi engagé dans une « philosophie du Christianisme »
attentive à la spécificité historique du salut, nous avons constamment maintenu la différence du christocentrisme de Duns Scot
d'avec celui de Malebranche : inspirée au XIIIe siècle par l'exigence d'une raison suffisante de la création ; l'exaltation de
l'Incarnation indépendamment de sa fonction rédemptrice manifeste simplement l'ordre intérieur d'une intention divine – *ordo
intentionis* –, radicalement contingente, nullement obligée à la

1. Jean Rohmer, *La finalité morale chez les théologiens de saint Augustin à
Duns Scot*, Paris, 1939. – Fernand Guimet, « Conformité à la droite raison et
possibilité surnaturelle de la charité (attaches traditionnelles et structures dialectiques de la doctrine scotiste) », *Acta congressus Scotistici Internationalis,
11-17 sept. 1966 celebrati*, Rome, 1968, t. III, p. 539-597. – Notre « Valeur morale
et valeur de salut » dans *Acta Quinti Congressus Scotistici Internationalis*, Rome,
1964, p. 55-67.

« simplicité des voies ». De Scot, l'intérêt pour le christo-centrisme nous a ramené à saint Bonaventure lors du septième centenaire de sa mort 1274-1974 : ne suivant pas le jugement de Gilson qui ne voyait plus que « pure théologie » là où, « apprenti philosophe », il avait cherché « une philosophie », nous restions délibérément au plan de *La philosophie de saint Bonaventure* de 1924, objet aussitôt de mon admiration d'étudiant. L'auteur de ce livre n'avait pu trouver chez le Docteur franciscain une philosophie qu'à partir d'une notion de cette discipline qui, entendant par *nature* « l'ensemble du donné » l'envisageait comme « science des conditions du donné qui ne nous sont pas elles-mêmes données », éventuellement d'ordre « transcen-dant », *surnaturel* même, dont l'« expérimentalisme intégral » du philosophe n'aurait pas le droit de ne pas « tenir compte » ; deux perspectives s'ouvraient alors : celle de saint Thomas où, le surnaturel ne faisant « que conserver et mouvoir les êtres dans leur propre nature », on peut « décrire à part » celle-ci et « les influences divines qui la soutiennent » ; celle de saint Bonaventure où « le surnaturel parfait les êtres dans leur propre nature » au point qu'il ne soit plus « possible de les décrire en eux-mêmes sans recourir à lui ». Ainsi présentée, la doctrine de saint Bonaventure pouvait apparaître une philosophie à un « apprenti philosophe » influencé par la philosophie de *L'Action* ; elle le demeura dans sa conception ultérieure de « philosophie de la religion ». C'est sur une allusion aux « christologies philoso-phiques » étudiées par Henri Gouhier et d'autres contemporains que se terminait en 1958 le petit livre [1].

Grâce au concours de médiévistes du Centre d'Études des Religions du Livre, mes dernières années d'enseignement régulier et les activités qui ont suivi contribuèrent à élargir la

---

1. Ét. Gilson, Avant-propos à *San Bonaventura 1221-1274*, Roma, 1974, volume I, p. I à XVI. – Nos contributions au Colloque franciscain de 1974, Padoue : « Le christocentrisme de saint Bonaventure et le problème d'une philo-sophie de la religion », *Laurentianum III*, 1978, p. 391-412, Rome : « Condition historique de la pensée de saint Bonaventure : christocentrisme, eschatologie et situation de la culture philosophique », *San Bonaventura maestro di vita fran-cescana e di sapienza cristiana*, Roma, 1976, volume I, p. 410-427.

connaissance et à renouveler l'interprétation des deux derniers siècles médiévaux. La référence à Duns Scot, à sa théologie d'histoire du salut et son acuité de Docteur Subtil, n'a été nullement abandonnée; la poursuite des études sur Jean de Ripa l'a développée en une problématique plus profonde et plus vaste. Une note de notre travail de 1934 sur *Justification et prédestination au XIVᵉ siècle* citait la première étude contemporaine sur ce « Docteur Supersubtil » : le livre de H. Schwamm sur sa doctrine de la prescience divine, publié en 1930, qu'en 1934 un autre ouvrage du même auteur allait situer dans l'histoire du scotisme; notre conférence aux Hautes Études de 37-38, *De Scot à Luther*, retrouvait ce problème de la prescience lié à ceux de la prédestination et du concours divin aux *actes libres des hommes* (concours simultané, concomitant ou prédéterminant, voire nécessitant). Nous n'ignorions pas le retour au XVIIᵉ siècle de cette problématique dans les théologies philosophiques de l'époque classique, présentes sans doute dans ces années d'avant-guerre à l'esprit de Maurice Merleau-Ponty : les pages de *Sens et non-sens* où il évoque son rapport au catholicisme de sa jeunesse nous ont appris en 1948 qu'« en arrière de l'Esprit incarné », Dieu engagé dans notre histoire d'hommes, son examen critique du dogme trinitaire lui faisait attribuer au Père, origine de la Trinité, « ce Regard infini devant lequel nous sommes sans secret, mais aussi sans liberté, sans désir, sans avenir, réduits à la condition de *choses visibles* ». Cette formule ne rappelait pas seulement aux critiques catholiques de l'existentialisme athée une des « difficultés fondamentales » de la théologie chrétienne affrontée « il y a trois siècles » par les théologiens catholiques qui hésitaient à placer « la liberté humaine sous une préordination divine »; la conscience chez Merleau-Ponty d'un conflit sur l'affirmation de la liberté en l'homme ou en Dieu annonçait la mise en question en termes logiques de la compatibilité entre existence d'un Dieu omniscient et liberté des actes humains. La remarque de *Sens et non-sens* a retenu notre attention sur la difficulté centrale des interprétations de la théologie scotiste de la prescience : si pour eviter que la contingence des actes libres de l'homme disparaisse sous le « regard infini » du Créateur, on explique qu'Il ne connaît ces actes créés que par la détermination intérieure, toute contingente, de Sa volonté, on doit supposer et concevoir cette détermination comme irréductible à une « préordination » ; c'est la condition *sine qua non* pour que la réalité de la liberté des hommes et la réalité de leur histoire trouve un fondement dans une contingence première en Dieu. La spéculation ultrascotiste de Jean de Ripa sur cette prima *contingentia* s'accompagne dans les textes de ce « *Supersubtil* » de discussions sur les conditions de vérité de propositions concernant des *futura contingentia* dont une histoire du salut suppose l'énoncé : il ne s'agit plus de la connaissance qu'un Esprit atemporel peut avoir de vérités essentiellement situées dans le temps, mais de la possibilité pour cet Esprit de communiquer par révélation à ses créatures cette connaissance qui, du coup, tombe dans le temps ; tel est l'objet de débat que le Prologue sur la connaissance théologique du *Commentaire des Sentences* de Jean de Ripa nomme *materia de revelatione* ou *revelationum*. Il ne porte pas seulement sur la vérité des prophéties bibliques ou des propositions de foi sur la destinée humaine, l'avenir individuel ou collectif du salut, assertions relatives par exemple au jugement dernier ou à l'existence de l'Antéchrist ; la tâche du théologien logicien (*theologus logicus*, dira Luther) était au XIVe siècle de répondre à toutes les questions *de possibili* soulevées par l'analyse des cas hypothétiques de déploiement de la *potentia Dei absoluta*. À l'article 4 de la Question IV sur le *Prologue des Sentences*, la *materia de revelationibus* apparaît en connexion avec bien d'autres problèmes : – la connaissance du Christ, Verbe incarné, puisque l'article demande si l'essence incréée peut pour un esprit créé comme pour le Verbe éternel constituer la connaissance même – *notitia formalis* – de la vérité d'un futur contingent ; – la véracité divine mise en cause lorsque les théologiens admettent que Dieu puisse « dire le faux » ; – au nom de la Toute-puissance divine, après le maintien de la contingence radicale des futurs, le refus de tenir pour nécessaires les propositions relatives au passé. Il appartenait à d'autres chercheurs de préciser les références, et d'élucider la complexité de la problématique que découvraient nos conférences sur Jean de Ripa. La mise en question du rapport nécessaire ou contingent du passé comme du futur à un Dieu suprêmement libre doit s'éclairer par le développement de l'histoire de la logique qui permettra sans doute de mieux élucider le sens des formes dans lesquelles le langage traditionnel de l'École exprime les nuances diverses des doctrines de la prescience, de la prédestination et du concours divins aux actes humains... Nous revenons du *de revelationibus* à la connaissance divine : dès la *présentation de Jean de Ripa* qui accompagna la publi-cation des *Conclusiones* extraites de son *Commentaire des Sentences* et de ses *Determinationes* avant celle des *Prologi Quaestiones*, leur savant éditeur montrait comment la métaphysique scotiste « où la contingence de l'effet suppose nécessairement une certaine contingence de la cause » a conduit au discernement « ripien » en Dieu même de *rationes intrinsecae et contingentes*. L'article 4 de la *Quaestio de gradu supremo* sur la dérivation contingente de tout le créable à partir de l'Incréé offre peut-être en situant la *prima contingentia* dans le Dieu trine une réponse à l'interrogation de Merleau-Ponty : exigence du dogme, l'ultime priorité du Père conduit à reporter en Lui la contingence première de la liberté divine à l'égard de ce qui n'est pas Dieu et l'égalité des personnes divines à concevoir que ces contingence et liberté sont intégralement communiquées au Fils et à l'Esprit, aussi libres que le Père à l'égard de tout effet radicalement contingent de l'action des Trois. Ce texte confirmait l'idée de penser la liberté des hommes et la contingence de leur histoire dans la perspective de communication de la divinité indiquée en conclusion du chapitre sur Scot de *justification et prédestination*. Provoquée par la dénonciation dans *Sens et non-sens* d'une Prescience qui interdirait aux hommes d'inventer leur avenir collectif, nous avons après Pierre d'Auriole remarqué le refus scotiste d'assimiler dans la connaissance divine les *futura contingentia* à des « présents »; il s'agit en quelque façon de sauver leur *futuritio*, leur datation historique sous le regard divin même; il est dit dans la *Lectura* de Scot que le Créateur ne voit pas les créatures comme des choses « faites », mais comme « à faire », « à venir » dans la nouveauté de la création par rapport à l'éternité : *fienda, non facta ; ut causanda de novo, ab ipso (Deo) creanda et sibi futura.* Pareille expression ouvrait vers l'avenir, dimension essentielle de la conscience moderne, la notion d'histoire du salut que nous savions décisive pour l'interprétation de Scot. Sa pensée du XIVe siècle nous apparut ainsi en rapport avec les théologies de l'histoire, nos contemporaines, qui, fondées dans l'eschatologie biblique, réfèrent l'Éternel à un « avenir absolu », par exemple les théologies de l'espérance de Pannenberg et de Moltmann, les théologies aussi de la libération qui peuvent inspirer une réponse à la dénonciation par *Sens et non-sens* de « l'ambiguïté politique du christianisme » : un motif supplémentaire de *Lire Duns Scot aujourd'hui*[1].

---

1. Ma recherche sur Jean de Ripa dont l'initiateur fut Mgr André Combes, directeur de recherches au Centre National de la Recherche Scientifique, décédé en 1969, n'a été possible qu'avec le concours de deux « ingénieurs » de ce Centre, Mademoiselle Jeanne Barbet et l'Abbé Francis Ruello. – Aux travaux de Mgr Combes cités au texte : « Présentation de Jean de Ripa » dans les *Archives d'histoire doctrinale et littéraire du Moyen Âge*, XXIII, 1956, p. 145-242, *Conclusiones* en 1957, *Prologi Questiones* de la *Lectura I* et II en 1961, *Ultimae* avec la collaboration de F. Ruello en 1970, *Determinationes* en 1957, il faut joindre à Paris également la *Quaestio de gradu supremo* avec ma collaboration pour une première explication de la *doctrine*, p. 91-140 et, publication posthume, « L'intensité des formes d'après Jean de Ripa », *Archives...* XXXVII, 1967, p. 191-267. F. Ruello a élucidé le rapport entre le philosophe théologien padouan Jean de Venise et Jean de Ripa en publiant *Super primum Sententiarum Johannis de Ripa Lecturae Abbreviatio, Prologus,* Firenze, 1980 ; il prépare une vue d'ensemble de l'état de la recherche sur le maître franciscain supersubtil après avoir en novembre 1981 exposé les « trois théologies possibles, deux théologies probables de la sanctification et de la glorification selon Jean de Ripa » à une « table ronde » du C.N.R.S. organisée par Zénon Kaluza sur *Preuve et raisons à l'Université de Paris. Logique, ontologie et théologie au XIVe siècle,* publié à Paris en 1984. L'ensemble des contributions à ce colloque donne une idée de l'orientation, au Centre des Religions du Livre, des études sur le XIVe siècle ; la contribution de Jean François Genest sur *Pierre de Ceffons* est une part de ses travaux en cours et en voie de publication sur la *materia de revelationibus.*

AVANT-PROPOS
(1958)

Quelques mots d'explication semblent nécessaires en tête de ce travail pour le « situer » : le distinguer d'autres travaux également possibles sur la même matière.

Limitant son objet à l'Occident latin, ce livre a présenté, dans sa première et sa seconde éditions, une brève histoire de *la pensée au Moyen Âge*, et non de la philosophie : on avait à dessein évité ce dernier terme afin de ne pas préjuger du caractère *philosophique* de la spéculation médiévale. Ce caractère, en effet, est précisément en question et du même coup l'insertion du Moyen Âge dans la suite d'une *histoire de la philosophie*. C'est simplement pour attirer l'attention sur ce problème, en ne le supposant pas résolu, que dans le titre de cette troisième édition refondue paraît le terme *philosophie*.

L'effort de l'historien des doctrines tend idéalement à retrouver le point de vue des auteurs qui les ont enseignées, à essayer de voir leur tâche intellectuelle telle qu'ils l'ont vue eux-mêmes, à demander, si possible, à leurs écrits la définition de ce qu'ils ont voulu y réaliser. Cette exigence conduit à traiter de *théologique* la pensée médiévale envisagée globalement puisque la spéculation s'y réfère à une *révélation*, source pour le croyant, à ses yeux et en lui, de pensées plus qu'humaines. Mais il faut aussitôt signaler que, de ce mode de penser *théologique*, les médiévaux ont eu des conceptions variées. L'étude, à peine commencée, de cette variété montre que ces conceptions ont des sources dans les *philosophies*, qui ont précédé le Moyen Âge aussi bien que les prolongements dans celles qui l'ont suivi.

Mais, sur« les philosophes » et sur la discipline même qu'ils ont fondée, les théologiens médiévaux ont eu eux-mêmes des notions, non sans rapport avec celles qu'ils se formaient de leur propre discipline, et variées comme leurs idées de la théologie. Ils apparaissent donc fort divers, les éléments de réponse que l'historien peut fournir à la question préjudicielle qui donne à ce livre son titre : quelle place faire dans l'histoire de la philosophie à un âge typiquement théologique ? On ne saurait présenter nombre de ces éléments, en laissant d'ailleurs la réponse au lecteur, sans écarter une image encore trop commune du Moyen Âge : on l'imagine comme une période de si forte unité intellectuelle qu'on lui donne quelque apparence de pauvreté. Le présent essai voudrait, en premier lieu, transmettre au lecteur l'impression toute contraire que l'auteur n'a cessé d'éprouver : une impression de diversité.

Comment présenter cette diversité ? En si peu de pages, impossible d'exposer des systèmes, avec un minimum de détail, de caractère : les thèses d'ailleurs qui forment système nous paraissent moins intéressantes, pour l'historien de la pensée, que la manière dont les problèmes sont posés et traités ; ne faut-il pas, avant tout, saisir l'attitude d'esprit, la façon de procéder ? On ne pouvait pas, dans ce livre, donner une exposition des systèmes philosophiques ou théologiques du Moyen Âge ; pourquoi ne point se contenter de décrire, d'évoquer la diversité des âmes qui s'expriment dans ces œuvres ? Ce serait une tâche relativement facile et non dépourvue de charme. Mais, quand on veut comprendre des ouvrages de pensée, est-il légitime d'extraire, de séparer l'inspiration du corps doctrinal qu'elle anime, de la forme technique où elle s'est définie ? Penser est comme un métier : nous avons à étudier des manières de penser ; nous ne pouvons pas négliger la technique, le langage même. Ces brèves remarques suffisent, je pense, à justifier l'examen dans ce livre de quelques questions assez abstraites et l'usage parfois abondant de citations : afin de répondre aux besoins d'un large public, nous avons toujours fait suivre ou précéder les textes latins d'une traduction aussi proche, en chaque cas, de l'original qu'il a paru nécessaire et qu'il a été possible. Le lecteur cependant se sentira transporté dans un monde quelque peu étrange. Nous croirions avoir trahi la réalité du Moyen Âge, sa différence d'avec notre temps, si des modernes, suivant notre exposé, ne se trouvaient point dépaysés dans cette technicité et cette théologie : s'il ne passe par un tel dépaysement, nul aujourd'hui n'entre dans la pensée médiévale, dans cet esprit d'une autre civilisation.

Il suffit de se faire attentif à la technique des œuvres de pensée pour saisir l'importance, parfois méconnue, de certains aspects de la vie intellectuelle du Moyen Âge : la formation des intelligences par la grammaire et la logique, disciplines assez proches l'une de l'autre ; l'usage comme instrument universel du savoir, de la dialectique, identifiée à la raison même ; le caractère fondamental du rapport de signification entre les lermes – *voces* – et les choses – *res* – tel qu'il apparaît au premier plan et par deux fois, dans les *nominalismes* des XIIe et XIVe siècles.

Sous l'enveloppe abstraite des formules scolastiques, sous le commun langage aristotélicien, on aperçoit cependant l'intérêt qu'ont pu présenter certaines questions d'école pour la vie des hommes qui les ont discutées. De telles questions et de leur vivant intérêt, dans ce passé, nous trouverons un remarquable exemple dans les doctrines des intellects – intellect matériel *ou possible*, intellect *agent* – issues du traité De l'Âme, d'Aristote : nous aurons à considérer quelques-unes de ces théories, au XIIIe siècle et au début du XIVe, entre Guillaume d'Auvergne et Duns Scot. Devant ces discussions fort compliquées, la première réaction d'un moderne est toute simple : que me font, dira-t-il, ces savants ajustages d'entités ? Qu'il regarde de plus près. Il constatera que, lorsque les esprits s'opposaient sur l'interprétation de textes aistotéliciens particulièrement obscurs, de graves problèmes se trouvaient engagés dans la division des intellects : il s'agit tantôt des rapports – de dépendance et d'intimité – de la créature intellectuelle avec son Créateur, tantôt du caractère passif, réceptif de la pensée humaine à l'égard des objets sensibles ou, au contraire, de la spontanéité, de la transcendance de l'âme par rapport au monde des sens, ou encore de la manière dont, sortant du principe divin, notre être spirituel, intellectuel, se trouve par le fait tout prêt à y retourner. L'intellect du Moyen Âge continue celui de t'époque hellénistique, dont « comprendre » n'était que « la première fonction », la seconde consistant à « atteindre en lui-même » un Dieu incompréhensible (Festugière). Dans ces débats abstrus se jouait une conception de la vie de l'esprit : à la fois du salut et du savoir.

Cet intérêt humain de questions abstraites, il n'est pas étonnant que nous le retrouvions, avec parfois quelque difficulté, dans des cas où les médiévaux ont discuté sur l'homme. Mais plus souvent, ils ont raisonné sur Dieu. De leur point de vue, il est vrai, l'une et l'autre considérations étaient étroitement unies. Le Moyen Âge traite de l'homme en fonction du Dieu dont il le croit l'image : aux théologies de la Trinité répondent des *psychologies trinitaires* ; les données de la conscience ou d'une analyse rationnelle de l'esprit s'insèrent dans une structure mentale qui rappelle celle de la vie divine. Remarquable parfois de précision et de subtilité, cette correspondance suppose une réponse, au moins implicite, à des questions telles que celles-ci : dans quelle mesure une réflexion de l'esprit humain sur lui-même peut-elle l'éclairer sur la nature de son principe transcendant ? – ou bien : en se révélant, un Dieu qui *dit* avoir créé les hommes à son image ne leur découvre-t-il point la structure la plus profonde de leur être, inaccessible à la simple réflexion ?

Cette influence sur la doctrine de l'homme de notions aussi *théologiques* que les notions trinitaires suffirait à nous justifier de ne pas les avoir laissées en dehors de notre étude. La place que ce livre fait à la théologie, elle l'a tenue dans le régime mental qu'il nous fallait décrire à grands traits. Remarque complémentaire : notre ouvrage s'achève au seuil de la Réforme, en touchant aux problèmes qui ont divisé la Chrétienté ; ces dernières pages suffiront, je pense, à faire pressentir combien la connaissance de la théologie médiévale aide à comprendre le destin ultérieur de la pensée religieuse, l'attitude de l'homme moderne devant la vie, certaines tensions intérieures aux sociétés occidentales.

Partie intégrante d'un passé explicatif du présent, le mode de penser théologique vit et se renouvelle encore parmi nos contemporains. Il nous suffira de citer un nom : Karl Barth. Ce grand théologien a d'ailleurs écrit un des plus beaux livres d'histoire médiévale : nous devons beaucoup à son *Fides quaerens intellectum*, pour l'intelligence non seulement de saint Anselme, mais de tous ses continuateurs, qui donnent au Moyen Âge intellectuel son caractère peut-être le plus marqué. Cet ouvrage éclaire d'ailleurs la *Dogmatique* de Barth où paraît, dans une théologie réformée absolument résolue à ne pas se dégrader en philosophie, une continuité certaine avec la Scolastique, discipline d'élucidation en vue de l'enseignement, épreuve que refusent seulement les « faux Prophètes ».

Devant toute cette théologie, nous devons enfin rappeler que, si le sentiment religieux et l'idée de Dieu visent une réalité transcendante, ils n'en sont pas moins donnés dans l'homme. Peu importe ici le jugement de valeur, du philosophe et du croyant, dont l'historien s'efforce dans son exposé de faire abstraction. Quelques remarques suffiront ici encore. D'une part, comme on l'a écrit à propos de la doctrine de Port-Royal, « quelle qu'en soit l'origine, la pensée religieuse en elle-même est nécessairement une pensée humaine, et à ce titre, elle ne saurait être négligeable pour l'homme » (J. Laporte) ; ou, comme on l'a dit à propos de l'influence de mystiques sur la philosophie moderne, « il serait vain de présumer que tout ce qui est susceptible de prendre un sens rationnel doit nécessairement entrer dans le monde et dans l'esprit humain par la voie de la simple raison » (V. Delbos).

Le fait que signale, sans pouvoir en régir l'étude, la notion de *philosophie chrétienne* : celui d'une influence du christianisme sur des spéculations qui se veulent rationnelles, pose d'ailleurs un problème plus grave au croyant qu'à l'incroyant ; c'est le premier qui, pour ne pas rendre caduque la foi en détruisant la transcendance de son objet, doit refuser dans son sens obvie la formule de Lessing : « Sans doute, lorsqu'elles furent révélées, les vérités religieuses n'étaient-pas rationnelles, mais elles furent révélées afin de le devenir ».

Qu'ils soient, d'autre part, pour un jugement ultime, des principes de vie ou des obstacles à surmonter, les dogmes, les valeurs qu'ils posent, l'adhésion qui y est donnée, n'étant pas seuls en l'homme, suscitent en lui des oppositions intérieures, qui n'apparaissent pas seulement dans l'incroyance, mais au sein même de la foi. Nous touchons à l'aspect du Moyen Âge théologique par lequel il ne paraît pas si éloigné, devient peut-être très proche de nous : on l'a trop imaginé parfaitement organique, purement harmonieux, et quelque peu figé ; au fond de sa vie intellectuelle, nous trouverons du mouvement, des heurts, de la division : des conflits de l'ordre profane avec le sacré, un dialogue de l'humain avec le divin. Quoi que suggère une image simplifiée du Moyen Âge comme époque organique, ce n'est pas seulement à notre critique de *laïcité* que la culture n'offre pas, dans sa réalité collective, de solutions toutes faites aux problèmes de son unité, de la compatibilité des disciplines et des idéaux qui la composent, de son accord en particulier ou de son conflit avec la religion ; la synthèse demandait sans doute aux médiévaux comme à nous-mêmes, une difficile tâche personnelle, une réussite individuelle pouvant inspirer les nouveaux essais qu'exige la conscience de nouvelles données, apport constant de l'histoire.

Au point de vue que nous venons d'indiquer, nous avons été conduit par une réflexion sur l'*humanisme médiéval*. Nous avons remarqué dans la première édition de ce livre que cette expression, en passe de devenir classique, désignerait assez bien le centre de notre perspective sur le Moyen Âge intellectuel, si nous croyions pouvoir ramener toute une époque à l'unité d'une perspective. L'historien qui a reçu une formation philosophique doit craindre de trop unifier, de systématiser ; il faut qu'il laisse voir la diversité rebelle. Il faut aussi que dans la suite de son exposé, il ne donne pas l'illusion de disposer d'une certitude homogène : c'est pourquoi nous avons, autant que possible, gardé à ce résumé l'allure d'une recherche, mélange de hardiesses et de scrupules, sujets, les uns et les autres, à l'éxcès. Aux critiques d'incriminer ici notre réserve, là notre audace.

Conscient du caractère partiel de ce point de vue, de l'insuffisance aussi des précisions apportées, après dix-huit ans, par la présente refonte, nous n'avons pas cru devoir l'abandonner. Appliquée au Moyen Âge, la notion d'humanisme ne signale pas seulement des tensions essentielles à la vie des esprits, la continuité avec l'Antiquité, l'aspect *classique* de la conception de l'homme, la signification humaine de la *philosophie naturelle* apportée par l'aristotélisme. Dans la doctrine de Duns Scot qui nous a particulièrement attiré, l'humanisme philosophique se dépasse ou plutôt se transpose en humanisme *théologique*, précisément : *théocentrique* : un mouvement de pensée qui exalte – *dignificare* – l'humaine nature donne toute sa valeur possible à un être fini essentiellement tourné vers l'Infini qui peut seul lui révéler avec ce rapport, sa dignité ultime et le destin qu'elle permet. Mais capable d'un Dieu qu'il recevra par grâce, l'homme médiéval demeure « nature dans la Nature » (Chenu), au sein d'un cosmos aristotélicien. Pour son apport dans la définition d'une humanité à sauver, Aristote ne va-t-il pas survivre ? Érasme estimait qu'à son époque déjà, il aurait péri s'il ne s'était trouvé « mêlé au Christ ». Dans une pensée analogue, Gilson estime sa métaphysique sauvée par l'usage qu'en ont fait en théologie Thomas et Scot : cet usage l'aurait transformée au point de la rendre indépendante d'une *Physique* caduque et de faire participer cette œuvre de raison humaine à la stabilité de « la lumière de foi », lieu de sa seconde naissance. Cette formule paradoxale, expression extrême d'un point de vue de *philosophie chrétienne* provoque une question que l'on peut poser au plan de l'anthropologie philosophique ou théologique, non sans avoir rappelé que celle-ci, chez Duns Scot, implique la possibilité de la métaphysique : que reste-t-il de la notion médiévale de la condition de l'homme : de sa *nature*, confrontée avec la découverte de l'Univers et de l'histoire dans leurs dimensions modernes ? Le problème concerne tout Occidental, chrétien ou non.

Même si nous ne suivons pas toujours ses interprétations, il nous faut redire ici ce que nous devons à notre maître en histoire médiévale, Gilson, à l'exemple de ses leçons, à l'immensité de son œuvre, en renouvellement continu. Notre gratitude va également à tous les travailleurs dont nous sommes, dans ce livre, tributaire et que les usages de la Collection ne nous permettaient de citer qu'exceptionnellement, à la Vᵉ Section de l'*École pratique des Hautes Études*, lieu privilégié de recherche, et à l'*Institut d'Études Médiévales* de l'Université de Montréal où l'occasion nous fut donnée de plusieurs fois reviser cette présentation synthétique de la pensée médiévale.

CHAPITRE PREMIER

RENAISSANCES, HUMANISME

L'alliance imprévue de termes classiques nous signale des réalités dignes de remarque : le *Moyen Âge s'*ouvre par deux *Renaissances – la Renaissance carolingienne, la Renaissance du XIIᵉ siècle*. Au seuil de notre étude, un thème historique se propose, d'apparence neuve : *l'humanisme médiéval*. Des choses donnent un sens à ces mots.

La Renaissance carolingienne s'étend sur les trois règnes de Charlemagne, Louis le Pieux, Charles le Chauve : Alcuin appartient au premier, Jean Scot Érigène au second. Retenons ces deux témoins : l'un, d'une transmission de culture, l'autre, de tendances spéculatives.

L'essor intellectuel de l'empire franc continue celui de l'Angleterre, au siècle précédent. Écoutons Alcuin[1], moine d'York, transporté à Saint-Martin de Tours[a] : « Au matin, dans la fleur de mes études et de mon âge, j'ai semé en Grande-Bretagne ; maintenant mon sang se glace, c'est presque le soir, mais je ne cesse pas de semer ». Il convient de remarquer comment, à la conscience de l'œuvre accomplie, se joint la manière de l'exprimer. Demandant l'aide de Charlemagne, le même écrit que ce ne sera plus en York seulement, « mais en Touraine aussi que croîtront les arbres du Paradis avec leurs fruits. Vienne alors l'Auster qui souffle sur les jardins de Loire et les parfums s'en répandront partout ». L'éloge du souverain dans une autre lettre nous définit

a. Alcuin, né vers 730, appelé à la cour de Charlemagne en 781, meurt en 804.

l'idéal d'Alcuin : bâtir en France une nouvelle Athènes, supérieure à l'ancienne, puisque le Christ l'aura enseignée. Instruite par Platon, la première eut l'éclat des *sept* arts libéraux ; les *sept* dons du Saint-Esprit élèveront la deuxième au-dessus de toute sagesse de ce monde. Avec ces deux *septénaires,* nous entrons dans la mentalité médiévale. Énumérons les disciplines qui composent le premier : grammaire, dialectique, rhétorique (les trois ensemble forment le *trivium),* arithmétique, géométrie, astronomie, musique (ces quatre forment le *quadrivium).* Ces *arts libéraux,* voilà la culture à transmettre. Quatre-vingts ans après la mort d'Alcuin, un chroniqueur juge son œuvre réussie ; les *modernes* : Gaulois ou Francs, lui paraissent égaler les *anciens* de Rome et d'Athènes. Chrestien de Troyes exprimera de même la continuité de la civilisation :

> Ce nos ont nostre livre apris
> Que Grece ot de chevalerie
> Le premier los et de clergie.
> Puis vint chevalerie à Rome
> Et de la clergie la some
> Qui or est an France venue.

À la fin du XIIe siècle, Paris semblera la nouvelle Athènes ; on traitera de la façon dont la culture a passé jusqu'en ce lieu – *de translatione studii usque Parisium.* Les textes témoignent que le Moyen Âge garda le sentiment d'une transmission culturelle, depuis l'Antiquité. Ecartons le mot « culture », si la sociologie allemande nous y fait mettre quelque chose d'unique, d'incommunicable ; pensons à l'idée de civilisation, liée à l'unité de l'humaine nature. Alcuin se voit dans un rapport tout simple avec les Anciens. Son dialogue *Des vertus* le montre enseignant Charlemagne : vertu, science, vérité valent par elles-mêmes ; le christianisme les estime, les cultive. Question de l'élève : « Et les philosophes ? » – « Ils ont su que ces choses appartiennent à la nature humaine et les ont cultivées avec un soin extrême ». – « Mais alors quelle différence y a-t-il entre de tels philosophes et des chrétiens ? » – « La foi seulement et le baptême ». La sagesse antique fait reconnaître sa valeur ; les philosophes

présentent au chrétien l'homme simplement homme ; pour des
médiévaux qui se distinguent d'eux dans le seul ordre de la grâce,
les Anciens définissent la nature. Après le fait de la transmission,
voici la possibilité de communiquer : la première donnée de
notre enquête, c'est une relation, peu nuancée, mais consciente,
du Moyen Âge à l'Antiquité.

Alcuin nous donne une première idée de ce milieu caro-
lingien dont on a souvent trop isolé Scot Érigène[a] : celui-ci
annote *Les noces de Mercure et de la Philologie* de Martianus
Capella, un abrégé des sept arts qui se répandra dans les écoles ; il
intervient en dialecticien dans une querelle sur la prédestination ;
il avance assez dans la connaissance du grec pour traduire les
œuvres du Pseudo-Denys l'Aréopagite, les commentaires qu'en
donna Maxime le Confesseur (ou Jean de Scythopolis), un traité
de l'homme de Grégoire de Nysse. Ses traductions, ses commentaires, sa spéculation du *De divisione naturae*, pénétrée de
l'influence des Pères grecs, apportent une lumière d'Orient qui
ne cessera ni d'étonner ni d'inspirer le Moyen Âge latin[2].

Aux yeux des médiévaux, l'auteur (que la critique moderne
n'a pu identifier) des écrit dyonisiens est un converti de saint
Paul, un confident de l'Apôtre qui fut ravi en Dieu. De là l'excep-
tionnelle autorité de ce disciple chrétien de Proclus qui écrivit
sans doute au début du VIe siècle. Dans la version de Scot ou
d'autres, invoquée et commentée par des maîtres fameux, son
œuvre compliquée offrait une image du monde des esprits et une
conception de la vie spirituelle qui ont marqué, en sens divers, la
mentalité médiévale. Le docteur des *Hiérarchies céleste et
ecclésiastique* présente « un monde hiérarchique où les différences des divers rangs ne sont jamais abolies », où une place
est assignée aux intelligences même, selon l'imagination des
lieux intelligibles que le dernier néo-platonisme communique au
Moyen Âge par Denys, premier intermédiaire. Dans un savoir
hiérarchique où la lumière vient d'en haut, les esprits se tournent
vers le principe suprême en vue d'une divinisation : l'Aréopagite

a. Jean Scot Érigène, né en Irlande dans le premier quart du IXe siècle, est
maître à l'école palatine avant le milieu du siècle ; il disparaît de l'histoire vers 870.

est aussi le docteur de la *Théologie mystique*; un saint Bonaventure, un Gerson lui reconnaîtront cette maîtrise. L'influence de son néo-platonisme sur la mystique chrétienne pose les plus graves problèmes d'interprétation de cette mystique : rôle central du Christ, rang suprême de la Trinité. D'une part, l'incarnation du Verbe – sans intermédiaire – ne permet-elle pas une immédiation de l'homme avec la divinité, dans « la présence du Christ à l'intime des consciences chrétiennes » (R. Roques)? Et, d'autre part, au terme de la montée spirituelle, une fois niés les *noms divins,* l'union ultime peut apparaître soit « participation au courant de la vie divine », essentiellement trinitaire (A. Stolz), soit, par « retour offensif du platonisme », fusion dans « l'Unité primordiale » de Plotin (Lossky), au delà de la Trinité de la dogmatique chrétienne.

Pour Jean Scot comme pour Denys, la recherche de la vérité se confond avec l'interprétation de l'Écriture. Du texte sacré, les Pères grecs ou latins sont les interprètes, mais leur autorité d'hommes n'est pas l'autorité divine; procédant de la raison, elle lui reste inférieure. On a trop parlé de rationalisme, là où il ne s'agit que de comprendre la révélation, étant admis que l'intelligence suppose la foi et qu'au delà du sens des paroles divines, il n'y a rien à chercher. La signification *théologique* de la Bible, celle qui renvoie au Divin, se détermine dialectiquement. Art de la discussion : *disciplina bene disputandi,* la dialectique porte sur la substance, suit la nature de toutes choses qu'elle sépare pour les rassembler : *divisio naturalis omnium, substantiarum omnium collectio.* On a trouvé le goût du grammairien pour les oppositions formelles dans la fameuse division quadripartite : *natura – quae creat et non creatur – quae et creatur et creat, – quae creatur et non creat – quae nec creat nec creatur.* Au premier et au quatrième moments, la nature qui crée, non créée et celle qui, non créée ne crée point, sont le même Dieu, principe et fin de tout le reste, mais leur distinction signale au delà du Créateur que la création manifeste la transcendance d'un Absolu en repos, invisible. Aux troisième et second moments, avec la nature créée, ne créant point et celle créée et créante, on en vient aux êtres et à leurs archétypes ; en les qualifiant les uns et les autres de créatures, Érigène situe les Idées au-dessous de Dieu. Condamné en 1210, en 1225, dans la première effervescence du XIIIᵉ siècle, son *De divisione naturae* sera de nouveau atteint en 1241 quand l'Université de Paris interdira de refuser dans l'éternité aux hommes et aux anges la vision de l'essence divine en elle-même et d'admettre des vérités éternelles qui ne soient pas Dieu. Ces condamnations ne doivent faire méconnaître ni l'influence de Jean Scot même proscrit, ni sa quête d'un bonheur qui consiste en l'intelligence de la parole de Dieu.

Ce théologien ne cherche que Dieu : en toute chose, demande-t-il, ne voyez que Lui – *nil aliud in ea intelligas nisi Ipsum.* L'attitude que nous lui connaissons devant l'Écriture, il la garde devant toute donnée, de l'intellect comme des sens : visible ou invisible, chacune est une *théophanie*, où la divinité paraît plus ou moins ; toutes procèdent de Dieu dans le même esprit que les paroles de la Bible : pour Le faire connaître. Création signifie ici manifestation : révélant aux esprits le Dieu que, sans une telle révélation, les anges même ne peuvent voir, les Idées – Bonté, Essence, Intelligence… – sont ainsi des créatures, d'un degré au-dessus des êtres qui les participent ; de Dieu, on peut même dire qu'il « se crée » pour exprimer qu'il se manifeste. En même temps qu'elle fait comprendre ces paradoxes érigéniens, la notion de théophanie introduit à un état d'âme typiquement médiéval : le symbolisme universel. Gilson a fort bien défini ce point de vue : « Le monde naturel où nous vivons est exactement du même ordre que l'Écriture, et la signification des choses est exactement la même que celle des psaumes ou des prophéties », – leur fonction étant de nous ramener à Dieu.

Ce retour qui prend un sens cosmique s'appelle *deificatio* : les êtres transfigurés, divinisés ne font plus que manifester Dieu ; après la fin de *ce* monde, toute nature, corporelle ou spirituelle, paraîtra n'être *que* Dieu ; l'homme montera au-dessus de sa propre nature, qui n'apparaîtra plus, mais Dieu seul. Érigène se souvient de la *Première aux Corinthiens* : Dieu sera tout en tous. Pour exprimer la déification, Maxime le Confesseur lui fournit deux métaphores : le fer en fusion semble du feu ; l'air illuminé n'apparaît pas : seule règne la lumière. Il s'agit *d'apparence* : nous *savons* que le fer demeure, et l'air. De même, on ne verra plus que Dieu ; mais l'intégrité des natures demeurera – *naturae integritate permanente.* Jean Scot fait après Maxime cette réserve capitale. Saint Bernard la reprendra. Vaines précautions : à ce propos, des historiens parleront de panthéisme. Mais pourquoi veulent-ils que les créatures se perdent dans la divinité, là même où elles se sauvent ? Qu'ils écoutent Érigène leur expliquer que les choses inférieures sont en effet naturellement attirées et absorbées par les choses supérieures non pour n'être pas, mais pour, en ces dernières, être davantage : sauvées, subsistantes et faisant un – *Inferiora vero a superioribus naturaliter attrahuntur et absorbentur, non ut non sint, sed ut in eis plus salventur et subsistant et unum sint.* Concluons que, des natures, il demeurera ce qui constitue chacune en propre : *naturarum igitur manebit proprietas.* Malgré le schème du retour, nous voyons apparaître de l'irréversible dans le cours des choses : ces natures, une fois créées, un jour transfigurées, jamais détruites. Au XIIe siècle, Hugues de Saint-Victor sera plus perspicace que les historiens du XIXe. Cet augustinien tendu vers la vision de Dieu a mesuré combien Jean Scot nous sépare de Lui en le déclarant inconnaissable sauf théophanie : manifestation de la divinité, distincte de la divinité même ; dans le *De divisione naturae*, aucun intellect même angélique ne saisit la divinité sans ces intermédiaires ; le Dieu qui apparaît en toutes choses demeure en soi absolument inaccessible. On ne peut imaginer, dans l'ordre de la connaissance, distinction plus radicale. En repoussant la thèse d'Érigène, Hugues donne la position commune du Moyen Âge, selon laquelle la montée de l'esprit ne s'arrête qu'à la vision même de l'essence divine. Le même Dieu est immédiatement notre principe et notre fin : il faut qu'il n'y ait, en dehors de lui, rien pour nous rendre éternellement heureux comme il n'y a pu rien y avoir, hors lui, pour nous créer – *ut non sit aliud extra ipsum, in quo beatificemur, sicut aliud esse non potuit praeter ipsum, a quo crearemur.* On retourne comme on procède, sans intermédiaire ; cette sortie de Dieu : *exitus*, cette rentrée en Dieu : *reditus* : l'ordre en théologie consistera pour Thomas d'Aquin à suivre ce mouvement. Selon une remarque de M. Bréhier, l'« image chrétienne et l'image néoplatonicienne de l'univers ont en commun une sorte de rythme », procession et retour ; mais le christianisme présente « une série d'événements, dont chacun part d'une libre initiative : création et chute, rédemption et vie future dans la béatitude » ; dans une dialectique qui semble devoir retrouver au terme l'Unité originaire, le *De divisione* introduit cette *histoire*. Comment y insérer l'Incarnation, nouveauté concernant Dieu même ? Telle est la dimension des problèmes ici posés, au IXe siècle.

Hugues de Saint-Victor nous a transportés au XIIe siècle. Le Xe, même le XIe apparaissent des siècles de fer, des âges obscurs, où le savoir se transmet par quelques écoles. Un idéal se maintient ; aux confins des deux siècles, le Pape Sylvestre II, le fameux Gerbert, en donne une formule : puisque, nous dit-il, régler les mœurs et régler l'expression sont choses inséparables de la philosophie, j'ai toujours joint dans mon étude, à l'art de bien vivre, l'art de bien s'exprimer – *cum ratio morum dicendique ratio a philosophia non separentur, cum studio bene vivendi semper conjunxi studium bene dicendi*. Voici de nouveau l'humanisme médiéval. User de ce terme, c'est refuser la vieille définition du Moyen Âge par le mépris du siècle, le fameux *contemptus saeculi*. N'en proposons pas de nouvelle : on ne ramène pas une époque à une essence. Avant d'insister sur l'aspect humaniste, faisons la part de son opposé, jamais absent, parfois prédominant. Pierre Damien incarne, autour de 1050, le mépris monacal du siècle. Dans son traité *De la perfection monastique*, la loi de Moïse détermine le traitement que le chrétien doit, avant d'en user, faire subir à la philosophie, au corps des sciences profanes : telle la captive du *Deutéronome*, « elle devra raser sa chevelure et couper ses ongles ; elle quittera le vêtement dans lequel elle a été prise et demeurera d'abord un mois dans la maison à pleurer son père et sa mère. Ensuite, tu entreras près d'elle, tu dormiras avec elle et ce sera ton épouse ».

Pierre Damien craint même le charme de la grammaire ; le diable sait user de cette discipline. N'a-t-il pas dit : « Vous serez comme des dieux ». *Eritis sicut dii* : nos premiers parents apprirent du tentateur à décliner « Dieu », à en parler au pluriel. L'opuscule de Pierre Damien contre « les moines qui se mettent en tête d'apprendre la grammaire » se place dans une longue suite : un abbé du IXe siècle, Smaragdus, avait opposé l'autorité du Saint-Esprit à celle du grammairien Donat ; dans la première moitié du XIIIe siècle, le dominicain Fishacre reprendra, contre ceux qui, sous prétexte de théologie, font de la grammaire, le genre brutal de comparaison biblique : si longtemps attachés aux sciences séculières, simples servantes, ces gens ne s'offrent aux embrassements de la maîtresse que lorsque, vieillards, ils ne peuvent plus engendrer ; et cette méconnue est la sagesse divine, « plus belle que le soleil » ! Nous comprenons mal aujourd'hui que la grammaire ait encouru ces mystiques colères, qui supposent, de l'autre côté, quelque enthousiasme. L'histoire de la philosophie retient des auteurs médiévaux leurs vues métaphysiques ; elle laisse de côté les jeux formels, si loin de notre mentalité et pour nous sans intérêt. On ne doit cependant pas oublier la formation commune des esprits, à la fois grammaticale et logique. Saint Anselme a écrit un traité *De grammatico* sur cette question : *an grammaticus sit substantia an qualitas* – le grammairien, est-ce une substance ou une qualité ? Aux yeux du grand théologien, ce genre d'exercice apprenait à discuter, à penser. Avant de paraître communément vaine – il y fallut des siècles – cette technique a intéressé, passionné les hommes. Et cela se comprend : quand un homme du Xe siècle appliquait à l'Écriture les règles des grammairiens, il traitait la parole de Dieu en parole humaine. Un théologien d'aujourd'hui, le P. Chenu, nous explique fort bien : « La méthode grammaticale pour lire la Bible provoqua en son temps les mêmes anathèmes qu'au XXe siècle la méthode historique ». Si l'invasion de la grammaire provoqua un tel conflit entre l'humain et le divin, que devons-nous attendre de la dialectique, proche d'ailleurs – nous le verrons – des spéculations grammaticales ? Le XIe siècle voit condamner deux dialecticiens : Bérenger de Tours, pour sa doctrine de la Cène, Roscelin de Compiègne, pour son enseignement sur la Trinité. Dès qu'elle dispose de quelque technique, la raison médiévale l'applique au monde religieux, qui lui est – nous l'avons vu chez Érigène – immédiatement donné. La cause de la dialectique fut la cause même de la raison. Pour justifier cette discipline, Bérenger de Tours ne rappelle pas seulement l'éloge qu'en a fait Augustin, mais ajoute : « Il est d'un grand cœur de recourir à la dialectique en toutes choses ; car y recourir, c'est recourir à la raison ; en sorte que celui qui n'y recourt pas, étant fait à l'image de Dieu selon la raison, méprise sa dignité et ne peut se renouveler de jour en jour à l'image de Dieu ». Les antidialecticiens tiraient leur force d'un sentiment religieux exclusif : un chrétien, un moine doit penser à son salut ; les arts profanes risquent de le distraire, de le détourner de cette œuvre seule nécessaire. Mais, pénible et vaine à nos yeux, la dialectique se présentait alors avec une valeur d'humanité.

La technique logico-grammaticale constitue un trait durable de l'homme médiéval. La culture littéraire donne aux années 1100 une de leurs originalités. L'emprise des Anciens paraît là où nous l'attendons le moins : dans l'école mystique de Cîteaux, animée d'un redoutable *contemptus saeculi*. Pour l'étonnement des historiens, « Saint Bernard et sa mule » ne sont point étrangers à la *Renaissance* de leur siècle. Les grammairiens ne faisaient pas alors que théorie abstraite, ils étudiaient des auteurs, tenus pour les modèles : Ovide, au premier rang. La profondeur de son influence était telle que le bénédictin, puis cistercien Guillaume de Saint-Thierry[3], pense à *L'Art d'aimer* en traitant *De la nature et de la dignité de l'amour* : cette œuvre mystique est écrite contre Ovide ; on l'a appelée un *Anti-Nasonem*. On enseigne dans les écoles profanes l'amour païen ; par opposition, le Cloître apparaît aux moines l'école de la charité – s*chola caritatis*. Mais le souvenir des Anciens vit encore dans cette rude école, où le Christ seul est maître : on se dépouille malaisément de sa culture. Il suffit d'observer le style de saint Bernard : antithèses, formules, pointes et allitérations. Des thèmes antiques se retrouvent dans la littérature cistercienne, expriment même des thèses capitales : ainsi, le « connais-toi toi-même », transmis par saint Ambroise et Grégoire le Grand plus que par saint Augustin ; Guillaume de Saint-Thierry associe la sentence delphique au *Cantique des Cantiques : Nisi cognoveris te, o pulchra inter mulieres, egredere…* (Si tu ne te connais pas, toi belle entre les femmes… : dans l'interprétation symbolique du poème fameux, le Christ invite l'âme à reconnaître sa dignité, l'image en soi de son créateur). Cicéron sert aussi à interpréter le *Cantique*, texte fondamental pour ces mystiques : l'amour ovidien ne pouvait entrer au monastère ; le *De amicitia* cicéronien y joua grand rôle ; on y voyait l'exaltation d'un sentiment désintéressé, fondé sur la similitude, consistant en l'accord de deux volontés ; l'union de l'âme à Dieu parut du même ordre, un *consensus*. Un cistercien, Aelred de Rielvaux, nous raconte comment sa jeunesse, adonnée au plaisir d'aimer, trouva dans Cicéron une haute formule d'amitié ; devenu moine, vivant une vie nouvelle, inconnue des païens, il refait le *De amicitia* ; son *De amicitia spirituali liber* reste fidèle à la définition – cicéronienne : *amicitia est rerum humanarum et divinarum cum benevolentia et caritate consensio*. (L'amitié consiste à s'accorder sur les choses humaines et divines dans la bonne volonté et la charité).

Les « écoles de charité » ne sont pas dirigées par des moines incultes. Que dire des autres écoles ? Les plus caractéristiques du siècle sont celles de Chartres[4]. Essayons de revivre quelque peu leur atmosphère. Voici d'abord le sens de la continuité avec les Anciens : Bernard de Chartres nous représente que nous sommes des nains, assis sur les épaules de ces géants ; si nous apercevons plus de choses et de plus éloignées, cela ne tient ni à l'acuité de notre propre vue, ni à la hauteur de notre corps : ce sont eux qui nous soulèvent et exhaussent de leur taille gigantesque. Thierry, frère aîné de Bernard, compose une encyclopédie des sept arts. Écoutons-le présenter cet *Heptateuchon* : « Le manuel des sept arts libéraux est appelé par les Grecs *Heptateuchon* : Marcus Varron l'a composé le premier chez les Latins, après lui Pline, ensuite Martianus Capella ; ils l'ont tiré de leur fonds. Pour nous,

nous avons disposé, avec soin et ordre, en un seul corps, non pas nos œuvres, mais celles des principaux docteurs sur les arts, et nous avons uni et comme marié ensemble le *trivium* et le *quadrivium*, pour l'accroissement de la noble tribu des philosophes. Les poètes grecs et latins affirment en effet que la philosophie s'est fiancée solennellement à Mercure, avec tout le cortège de l'hyménée, le concert d'Apollon et des Muses, et l'intervention des sept arts, comme si rien ne pouvait se faire sans eux. Et ce n'est pas sans motif. Pour philosopher, il faut deux instruments : l'esprit et son expression ; l'esprit s'illumine par le *quadrivium* ; son expression, élégante, raisonneuse, ornée, est fournie par le *trivium*. Il est donc manifeste que le *Heptateuchon* constitue l'instrument propre et unique de toute philosophie. Or la philosophie est l'amour de la sagesse, la sagesse est l'entière compréhension de la vérité des choses qui sont compréhension que l'on ne peut obtenir qu'à condition d'aimer. « Nul n'est donc sage s'il n'est philosophe. » Tel est le style de cette présentation du corps des sciences. L'enseignement apparaît à base de textes reçus : le maître médiéval a nom *lector*. En matière religieuse, ce lecteur « lit » la Bible ; pour l'ordre profane, citons les principaux « auteurs » de Thierry : en grammaire, Donat et Priscien ; en rhétorique, Cicéron ; en dialectique, Aristote, Porphyre, Boèce (nous reviendrons sur l'aristotélisme logique du XIIe siècle) ; en arithmétique, musique, géométrie, Boèce encore. La partie géométrique comporte un fragment d'Adélard de Bath, qui, grand voyageur, est l'un des premiers traducteurs qui introduisent en Occident la science grecque transmise par les Arabes. Autres éléments de la culture chartraine : de Boèce encore, le *De consolatione philosophiae* et le *De Trinitate*. Il y a surtout Platon : un fragment du *Timée*, dans la traduction, avec le commentaire de Chalcidius ; de ces sources et de quelques autres (Macrobe, Apulée…), on tire à Chartres une vision platonicienne du monde. Thierry a composé un traité sur « l'œuvre des six jours » où le *Timée* sert à l'explication de la Genèse. Le *De universitate mundi*, que lui dédia Bernard Silvestre, trahit la double influence de Platon et du texte sacré : dans cette cosmogonie poétique, où les termes philosophiques n'empêchent pas le souci du style, le souvenir des classiques, la Providence prépare les événements que chanteront les poètes, fixe la naissance de Thalès, de Cicéron, de Virgile et... prédestine le Christ; on assiste au dialogue d'une *Nature* – qui prie une Trinité – avec un *Noys*, qui est le Verbe de Dieu; devons-nous fixer la doctrine d'un tel poème ou lui laisser son ambiguïté, expressive d'un état d'âme? Un élève de Bernard de Chartres, Guillaume de Conches, glosa le *Timée* en pensant encore à la *Genèse* tandis qu'un autre, Gilbert de la Porrée, plus logicien et théologien, élabore apparemment une métaphysique des formes. Après ce platonisme, l'encyclopédisme et le respect des Anciens que nous avons dits, ses œuvres nous donnent un nouveau trait de la mentalité chartraine: sans trop forcer le terme, un aspect, une tendance «scientifique». Il ne s'agit pas de l'atomisme de Guillaume, mais de sa position de principe entre *trivium* et *quadrivium*: grammaire, dialectique, rhétorique, arts verbaux, composent *l'éloquence*; arithmétique, musique, géométrie, astronomie constituent la *philosophie*. Là, on traite des choses qui sont: *philosophia est eorum quae sunt*... Pour dénoncer la vanité des faux maîtres qui ne dépassent pas le premier degré du savoir, un mot de Cicéron intervient, selon lequel l'éloquence nuit si la sagesse – la philosophie – ne s'y joint. Chartres, au XIIe siècle, nous présente quelque connexion entre les disciplines mathématiques et le platonisme. Mais les esprits devaient s'orienter d'autre façon, en dehors aussi des belles lettres: vers la dialectique, Aristote. Paris supplante Chartres. Au début du siècle, c'était déjà la cité dialecticienne: «Enfin, nous dit Abélard, j'arrivais à Paris où la tradition était déjà de cultiver cette discipline au suprême degré». Lui-même, logicien, fit la gloire des écoles parisiennes.

Entre les différents arts, matière d'une culture encyclopédique, une question d'équilibre se posait. On trouve le sentiment de ce problème dans le *Didascalicon* d'Hugues[5], maître en l'école du cloître parisien de Saint-Victor. Ce moine n'interdit nullement les disciplines profanes: «Apprends toutes choses: tu verras ensuite que rien n'est inutile ; réservée, la science est sans joie ». Il expose la solidarité des arts et comment il faut faire la part de chacun : sans cette formation totale, point de philosophes. Avec moins de gravité, plus de charme, le même souci d'équilibre apparaît chez Jean de Salisbury, qui étudia à Paris et Chartres, fut évêque de cette dernière ville : parfait exemple d'homme cultivé, en âge classique, qui demande à Cicéron et son style et la sagesse de la Nouvelle Académie. Admirateur des *Topiques*, il voit en Aristote logicien « le Philosophe », mais perçoit l'inanité de la dialectique, qui « laissée seule, demeure exsangue et stérile ». C'est le lieu de préciser comment se présenta au XIIe siècle la logique péripatéticienne. Ne nous donnons pas d'emblée tout l'*Organon*. Les vingt premières années du siècle disposent seulement des *Catégories* et du *Peri Hermeneias*, de l'*Isagoge* aussi de Porphyre, le tout traduit et commenté par Boèce : ces trois œuvres constitueront plus tard la *logica vetus*. Entre 1120 et 1160, la *logica nova*, entre en circulation : *Analytiques, Topiques, Sophismes*. Il s'agit encore de versions du grec en latin, de l'œuvre de Boèce, qui, au XIIe siècle, apparaît pleinement en son rôle de transmetteur. Cette transmission laisse de côté le traité *De l'âme*, les ouvrages de physique, la *Métaphysique*, qui viendront par les Arabes, enveloppés de leurs commentaires : leur apparition aux confins du XIIIe siècle ouvrira un âge nouveau de la pensée médiévale. Demeurons dans la période qui a simplement connu Aristote logicien : hors du huitième livre des *Topiques*, dit Jean de Salisbury, « on ne dispute pas dans l'art, mais au hasard ». Discuter selon les règles, voilà la grande affaire. Mais sur quel objet exercer la virtuosité de l'esprit ? Toujours le monde de la foi, où vivent ces chrétiens. Nous verrons Abélard passer de la logique à la théologie. Entre toutes les disciplines que le Moyen Âge reçoit et s'approprie, la dialectique devient la technique essentielle. En s'appliquant aux choses religieuses, elle ne joue pas à vide. Une logique qui a perdu pour nous toute fraîcheur enchanta des hommes qui la découvraient : de *la Renaissance du XIIe siècle*, nous voyons sortir *la Scolastique*. Il ne sera plus guère question d'humanisme littéraire; la pensée va s'exprimer en style abstrait; les formules impersonnelles cacheront les intérêts, qui peuvent rester vivants, même violents : n'y a-t-il point, en des spéculations de ce genre, occasion de conflits entre l'humain et le divin, conflits que nous avons déjà entrevus? En notant que les disciplines anciennes : logique, éthique même, tendent à revivre d'une vie autonome, on peut demander en usant des expressions d'Alcuin qui nous maintiennent dans la mentalité médiévale : que devient l'éclat de la dialectique, principal des sept arts, en des âmes que dilatent les sept dons de l'Esprit?

CHAPITRE II

QUATRE FONDATEURS :
SAINT ANSELME, ABÉLARD, SAINT BERNARD,
RICHARD DE SAINT-VICTOR

Pour présenter avec un certain caractère quelques fondateurs de la Scolastique, nous devons faire un choix, en reconnaissant qu'il y intervient quelque arbitraire. Saint Anselme domine de très haut son époque, la seconde moitié du XIᵉ siècle. Mais au XIIᵉ, il reste, à côté d'Abélard, une place pour le chartrain Gilbert de la Porrée, autre maître dans les choses de la logique et celles de Dieu – *in logicis et divinis*. Du côté des mystiques, adversaires des dialecticiens, l'œuvre doctrinale de Guillaume de Saint-Thierry vaut sans doute celle, plus connue, de saint Bernard. À l'école de Saint-Victor, qui réconcilie mystique et dialectique, Hugues précède Richard dont les spéculations sur la Trinité nous retiendront en raison de leur originalité et de leur influence[a]. Attachons-nous à quatre fondateurs avec la conscience qu'il vaudrait mieux ne pas être ainsi limité.

Saint Anselme[b] a pris rang dans l'histoire de la philosophie comme inventeur de la preuve de Dieu que Kant appela

---

a. Quelques dates : Gilbert de la Porrée fut évêque de Poitiers de 1142 à 1154 ; Guillaume de Saint-Thierry, né vers 1085, mourut vers 1148 ; Hugues, né en 1096, enseigna à l'abbaye parisienne de Saint-Victor de 1125 à sa mort, en 1141. De Gilbert, on peut rapprocher Alain de Lille, né vers 1128, mort en 1202.

b. Anselme, né à Aoste en 1033, entre en 1060 à l'abbaye normande du Bec, en devient prieur en 1063, abbé en 1078 ; archevêque de Canterbury de 1093 à sa mort (1109).

ontologique[6]. La valeur de ce mode d'argumentation a, de siècle en siècle, opposé les philosophes; les historiens se divisent encore sur son sens originaire. On hésite à reprendre ce texte fameux du *Proslogion*. Avec tous les commentaires qu'ont provoqués ces quelques pages, nous tiendrons cependant un bel exemple de notre difficulté à saisir une façon médiévale de prendre les problèmes. Essayons d'oublier toutes les spéculations ultérieures, celles même du XIIIe siècle; ne pensons surtout pas à classer l'argument anselmien dans un genre spéculatif fixé au préalable : *philosophie* ou conduite autonome de la raison, – *théologie*, dont les conclusions fondent leur certitude sur les principes de la foi. Saint Anselme n'a pas spécifié son travail selon nos classifications. Un jour cependant, il rapporta une de ses œuvres, pour nous d'apparence philosophique – le *De Veritate* – à l'étude de l'Écriture Sainte – *studium sacrae scripturae* : ce traité commence en effet par les mots : *Quoniam Deum veritatem esse credimus...* (Puisque nous *croyons* que Dieu est la Vérité). Avec au moins autant de référence au donné de la foi, le *Proslogion* peut appartenir à la même classe : sa préface nous dit à quelles conditions assez imprévues doit ici satisfaire « l'étude de l'Écriture Sainte ».

Le *Proslogion* continue le *Monologion*, que nous trouvons défini : *exemplum meditandi de ratione fidei*. « Exemple, traduirons-nous, de méditation sur la rationalité de la foi ». Ce soliloque nous présentait un esprit qui cherche en raisonnant, en discutant avec soi-même. En somme, une dialectique dont les moines de l'abbaye normande du Bec ont imposé l'idéal à leur prieur Anselme : il lui fallait ne persuader absolument rien – *penitus nihil* – par l'autorité de l'Écriture, contraindre par la nécessité de la raison en ne laissant sans réponse aucune objection. *Monologion* et *Proslogion* visent à établir par des raisons nécessaires – *rationes necessariae* – et non par le témoignage des Livres Saints, ce que croit un chrétien de la nature et des personnes divines. Ces écrits qui laissent l'Incarnation de côté incluent la Trinité : il ne s'agit pas d'un Dieu des philosophes. Nous avons à comprendre le paradoxe d'une étude des choses de la foi qui veut y trouver une raison, une nécessité. Ces *rationes necessariae*, fameuses en histoire médiévale, présentent plusieurs caractères : elles ne se posent point avec une force sans égale, mais admettent une autorité plus forte – *major auctoritas* : l'Évangile et l'Église ; elles s'offrent à l'esprit au cours d'une recherche dialectique, dans un dialogue au moins virtuel ; ce ne sont pas cependant de simples vraisemblances à l'usage de tel ou tel interlocuteur : elles prétendent à l'universalité du vrai. Eadmer, biographe d'Anselme, les dit « invincibles » : gardons à leur nécessité, pour la comprendre, cette note concrète, une atmosphère de discussion.

On retient généralement du *Monologion* les preuves de l'existence de Dieu que présentent ses tout premiers chapitres. Sans doute les notions sur lesquelles ces arguments se fondent semblent-elles typiques de la mentalité médiévale : participation des objets de l'expérience humaine au bien et à l'être même, et participation inégale, par degrés en nombre certain, fini. Mais à ne retenir que ces preuves, en y joignant une doctrine des attributs divins, voire des Idées, incluses dans l'essence du Créateur, on extrait de l'opuscule anselmien une « théologie naturelle », traité « du Dieu un » à séparer du traité « du Dieu trine », matière de « théologie révélée ». Appliquer ces distinctions au *Monologion*, n'est-ce pas briser sa structure dialectique et en méconnaître l'intention ?

Au XIIe siècle, on a vu dans le *Monologion* un *De Trinitate*. Aussi bien les chapitres de spéculation sur Dieu y sont en majeure part consacrés au Verbe, au Père et à l'Amour ou Esprit qui procède de l'un et de l'autre ; qu'elles concernent la Trinité ou l'unique essence, les raisons nécessaires se suivent, pareillement contraignantes ; la suite n'en est pas brisée par les divisions aujourd'hui classiques en théologie. Entre les preuves de l'existence de Dieu et la doctrine des attributs, la notion de création introduit celle de *verbe* : parole intérieure à l'esprit suprême et dans quel rapport avec son essence ? Une fois établie l'identité des attributs avec cette essence simple, si transcendante qu'au sens où elle *est* tout le reste n'est point, la parole mentale par laquelle le Créateur dit ses créatures éventuelles apparaît Verbe *consubstantiel* au suprême Principe. *Ecce quaerenti mihi de verbo quo creator dicit omnia, quae fecit, obtulit se Verbum, quo seipsum dicit, qui omnia fecit* : une recherche sur le verbe par lequel le Créateur dit tout ce qu'il a fait, conduit à découvrir le Verbe par lequel se dit soi-même Celui qui a tout fait ; cette phrase traduit l'expérience d'une remontée dialectique dont nous ne connaissons pas d'autre exemple : l'entreprise d'Anselme consiste à rendre manifeste la nécessité de retrouver la Parole qui est Dieu – *locutio consubstantialis* – à partir d'un verbe – *locutio rerum* – qui exprime simplement les choses à faire. Au point de départ, l'image de l'artisan rectifiée, mais non éliminée, par la notion de création *ex nihilo,* suggère qu'avant d'être faites les choses étaient *dites* en Dieu, dans une parole intérieure qui en constitue le modèle : *forma, exemplum.* Cet « exemplarisme » ne se développe pas en une théorie des Idées, immédiatement identifiées à l'essence divine, mais – par rectification progressive de l'anthropomorphisme initial – en une doctrine du Verbe, distingué d'emblée du Principe créateur, quitte à lui être finalement reconnu consubstantiel.

On ne saurait exposer ici comment cette découverte d'un Verbe, Fils en face d'un Père, se continue en celle de l'Esprit Saint. Retenons seulement que la dialectique anselmienne contraint d'admettre dans l'unité suprême une pluralité aussi inexplicable qu'inévitable : *tam ineffabilis quam inevitabilis probatur esse pluralitas.* La preuve n'évacue pas le mystère, le laisse impénétrable : *impenetrabile secretum.* Aussi bien nous ne raisonnons pas directement sur la divinité ; qu'il s'agisse de verbe ou d'amour, nous ne saisissons quelque chose de la vie divine qu'en considérant celle de notre esprit, son image. En réfléchissant sur ce caractère de l'âme, Saint Anselme y trouve fondée non seulement la possibilité d'argumenter sur Dieu, mais encore l'obligation de se tourner vers lui comme terme d'amour, d'espérance et de foi : cette obligation est inscrite dans la nature même de l'image, essentiellement relative à son principe. La preuve du *Monologion* ne porte pas seulement sur le contenu de la croyance, mais sur le mode d'adhésion exigé par son objet : *credere in* – d'une foi impliquant l'amour. Il s'agit de croire indivisément en une certaine unité et trinité : unité d'essence *propter unam essentiam* –, trinité apparemment plus obscure – *propter tres nescio quid*. « Trois je ne sais quoi » : ce manque de termes propres pour signifier les réalités trinitaires caractérise la situation dans laquelle la dialectique retrouve et justifie le langage même de l'Église, nécessaire eu égard certes à l'objet divin, mais aussi à l'indigence de la pensée et de la parole humaines. Il est donc un et trine le seul Dieu que les hommes doivent adorer : telle est la conclusion du *Monologion*.

La chaîne de raisons ainsi déroulée a laissé l'auteur insatisfait : pour établir l'existence d'un « bien souverain qui n'a besoin d'aucun autre », il a cherché un raisonnement digne de cet objet, à son image, « *un* argument qui, pour se prouver, n'aurait besoin d'aucun autre que soi seul » : au *summum bonum nullo alio indigens* répond *unum argumentum quod nullo alio ad se probandum quam se solo indigetur*. La préface du *Proslogion* nous découvre un dialecticien qui veut un argument dont la suffisance, en fait de preuve, égale celle de son objet en perfection : Anselme a désespéré de trouver, il a voulu renoncer, il a connu la joie de l'invention. Grâce divine ; victoire aussi sur le diable, pour l'entourage du saint. Celui-ci voulait présenter le résultat de cette dramatique recherche sous un titre qui couvrirait peut-être son œuvre tout entière, la foi en quête de l'intelligence : *fides quaerens intellectum*. Il s'en est tenu à *Proslogion*, c'est-à-dire : allocution. Nous entendons la parole de quelqu'un qui cherche à comprendre ce qu'il croit, élève son esprit vers une contemplation. Pour ce croyant, la dialectique des choses divines vient, avec leur intelligence, se placer entre sa croyance en Dieu et la vue face à face à laquelle il aspire, pour l'au-delà. La pensée se meut entre la foi et la vision – *inter fidem et speciem* : cette situation fondamentale ne fait pas seulement comprendre la spéculation anselmienne, mais la scolastique ultérieure. Discourir selon la nécessité trouve sa place entre croire et voir, mais croyance et vue sont l'une et l'autre des *grâces*, des dons divins.

Une prière forme le chapitre Ier du *Proslogion*, précède l'argument. Qu'on ne la néglige point comme une vague rhétorique pieuse, un appel banal au recueillement : on y trouvera la situation humaine, de laquelle la preuve est née. Dialogue de la créature avec son Créateur : *quaero vultum tuum...* « Je cherche Votre visage » : désir de voir la face divine, dans un être – nous-même – précisément créé pour cette vision. Nous n'avons encore jamais fait ce pourquoi nous sommes faits. Cela a été perdu par le premier homme, pour toute sa race : le péché originel explique l'absence de Dieu. Le moine reconnaît dans son besoin de vue divine l'universelle plainte des fils d'Adam, une espèce de douleur du monde. Il s'agit, pour Anselme – et pour ses continuateurs – de retrouver quelque chose de la connaissance humaine d'avant la chute, de rétablir partiellement l'homme dans un état d'où il est tombé. Mais refaire ainsi ce qui a été défait, accomplir une espèce de recréation, c'est une tâche surhumaine, l'œuvre de la grâce : d'où, la prière du spéculatif. Il n'en faut rien oublier : l'homme ne peut chercher si Dieu ne l'enseigne, trouver si Dieu ne se montre. *Doce me quaerere te et ostende te quaerenti.* « Enseignez-moi à Vous chercher, montrez-Vous à celui qui Vous cherche » : telle est la demande d'Anselme. Ne présentons pas cependant comme passif un esprit qui va raisonner : l'office de la grâce est de rendre forme à l'image divine, effacée en l'homme ; dans cette ressemblance, constitutive de notre nature, il y a le pouvoir de penser Dieu. La prière anselmienne demande le renouveau d'une de nos puissances.

Le problème de la *fides quaerens intellectum* ne se pose pas d'emblée en termes d'intellect ; il faut passer par l'amour. Ne pensons pas à une adéquation de l'esprit humain avec l'être divin. Étrangère à une telle prétention, l'intention anselmienne est celle-ci : l'objet transcendant qu'il espère voir dans une autre vie, le croyant désire l'entrevoir dès maintenant, anticiper par des raisonnements la vision future. Arrêtons-nous encore à ce point : l'argument anselmien, si formel, va procéder d'un sentiment. Cette donnée de l'histoire rend sceptique sur la valeur de l'opposition commune entre mystique et scolastique, sens religieux et rigueur logique. Pour saisir le Moyen Âge, l'historien doit se garder de telles catégories. La dialectique née de l'amour vise seulement à un *aliquatenus intelligere*, nullement à un *penetrare* : une *certaine* intelligence, et non une pénétration. Le *Monologion* a exposé que, pour former des *rationes necessariae*, on n'a pas besoin de saisir comment les choses sont *ainsi*, de pénétrer le *quomodo ita sit*, de tenir l'objet par sa possibilité interne. On n'atteint pas sa propre façon d'être ; on en traite par le moyen de quelque similitude. La nécessité anselmienne porte sur une essence cachée : *nihil de hac natura potest percipi per suam proprietatem*. « De cette nature, on ne peut rien percevoir par ce qui lui est propre » : thème fondamental, souvent repris. Le Dieu trinitaire de la spéculation demeure le mystère de la foi. Abstrayons-nous de l'idéal d'une méditation cartésienne : déduction dans une suite d'évidences, où l'on verrait à chaque fois la possibilité de la chose, où l'idée même de Dieu, pour en prouver l'existence, le détermine positivement comme *cause de soi* ! La présente dialectique ne jouit pas d'une telle lumière ; elle use d'un procédé indirect, contraignant.

La foi se pose au point de départ de la recherche intellectuelle : « Je ne cherche pas à comprendre pour croire, mais je crois pour comprendre. Car *je crois* aussi que je ne pourrais comprendre si je ne croyais pas ». N'a-t-il pas été dit : « Si vous ne croyez point, vous ne comprendrez pas » ? Saint Anselme veut qu'on suive la parole qu'après saint Augustin, il trouve dans Isaïe : *nisi credideritis, non intelligetis*. Son maître Lanfranc a été l'adversaire de Bérenger ; lui-même combattra durement Roscelin. À l'opposé de ces dialecticiens téméraires jusqu'à l'hérésie, il entend remettre la dialectique à sa place, dans l'ordre qui commence par la foi : sur l'objet auquel on croit, on ne devra jamais disputer comme s'il pouvait n'être pas ; sans cesser de le tenir et de l'aimer, on cherchera une raison selon laquelle il est. S'il parvient à cette intelligence, le chrétien en jouira ; dans le cas contraire, il vénérera ce qu'il ne peut saisir. Ainsi, la même spéculation qui ne s'interdit en principe aucune matière religieuse accepte qu'à l'expérience, telle ou telle lui échappe : l'intelligence est un don que Dieu nous mesure à son gré. Ces péripéties laissent intacte la foi anselmienne que n'ébranlent aucune difficulté ni impossibilité de comprendre. Ne nous représentons pas un incroyant qui demande à la raison de le faire croire, ni même des croyants inquiets, qui veulent affirmer leur certitude, se libérer du doute. Le prieur du Bec écrit pour ses bénédictins, qui ne paraissent vraiment pas de telles gens. Encore un aspect de l'esprit médiéval : une foi très ferme en quête de strictes raisons. Un dernier mouvement de prière, au seuil de l'argument, en détermine ici l'objet : que Dieu *est* comme nous le croyons et tel que nous le croyons.

La foi donne à saint Anselme l'idée de Dieu sur laquelle il va raisonner : *Et quidem credimus te esse aliquid quo nihil majus cogitari possit.* « Or nous croyons que vous êtes *quelque chose dont on ne peut rien concevoir de plus grand* » : on ne reconnaît pas dans cette expression un nom divin, scripturaire ou classique. On y a retrouvé un thème augustinien déjà repris à la fin du *Monologion* : l'exigence d'adorer Dieu comme tellement suprême que rien de meilleur ne soit concevable. Cette maxime du sentiment chrétien va devenir principe d'argumentation, une règle de pensée. Une intelligence qui réalise le sens du mot *Deus* selon la formule anselmienne, ne se trouve pas à la dimension divine ; la « grandeur » dont on nous parle a l'aspect d'une « hauteur » : *altitudo*, disait le chapitre Ier. Le chapitre III expliquera : si un esprit pouvait concevoir quelque chose de meilleur, la créature *s'élèverait* au-dessus du Créateur, dont elle jugerait. L'idée dont nous traitons porte, pour ainsi dire, son objet au-delà d'elle-même : le chapitre XV montrera, dans *l'aliquid quo majus cogitari nequit*, « ce dont on ne peut penser de plus grand » un *quiddam majus quant cogitari possit*, « quelque chose plus grand qu'on ne peut le penser ». En situation de créature, au-dessous du Créateur, que pouvons-nous mettre sous son nom ? Une *essence,* a-t-on dit souvent. – Au sens de tout objet de définition, « contenu » de pensée ? Nous sommes devant ce que la pensée ne peut contenir. – Au sens où Dieu seul est l'Être ? Ce n'est pas quand il prouve son existence, mais bien après que le *Proslogion* considère Dieu ainsi. Sa preuve part d'une signification : si nous parlons d'« idée », précisons qu'ici l'idée de Dieu ne possède, d'une essence, que l'aspect négatif et la fonction logique : ce n'est point une fiction, issue de notre arbitraire, incapable de nous lier ; elle est donnée, dans la foi, comme une règle pour penser. Le *De Veritate* anselmien définit la vérité une *rectitude* : le langage se conforme à la pensée, la pensée à la chose. On peut, en suivant cette conception, assimiler l'idée à un pouvoir de régulation, à une virtualité de mouvement d'esprit. Tout le travail d'Anselme s'éclaire : quand il expliquera à son critique Gaunilon la différence entre un *majus omnibus quae sunt* et un *quo majus cogitari non possit*, il dira qu'« un plus grand que tout ce qui est » aurait besoin d'autre chose pour établir son existence. N'est-ce point qu'une détermination de ce genre est d'essence relative, comme l'avait noté le *Monologion* ? Quand on veut au contraire penser Dieu absolument, selon sa dignité, on va vers un dynamisme logique si radical que l'objet de la preuve en est aussi moyen, – *de se per seipsum probat*. Ce qu'il prouve de soi, il le prouve par soi-même : la trouvaille du *Proslogion* est d'avoir converti le sentiment augustinien de l'absolue grandeur divine en un tel principe dialectique.

Puisqu'elle ne se change pas en déduction qui va seule et droit son chemin, d'évidence en évidence, la dialectique garde un fond de dispute. L'Écriture fournit à saint Anselme son adversaire : « L'insensé a dit en son cœur : Dieu n'est pas ». Il ne s'agit pas d'un problème quelconque, entre philosophes. Le dialecticien se trouve devant l'incroyant, qui nie le Dieu de la foi. Question difficile que la place de l'infidèle dans l'œuvre anselmienne et par delà, sa situation dans la spéculation médiévale, qui entend « prouver » les vérités religieuses. Disons, en schématisant : l'incroyant est un personnage auquel saint Anselme ne s'adresse pas directement, mais dont il ne peut se passer. Des œuvres dont la loi consiste à partir d'un donné de foi sont écrites pour des croyants : le prieur parle à ses bénédictins. Mais s'ils lui demandent des raisons qui l'emportent sur toutes les objections, sa recherche sera discussion, l'objectant entrera en scène. Ne pensons pas un homme purement homme, hors de toute révélation, accueillie ou repoussée. La matière du débat, c'est l'objet même de la foi. Les adversaires sont le croyant, qui l'accepte, l'incroyant, qui la refuse. Le premier se trouve lié au second : en accomplissant le *Nisi credideritis non intelligetis*, il satisfait à une autre loi inscrite aussi dans un texte sacré ; la première *Épître* de Pierre veut que les fidèles soient prêts à rendre devant quiconque raison de leur espérance : *parati semper ad satisfactionem omni poscenti se rationem de ea, quae in nobis est, spe*. Au XVᵉ siècle, « le dernier des Scolastiques », Gabriel Biel, définira encore par cette parole l'office du théologien. Quelque vingt ans après le *Proslogion*, saint Anselme la cite dans le *Cur Deus homo*. Ce traité montre l'étude de la foi faisant une place aux objections des infidèles et donne une belle formule de l'unité des hommes divisés devant la révélation : « Les incroyants cherchent une raison parce qu'ils ne croient pas ; nous parce que nous croyons ; un et le même est cependant ce que nous cherchons ». *Unum idemque* : *un* objet, le donné cru ou à croire ; la *même* question : sa rationalité. On a résolu en effet de ne pas recourir à l'autorité, de se mouvoir dans le nécessaire, autant dire : l'universel. Sans avoir, pour chercher un terrain commun « abandonné un instant – selon un mot de Barth – le toit de l'Église », l'auteur du *Proslogion* qui s'adresse à des moines, parle contre l'incroyant.

L'incroyance s'insère dans *la fides quaerens intellectum* : ayant défini le Dieu de la foi, le chercheur trouve son existence mise en question ; par la négation de « l'insensé ». Il va répondre à cette question ; la négation deviendra un moment de sa dialectique. L'adversaire doit entrer dans le jeu : quand Anselme dit sa formule, elle est entendue, comprise : *aliquid quo nihil majus…* ; *l'incroyant* pense que *cela* n'existe point ; *cela* existe du moins dans sa pensée. Une fois reconnu cet *esse in solo intellectu*, le mécanisme de la preuve se déclenche : « Ce dont on ne peut rien concevoir de plus grand ne peut *être dans l'intellect seul*. En effet, s'il n'était que dans l'intelligence, on aurait pu penser aussi qu'il soit en réalité : ce qui est plus. Or donc, si l'être dont on ne peut concevoir de plus grand est dans l'intelligence seule, cette même entité dont on ne peut rien concevoir de plus grand est quelque chose dont on peut concevoir quelque chose de plus grand, mais certainement ceci est impossible ». Les modernes ne goûtent guère cette technique, cherchent souvent au-dessous un fond caché de l'argument : le texte est là, cependant ; et d'autres passages du *Proslogion* ; et des œuvres ultérieures, qui reprennent la manière anselmienne. Entre le chapitre Iᵉʳ, le début du chapitre II et l'énoncé de la preuve, un changement étonne : à une pensée vivante succède une mécanique. Encore un trait médiéval : la technicité. Pour comprendre cette situation intellectuelle, tenons-nous-en au problème qui est apparu : il s'agit, pour le croyant, de penser l'existence de Dieu ; l'incroyant s'offre, qui pense sa non-existence ; nous sommes entre des possibilités, à l'intérieur de la pensée. Fermer l'une sera ouvrir l'autre. Réduire l'adversaire à la contradiction, c'est toujours le chef-d'œuvre de la dialectique. Le procédé d'Anselme ici a un aspect original : on pose un minimum (Dieu *in solo intellectu),* on conçoit davantage (Dieu *in re*), il faut poser ce maximum. Saint Anselme et « l'insensé » ont accepté une même notion de la divinité : l'un avec la foi, l'autre en la refusant. Cette idée constitue une règle : impossible de rien penser au delà de Dieu ; nos pensées ont à demeurer en deçà. Il ne s'agit pas d'un sentiment, si fort soit-il, mais d'une régulation stricte, qu'exprime le formalisme. L'esprit se meut sous une contrainte. L'argument a l'allure d'une réfutation : l'existence qui se présentait niée est finalement mise hors de doute ; l'objection, que constituait la négation, a reçu une réponse. Prouvée sous l'aspect de l'indubitable, la vérité de l'être divin se spécifie, se singularise au chapitre suivant, qui procède d'un *sic vere est* à un *solus igitur verissime omnium* : au principe, Dieu *est* véritablement ; au terme, seul de tous les êtres, il *est* d'une manière suprêmement véritable. Nous voici devant une propriété unique : « Cet être dont on ne peut pas concevoir de plus grand est d'une manière tellement véritable qu'on ne peut pas penser qu'il n'est pas ». Le mode d'existence commande le mode de penser. Les historiens ont retrouvé dans cette attitude l'objectivisme du *De Veritate* dans lequel toute pensée droite suppose la réalité de son objet. Il convient cependant d'observer que le texte ne remonte point de l'impossibilité du doute à la nécessité de l'être; il continue de progresser, selon le même procédé, dans le sens de la « grandeur » divine. L'existence de Dieu n'est pas requise pour rendre raison de ce que nous en pensons inévitablement : aucune métaphysique – précartésienne – de la cause des idées. Toujours la dialectique, ascension maintenant vers une espèce de contemplation. *Et hoc es tu, Domine Deus noster*. « Et cela, Vous l'êtes, Seigneur notre Dieu ». Saint Anselme reconnaît le Dieu de l'Église, de sa foi, dans cet Être qui contraint l'esprit à ne pas le nier : vous êtes donc, Seigneur mon Dieu, avec une vérité telle qu'on ne peut penser que vous ne soyez point – *Sic ergo vere es, Domine Deus meus, ut nec cogitari possit non esse*. Dans la règle de pensée, une présence réelle apparaît. A travers la preuve, le croyant atteint l'intelligence.

Celui seul dont on ne peut concevoir qu'il ne soit pas possède l'être au suprême degré. Ce qui fait problème, ce n'est pas son existence, mais sa négation. « Pourquoi donc l'insensé a-t-il *dit dans son cœur* : *Dieu n'est pas*, lorsqu'il est si clair pour un esprit rationnel que vous existez plus que tous les autres ? Pourquoi, sinon parce qu'il est stupide et insensé ? » Question posée par le croyant, devant son Dieu, à propos de l'insensé selon l'Écriture. On répond par la question même. Le chapitre suivant passe à une autre, que suit une longue réponse : il ne s'agit plus du *pourquoi*, mais du *comment*; non plus *cur dixit*, mais *quomodo dixit*... Interprétons : ne nous mettons pas en pure philosophie; notons la profondeur, pour le croyant, du fait de l'incroyance. Il suffit de rappeler la perspective de la prière initiale : une humanité qui s'est défaite; il faut la divinité pour la refaire. Perdre la droiture de l'esprit, reçue à la création, cela s'accomplit par un vouloir qui n'admet d'autre raison que soi-même : saint Anselme pose ailleurs un *voluit quia voluit* – « il l'a voulu parce qu'il l'a voulu » : formule qui reparaît au Moyen Âge dans tous les cas où une volonté apparaît principe ultime. D'un autre côté, Dieu ne rétablit pas dans la perfection initiale, ne *reforme* pas tous les hommes ; il en abandonne une part ; dans la suite du *Proslogion,* ce choix apparaît suprêmement juste, demeure incompréhensible : on ne peut par aucune raison comprendre son *pourquoi* – *nulla ratione comprehendi potest, cur...* Homme qui a manqué à la grâce, homme auquel la grâce a manqué ? Nous n'avons point à faire le partage. Il nous suffit que le négateur de Dieu se présente dans un pareil contexte : aucun *pourquoi* ne pénétrera sa négation.

Pour le dialecticien qui l'a montrée impensable, une question demeure : « *Comment* l'insensé a-t-il dit dans son cœur ce qu'il n'a pas pu penser » ? La réponse établit une distinction dans cet ordre de la pensée, de la parole intérieure, où un rapport de signification lie les *mots* aux *choses* : la relation *voces-res,* remarquable dans la dialectique de l'époque, que nous retrouverons chez Abélard. D'une même chose, on peut penser le mot qui la signifie, ou bien comprendre cela même qu'elle est, *idipsum quod res est* : l'esprit se comporte de manière différente selon qu'il s'arrête aux mots ou qu'il en réalise la signification et se tourne ainsi vers les choses. Rappelons que saint Anselme a *dit* une définition de Dieu, *aliquid...*, que son adversaire a dû convenir que cela, *entendu, compris,* était dans son intellect. Nous demeurons dans le plan d'une pensée liée au langage, où la foi a réglé le sens du terme « Dieu ». Qui suit la règle ne saurait concevoir que l'objet ne soit pas ; le même peut cependant énoncer le mot « dans son cœur », sans aucune signification ou avec une signification étrangère, *aut sine ulla aut cum extranea significatione.* Ainsi, le croyant se représente l'état d'esprit de « l'insensé », voit le *comment* de la négation. Tenant la vérité, on a expliqué la possibilité de l'erreur : que demander de plus ?

Au nom de « l'incroyant », Gaunilon, moine de Marmoustier, reprend la dispute ; à son *Liber pro insipiente*, Anselme répond par une défense de sa preuve : *Liber apologeticus.* Les historiens ont cherché dans cette discussion un premier moment du débat classique sur l'idée de Dieu dans l'argument ontologique. Retenons-en seulement que, « l'insensé » refusant de recevoir de la foi une notion de la divinité, Gaunilon demande en son nom : est-il possible de penser Dieu selon ce qu'il est, *secundum rem* ? On ne peut le faire que verbalement, *secundum vocem* : l'audition du mot met l'esprit en mouvement ; il s'efforce de former une signification ; ce serait un hasard qu'il rencontre ainsi la vérité. Quand on parle d'un autre être, un homme, par exemple, il en va tout autrement : ou c'est tel homme qu'on a vu, ou c'en est un autre, qu'on imagine d'après celui-là. Dans le cas de Dieu, on ne connaît pas la chose même, et on ne peut, non plus, la conjecturer à partir d'une semblable. Cette réalité, qui ne nous est pas donnée, ne rentre pas non plus dans nos genres et espèces : aucune représentation, dirons-nous, ne vient ici réaliser le sens du mot. Dans les premières lignes de sa réponse, Anselme situe son adversaire : un croyant qui parle pour l'incroyant, *catholicus pro insipiente*. Le chrétien est invité à constater en lui-même qu'il pense Dieu comme ce dont on ne peut rien concevoir de plus grand : « J'en appelle à ta foi et à ta conscience, comme à mon argument le plus fort ». La conscience de la foi suffit à constituer l'idée, principe de la preuve. D'autre part, l'Écriture enseigne au croyant : *invisibilia Dei per ea quae facta sunt conspiciuntur*.

Les perfections invisibles de Dieu sont rendues visibles à l'intellect par les œuvres qu'il a faites : cette parole de saint Paul obligera les philosophes médiévaux à chercher vers Dieu une voie qui parte du sensible ; elle permet ici à saint Anselme de rappeler au catholique Gaunilon qu'il ne saurait accorder à l'*insipiens* l'impossibilité de concevoir la divinité par conjecture. La notion de Dieu qu'Anselme a reçue de la foi, il entreprend de montrer la possibilité de la former à partir de données de l'expérience commune ; cette idée une fois constituée, l'argumentation reprend son cours : admettons qu'être parti de la foi donne à l'argument du *Proslogion* un caractère *théologique* ; par la vertu d'un autre point de départ, il devient dans le *Liber apologeticus* une preuve *philosophique* ; telle paraît la solution que les textes suggèrent ici au dilemme : théologie ou philosophie. L'objection de Gaunilon écartée, l'argument du *Proslogion* reste valable tel quel : avoir nié le Dieu de la foi suffit pour tomber sous la règle qui détermine comment le concevoir; «l'insensé» est bel et bien réfuté.

Une réfutation, cela nous place entre deux adversaires : l'un atteint la raison de ce qu'il croit; mais l'autre? Nous, modernes, voudrions savoir quelle action cette dialectique pensait avoir sur lui. Je ne sache pas que saint Anselme nous l'ait dit. Il ne semble pas avoir visé principalement cette efficacité. L'incroyant intervient, entre la foi et l'intelligence, comme un moment dans la recherche du croyant, pour provoquer la dialectique et la garder fidèle à son idéal, hors du recours à l'Évangile ou l'Église. Encore un trait qui reparaîtra par la suite : dans l'esprit du chrétien médiéval, un besoin de rigueur accompagne le personnage de l'incroyant, épreuve de la pureté des raisonnements. Les arguments anselmiens tendent à une structure logique, indépendante de toute autorité, ayant valeur universelle : il ne s'agit point d'une raison accessible à la foi seule. Cependant la même donnée objective prend un autre sens dans une autre situation spirituelle. Cette remarque permet peut-être de déduire, sans trop de risques, la situation de l'incroyant devant la preuve : dans l'âme croyante, elle se place entre la foi et l'intelligence; là où manque la foi, comment trouver l'intelligence? La maxime est impérative : *Nisi credideris non intelligetis*. Saint Anselme n'a pas seulement obéi à cette parole, il a voulu comprendre cette donnée aussi de la foi : «Celui qui n'aura pas cru ne comprendra pas; en effet, qui n'aura pas cru n'expérimentera point, et qui n'aura pas expérimenté ne comprendra pas, car autant l'expérience d'une chose dépasse *le fait d'en entendre parler*, autant *la science de celui qui expérimente* l'emporte sur la connaissance de celui qui entend». Si l'intelligence du croyant apparaît *scientia experientis*, l'incroyant, devant la preuve même, se trouve réduit à l'*auditus rei*; cette chose dont on expose la raison, il ne la connaît que par ouïe-dire. Sans sortir d'une foi qu'il ne peut communiquer, le chrétien répond aux questions du dehors. Ayant atteint l'intelligence, il rend grâces : *quod prius credidi te donante, jam sic intelligo te illuminante, ut si te esse nolim credere, non possim non intelligere*. «Ce que j'ai d'abord cru, Vous me donnant la foi, désormais je le comprends, Vous m'illuminant, au point que si je ne voulais pas croire que Vous soyez, je ne pourrais pas ne pas le comprendre »; l'objet divin se montre sous l'aspect d'une nécessité : à travers la dialectique, l'esprit obtient une première satisfaction de son désir et le moyen de s'élever plus haut, au point de pressentir, « la joie du Seigneur » dont saint Bonaventure notera l'immensité : ce n'est pas sans motif que le P. Stolz a parlé de théologie *mystique* à propos de l'argument du *Proslogion*.

L'influence de saint Anselme n'apparaîtra guère qu'au XIIIe siècle, celle de Pierre Abélard[7] est immédiate, éclatante; quand son nom tombera dans l'oubli, son esprit aura passé dans le régime mental : ce grand professeur de logique est en théologie un chef d'école[a]. Chevalier de la dialectique, il vit dans la bataille, il triomphe de ses maîtres, leur enlève les étudiants qu'il entraîne à sa suite; quand il applique la logique aux choses religieuses, il est deux fois condamné : son art fait son malheur, *odiosum me mundo reddidit logica*. Si pleine d'intérêts, cette logique « qui l'a rendu odieux au monde » n'épuise pas l'activité d'un homme presque aussi riche et divers que son siècle. Poète, il nous a laissé des hymnes religieux; il avait écrit aussi des chants d'amour, en l'honneur de son amante Héloïse. Humaniste, il goûte la beauté des textes anciens; il demande au *Connais-toi toi-même* un titre pour sa morale – *Scito te ipsum* –, célèbre la doctrine et la vie des philosophes, qui ne lui paraissent pas si éloignés du christianisme, – veut que Platon ait connu la Trinité et tente, durant une partie de sa carrière, d'expliquer cette connaissance du mystère par des païens. Toutes ces passions profanes n'empêchent pas sa foi; sa profession à Héloïse est restée célèbre : *Nolo sic esse philosophus, ut recalcitrem Paulo; nolo sic esse Aristoteles, ut secludar a Christo*. N'assimilons pas à un rationaliste moderne cet homme qui déclare : « Je ne veux pas

a. Pierre Abélard, né en 1079 à Palet (près de Nantes), enseigne tour à tour à Melun, Corbeil, dans la cité et sur la Montagne Sainte-Geneviève, à Laon, puis de nouveau à Paris; là, son aventure avec Héloïse; en 1121, première condamnation à Soissons; en 1141, seconde condamnation à Sens; mort en 1142.

être philosophe au point de résister à Paul ; je ne veux pas être Aristote au point d'être séparé du Christ ». L'allure de la vie se retrouve dans l'œuvre : ce professeur en vogue, combattu, est un homme pressé ; il publie des leçons qu'il ne cesse de remanier ; il reprend plusieurs fois sa logique, plusieurs fois sa théologie. Si son œuvre théologique bénéficie aujourd'hui d'une « espèce de réhabilitation » (de Ghellinck), c'est compte tenu de ces remaniements incessants. Retenons l'atmosphère où se meut cette pensée en travail : nous entrerons, fort avant, dans la Scolastique.

La logique *Ingredientibus* (tel est le premier mot du manuscrit) discute le fameux problème des universaux. De quoi s'agit-il ? Laissons de côté le « conceptualisme » que les historiens du XIXe siècle ont prêté à notre dialecticien. Gardons les mots de l'époque. Dans les textes contemporains, la thèse d'Abélard s'appelle *sententia nominum* ; ses disciples, *nominales* : il faut déterminer le sens de cette « doctrine des noms », de ce *nominalisme*, peut-être sans rapport avec celui des modernes. Dans son introduction aux *Catégories* d'Aristote, traduite et commentée par Boèce, Porphyre pose, pour les laisser aussitôt de côté, certaines questions sur les genres et les espèces, dont voici la première : ont-ils une existence, ou ne sont-ils qu'en nos seules pensées ? Il s'agit des genres et des espèces, entre lesquels un aristotélicien distribue les êtres. Les uns et les autres constituent des universaux, que l'aristotélisme définit en latin médiéval : *quod de pluribus natum est aptum praedicari*, – « ce dont la nature est de pouvoir s'attribuer à plusieurs sujets ». Logiciens, nous sommes parmi des propositions ; l'universel se présente comme un terme. Or les auteurs, les autorités en logique : Aristote, Porphyre, Boèce ne parlent pas seulement des genres et des espèces comme de mots, *voces*, mais aussi comme de choses, *res*. Traduire *vox* ne va pas sans difficulté : gardons à notre « mot » l'aspect concret, physique, de son proféré. *Est autem vox, Boethio teste, aeris per linguam percussio…*, « il y a mot, au témoignage de Boèce, quand la langue frappe l'air… » joignons à cela l'idée de signification : *significare autem vel monstrare vocum est*. Abélard ajoute : *significari vero rerum*. « C'est en effet le propre des mots de signifier ou de montrer; mais le propre des choses, d'être signifiées ». Le problème des universaux se définit dans ce contexte : établi dans le langage, parmi les signes qui visent les réalités, on se demande si la définition du terme universel peut s'appliquer à ces choses même. Il y a plusieurs manières de procéder à cette application; Abélard les examine et les rejette toutes; sa critique atteint ici Guillaume de Champeaux [a], écolâtre de Notre-Dame.

En constatant l'impossibilité de dire, logiquement, que les choses sont universelles, on se trouve déterminer leur nature. Une épitaphe loue Abélard d'avoir montré non seulement *quid voces significarent*, mais aussi *quid res essent* : « ce que les mots signifient et ce que les choses sont ». Il entre dans son nominalisme une ontologie simple, mais nette. Les adversaires – disons : les *réalistes*, – imaginent à l'intérieur de chaque être un noyau, une substance ou essence universelle : *l'homme*, par exemple, dans Socrate; la singularité viendrait de formes surajoutées. Au contraire, supposons tous ces accidents enlevés, la chose demeure en son unité d'individu : *omnibus etiam accidentibus remotis in se una personaliter permanet*. L'individualité tient au fond, prend tout l'être avec une égale force. Repoussé de sa première position, le réaliste essaie vainement d'expliquer que, sur le même *Socrate*, il existe un double point de vue : on peut l'envisager en tant qu'il est lui, distinct de tout autre, – ou pour autant qu'il *ne diffère* pas de certains autres; dans le second cas, on a *l'homme*, l'universel. Le nominaliste – Abélard – réplique : « aucune chose n'est, au même moment, différente de soi, car tout ce qu'elle a en soi, c'est elle qui l'a, et d'une même façon », – *nulla enim res eodem tempore a se diversa est, quia quidquid in se habet, habet et eodem modo penitus*. Donnons-nous ces choses, si radicalement singulières : d'aucune façon ce qui est en l'une, n'est en l'autre, – *nec ullo modo quod in una est, est in alia*. Si, entre deux êtres qui se ressemblent, on ne peut rien trouver en l'un qui se retrouve en l'autre, leur ressemblance ne se *réalise* d'aucune manière à part, ne consiste aucunement en une troi-

---

a. Guillaume de Champeaux est mort en 1121.

sième réalité; Socrate et Platon s'accordent dans *le fait d'être homme*; mais le fait d'être homme n'est pas un homme, ni aucune chose: *conveniunt in esse hominem. Esse autem hominem non est homo, nec res aliqua.* Constatons qu'Abélard ne réduit point genres et espèces à de pures fictions; il croit la classification des êtres fondée dans le réel. Certains historiens ont voulu faire de lui un précurseur du «réalisme modéré», qu'on attribue communément à saint Thomas d'Aquin. Nous verrons que sa position devant le réalisme coïncide avec celle de Guillaume d'Occam: le grand nominaliste du XIVe siècle n'aura pas sur l'individualité de toute *chose* des formules plus vigoureuses, ni plus claires.

L'universalité que les choses refusent, il nous reste à l'attribuer aux mots seuls: *restat ut hujusmodi universalitatem solis vocibus adscribamus.* Les grammairiens distinguent entre des noms propres et des noms communs; les dialecticiens divisent les termes en universels et singuliers. Ici, encore, la terminologie a grande importance, et nous devons l'expliquer avec quelque précision, sous peine de ne pas comprendre Abélard et bien d'autres par la suite. Par «nom», on peut traduire *nomen,* par «terme», *simplex sermo*: c'est la partie du discours, lequel se nomme *oratio.* Dans la logique *Ingredientibus*, les universaux sont qualifiés indifféremment de *voces, nomina, sermones.* On ne voit pas de distinction entre le «nominalisme» d'Abélard et la *sententia vocum* (si l'on veut traduire: la doctrine des mots) que, d'après les témoignages contemporains, enseignait Roscelin, son maître aussi. Jean de Salisbury oppose cependant les deux thèses comme *sermo* à *vox.* Et l'opposition se trouve confirmée par une autre logique d'Abélard: *Nostrorum petitioni sociorum...* (ce sont encore les premiers mots du texte). *Nomen* y apparaît encore comme synonyme de *sermo*; leur commun sens s'éclaircit par approfondissement de la définition de l'universel: *quod est natum praedicari de pluribus, id est a nativitate sua hoc contrahit, praedicari scilicet* – «ce dont la nature est d'être attribué à plusieurs, c'est-à-dire: ce qui par l'acte de sa naissance contracte cette propriété: être attribué». Les expressions *natum, nativitas,* nous invitent à saisir la nature des universaux dans l'acte dont ils procèdent : l'initiative des hommes instituant le langage. *Quid enim aliud est nativitas sermonum sive nominum quam hominum institutio*? « Quel acte donne en effet naissance aux termes et aux noms, si ce n'est leur institution par les hommes » ? Ici même intervient la distinction du *nomen* et du *sermo* avec la *vox*, laquelle apparaît maintenant du même ordre que la *res* : *vocis vero sive rei nativitas quid aliud est quam naturae creatio, cum proprium esse rei sive vocis sola operatione naturae consistat.* « L'acte qui donne naissance au mot ou à la chose, ce n'est que la création de la nature, puisque l'être propre de la chose ou du mot consiste en la seule opération de la nature ». Rappelons-nous le caractère physique, la genèse physiologique du mot, son proféré. De ce point de vue, le mot – *vox* – n'est qu'une chose, aussi incapable d'universalité que toute autre : Abélard pose que les mots ou les choses ne sont à aucun degré universels – *voces sive res nullatenus universales esse.* Dans la doctrine du *nomen* ou *sermo*, il précise, détache l'aspect sous lequel nos expressions verbales constituent des universaux : c'est pour autant qu'ils ont reçu de nous une signification. Ayant déterminé *ce que sont les choses*, il revient à *ce que les mots signifient.* Une ontologie, brève, mais décisive, a montré l'impossibilité de trouver l'universel hors du langage ; ce détour achevé parmi les choses, on s'établit parmi les termes ; les universaux ne relèvent pas d'une science du réel, mais de la logique – *sermocinalis scientia* –. En lisant Pierre Abélard, on découvre le point de vue de cette science des termes, – du discours – fondamentale pour les esprits médiévaux.

Il faut garder la mentalité acquise en dialectique pour comprendre les œuvres théologiques, de grosse influence. Au moment où paraît la *Theologia* d'Abélard, l'usage même du mot semble neuf. À Laon au début du siècle, on parle de *divinitas*, terme qu'à Saint-Victor, Hugues reprend, au sens où une école de théologie sera encore au XXe siècle, dans les pays de langue anglaise, « divinity school ». Une autre expression, des XIe, XIIe et XIIIe siècles, rappelle une situation originaire : l'étude

religieuse commune consiste à « lire » les Livres Saints ; on la
désigne par *pagina sacra* ; on dit enseigner la *doctrina sacra* :
l'expression se retrouvera aux premières lignes de la somme
théologique de saint Thomas d'Aquin. Exposons schématiquement les degrés de ce genre d'étude. Au premier, on explique le
texte sacré en y insérant des gloses, interlinéaires et marginales ;
c'est le procédé de l'école d'Anselme de Laon[a] où s'achève
l'élaboration de la glose classique au Moyen Âge, le procédé
que nous retrouvons encore au XVIe siècle dans le célèbre commentaire que Luther donne de l'*Épître aux Romains*. Second
moment : on lit aussi les Pères ou des auteurs plus récents ;
certains se contentent d'en faire des extraits, au fil de leur
lecture ; d'autres les disposent dans l'ordre de l'Écriture, tout
prêts à servir. Détachées du contexte, insouciantes du sens que
leur voulait l'auteur, ces pensées ou ces propos constituent des
sententiae. Les *Sentences* ne forment pas seulement des recueils
de notes au texte sacré ; elles constituent aussi des dossiers
relatifs à tel ou tel débat doctrinal. En marge de l'Écriture, on a
posé, dès avant le Moyen Âge, des questions qui demandaient
réponses. À ce troisième moment, l'attache avec le texte pouvait
devenir ténue, la discussion même prendre un grand développement : nous avons vu saint Anselme présenter son *De Veritate*
comme un cas de *studium sacrae scripturae* ; ailleurs, il parle de
sacrae paginae quaestiones : questions, dirions-nous, posées par
la Sainte Écriture. La Scolastique apparaît une littérature de
questions : à partir d'un *oui* et d'un *non*, la dialectique joue à
plein, le dialecticien trouve un problème pour lui ; *quaestio* se
définit *problema dialecticum*. Pour comprendre que – au
quatrième moment – les questions ne demeurent pas séparées
comme les traités de saint Anselme, mais tendent à former un
ensemble, à composer un système du monde et de la vie, il faut
revenir aux recueils de *Sentences* : au lieu de suivre l'Écriture,
certains ont cherché un ordre plus ou moins systématique. Ainsi
au début du XIIe siècle, dans l'école d'Anselme de Laon et de
Guillaume de Champeaux, plus tard dans celle d'Hugues de

a. Anselme de Laon est mort en 1117.

Saint-Victor; Landgraf situe l'école théologique d'Abélard entre l'une et l'autre; à leurs côtés, celle de Gilbert de la Porrée. On s'achemine vers les *Libri Sententiarum* de Pierre Lombard, que commenteront tous les théologiens jusqu'à Luther. C'est dans ce milieu, sur cette voie que se place la *théologie* d'Abélard : *sacrae eruditionis summa.* Une *Somme* du savoir sacré : saluons ce mot, dont le XIIIe siècle fera la célébrité.

La foi est au point de départ, avec l'autorité divine : il n'y a mérite auprès de Dieu que si l'on croit à Dieu, non à de pauvres raisons humaines. L'Écriture ne constitue pas le seul donné; les Pères comptent aussi à leur rang : le fameux *Sic et Non* dispose, question par question, les *dicta sanctorum*, paroles des saints : autorités qui affirment en face de celles qui nient; le travail des *sententiaires* aboutit au dossier des oppositions que doit résoudre le dialecticien; l'atmosphère de l'École est en train de se former. Les canonistes devaient déjà concilier des textes opposés, les uns et les autres valables; Gratien réalisera la *concordia discordantium canonum*; le théologien travaille sur de semblables données, attentif – il reste dialecticien – au sens des mots : la plupart des conflits d'autorités se résoudront, pense Abélard, si on peut établir que les mêmes mots prennent des significations différentes selon les auteurs. Typique d'une attitude d'esprit, le *Sic et non* est écrit après la condamnation du *Tractatus de unitate et trinitate divina* : les étudiants d'Abélard « réclamaient des raisons humaines et philosophiques, et il leur fallait des explications intelligibles plus que des affirmations. Ils disaient qu'il est inutile de parler si l'on ne donne pas l'intelligence de ses propos, qu'on ne peut croire ce que l'on n'a pas d'abord compris, et qu'il est dérisoire d'enseigner aux autres ce que ni soi ni ceux qu'on enseigne ne peuvent comprendre ». Ce récit du maître nous met dans le milieu; ne le quittons pas : quand il nous parle d'intelligence, de comprendre, il ne s'agit pas de la réalité du mystère, mais, du sens des mots qui l'énoncent. N'est-ce pas la tâche des dialecticiens : assembler des termes, doués de signification? Le *Tractatus* d'Abélard critique Roscelin, dont nous connaissons très mal la doctrine : saint

Anselme l'accusait d'avoir posé trois dieux ; il semble s'être seulement demandé si on pouvait parler de trois dieux. Abélard paraît se mouvoir dans le même plan : il veut, a-t-on dit, prouver que l'affirmation : « Dieu est trois personnes » n'entraîne pas logiquement cette autre : « Dieu est trois ». Ses raisons visent à donner aux termes un sens, qui permet certaines liaisons. D'où tire-t-il ces arguments ? De comparaisons, de « similitudes » nullement adéquates à la chose même. On peut juger assez modeste, dans l'ensemble, l'ambition de cette théologie : *non veritatem, sed aliquid verisimile*. Ce n'est pas d'atteindre la vérité même, mais du vraisemblable sur Dieu. Les comparaisons relatives à la Trinité furent malheureuses, attirèrent la réprobation de l'Église. La logique aristotélicienne – qu'Abélard n'utilisa pas tout entière – s'incorpora cependant à *la doctrina sacra*. On doit reconnaître que ces procédés ont paru au XIIᵉ siècle des nouveautés toutes profanes. Une ardeur de renaissance accompagnait les virtuosités dialectiques.

Autant Pierre Abélard, gloire parisienne, paraît un fondateur de la scolastique, un maître en l'art de penser ; autant ce rôle semble mal convenir à son adversaire, Bernard, abbé de Clairvaux[a][8]. Le mysticisme de cet ennemi de la dialectique suppose pourtant une pensée qui ne manque ni d'unité, ni de rigueur : Gilson a montré dans son œuvre la présence d'une « systématique », une conscience de la liaison des problèmes et des solutions. Ne cédons pas à une idée trop simple de « l'expérience mystique » : il s'agit de données, mais accueillies par une interprétation toute prête, d'une pratique, mais dépendante de principes ; la foi qui précède les « intuitions » personnelles, n'a rien d'un sentiment vague, mais possède un contenu défini, matière à doctrine. Nul besoin des inventions de la raison ; il suffit de puiser au trésor de l'Écriture et des Pères ; parmi eux, en face d'Augustin, Origène, Grégoire de Nysse, Maxime ; en même temps que l'exemple ascétique, la théologie de l'Orient

a. Bernard, né en 1091, entre en 1112 à l'abbaye de Cîteaux, devient ensuite abbé de Clairvaux, où il meurt en 1153.

chrétien : *orientale lumen*, comme disait Guillaume de Saint-Thierry. Saint Bernard avance seulement ce qu'il a trouvé dans une tradition qui, contenant pour lui la vérité, ne peut répondre à ses questions que de façon cohérente.

Pour comprendre questions et réponses, reprenons la situation humaine, qui nous avait paru fondamentale chez saint Anselme : *inter fidem et speciem*. Insistons sur la coupure : d'un côté, l'en-deçà; de l'autre, l'au-delà; pour les séparer, une barrière divinement établie, qu'au jugement de Bernard, Abélard et les dialecticiens méconnaissent. Le mysticisme où nous entrons se place et demeure à l'intérieur d'une foi : humilité d'un esprit constamment soumis à un objet caché. Ne nous laissons abuser par aucune idée d'intuition intellectuelle.

Le chrétien est devant son Dieu : créature en face du Créateur. Les métaphysiciens du Moyen Âge, qui font un sort éminent à la notion *d'être*, se réfèrent volontiers au passage de la Bible où Dieu se définit par ce terme : de là, toute une doctrine que Gilson a nommée la « métaphysique de l'Exode ». Présente chez saint Bernard, cette notion de l'Être, incluse dans la Révélation, montre dans le problème de l'union mystique une difficulté radicale : « Celui-là même qui a dit : *Je suis celui qui suis*, est au sens vrai du terme, puisque ce qu'il est, c'est l'Être. Quelle participation, quelle réunion peut-il donc y avoir entre celui qui n'est pas et Celui qui est ? Comment des choses si différentes peuvent-elles se rejoindre ? » Si nous restons dociles à des textes de ce genre, nous n'imaginerons pas que le mystique médiéval se garde à grand'peine de fondre et de perdre l'homme en Dieu; la créature et le Créateur lui sont donnés tellement distants, dans l'ordre de l'être, qu'il ne sait d'abord comment ils s'uniront. Il faut cependant qu'ils s'unissent : le Saint biblique n'a-t-il pas dit : « Adhérer à Dieu, c'est pour moi le bien » ? Essayons de dire comment cela est possible : « Être immédiatement uni à Dieu, nous ne le pouvons pas; mais cette union peut se faire peut-être par quelque intermédiaire ». L'identité d'essence se trouvant exclue, il n'y a d'union que par un moyen terme; ce sera la charité.

Revenons à la situation de l'homme, qui se connaît créature. Saint Bernard reprend le *Connais-toi toi-même*; mais saint Paul vient compléter Socrate. Dans ce « socratisme chrétien », nous découvrons à la fois ce que nous sommes et que c'est un don divin : *l'Épître aux Romains* enseigne que l'on peut atteindre Dieu à partir de ses œuvres; comment ne pas nous élever au Créateur à partir de nous-mêmes, faits à son image ? Cette connaissance apparaît si naturelle qu'elle rend les païens inexcusables d'avoir méconnu la divinité. Créé et se sachant tel, l'homme trouve en soi une loi naturelle : « De tout son être il doit aimer celui dont il n'ignore pas qu'il lui doit tout ». À la conscience d'une dette si totale, radicale, correspond un amour sans mesure : l'opposition de la créature au Créateur ne donne pas seulement la distance qui nous sépare de Dieu, mais la force aussi qui nous ramène à lui. Cet amour de Dieu par-dessus toutes choses constitue pour l'homme l'état de droit, l'intégrité de sa nature; si, de fait, ce sentiment lui fait défaut, un tel manque ne tient point à son essence, mais se réduit, si profond qu'il paraisse, à un accident, lequel attend réparation. On en vient à la chute et à la Rédemption.

L'homme initial – Adam – se rapportait à son Créateur par une image et une ressemblance, que saint Bernard trouve, toutes deux, dans l'ordre de la liberté. Il distingue trois aspects de la liberté : *libertas a necessitate, libertas a peccato, libertas a miseria*. Être libre de la nécessité, en cela consiste l'image; être libre du péché et libre de la misère – de la souffrance, – cela constitue la ressemblance. Toutes ces distinctions ont pour fin de situer l'état présent de l'humanité relativement à la condition d'Adam, avant la faute. Expliquons brièvement chaque terme de l'analyse pour comprendre d'où part le relèvement, jusqu'où il faut remonter. Nous trouvons d'abord le pouvoir de consentir et de ne pas consentir : « La liberté de nécessité convient également et indifféremment à Dieu et à toute créature raisonnable en général, tant bonne que mauvaise. On ne la perd ni par le péché, ni par la misère ». Ce libre arbitre constitue un indivisible : en lui réside notre dignité d'homme; c'est en nous l'*image* divine que rien ne saurait détruire. Les autres puissances admettent des degrés et peuvent se perdre : ce sont le pouvoir de choisir le bien – être libre du péché – ; le pouvoir de l'accomplir en s'y plaisant – être libre de la misère. Le premier homme était doublement libre : du mal et de la souffrance qu'on éprouve à ne point l'éviter. Nous, au contraire, sommes impuissants à ne pas pécher, à ne pas sentir la misère de cette impuissance. De façon digne de remarque, l'expérience intérieure vient ici se loger dans les notions théologiques, relatives à la structure de l'humanité avant la chute. La « liberté du péché », la « liberté de la misère », – qui constituent ensemble une liberté de perfection, – formaient la *ressemblance* dans laquelle Adam avait été créé. Nous qui l'avons perdue, vivons dans la « région de la dissemblance ». *Regio dissimilitudinis* : cette expression d'origine platonicienne convient à la situation de l'homme pécheur. Demeurée image de Dieu par son libre arbitre, devenue dissemblable par le mal et la souffrance, « comment l'âme ne s'écrierait-elle pas : Seigneur, qui est semblable à vous ? Entraînée au désespoir par un si grand mal (la dissemblance), elle est invitée à l'espérance par ce grand bien (l'image). C'est pourquoi plus elle se déplaît à elle-même dans le mal où elle se voit, plus elle tend ardemment vers ce bien qu'elle voit aussi en elle, désireuse de devenir ce qu'elle avait été faite pour être ». Comme le problème de l'intelligence chez le prieur du Bec, le problème de l'amour chez l'abbé de Clairvaux se pose dans la remontée d'une nature tombée.

Restaurer l'homme, voilà la tâche monastique : en face des écoles où l'on enseigne Platon ou Aristote, le cloître reprend « l'école de la primitive Église », où le Christ est maître. Saint Benoît, son ministre, y organisa l'apprentissage de la charité, à travers les degrés de l'humilité : cette vertu en effet n'en comporte pas moins de douze. Ici encore il s'agit d'une prise de conscience, de connaissance de soi. Pour le comprendre, essayons de réaliser la tension, dans « l'âme défigurée », entre l'image qui demeure et la ressemblance détruite : « N'ignore pas ta beauté pour être confondu encore de ta hideur ». Cette confusion, voilà l'humilité, – laquelle inclut, remarquons-le, le sentiment d'une dignité de nature. Le novice apprend donc à connaître sa misère. Quand il la sait, il sait aussi celle du prochain : tous les fils d'Adam ne sont-ils pas entraînés dans la même chute ? Le novice s'engage ainsi sur la voie qui de l'humiliation mène à la compassion, route où son maître divin l'a précédé : le Verbe, explique Bernard, a dans sa nature divine de connaître la condition humaine, mais avant de s'incarner « il ne la savait pas par expérience » ; ce que le Christ savait, comme Dieu, de toute éternité, il est venu « l'apprendre dans le temps, par la chair ». Tel est le paradoxe d'amour qui éclate dans la Passion. Là devant, l'âme mystique se dit, avec l'Épouse du *Cantique*, blessée par la charité. Nous savions la force que l'amour tenait de la création ; voici que l'Incarnation la réveille et la redouble.

Qui compâtit possède la charité. Qu'est-ce que la charité ? Une qualité de l'âme, don d'un Dieu qui est lui-même Charité : « Il est également juste de dire de la Charité qu'elle est Dieu et qu'elle est le don de Dieu ; c'est pourquoi la Charité donne la charité : la substantielle (Dieu) donne l'accidentelle (la qualité de l'âme) ». Don divin, l'amour paraît l'intermédiaire attendu entre l'Être et nous-même. Voici que le Créateur donne à la créature de lui ressembler, et cette ressemblance fonde une connaissance : la connaissance mystique. Pour s'en convaincre il suffit de retourner en affirmation la parole de saint Jean : *Qui n'aime pas ne connaît pas Dieu, puisque Dieu est charité.* Cette assimilation à la divinité par l'amour, Maxime le Confesseur l'a décrite dans les termes que Scot Érigène avait déjà repris. Avec Jean et Maxime, le mystique du XIIe siècle a de quoi situer *l'excessus* : l'extase. S'il parle, à ce propos, de « connaître » ou même de « voir », ces mots ne doivent pas nous abuser : à l'opposé des philosophes qui conçoivent une âme tout entière devenue intelligence, nous trouvons chez saint Bernard un esprit qui devient seulement amour, mais pleinement, dans la possession de l'objet auquel il tend de tout son être : un pur sentiment tient en cette vie la place de la claire vision, réservée à l'au-delà ; mystique, le chrétien demeure dans l'obscurité de la foi. Mais tout à l'amour

divin, le mystique se trouve affranchi du péché et de « la misère »
– pour la durée de son extase, brève jouissance de la liberté de
perfection, de la *ressemblance* retrouvée. Ces indications suffisent : on voit les notions, prises de la tradition, venir, l'une après
l'autre, encadrer l'expérience à laquelle tendent, dans leur
cloître, Bernard et ses disciples.

Pour autoriser les « raisons nécessaires » des vérités de foi,
des textes du XIIIe, du XIVe siècles citent, à côté d'Anselme,
Richard de Saint-Victor[a9] : laissons de côté son œuvre proprement mystique, même le *Benjamin major* qui inspirera
l'Itinerarium de saint Bonaventure ; attachons-nous au *De
Trinitate*. On ne saurait en effet trop redire que le Dieu médiéval
se présente comme trine : le *Monologion*, nous le savons, passe
sans coupure ni effort apparent de l'existence et de l'essence
divines à la pluralité des personnes ; quand il raisonne sur la
Trinité, Anselme suit les suggestions d'Augustin : dans l'âme,
image de Dieu, on doit retrouver quelque trinité ; on cherche du
côté de la connaissance l'analogue du Verbe, du côté de l'amour
celui de l'Esprit. Dans le *De Trinitate* d'Augustin, le Moyen Âge
trouvait liées la structure révélée de Dieu et l'analyse de notre
esprit : de là, tant de « psychologies trinitaires »… Richard ne
reprend pas cette route. Dans l'état de nos connaissances, la
sienne paraît nouvelle : sa dialectique, d'une part, s'applique aux
choses divines (éternité, caractère premier ou dérivé, incommu-
nicabilité – du mode d'être) en un style abstrait qui annonce Duns
Scot ; d'autre part, elle change en preuve de la Trinité un thème
spirituel : l'excellence de la charité, traditionnellement posée.

Le *De Trinitate* de Richard nous remet dans l'état d'âme du
Proslogion. « Le juste a dit l'Apôtre, vit de la foi », d'où procèdent l'espérance et la charité. Que sera le fruit de la charité ?
Écoutons le Christ, dans l'*Évangile de Jean* : « Celui qui m'aime
sera aimé de mon Père, et moi je l'aimerai, et je me manifesterai à
lui ». Nous voici placés en perspective, orientés vers la vision, la

---

a. Richard, élève et successeur d'Hugues à l'école de Saint-Victor, est mort
en 1173.

ressemblance divines. Pressons le pas, dans cette voie : autant que Dieu le permet, autant que nous le pouvons, il nous faut tendre sans cesse à comprendre par la raison l'objet que nous croyons. État d'esprit complexe : pour le vrai croyant, la foi constitue une certitude absolue ; croire cependant compte peu au prix de connaître ; mais ne peuvent atteindre l'intelligence que les âmes fermes dans la foi. Toujours la parole sacrée : *Nisi credideritis non intelligetis.* Que ces âmes se mettent donc au travail, lequel vaudra, même s'il demeure inachevé. Richard entend les articles de la foi trinitaire ; il les lit, entourés d'autorités ; mais où sont les preuves ? Il ne se souvient pas avoir lu de quoi en fonder. Établir la pluralité des Personnes, demande d'autant plus d'application et d'ardeur que les Pères donnent en cette matière moins de principes pour argumenter. « Qu'en voyant ce que vise ma recherche, rie qui voudra, se moque qui voudra : on en a le droit. Car, à dire le vrai, si j'ai l'audace de tenter, ce n'est pas tant élevé par la science que poussé par l'ardeur d'une âme brûlante. Et s'il ne m'est pas donné d'arriver où je tends ? Et si je défaille dans ma course ? J'aurai cependant une joie : en donnant sans trêve mes forces à chercher la face de mon Seigneur, avoir couru, travaillé, peiné ». Notons cette chaleur affective, cette hâte dans la démarche : c'est la manière de Richard de Saint-Victor.

Dans un passage qui deviendra classique, le *De Trinitate* donne le fondement de ses preuves : Dieu est en soi nécessaire ; pour exposer tout ce qui est, par nécessité, il est impossible que manquent les arguments, non seulement probables, mais nécessaires, même s'ils échappent aux efforts que nous faisons pour les découvrir. Ceci posé, Richard se lance dans une dialectique aussi confiante que celle d'Anselme. Il fallait « l'insensé » biblique pour nier le Dieu du Proslogion ; à l'ennemi de la foi trinitaire, l'esprit même fait ici défaut ; ce *mentis inops* est un *phreneticus* – terme augustinien – : un fou que le croyant essaie de lier par ses raisons. On ne saurait mieux exprimer un idéal de preuves contraignantes. On veut même progresser dans l'évidence que l'on met au comparatif et au superlatif : *evidens,* dit-on, *evidentius*, *evidentissimum*. Ne croyons pas cependant que le *De Trinitate* parte de la lumière centrale d'une essence, dont les propriétés seraient ensuite manifestes ; après avoir déterminé d'une part l'unité de substance, d'autre part, la pluralité des personnes, il se heurte à la difficulté de concilier les deux aspects : un mystère demeure à vénérer.

Sans décrire le mouvement complexe de cette « dialectique contemplative » (Guimet), fixons-en quelques grands traits. Pour que ne paraisse pas vide une dialectique si vivante pour son inventeur, il faut réaliser d'abord une *valeur* : l'excellence de la charité se présente à Richard comme une donnée de la conscience, éclairée par l'Évangile et les Pères. Disons, avec lui, qu'il n'est rien de meilleur, de plus délicieux, de plus magnifique : nous exprimons alors cette valeur du triple point de vue de la bonté, de la félicité, de la gloire, trois choses dont Dieu possède la plénitude. Ainsi, par trois fois, il apparaît charité, donc altruisme (Grégoire le Grand) : si, à l'opposé d'un amour de soi, privé et propre, son essence est de se tourner vers autrui, il faut admettre à l'amour divin plusieurs personnes, au moins deux. Mais altruiste, « extatique », il reste ordonné : *caritas ordinata* (Origène). La même exigence de mesure dans l'amour qui nous commande d'aimer le prochain comme nous-mêmes nous conduit à l'idée que l'amour qui est Dieu doit aller à quelque *autre*, non moins divin.

Après la pluralité des personnes, voici leur égalité. Et un dédoublement ne suffit point à la charité : l'amour mutuel demande d'être partagé par un troisième. Telle apparaît, dans une vue rapide, accélérée à l'extrême, la marche de cette logique du sentiment divin. On a, en termes du XXe siècle, une « théorie sociale » de la Trinité : au premier moment de l'éternité même, une personne qui ne suppose absolument rien avant soi ; à celle-là, il en faut une autre, son égale, qu'elle aime et qui l'aime ; d'où la nécessité d'une troisième, non moins égale, afin que ne reste point réservé l'amour commun. De celui que, d'aucune façon, rien ne précède : le Père –, naît un égal en dignité : le Fils – *condignus* ; du Père et du Fils procède celui qu'ils aiment à la fois : l'Esprit – *condilectus.* Pareille à un flot – *divinitatis unda* – la divinité est un flux d'amour – *affluentia amoris* – émanant du Père, reçu et émanant encore dans le Fils – *tam effluens quant infusa* – reçu enfin dans l'Esprit.

Par rapport à ces Trois qui sont Un dans le même amour, divers par leurs titres à le posséder, l'homme se situe : le Père aime les deux autres personnes, auxquelles il donne tout ; c'est un amour *gratuit* ; – le Fils se retourne vers le Père, son principe ; c'est un amour *dû* ; est *gratuit*, au contraire, l'amour du Fils pour l'Esprit dont il est le principe ; – l'Esprit enfin, dernière personne, ne fait que recevoir : il *doit*, pour ainsi dire, tout son amour. Comparons à ces nuances divines notre amour de Dieu : cette charité d'homme, sentiment de créature pour le Créateur, est un *dû,* tel qu'en la divinité l'amour de l'Esprit. La théorie trinitaire nous donne de quoi comprendre un texte de l'*Épître aux Romains,* essentiel en théologie médiévale : « La charité de Dieu a été répandue dans nos cœurs par l'Esprit Saint, qui nous a été donné ». Pourquoi l'Apôtre parle-t-il de la troisième personne, et non des autres ? Parce que le sentiment d'une créature, radicalement débitrice, ne peut imiter qu'un amour dû. Et Richard nous redit que l'amour est pareil à un feu spirituel ; l'Esprit opère sur notre cœur, comme le feu sur le fer, qu'il transforme à sa ressemblance. Nous retrouvons une image classique, tandis que, trait à retenir, la relation mystique de l'âme à Dieu se précise en termes trinitaires.

CHAPITRE III

CONDITIONS DU XIIIe SIÈCLE

Abélard nous a dit son impatience de parvenir à Paris, cité dialecticienne. Jean de Salisbury a énuméré tous les charmes de la ville : l'abondance de victuailles, la joie du peuple, le respect que l'on témoigne au clergé, les occupations variées des esprits qui philosophent ; il achève en termes mystiques : « En vérité le Seigneur est dans ce lieu, et je ne le savais pas ». Quelles que doivent être la part de Bologne, ville du droit romain ou canonique, la part surtout d'Oxford dans le mouvement intellectuel, l'Université de Paris gardera la première place : dans les premières années du XIIIe siècle, l'ensemble des maîtres et étudiants, *universitas magistrorum et scholarium*, constitue un corps privilégié. Cela se passe dans la capitale de Philippe Auguste, avec l'aide d'Innocent III. L'Université médiévale apparaît un organe de la Chrétienté comme le Sacerdoce ou l'Empire. Notons, nous qui vivons de cultures nationales, le recrutement international des étudiants et des maîtres dont les plus célèbres, d'Alexandre de Halès à Jean Duns Scot, ne sont pas originaires du royaume de France. Il nous faut poser, comme une des conditions du XIIIe siècle, cette catholicité du centre d'études parisien – s*tudium parisiense* – où nous avons vu qu'aboutit la *translatio studii* [10].

La culture dont il s'agit s'est transmise, en se développant, à travers les écoles du XIIe siècle ; les grands scolastiques du XIIIe sont les hommes de *l'École,* « déterminés par des techniques professionnelles » : il faut les voir, situer leurs œuvres dans l'Université. Celle-ci comprend quatre *facultés* : ce mot qui s'appliquait primitivement à chaque discipline enseignée désigne ceux qui en donnent ou reçoivent l'enseignement. Laissons de côté le droit et la médecine pour nous attacher aux *arts* et à la théologie. L'importance de la formation des esprits demande que d'abord, l'on suive, à la faculté des arts, le destin de la logique et de la grammaire. Les docteurs du XIIIᵉ siècle procèdent par questions ; ils ont participé à des disputes, les unes ordinaires, sur un sujet déterminé à l'avance, les autres extraordinaires, où tout assistant peut proposer tout sujet ; des unes, sont issues les *quaestiones disputatae* ; des autres, les *quaestiones quodlibetales*, que nous lisons aujourd'hui. Dans ce régime, la dialectique est maîtresse : nous l'avons vue se perfectionner par l'adjonction à la *logica vetus* de la *logica nova,* notamment des *Topiques*. On doit considérer l'influence propre des *Analytiques* au XIIIᵉ siècle et par delà : d'un côté, l'enseignement chrétien traditionnel doit être confronté avec l'idéal aristotélicien du savoir ; la question *utrum theologia sit scientia* ? devenue classique fait réfléchir aux deux notions : théologie et science ; d'autre part, une conception stricte de la démonstration apporte un principe redoutable de critique pour les preuves jusqu'alors admises. À l'explication de la logique d'Aristote, qui a constitué, au XIIᵉ siècle, « la logique ancienne » et « la logique nouvelle », le XIIIᵉ joint « la logique des modernes » : cette *logica modernorum* est un traité systématique des propriétés des termes, que l'on trouve dans les *Summulae logicales* de Pierre d'Espagne (mort pape en 1277 sous le nom de Jean XXI) [11]. Nous évoquerons l'un des traités qui compose cet ouvrage – la théorie de la *suppositio* – à propos de Guillaume d'Occam. Les uns et les autres ont été commentés aux XIIIᵉ, XIVᵉ et XVᵉ siècles par bien des auteurs, d'orientations métaphysiques diverses. Tandis que la technique des logiciens se développe, se complique ainsi, les grammairiens se meuvent de plus en plus dans l'abstrait : ils se désintéressent des auteurs, de tout l'aspect concret, littéraire de la langue, pour donner à leur discipline l'allure d'une logique. Le XIIIᵉ siècle, dit Gilson, est une époque d'« exil des belles lettres », en attendant leur retour. Cette « grammaire spéculative » qui vise une structure universelle par delà les particularités linguistiques, ces accidents, traite des manières de signifier – de *modis signi-ficandi*. Ces matières logico-grammaticales, à peine explorées, forment l'infrastructure des grandes constructions spéculatives, dont, mieux connues, elles expliqueraient sans doute plus d'un trait : au dire de saint Thomas lui-même, la théologie ne prend pas seulement les choses en considération, mais aussi les significations des noms, car, pour obtenir le salut, il ne faut pas seulement une foi relative à la vérité des choses, mais encore une confession, de voix, par des noms. Il tient, je crois, à la structure de la pensée médiévale de traiter des façons de parler autant que des manières d'être, de poser les problèmes in *voce* comme in *re*. Et ses analyses verbales d'ailleurs intéressent encore, témoin le premier travail de Martin Heidegger sur une doctrine de la signification du XIV e siècle [12].

Plus que ce développement de disciplines de l'expression – *sermocinales artes* – l'attention à de nouveaux objets renouvelle au XIII e siècle « les arts » et, par contre-coup, la théologie. Avant d'exposer le renouvellement de la culture philosophique, il convient de souligner après le P. Chenu qu'un retour aux sources chrétiennes est, à la même époque, principe de réno-vation : – évangélisme qui ne se manifeste pas seulement dans les sectes hétérodoxes, mais dans les deux ordres mendiants d'où sont issus les principaux Docteurs : – curiosité scripturaire qui soutient l'enseignement biblique, « l'exégèse scolastique », tâche trop oubliée des mêmes théologiens (Thomas d'Aquin, par exemple) dont nous tendons à ne retenir que les écrits d'allure philosophique : – retour encore aux sources patristiques : appro-fondissement de l'influence d'Augustin, inspiration « orien-tale », notamment chez les maîtres condamnés en 1241... En même temps que la renaissance aristotélicienne qui a captivé l'attention, il faut voir « le réveil d'une foi nourrie de textes sacrés ». De l'une et de l'autre procède le travail de l'Université au-delà de l'œuvre du siècle précédent. Celle-ci que nous avons laissée au *Sic et Non* d'Abélard se retrouve dans les quatre livres de Pierre Lombard, le Maître des *Sentences* [a] [13]. C'est bien vite un texte classique : on commença par le gloser ; on continua en le commentant ; dans les universités des XIIIe, XIVe et XVe siècles, à cet exercice correspondra un grade : celui de « bachelier sententiaire ». Luther encore annotera les *Sentences*. L'ouvrage typique du théologien médiéval est le *Commentaire sur les Sentences* : l'explication ou l'exposition du texte tient peu de place ; les questions, qui s'en détachent, se développent pour elles-mêmes, abondamment ; les mêmes reviennent, selon la tradition scolaire, à propos des mêmes divisions ou *distinctions,* de chacun des quatre livres. Les pensées se meuvent ainsi dans le cadre établi par Pierre Lombard selon la perspective chrétienne du monde et du salut : Dieu comme Trinité et activité créatrice ; l'œuvre divine : des anges à l'homme ; le péché et la Rédemption ; les vertus et les sacrements ; la béatitude. Autant de vérités données par la foi, que la raison ne saurait retrouver comme si elle-même les avait inventées, d'autant que la plupart expriment des faits de liberté : cette simple énumération nous rappelle que le théologien a la tâche de raisonner sur une « histoire sainte », et non pas sur un ordre des essences.

Au moment où s'établit l'enseignement des *Sentences*, les connaissances profanes se trouvent renouvelées. Le platonisme du *Timée* mis à part, le Moyen Âge n'a jusque-là pratiquement connu de la philosophie grecque que la logique aristotélicienne. Pour Jean de Salisbury, Aristote est déjà « le Philosophe » ; il gardera cette primauté. Platon ne gagne pas : traduits en Sicile vers le milieu du XIIe siècle, le *Ménon* et le *Phédon* ne semblent pas avoir grande influence. Ce qui n'exclut pas une influence indirecte, multiforme et puissante du platonisme. Mais un travail intense de traduction aristotélicienne s'accomplit en plus d'un siècle, entre deux noms : Gundissalinus, archidiacre de Ségovie (mort en 1151), et Guillaume de Moerbeke (mort en 1286), dominicain et collaborateur de saint Thomas. Le second ne

a. Pierre [le] Lombard, né près de Novare, étudie, puis enseigne à Paris, en devient évêque en 1159, meurt sans doute en 1160. Les *Sentences* ont dû être composées vers 1150-1152.

s'occupera pas seulement d'Aristote et de ses commentateurs anciens, mais traduira les *Éléments de théologie* et d'autres œuvres de Proclus. Il procèdera directement du grec au latin, alors que Gundissalinus et les autres traducteurs de Tolède opèrent sur les versions arabes. Aristote ainsi n'arrive pas seul ni sans mélange : sont également traduits ses disciples musulmans et des philosophes juifs fortement influencés du néoplatonisme ; sont attribués à Aristote une *Theologia* et un *De causis* venus, par l'arabe et le syriaque même, des *Ennéades* et de la *Théologie* de Proclus. (Le *De causis* est déjà utilisé par Alain de Lille, ainsi qu'un *Liber XXIV philosophorum* pseudo-hermétique). Le syncrétisme philosophique réalisé en Orient apparaît aujourd'hui « facteur décisif de l'évolution de la pensée médiévale ». Avant de parvenir en Occident, le péripatétisme n'a pas seulement traversé des esprits musulmans ou juifs et subi des influences néoplatoniciennes ; le monde arabe a reçu l'héritage antique des écoles syriaques, et les syriens étaient des chrétiens. Il faut au moins évoquer la complexité de ces problèmes pour situer les scolastiques du XIIIe siècle dans la transmission de la philosophie grecque autour de la Méditerranée [14].

Au terme de cette étonnante *translatio studii*, ces hommes découvrent la *Physique* et la *Métaphysique* d'Aristote, l'*Éthique* aussi et la *Politique*. Cette découverte, que Paris fait après 1200, cinquante ans après Tolède, continue le mouvement de Renaissance que nous avons vu animer le XIIe siècle. Je sais bien que, traditionnellement, on refuse d'appliquer ce mot au XIIIe siècle [15]. Pourtant il a permis d'en retrouver le mouvement et la vie, de faire comprendre la signification passée de disciplines aujourd'hui sans attrait : si la dialectique a pu susciter l'enthousiasme, posséder tout le charme d'une profane nouveauté, entrer en conflit avec la tradition, avec le sacré, comment n'en serait-il pas de même de la construction péripatéticienne du monde ? Réduite à la logique, la philosophie ne constituait jamais qu'un instrument ; le maniement pouvait en être délicat dans les matières de la foi ; les choses de la religion constituaient à peu près tout l'objet sur lequel raisonner. Avec les nouvelles traductions, changement de perspective : la philosophie se présente comme une Physique et une Métaphysique, doctrine du monde et de Dieu même, apparemment totale et liée rationnellement. On « lira » les écrits du Philosophe et de ses continuateurs pour apprendre non seulement l'art de raisonner mais encore la nature des choses, dont celle de l'homme, règle de sa conduite. Deux, trois livres, enfin l'ensemble de l'*Éthique à Nicomaque* avec un choix de commentaires grecs montrent ce qu'est une morale philosophique, une sagesse naturelle. La raison apparaît avec un contenu systématique, indépendant du christianisme, ou plutôt insérée dans un monde non chrétien : plus que la raison, note le P. Chenu, c'est la nature qu'Aristote fait découvrir. Dans ce climat de découverte, les esprits continuent à se mouvoir sous le régime des « auteurs », certains nouveaux : « Les philosophes ». Ici donc, « Renaissance dit éveil, ardeur, ivresse ; mais aussi recours au modèle déjà fait, lumière empruntée, bref : imitation ». Dans l'ordre de la pensée, cette situation comportait un paradoxe, qui n'a pas échappé à Albert le Grand : « Tous les péripatéticiens, remarque-t-il, s'accordent sur le fait qu'Aristote a dit le vrai : ils disent que la nature a établi cet homme comme règle de vérité, montrant en lui la perfection suprême de l'intellect humain. Ils l'exposent cependant de différentes façons, selon ce qui répond à la pensée de chacun ». Source de diversité pour les commentateurs grecs et les historiens modernes, comment les textes d'Aristote ne le seraient-ils pas pour les médiévaux auxquels ils parviennent, assortis d'interprétations anciennes ou arabes, successivement et par des voies différentes ? L'invasion aristotélicienne du XIIIᵉ siècle est un phénomène trop complexe pour que l'on puisse y distinguer schématiquement deux vagues : l'une et l'autre apportant Aristote mais ayant pour interprète principal – Avicenne dans la première, – Averroès dans la seconde. Des deux penseurs arabes, Avicenne cependant arrive d'abord[a][16].

a. Voici quelques dates relatives aux penseurs arabes : Alkindi meurt en 873, Alfarabi en 950, Avicenne (Ibn Sina) en 1037, Algazel (Al Gazali) vers 1111 : tous ont vécu en Orient. Averroès (Ibn Roschd) est né à Cordoue en 1126, il meurt

Au milieu du XIIᵉ siècle, on a traduit à Tolède l'essentiel de son œuvre : *Logique*, *Métaphysique*, *Physique*, traité *De l'âme*... Ne pouvant exposer tout le système du philosophe arabe, nous rappellerons son attitude sur un point obscur de l'aristotélisme, où l'on verra dans quelle longue tradition de commentaires et de spéculations vient s'insérer le travail des chrétiens occidentaux : nous considérerons seulement les auteurs connus du monde latin, au début même du XIIIᵉ siècle. Peu de textes d'Aristote paraissent à l'expérience de l'histoire plus difficiles à éclaircir et féconds en interprétations que celui du *De anima*, III, 5 : pour rendre raison de la connaissance, il faut, nous dit le Philosophe, admettre « un intellect apte à tout devenir et un intellect capable de tout produire », – ce dernier, « séparé », « impassible », « non mélangé », « acte par essence », « immortel et éternel », qui agit sur les intelligibles comme la lumière sur les couleurs. On pouvait se demander, certains se demandent aujourd'hui encore, si, dans la pensée d'Aristote, cet intellect n'est pas Dieu, ou même un être suprasensible inférieur à Dieu (Ross). Sur ce problème, avant 1200, les commentateurs ont travaillé, apportant pas mal de complications et quelques confusions, qui commencent avec la doctrine d'Alexandre d'Aphrodise, point de départ de la spéculation arabe sur le thème *de intellectu*. De travaux qui s'attachent souvent à un texte plus qu'aux choses dont il traite, dégageons une ligne dominante de pensée : dès Alkindi, l'intellect agent d'Alexandre devient une *Intelligence*, entendons : une substance séparée du sensible, distincte de l'âme, mais inférieure à Dieu. Alfarabi l'établit dans cette position intermédiaire : au plus bas degré d'une hiérarchie d'Intelligences, dont chacune meut l'une des sphères célestes ; distingué du moteur du premier ciel, Dieu est au-dessus de la série : il n'est nullement question d'identifier à lui l'intellect qui agit dans les âmes humaines. En revanche, l'âme cesse de tirer toutes ses connaissances du

seulement en 1198. Les principaux noms de la philosophie juive sont Isaac Israeli, qui vécut en Égypte entre 845 et 940 ; Gebirol (l'Avicebron des Latins) : Espagne, 1021-1058 environ ; Moïse Maïmonide, né à Cordoue en 1135, a vécu au Maroc, en Palestine, en Égypte, où il meurt en 1204.

sensible; elle peut, en certains cas, s'unir à l'Intelligence séparée : l'homme devient alors *prophète*. Ces thèmes se retrouvent chez Avicenne, dont la gloire a fait oublier les prédécesseurs : lui aussi unit la théorie de l'intellect à la construction du monde astronomique, et superpose à l'abstraction un autre mode de connaître, de caractère sacré. L'avicennisme, en effet, se présente comme une cosmogonie où, de l'*Être nécessaire*, tous les autres émanent : d'elles-mêmes purs possibles, leurs *essences* reçoivent l'*existence* comme un accident, mais c'est une existence nécessaire que, par libéralité *naturelle*, leur communique le Premier être. Cette discussion du «problème de l'existence», on peut l'attribuer à l'interférence d'une «théologie de l'Ancien Testament» avec l'émanatisme de Proclus (Gilson). Du *Premier* donc procède la première Intelligence qui engendre la seconde Intelligence, l'âme et le corps de la première sphère; de degré en degré, on en vient à l'Intelligence de la lune, d'où ne procède ni âme ni corps de sphère, mais une dernière Intelligence, les âmes des hommes et les quatre éléments. Cette *Intelligence agente* engendre toutes les formes : l'intelligible dans la pensée comme la santé dans le corps. «Fragment d'une sphère qui n'est pas venue à l'existence», l'individu est, âme et corps, dans la même situation à l'égard de l'Intellect agent que chaque sphère céleste à l'égard de l'Intelligence d'où elle procède. L'analyse de la connaissance se réfère à une perspective cosmique. Comme le médecin prépare le corps à recevoir la santé, l'élaboration des données sensibles prépare la pensée à recevoir l'intelligible. Imaginons une âme qui se tourne sans effort vers l'Intelligence : son état constituera un mode de prophétie. Le Moyen Âge chrétien connaît aussi l'avicennisme par l'exposé d'Algazel, théologien ennemi des philosophes : ce dernier appelle l'Intellect agent le distributeur de formes – *dator formarum*, – nom qui convient tout à fait à sa fonction physique; le même auteur reprend avec force le thème de la prophétie comme union à l'Intelligence séparée : dans un monde hiérarchique auquel il ne peut manquer aucun degré, le prophète est nécessaire pour représenter une connaissance qui se libère des sens. Cette doctrine éveillera des échos imprévus chez les lecteurs chrétiens des penseurs musulmans.

L'influence de cet aristotélisme en Occident opère dans le régime des « auteurs ». Voici de nouveaux textes : les philosophes que l'on vient de traduire ; ces derniers venus trouvent établis avant eux les auteurs qui représentent la tradition religieuse ; on essaiera de faire cohabiter les uns et les autres dans les mêmes esprits. Au XVe siècle encore, le *De anima* de Guillaume de Vaurouillon cherchera à unir l'analyse de l'esprit « selon les philosophes » à celle « selon les théologiens ». Si l'on ne s'attache pas trop à leur sens premier, on peut laisser des formules d'origines diverses se rapprocher par quelque résonance commune. Aux confins du XIIe et du XIIIe siècles, certains ouvrages témoignent de ce procédé, plus proche de l'association d'idées que d'un travail de synthèse, conscient des difficultés à vaincre : le *De anima,* par exemple, de Gundissalinus et un *De causis primis et secundis* qu'on lui attribue. D'après son prologue, l'auteur du *De anima* a voulu réunir tout ce qu'il a trouvé de raisonnable dans les dires des philosophes relatifs à l'âme ; au terme de son travail, il déclare ne point spéculer sur l'homme après la résurrection, puisque les philosophes n'en ont rien dit. Dans cette compilation, les extraits d'Avicenne sont abondants et donnent la théorie de l'intellect ; le juif Ibn Gebirol intervient aussi ; puis Boèce ; on retrouve la tradition de saint Augustin ; on croit entendre un écho de saint Bernard. Il est, en effet, question d'une connaissance de l'intelligible sans intermédiaire : Boèce la rapporte à l'*intelligentia*, fort peu répandue parmi les hommes ; on peut aussi parler de *sapientia* en pensant à *sapere*, goûter ; cette intelligence, cette sagesse a une saveur mystique : nous ne l'atteignons que rarement, de façon brève, – *rara hora et parva mora*, – quand nous sommes, pour ainsi dire, enlevés – *raptim* – jusqu'à sentir quelque chose de Dieu. Le mystique chrétien prend ici la place du prophète musulman. Davantage : après avoir reproduit la doctrine avicennienne de l'Intellect séparé, on fait illuminer l'âme par Dieu, « soleil de justice, Père des lumières ». Ce syncrétisme, remarque Gilson, préfigure celui de Pierre d'Espagne, auteur d'une *Scientia de anima*, de Roger Bacon ou d'Albert le Grand. Avec le *De fluxu entis* ou *De causis primis et secundis*, le mélange devient plus complexe : on voit paraître entre autres, et abondamment, Jean Scot Érigène. Cet ouvrage est fait aussi de pièces et morceaux : invoquer les auteurs, voilà sa façon de prouver, pour lui invincible. Cette façon d'en appeler aux autorités se nomme *modus authenticus*. De là un extraordinaire assemblage de textes. On a parlé de néoplatonisme, mais c'est chose, dans ce cas, si mêlée : Augustin, Grégoire de Nysse, Denys et Érigène, le *De Causis*, Avicenne sous le nom duquel le livre est présenté. On entrevoit quelle matière confuse s'offre au travail spéculatif, tout autre chose, à coup sur, que le système classique d'Aristote.

Dans les premières années du XIIIe siècle, à Paris, l'historien aperçoit de multiples courants intellectuels : un enseignement de la théologie d'abord qui continue Pierre Lombard par des gloses, des commentaires de ses *Sentences* ou des sommes qui témoignent du progrès des connaissances philosophiques. En second lieu : l'influence de thèmes théologiques orientaux qui apparaît dans les thèses – certaines inspirées d'Érigène, – condamnées en 1241. Enfin, la diffusion de l'aristotélisme. Nous pressentons quelles complexités ce mot peut recouvrir ; on peut au moins nommer deux influences : Avicenne, Alexandre d'Aphrodise, partiellement traduit de l'arabe. Quel lien établir entre ces deux derniers courants et les doctrines « panthéistes », bien mal connues, d'Amaury de Bène et de David de Dinant [17] ? Quelles que soient les origines et la signification de leurs formules, les condamnations qui les frappent en 1210 et 1215 signalent une effervescence à laquelle les autorités jugent évidemment que traduction et commentaires d'Aristote ne sont pas étrangers. Ses écrits – la Logique exceptée – sont également frappés. En 1215, le règlement de l'Université, approuvé par le légat d'Innocent III, Robert de Courson, prescrit qu'« on ne lise point les livres d'Aristote sur la métaphysique et la philosophie naturelle, ni les sommes qui en traitent ou celles de la doctrine de maître David de Dinant ou d'Amaury l'hérétique ou de

Mauricius Hispanus » : *Non legantur libri Aristotelis de metaphysica et de naturali philosophia, nec summae de eisdem aut de doctrina magistri David de Dinant, aut Almauri haeritici aut Mauricii hispani.* Laissons Érigène, Amaury, David ; malgré bien des hypothèses, Mauricius Hispanus nous reste mystérieux ; constatons une diffusion d'écrits physiques et métaphysiques d'Aristote ; pour les « sommes » et « commentaires », on peut nommer Alfarabi et Avicenne. La réaction de l'Église procède d'une conception déterminée de l'Université. Grégoire IX – l'homme cependant qui vient d'imposer les études à l'ordre franciscain – reprend la brutale comparaison de Pierre Damien : « La jeune fille prise sur l'ennemi, qui, les cheveux une fois rasés et les ongles coupés, est unie à un Israélite, ne doit pas le dominer, mais lui obéir plutôt comme son sujet. C'est ainsi que l'intellect théologique doit virilement dominer toutes les disciplines… ». Trois ans plus tard, en 1231, pour réaliser sans doute l'image de la captive, le même Pape envisage de faire purger de ses erreurs la *Physique* du Philosophe. Il n'y eut point de telle révision ; Aristote s'établit à Paris. La Papauté cependant avait formulé son point de vue ; les autres sciences enseignées à la faculté des arts doivent *servir* la théologie, dont il est rappelé qu'elle est sagesse fondée sur l'Écriture – *sapientia sacrae paginae*. Nous rencontrons le thème fameux : *philosophia ancilla theologiae*. Si le XIIIe siècle a transformé en servante de la théologie une philosophie apparemment rebelle, ce ne fut point en usant de brutalité mais plutôt d'un art subtil dont nous verrons la diversité d'effet.

Guillaume d'Auvergne[a], maître en théologie à Paris, et qui en devient l'évêque en 1228, est un précieux témoin de l'invasion aristotélicienne [18]. Il connaît Alexandre d'Aphrodise, qui, en face de l'*intellect agent*, séparé et divin, concevait le *patient*, qui lui répond, l'*intellect matériel*, comme une simple forme du corps : « disposition », dit notre théologien, « accident » de la substance corporelle. Il faut discuter cette « erreur », cette

a. Guillaume d'Auvergne, né à Aurillac, évêque de Paris en 1228, meurt en 1249.

« folie » en raison de l'autorité qu'a sur les esprits faibles un commentateur aussi renommé du Philosophe : les gens « avalent » sans discussion toutes les opinions d'un tel auteur. Alexandre n'est d'ailleurs que l'un des adversaires de Guillaume, qui s'attaque à toute une troupe : *philosophi maxime peripatetici, id est sequaces Aristotelis et qui famosiores fuerunt de gente Arabum in disciplinis Aristotelis*. Il s'agit des philosophes, principalement les péripatéticiens, c'est-à-dire les disciples d'Aristote et ceux de la nation arabe qui furent les plus célèbres, dont Avicenne. Pour distinguer l'incréé du créé, notre théologien sait utiliser la doctrine avicennienne de l'essence et de l'existence, mais oppose le vrai Dieu au Principe d'une émanation *naturelle*, nécessaire, d'où ne peut sortir *immédiatement* qu'une créature : le Créateur est absolument libre et tout puissant. Les Intelligences et les âmes des sphères sont assez maltraitées : Guillaume compare, non sans humour, les âmes célestes aux chevaux et aux ânes qui font tourner les moulins des hommes ; quant aux dix Intelligences d'Avicenne, le chrétien admet des anges, mais il les sait autrement nombreux... La création avicennienne se fait par degrés : l'Intelligence agente constitue le principe d'où sortent nos âmes, – la fin aussi à laquelle elles doivent retourner ; l'intellect séparé prend la place du vrai Dieu. On retrouve ici l'exigence radicale que Hugues de Saint-Victor opposait aux « théophanies » d'Érigène : Dieu est *immédiatement* notre principe et notre fin. Comme celui d'Avicenne, le monde de la Scolastique chrétienne possède une structure hiérarchique : des intelligences pures s'insèrent entre l'homme et Dieu ; les anges ont dans la pensée médiévale leur place marquée, on peut même leur donner un office en astronomie. Reste cependant que l'âme humaine se rapporte sans intermédiaire à son Créateur. Entre Dieu et nous, aucune nature interposée ; saint Augustin avait dit ce mot capital : *nulla natura interposita*. Et d'autre part, le Créateur a compté les générations, dans un monde temporellement fini : les chrétiens laisseront aux philosophes leur monde sans commencement, leurs générations sans terme. Guillaume charge encore Avicenne d'autres erreurs :

si l'individuation se fait par la matière, comment peut-il y avoir immortalité des âmes, immortalité personnelle ? La même interprétation de l'individu conduit à l'idée que le singulier est inintelligible, comme la matière dont il procède : nous voici de nouveau en opposition avec la foi selon laquelle notre fin consiste à connaître Dieu, qui est un singulier, au degré suprême, – *cum enim creator singularissimus sit.* Nous rencontrons des problèmes qui, en 1270 et 1277, opposeront les théologiens à « l'averroïsme » et domineront encore au début du XIVe siècle la polémique de Duns Scot contre « les philosophes ». Plusieurs générations vont penser en réaction contre le péripatétisme arabe, non sans utiliser en théologie sa technique philosophique et ajuster certaines de ses doctrines à la tradition de l'enseignement sacré. C'est ainsi que, dans l'explication de la connaissance humaine, Guillaume d'Auvergne, s'oriente vers une de ces formules d'équilibre. Schématisons sa doctrine, fort complexe et difficile à saisir : l'homme chrétien, pense-t-il, n'a rien à recevoir d'une Intelligence agente ; il faut cependant expliquer que son âme reçoive les intelligibles. Il y a, en effet, dans son essence un fond de passivité : notre théologien garde « l'intellect apte à tout devenir », l'intellect matériel. Pour cet esprit passif, comment se pose le problème de la connaissance ? En suivant Platon, on pourrait admettre qu'il subit l'action des intelligibles ; mais pour un médiéval, les Idées platoniciennes s'identifient aux universaux, genres et espèces ; or, ce sont les singuliers qui agissent : cet homme ou cet autre ; l'homme en général n'a aucune réalité douée d'efficace. Le platonisme devenant inconcevable, reste la solution d'Aristote : au dire de Guillaume, le Philosophe admet une Intelligence agente, pleine d'intelligibles, forme d'où coulent les formes, *forma formiflua*, science faiseuse de science, *scientia scientifica* : voilà l'intellect séparé qui agit sur notre intellect matériel. Cette intelligence emplie de formes, *intelligentia plenaformis*, nous remet dans Avicenne, qui s'inspire peut-être ici de Porphyre. Complexité de la situation intellectuelle : on voit s'opposer à Platon un Aristote chargé de néoplatonisme. Quelle sera maintenant « la doctrine chrétienne,

nécessairement vraie en tout, absolument pure de toute erreur » ?
Guillaume nous montre notre âme placée, pour ainsi dire,
sur l'horizon de deux mondes : d'un côté, le monde sensible ;
de l'autre, un monde intelligible qui ne fait qu'un avec notre
Créateur même. À l'appui de cette dernière idée, les deux
Testaments interviennent : depuis l'*Ecclésiaste* qui exalte le
Verbe de Dieu comme *la source de la sagesse* jusqu'à l'*Évangile
de Jean* qui le nomme *la vraie lumière qui éclaire tout homme...*
Par ces textes, le Dieu de la tradition se présente pour le rôle de
« l'intellect capable de tout produire », lequel, selon Aristote,
agit « comme la lumière ». Nous n'avons pas de texte de
Guillaume qui dise : Dieu *est* notre intellect agent. Roger Bacon
témoigne que l'évêque de Paris réprouvait l'opinion de ceux qui
mettent cet intellect dans l'âme : *intellectus agens non potest
esse pars animae.* Thèse et formule capitales : « l'intellect agent
ne peut être une partie de l'âme » nous dirions : une de ses
facultés. Si des chrétiens veulent user de ce terme philosophique
et cherchent à quel objet l'appliquer, ce sera à Dieu même. *Dieu
intellect agent* : nous retrouverons ce thème chez Robert
Grosseteste, Roger Bacon et d'autres. Gilson parle à leur propos
d'*augustinisme avicennisant* : les textes d'Avicenne sur l'Intelligence *séparée* de l'âme rencontrent ceux d'Augustin sur le
Verbe illuminateur, objets d'un nouvel intérêt ; la fidélité
augustinienne des théologiens prend un sens philosophique.

La traduction d'Averroès[19] se situe vers 1230 à la cour
italienne de l'empereur Frédéric II. Plus tardive que celle
d'Avicenne, son influence ne conduit pas seulement à des utili-
sations individuelles, plus ou moins libres, de son interprétation
d'Aristote, mais à la constitution d'une école *averroïste,* connue
comme telle au XIVe et au XVe siècle, qui relie les padouans de la
Renaissance – esprits plus ou moins incrédules obstinément
attachés à la Physique péripatéticienne – aux maîtres-ès-arts
parisiens du XIIIe siècle. Les averroïstes postérieurs tiennent pour
un initiateur Siger de Brabant dont la condamnation de 1277 vise
l'enseignement, avec celui de Boèce de Dacie ; moment décisif
– juge Gilson – de l'histoire de la Scolastique. Avant d'aborder

les problèmes que pose aux historiens du XXe siècle l'épithète
« averroïste » appliquée à cet enseignement, il faut évoquer la
figure d'Averroès.

Averroès reproche à Avicenne d'avoir écouté les théologiens
de l'Islam et mêlé leurs propos à sa métaphysique : Duns Scot
retiendra cette remarque. Renvoyant à la religion l'idée d'une
existence surajoutée à des essences simplement possibles, ne
voyant pas de sens à demander l'origine, même intemporelle, du
monde donné dans sa structure éternelle, le philosophe cordouan
veut être purement philosophe – en étant, ce sera son titre – le
Commentateur du Philosophe : ne lit-on pas dans ses ouvrages
qu'en Aristote, la nature nous montre comme en un modèle
l'ultime perfection humaine, et que la Providence nous l'a donné
pour que nous sachions tout ce qu'on peut savoir ? La philosophie ne peut pas s'identifier davantage à un texte. Présentés par
Averroès, les écrits d'Aristote forment un bloc, à prendre ou à
laisser, le système, pour ainsi dire, de la raison écrite. À des
hommes que gagne cet esprit, il ne reste plus qu'à reprendre les
thèses du Philosophe, dans le sens du Commentateur. Le risque
est évident : la spéculation philosophique pourra se réduire à un
commentaire aristotélicien. Mais un profit est également possible : ayant éprouvé la résistance qu'opposent à des thèses de foi
les écrits du Philosophe expliqués par le Commentateur, les
théologiens sauront qu'à la philosophie, « on ne peut pas faire
dire ce que l'on veut » (Gilson).

En effet, les doctrines que Guillaume d'Auvergne dénonçait
chez Avicenne se retrouvent chez Averroès. Et, de plus, l'une des
interprétations propres au Commentateur, la théorie la plus
remarquée dans l'averroïsme latin, c'est une analyse de l'intellect incompatible avec la Révélation. Reprenons le problème
d'Alexandre d'Aphrodise : l'intellect agent est *séparé* ; reste à
l'homme *l'intellect matériel*, forme corporelle qui n'a d'autre
destin que celui du corps dont elle est forme. Pour Averroès, les
raisons qui contraignent de *séparer* l'intellect agent valent pour
l'intellect matériel, pure réceptivité d'intelligibles au contact de
l'intellect agent avec l'imagination seule corporelle : tout

l'intellect est à la fois incorruptible et unique pour tous les hommes. La multiplicité des corps auxquels il est joint lui reste extérieure. L'intellect, même passif, se trouve immortel, mais ce n'est l'immortalité de personne ; la doctrine implique seulement l'éternité de l'espèce humaine. Dans cette vue de l'unité de l'intellect – *de unitate intellectus* –, la négation d'une survie individuelle ne procède pas d'une solidarité, mais de la distinction radicale entre l'entendement et le corps. Des théologiens ne pouvaient s'accommoder de cette position : Avicenne au contraire, avec ses intellects passifs multiples, laissait ouverte une perspective d'immortalité personnelle. Si Dieu prend la place d'une Intelligence subalterne au principe de l'illumination dans cette vie et en l'autre, des chrétiens peuvent accepter la théorie avicennienne de l'intellect ; Thomas d'Aquin, qui la repousse, la déclare cependant préférable à la position d'Averroès.

Comment des maîtres de faculté des Arts ont-ils pu dans une institution de chrétienté, en un siècle de foi commune, enseigner les thèses condamnées en 1270 : unité de l'intellect, empire de la nécessité sur le vouloir, éternité du monde, ignorance par Dieu de tout ce qui n'est pas lui... ? Nous ne savons pas si un maître a enseigné ces 13 propositions d'aspect averroïste. Les 219 thèses proscrites en 1277 par l'évêque de Paris Étienne Tempier, avec l'approbation du pape Jean XXI ne viennent pas toutes d'Averroès ; l'avicennisme aussi est atteint, et même le thomisme. Si les écrits contemporains de saint Bonaventure, de saint Thomas, d'Albert le Grand ou de Gilles de Rome manifestent une inquiétude de théologiens devant l'enseignement de maîtres notoires des disciplines philosophiques – *magistri qui in philosophia majores reputantur* – l'œuvre connue la plus célèbre d'entre ces derniers, Siger de Brabant, n'éclaircit pas pleinement le sens de « l'averroïsme latin ». Justifiée dans l'interprétation de Mandonnet, cette expression même est contestable après les travaux de Van Steenberghen qui parle d'un « aristotélisme intégral », par ailleurs « néoplatonisant ». Il ne semble pas qu'on se trouve devant un système de la raison en opposition homogène à celui de la foi, mais devant des questions qui obtiennent chacune sa réponse, avec sa nuance propre. Les sources sont complexes : Siger ne suit pas toujours Averroès, mais parfois Avicenne ; l'influence de Proclus paraît importante, telle par exemple qu'une fois niée, dans l'esprit d'Averroès et d'Aristote, la distinction de l'essence et de l'existence, il faut se demander encore si la causalité première ne s'exerce que dans l'ordre du mouvement, au plan où la maintient le Commentateur. À propos des rapports de l'intellect et du composé humain où il suit Averroès, lui-même influencé par Plotin, et rejette les solutions d'Albert et de Thomas, jugés éminents philosophes – *praecipui viri in philosophia* – Siger remarque : « Ici, nous cherchons seulement où tendent les philosophes, principalement Aristote, même s'il se trouve que le Philosophe pense autrement que n'est la vérité, et que la Révélation nous ait transmis au sujet de l'âme des choses que nous ne pouvons conclure par la raison naturelle. Mais présentement nous n'avons rien à considérer des miracles de Dieu, puisque nous traitons naturellement des choses naturelles ». Enseignant à une faculté des arts, non de théologie, Siger fait son métier, rien d'autre : de la philosophie par l'explication du Philosophe. Il aboutit parfois à une conclusion opposée au dogme religieux, mais philosophiquement irréfutable ; il ne la qualifie pas de vérité puisque dans la foi, dit-il, parle « la vérité qui ne peut mentir ». Les théologiens qui n'accepteront pas cette situation mentale, auront à réfuter « les philosophes » par un travail qu'il nous faut bien qualifier de philosophique : en prouvant rationnellement l'opposé de leurs thèses ou du moins en montrant que celles-ci n'étaient pas véritablement fondées en raison [20].

L'« averroïsme » de Siger de Brabant ou de Boèce de Dacie est apparemment le fait de maîtres-ès-arts qui, forts de leur compétence et s'y tenant sans mettre en question la vérité de la foi, veulent être seulement philosophes. Ce qui n'est point sans intérêt : on lit dans les propositions condamnées de 1277 : *Quod non est excellentior status quam vacare philosophiae. Quod sapientes sunt philosophi tantum.* Il n'y a point d'état plus noble que de s'occuper de philosophie. Les sages, ce sont seulement les philosophes. Boèce de Dacie a composé un opuscule *De summo bono sive de vita philosophi*, dont le titre dit la pensée centrale : du bien suprême ou de la vie du philosophe, cela ne fait qu'un. Dans un style sans surcharge, précis et beau, ce traité expose, sans rien envisager au delà, l'idéal d'une sagesse purement naturelle. Ici, nous ne trouvons pas seulement des thèses métaphysiques, en conflit avec le dogme, mais une conception de la vie, selon une nature qui paraît ne point appeler de grâce. L'une des thèses condamnées en 1277 nie que s'humilier soit un acte de vertu ; une question de Siger reprend la notion aristotélicienne de magnanimité sans chercher, comme l'avaient fait Albert le Grand ou Thomas d'Aquin, une conciliation avec la théologie de l'humilité : l'introduction en chrétienté de l'*Éthique à Nicomaque* offre des difficultés qu'au XIVe siècle l'augustin Hugolin d'Orvieto déclarera insolubles en montrant dans la magnanimité du Philosophe l'orgueil du pharisien ; ce propos fait penser à Luther.

Pour Mandonnet, « l'averroïsme latin témoigne de la puissance attractive que la pensée antique développait en pénétrant l'âme de l'Europe médiévale. Il était inévitable qu'un certain nombre d'intelligences la subissent sans réserves ». Même si ces deux derniers mots sont contestables, si, du XIIIe au XVIe siècle, il reste à écrire l'histoire complexe et nuancée des « averroïstes », l'invasion aristotélicienne apparaît un moment de Renaissance : quelque opinion que l'on ait de la valeur de sa philosophie, Aristote reste un Grec, de style classique ; Avicenne paraît imbu de néoplatonisme ; on a dit d'Averroès que c'était le plus grec des philosophes arabes. Sous de telles influences sans doute, le latin médiéval devient purement technique, sans souci de forme ; et l'éducation, toute abstraite. Mais cet appauvrissement culturel s'est accompagné de compensations. La Scolastique n'a rien d'une école étroite, fermée : les chrétiens d'Occident ne cessent de se référer aux spéculations des musulmans et des juifs d'Asie Mineure ou d'Espagne ; et cela, à tel point que notre ignorance d'Avicenne ou de Maïmonide peut nous empêcher de comprendre Thomas d'Aquin ou Duns Scot ; n'oublions pas cette ampleur de l'horizon intellectuel, cette communication entre races si diverses qu'a réalisée l'aristotélisme, langage d'origine antique, commun à leurs intellectuels. Dans ce rapport avec l'Antiquité, l'homme médiéval aperçoit un problème pour lui essentiel : considérant les vertus des philosophes, Alcuin ne voyait entre eux et les chrétiens d'autre différence que la foi et le baptême ; cette distinction demeure, pour le XIIIᵉ siècle, le principe de toutes les autres ; or, la philosophie qu'on reçoit alors se présente comme une construction du monde et une organisation de la vie qui se passent du Dieu chrétien et de sa grâce. Aristote, c'est l'homme simplement homme, la pure raison naturelle. L'idée de *nature* vient au premier plan de l'univers mental : Siger de Brabant veut « traiter naturellement des choses naturelles » ; Boèce de Dacie donne cette définition du philosophe : « j'appelle philosophe tout homme qui, vivant selon l'ordre vrai de la nature, a acquis la meilleure et ultime fin de la vie humaine ». Des attitudes de ce genre expliquent sans doute que, dans les premières années du XIVᵉ siècle, le théologien Duns Scot doive longuement montrer qu'une révélation est nécessaire pour déterminer la fin de l'homme et le mettre sur la voie qui y conduit. Pour donner l'état du problème, il écrit : « En cette question, il semble y avoir controverse entre les philosophes et les théologiens. Les philosophes posent, en effet, la perfection de la nature et nient la perfection surnaturelle. Mais les théologiens *connaissent ce qui manque à la nature* et la nécessité de la grâce et des perfections surnaturelles ». Logiquement, un homme qui se définit une *nature* intégrée à l'ordre *naturel* d'un monde harmonieux admet la suffisance de cette nature ; tel est le sens de la maxime péripatéticienne selon laquelle la nature ne défaille point en ce qui lui est nécessaire : *natura non deficit in necessariis.* Là-contre, le croyant se souvient d'une parole de saint Augustin : « l'objet de notre foi est tel que nous ne pouvons ni l'ignorer, ni le connaître par nos propres forces ». En plaçant l'homme dans cette situation paradoxale, les théologiens disent aux philosophes qu'ils reconnaissent simplement sa déficience essentielle. *Cognoscunt vero defectum naturae* : Duns Scot nous fait voir, au fond du XIIIᵉ siècle, un dialogue qui annonce Pascal.

Mais la position qu'il y prendra ne préfigure en rien le jansénisme, tout au contraire.

Ne passons pas si vite, avec Scot, au XIVe siècle. Au XIIe siècle, le P. Chenu trouvait déjà, avec le sens des valeurs cosmiques et la notion de microcosme, une idée de l'être humain, « nature dans la Nature » ; avec sa Physique et sa « morale cosmique », l'aristotélisme du XIIIe siècle continue ce mouvement ; la réaction de 1277 atteint un « naturalisme polymorphe ». Dans une telle situation où l'homme prend conscience de lui-même en recevant l'héritage des Anciens et dans cet héritage, la *philosophie naturelle* d'Aristote, l'humanisme se formule en *naturalisme*, le conflit de l'humain et du divin se définit opposition de la nature et de la grâce. Cette opposition, le siècle que nous étudions l'a connue. Le conflit ultérieur de la science moderne naissante avec la physique péripatéticienne alors incorporée à l'enseignement des théologiens et défendue par eux ne doit pas nous faire oublier que le monde « des philosophes » où s'est défini, au XIIIe siècle, l'homme naturel n'était pas transparent mais opaque, au regard de la foi qui y cherchait un signe de son Dieu. Qui n'a pas saisi cette possibilité d'antagonisme, ne peut comprendre les tentatives d'équilibre, les formules d'harmonie.

CHAPITRE IV

DIVERSITÉ DU XIII e SIÈCLE

ROBERT GROSSETESTE ET ROGER BACON – SAINT BONAVENTURE

SAINT THOMAS ET SON TEMPS – HORS DU THOMISME

Le XIII e siècle apparaît aujourd'hui le siècle de saint Thomas. La fortune du thomisme dans l'Église contemporaine ne doit cependant pas abuser l'historien du Moyen Âge. La même époque, d'une intense fécondité spéculative, a connu d'autres directions doctrinales, où l'on rencontre aussi des chefs-d'œuvre ; l'intelligence de Thomas d'Aquin, homme d'un siècle, et de la doctrine qui vivait en lui ne peut que gagner à la connaissance des autres hommes, des autres doctrines qui ont répondu à la même situation historique. On a trop pensé le thomisme dans l'abstrait : il faut envisager *saint Thomas et son temps* et restituer à ce temps sa diversité intellectuelle : nous allons parler de Robert Grosseteste et Roger Bacon, maîtres d'Oxford, de l'école franciscaine de Paris qui aboutit à saint Bonaventure, de penseurs enfin qui, après saint Thomas, se meuvent hors du thomisme.

Oxford, au XIII e siècle, continue Chartres du XII e, dans son effort de culture encyclopédique, dans son attachement aux disciplines du *quadrivium* que renouvelle l'apport arabe. Des continuateurs d'Adélard de Bath assurent à l'Angleterre une érudition scientifique qu'au début du XIII e siècle on ne trouve pas sur le continent. Un effort typique de connaissance méthodique y retient l'attention : l'optique ou *Perspective* de l'Arabe Alhacen (965-1039), aussi remarquable dans la théorie de la lumière que dans l'analyse de la perception. Cette œuvre de mathématicien, traduite vers 1200, met les esprits dans un tout autre climat que la *Physique* d'Aristote. Ceux qui l'ont appréciée nous apparaissent tournés vers l'avenir de la science. Ne les détachons pas cependant de l'âge où ils ont vécu.

L'activité intellectuelle de Robert Grossetestel[a 21], un contemporain de Guillaume d'Auvergne, a été multiforme. Roger Bacon, son disciple, célèbre sa connaissance des langues, qui lui a permis de comprendre les Saints et les philosophes : il a en effet traduit du grec, en complétant ou révisant les traductions antérieures, l'*Éthique à Nicomaque*, des œuvres de Jean Damascène, les écrits du Pseudo-Denys, qui sont alors à Paris l'objet d'un égal intérêt; à ces derniers, il joint un commentaire. Son commentaire aussi des *Seconds Analytiques* aura une longue influence. Mais la notion du savoir humain n'a pas retenu son attention.

De l'objet de la théologie, Grosseteste propose une notion remarquable : en priant pour que tous soient un en lui, le Christ johannique nous découvre la matière de cette sagesse, à savoir tout ce que lui-même assemble d'unité : – unité de substance du Père avec le Fils et l'Esprit, – unité d'union des natures divine et humaine, unité par laquelle tous les chrétiens sont un, *unus*, dans le Christ, – unité avec le Dieu trinitaire des esprits renouvelés à son image. De ce point de vue, le théologien peut considérer tour à tour : – la Trinité et ce qui la fait une, – le Verbe incarné et son corps : l'Église, – ce qui rend l'homme *déiforme,* semblable à la Trinité. Et l'horizon de la théologie s'étend au-delà de l'humanité : toutes les créatures appartiennent à cette sagesse pour autant qu'elles découlent de cette unité et retournent à cette unité. *Creaturae etiam omnes in quantum ab hoc uno fluunt et in hoc unum recurrunt ad istam pertinent sapientiam.* Ne pas signaler ce « christocentrisme » serait négliger un aspect de la mentalité médiévale. Dans l'idée du Christ total – *Christus*

---

a. Robert Grosseteste, né en 1175 dans le Suffolk, maître, puis chancelier à l'Université d'Oxford, proche des franciscains, évêque de Lincoln en 1235, meurt en 1253.

integer – qui s'incorpore l'Église et toutes choses, on peut trouver le principe d'une vision du monde par les yeux de la foi.

L'atmosphère où vivait Grosseteste paraît encore dans son Commentaire sur les *Seconds Analytiques*. Ainsi, dans l'explication de la formule célèbre : « Un sens de moins, une science de moins ». Toute science, dit-il, peut exister sans recours aux sens : témoin, la connaissance que Dieu possède de toutes choses. De même, celle des Intelligences, – c'est-à-dire des Anges – : ces êtres n'ont point de sens, mais reçoivent l'irradiation de la lumière divine. Notre âme elle-même, si le corps ne l'alourdissait pas, pourrait recevoir ainsi une science complète dans sa partie supérieure, que Grosseteste nomme l'*intelligence.* Ce principe posé, notre auteur expose comment une âme, toute occupée du corps et pour ainsi dire endormie, s'éveille à travers les sensations et parvient à l'universel. En fait, la raison, assoupie en nous, n'agit plus qu'après excitation des sens : c'est que toute âme regarde ce qu'elle aime ; orientée par le péché vers le corps et ses charmes, elle se détourne de la lumière intelligible, tant qu'un dernier reflet dans le sensible ne lui fait pas chercher cette lumière qui répond à sa nature et qu'elle retrouvera à proportion de son détachement : seuls, les cœurs purs verront Dieu. La nécessité de partir des sens, que pose Aristote, s'explique dans l'état présent de l'humanité, tombée avec Adam et remontant vers la béatitude. Dans la doctrine de la sensation, on reconnaît l'influence de saint Augustin ; on la retrouve dans celle, corrélative, de l'illumination. Mais le *De Veritate* de Grosseteste rappelle d'abord celui de saint Anselme. En voici la donnée : le Christ a dit : « Je suis la Voie, *la* Vérité et la Vie », mais aussi : l'Esprit « vous enseignera *toute* vérité » ; comment concilier l'unité de la vérité et la multiplicité des vérités ? Pour répondre, partons du langage humain ; en passant par l'intellection, le concept, éléments d'un discours intérieur, nous parvenons à la notion du Verbe divin, cette parole du Père : *Sermo Patris* : toute chose est absolument ce que dit cette parole. Comme il l'a révélé, le Verbe constitue *la* Vérité. Les choses apparaissent vraies dans la mesure où elles se conforment à la parole éternelle : nous voici *aux* vérités multiples. Dans tous les cas, selon le terme ansel-mien, la vérité consiste en une *rectitude*: *réglante*, si l'on peut dire dans le Créateur: *rectitudo rectificans*; *réglée,* dans les créa-tures: *rectitudo rectificata*. C'est ici qu'interviennent saint Augustin et l'illumination: comment un esprit pourrait-il recon-naître la rectitude d'une chose s'il demeurait absolument en dehors de la règle qui la « rectifie »? Toute vérité créée ne se voit que dans la lumière de la vérité suprême: *omnis creata veritas non nisi in lumine veritatis summae conspicitur*. Bien que ce texte ne parle pas d'intellect agent, on peut accepter le témoi-gnage de Roger Bacon disant que Grosseteste identifiait ce principe à Dieu.

En assimilant Dieu à une lumière, on exprime une théorie de la connaissance; de la considération de la lumière corporelle, on peut tirer une cosmogonie. Le *De luce* de Robert tient la lumière pour la *corporéité* même, la première forme qui s'unit à la matière pour constituer les corps: quelque chose d'inétendu, dont, aussitôt posé, il suit l'extension de la matière – de soi non moins inétendue – selon trois dimensions. Quelle est, en effet, dit-on, la nature de la lumière? Se multiplier, se propager, se diffuser: donnons-nous un point de lumière, nous avons aussitôt une sphère lumineuse. À partir de là Robert Grosseteste engen-dre l'Univers: c'est-à-dire une première sphère, puis neuf sphères célestes, enfin quatre sphères qui correspondent aux *éléments*. Ce monde nous paraît étrange; la suite de la déduction nous intéresse peu. Mais du point de vue d'une histoire de l'esprit, les résultats de tels efforts d'imagination physique importent beaucoup moins que le sentiment des valeurs intel-lectuelles qui s'y trouvent engagées. Constatons qu'il s'agit de dimensions, de points, de sphères: cette théorie de la lumière se place à un point de vue géométrique.

Un traité « des lignes, angles et figures » nous dit: « Il est d'extrême utilité de considérer les lignes, les angles et les figures, puisque, sans ces choses, il est impossible de savoir la philosophie naturelle ». Des vues de ce genre s'appliquent à l'univers entier et à chacune de ses parties, au mouvement, à l'action sur la matière et sur les sens même. Suit une analyse de l'action naturelle, qui doit se faire par lignes, angles et figures : si les causes des effets naturels n'étaient pas données en formes géométriques, une science démonstrative en serait impossible : *omnes enim causae effectuum naturalium habent dari per lineas, angulas et figuras. Aliter enim impossibile est sciri « propter quid » in illis.* La nature agit selon la ligne droite, conformément à un principe d'économie et de perfection : n'opère-t-elle pas de la façon la plus courte et la meilleure possible ? – *natura operatur breviori et meliori modo quo potest.* La même esthétique de mathématicien se retrouve dans un traité sur l'arc-en-ciel, qui parle du mode le plus déterminé, le plus ordonné, le plus court et le meilleur – *modus finitissimus, ordinatissimus, brevissimus et optimus.* Un autre ouvrage pose dès le début que la géométrie donne pouvoir de trouver toutes les causes naturelles : « Ces règles, lisons-nous, racines et fondements une fois donnés par la puissance de la géométrie, l'homme qui observe avec soin les choses de la nature peut en suivant cette voie donner les causes de tous les effets naturels » – *His igitur regulis et radicibus et fundamentis datis ex potestate geometriae, diligens inspector in rebus naturalibus potest dare causas omnium effectuum naturalium per hanc viam.* La reconnaissance de ce pouvoir de la géométrie en philosophie naturelle est l'une des intuitions de Robert Grosseteste qui, avant les modernes, a davantage intéressé Roger Bacon.

Il y a peut-être quelque excès à considérer que Grosseteste a traité, le premier, « systématiquement du rôle de l'expérience dans la recherche scientifique » (Crombie)[22]. Sans doute le Commentaire des *Seconds Analytiques* envisage-t-il la manière de découvrir inductivement des principes à partir desquels on puisse retrouver déductivement les faits et la façon d'éprouver la valeur de ces prémisses : dans le problème de la définition est abordé celui d'une « conceptualisation » valide du donné. Pour le choix, dirions-nous, des hypothèses, une exigence d'économie est posée : toutes choses égales, la meilleure démonstration est celle qui demande moins de présupposés – *demonstratio dignior ex minoribus suppositionibus.* Ailleurs un principe d'induction causale est formulé : des choses de même nature produisent les mêmes effets – *res ejusdem naturae ejusdem operationis secundum naturam suam effectivae sunt.* Continuateur de Grosseteste en cette matière, Duns Scot parlera de la science de l'expert, non démonstrative – *expertus, demonstratione carens, sciens* – fondée sur la certitude que, causes non libres – *causa non libera* – les natures agissent uniformément et dans l'ordre – *uniformiter et ordinate.* C'est le lieu de remarquer que signaler au Moyen Âge des éléments d'une logique de l'induction n'équivaut pas à y trouver un développement de l'expérience scientifique liée à la mesure.

La remarque vaut pour le franciscain Roger Bacon[a][23], disciple de Grosseteste. On oppose volontiers depuis Descartes deux régimes mentaux : l'un scolastique, fondé sur la logique aristotélicienne ; l'autre, moderne, qui demande aux mathématiques un art de penser. Pour Bacon, la logique dépend des mathématiques : le cœur de cette discipline, c'est l'art de démontrer, matière des *Seconds Analytiques*, et c'est connaître et manifester ce que sont des principes, des conclusions, une démonstration véritable. Entendons une preuve qui procède *a priori* par notion distincte : une démonstration par la cause propre et nécessaire – *demonstratio per causam propriam et neccessariam.* Nous tenons une valeur unique qu'on ne trouve que dans les choses mathématiques, parce que là seulement il y a vraie démonstration – *nisi in mathematicis rebus quia ibi solum est demonstratio vera.* Rien de tel dans les autres sciences quand elles repoussent l'aide de celle-là : *excluso mathematicae beneficio, tot sunt dubitationes, tot opiniones, tot errores.* Si on refuse le bienfait des mathématiques, que de doutes, que d'opinions, que d'erreurs ! Imaginons au contraire qu'on applique les mathématiques à chacune des sciences : « On montrera que ces autres

---

a. Roger Bacon, né en Angleterre vers 1214 ou 1220, étudie peut-être à Oxford, vient à Paris avant 1245, repart à Oxford vers 1247, entre dans l'ordre franciscain vers 1257, retourne à Paris, où il est en rapport avec le Pape Clément VI (1265-68), écrit sa dernière œuvre en 1292.

sciences ne doivent pas se savoir par les arguments dialectiques et sophistiqués qu'on introduit communément, mais par des démonstrations mathématiques qui descendent dans les vérités et les œuvres des autres sciences qu'elles soumettent à leur règle ; hors ces démonstrations, on ne peut ni comprendre, ni manifester, ni enseigner, ni apprendre les sciences ». Réaliser ce programme, ce serait constituer des traités certains de toutes les sciences : *sed hoc nihil aliud esset, nisi constituere tractatus certos de omnibus scientiis.* Les mathématiques du XIIIe siècle semblent bien pauvres à nos yeux ; ces oxfordiens n'en ont pas moins aperçu l'immense fécondité de cette discipline comme principe d'explication et voie de la certitude.

De même que l'évêque de Lincoln, le franciscain Roger Bacon nous apparaît tourné vers l'avenir. Ce prophète du mathématisme se voit cependant dépositaire d'une tradition : celle de ses maîtres Grosseteste et Adam de Marsh, – autre franciscain d'Oxford que nous ne connaissons guère que par le témoignage de Bacon, – celle aussi de « tous les sages antiques qui ont travaillé les mathématiques afin de tout savoir ». Fort de cet héritage, l'esprit de Frère Roger est assez vaste et peuplé pour nous offrir une surprenante diversité. Signalons d'abord le philologue et l'humaniste. Un thème essentiel de son *Opus majus*, c'est la *necessitas linguarum* : quand il parle de la nécessité des langues, il pense au grec, à l'hébreu, à l'arabe, au chaldéen. Et il juge que, par leur ignorance des langues, les latins médiévaux manquent à l'idéal de la sagesse. Le même Bacon, dont le style nous paraît lamentable, estime que la morale doit faire aimer la vertu en procédant avec art : « Par une élégante façon d'écrire, dit-il, telle qu'un grand plaisir paraisse dans le cœur de ceux qui lisent » – *per elegantem modum scripturae, ut delectatio magna oriatur in cordibus eorum qui legunt.* Ce moine admire Sénèque, fait copier à l'usage du Pape le *De ira* et le *De clementia* ; il corrige le texte, signale à l'illustre destinataire les passages importants, donne des extraits du *De tranquillitate animi* et du *De beata vita*. L'esprit d'Alcuin et d'Abélard se retrouve dans son exaltation des Anciens : « Rien n'est mieux fait pour nous inviter à vivre comme il convient, nous qui sommes nés et élevés dans la grâce, que de voir des hommes privés de la grâce atteindre cette indicible dignité dans la sainteté de la vie ».

De l'Antiquité, passons aux Arabes. L'œuvre de Bacon est pleine de leur influence ; son avicennisme patent : Avicenne est, à son jugement, le premier de ceux qui ont exposé Aristote, le plus grand de ceux qui l'ont imité – *Avicenna vero praecipuus Aristotelis expositor et maximus imitator*. À la différence des textes de Guillaume d'Auvergne et de Robert Grosseteste, dont elle se réclame – ainsi que d'Adam de Marsh, – la doctrine de Frère Roger identifie au Verbe, en termes exprès, l'intellect agent séparé d'Alfarabi et d'Avicenne, justes interprètes d'Aristote. Nous sommes, en 1266-1268, devant un homme de tradition qui s'oppose à une formule « moderne » : « Je montre cela, écrit-il, pour prouver la vanité d'une erreur extrême, tant théologique que philosophique. Car tous les modernes disent que l'intellect, qui agit dans nos âmes et les illumine, est une partie de l'âme, en sorte que dans l'âme il y aurait deux parties : cet intellect agent et un intellect possible ». Pourquoi notre franciscain estime-t-il si grave cette erreur, si important de tenir la vérité qu'elle nie ? Que l'intellect agent soit séparé, soit Dieu même, cela, nous dit-il, est essentiel à mon propos, car j'entends que toute la philosophie procède d'une illumination divine. Citons le texte : « Parce qu'il est nécessaire à la preuve de ma thèse de montrer que la philosophie existe par influence divine, je veux établir cela de façon efficace ». *Et quia istud est necessarium ad propositi persuasionem, ut ostendatur quod philosophia sit per influentiam divinae illuminationis, volo illud efficaciter probare.* Sans entrer dans le détail des illuminations baconiennes, nous pouvons constater que l'idée de *Dieu intellect agent* nous place dans un monde où toute vérité est du Christ, où les philosophes, tels des inspirés, ont reçu leur science plutôt qu'ils ne l'ont acquise, où la philosophie ne diffère pas radicalement de la Révélation, où l'on peut croire enfin, avec notre franciscain, que Dieu avait révélé toutes choses aux Patriarches – en leur donnant de vivre assez longuement pour qu'ils puissent compléter la philosophie au moyen des expériences. On utilise ici l'aristotélisme arabe pour confirmer la tradition *d'une* sagesse parfaite, contenue dans les Écritures : *unam sapientiam esse perfectam, et hanc in sacris litteris contineri.* Nous avons trouvé chez Bacon un mathématisme, voici un « théologisme ». *Sapientia est via in salutem* : cette sagesse, voie du salut, se trouve dans l'Écriture. *Cum ergo sacra scriptura dat nobis hanc sapientiam, manifestum est quod hic veritas sit conclusa* : « Puisque la Sainte Écriture nous donne cette sagesse, il est évident que la vérité y est incluse ». Il n'y a pas plus de vérité en dehors des Livres sacrés que d'homme qui échappe à la parole divine : « Qui n'est pas avec moi est contre moi ». Contre l'attente peut-être de l'historien, un pareil principe ne conduit pas notre théologien à refuser les sciences profanes, mais à les cultiver, à lutter contre l'ignorance de ses contemporains. Cette théologie, en effet, pose l'unité radicale du savoir, principe, semble-t-il, d'enthousiasme intellectuel : l'Écriture contient toute vérité, mais à l'état enveloppé ; reste à la développer, *explicare.* Dans ce mouvement, pareil à celui d'une main qui s'ouvre, bien des disciplines apparaissent nécessaires : après les langues, la mathématique et la perspective, la science expérimentale. *Scientia experimentalis* : ce mot arrête l'attention de l'historien.

Bacon ne nous présente pas une *méthode expérimentale,* à l'œuvre dans plusieurs sciences, mais une *science expérimentale* qui s'ajoute aux autres disciplines, nous découvrant une « racine » nouvelle de la sagesse. L'expérience a une valeur unique ; cela se voit même en mathématiques. Nous savons que ses démonstrations « par la cause propre et nécessaire » assurent à cette discipline « la pleine vérité sans erreur ». L'élève de Robert Grosseteste ne s'en tient pas à ce point de vue, il développe un autre thème, qui semble différent à ses yeux : « la certitude exclusive du doute ». La mathématique, dit-il, possède « pour toutes choses un exemple sensible et une expérience sensible du fait qu'elle trace des figures et qu'elle compte, en sorte que tout devient manifeste au sens : de là, l'impossibilité de douter ». Il manque aux autres sciences « les expériences de construction de figures et de numération, par lesquelles toutes choses doivent être certifiées». Dans les choses mathématiques où la démonstration atteint son extrême puissance, on voit que si le syllogisme engendre la science, c'est qu'il n'exclut pas une certaine expérience : en effet, « il faut entendre cette valeur d'une démonstration qu'accompagne l'expérience, non de la démonstration nue », – *intelligendum est si experientia comitetur, et non de nuda demonstratione*. L'expérience ici consiste en *figuratio, numeratio* : dans les procédés du mathématicien, Bacon aperçoit autre chose que des connexions logiques, une part de constatation et d'opération même. Généralisons : sans expérience, on ne peut rien savoir de façon suffisante. Il y a en effet deux modes de connaître : par argument et par expérimentation. L'argument conclut et nous fait concéder sa conclusion, mais il ne *certifie* pas, n'éloigne pas le doute, au point que l'âme repose dans la vue de la vérité ; pour cela, il faut que la vérité soit trouvée par la voie de l'expérience ; « on voit en effet beaucoup d'hommes qui ont des arguments sur certains objets, mais n'ayant pas l'expérience, ils les négligent et n'évitent point ce qui est nuisible, et ne poursuivent pas les biens qui s'offrent ». La notion d'expérience apparaît dans un certain contexte psychologique : notre franciscain veut que nous sachions de façon attachante et efficace. La certitude présente un aspect affectif : tel que l'âme repose dans la vue de la vérité, *ut quiescat animus in intuitu veritatis*. Même rigoureuse en soi, l'argumentation ne touche pas notre âme. Or nous ne traitons de sciences qu'en vue de la sagesse qui, pour le chrétien, consiste finalement à aimer. Et l'amour s'exprime par des œuvres. C'est dans ce mouvement qu'apparaît la valeur de l'expérience. On comprend alors le double expérimentalisme baconien, physique et religieux : l'*Opus Majus* ne connaît pas seulement « l'expérience humaine et philosophique », mais celle aussi des « illuminations intérieures ». Laissons cela de côté. Dans la philosophie, Bacon trouve des sciences qui tirent bien leurs principes de l'expérience, mais n'y *certifient* point leurs conclusions. En leur appliquant les mathématiques, on introduira les opérations géométriques et arithmétiques, expériences déjà, mais universelles, nous dirions : toutes formelles. Trouver des expériences qui portent sur le contenu particulier, procurent une certitude propre : c'est la tâche de la science expérimentale, sa première fonction. Sa seconde « prérogative » consiste à découvrir, dans le domaine des autres sciences, des vérités autres que leurs principes, qu'elles ne peuvent cependant atteindre comme des conclusions. « La troisième dignité de l'art expérimental » ne concerne plus ses rapports avec d'autres disciplines, mais toutes ses œuvres propres et merveilleuses, dont Bacon attend grande utilité pour la république chrétienne. Il n'est pas difficile de noter quels éléments troubles, à nos yeux, entrent dans cette science ou art d'expérimenter : astrologie, alchimie, magie. Ajoutons que, même rapporté à son époque, notre moine ne semble pas un expérimentateur original. Il a vu cependant que le raisonnement ne remplace ni la constatation visuelle, ni l'opération manuelle : les instruments l'intéressent fort ; Pierre de Maricourt, qui étudiait le magnétisme, lui enseigna sans doute l'importance de l'*opus manuum,* de l'*industria manualis.* Avec le sens des mathématiques, reçu de Grosseteste, ce goût de l'œuvre des mains, de l'habileté manuelle forme un ensemble qui compte. D'autant qu'à la même époque, les maîtres parisiens s'adonnaient à l'argumentation abstraite, à la *nuda demonstratio.* Pourquoi mettrions-nous dans l'esprit de Roger Bacon trop de notre modernité, du XXᵉ siècle ? Il suffit à ce franciscain d'Oxford de représenter, en face des *moderni* du XIIIᵉ siècle, la conscience d'une tradition de culture plus riche que le progrès de la Scolastique.

Parmi ces « modernes » dont la gloire l'indigne, Roger Bacon nomme son frère en religion Alexandre de Halès : « un cheval, écrit le terrible oxfordien, ne suffirait point à porter sa *Somme* » ; d'ailleurs, ajoute-t-il, « ce n'est pas lui qui l'a composée, mais d'autres ».

Les historiens du XXᵉ siècle qui connaissent des écrits personnels d'Alexandre, premier maître franciscain de Paris, savent qu'il s'agit d'une œuvre composite, où d'autres ont aussi leur part, notamment Jean de la Rochelle[a][24]. *La Somme de frère Alexandre* nous découvre un milieu universitaire franciscain, contemporain de Guillaume d'Auvergne, mais autrement orienté. Nous avons vu Guillaume poser une âme toute passive devant la lumière divine ; cette possibilité nue reçoit d'en haut une disposition à savoir, en termes médiévaux : un *habitus* infus. Alors comme le Père, en Dieu, engendre le Verbe, « la puissance intellective imprégnée pour ainsi dire et fécondée par cette disposition », engendre en elle-même les sciences en acte. D'une passivité foncière, nous passons à une activité qui imite la fécondité divine : dans cette façon de référer l'âme, comme *image*, au modèle divin, nous avons un mode de raisonnement théologique que la *Somme* « d'Alexandre » utilise pour résoudre le problème philosophique de l'intellect agent, à l'opposé de « l'augustinisme avicennisant » : comment Dieu aurait-il pu créer l'âme à son image, sans lui avoir donné la perfection d'une activité à l'égard d'intelligibles ? Le sens voit par une lumière extérieure ; l'esprit, plus noble, possède « une lumière naturelle ». Jean de la Rochelle reprend la même thèse, en citant l'Écriture : « Sur nous, Seigneur, est marquée la lumière de votre visage ». Cette parole biblique accompagnait chez Guillaume d'Auvergne l'idée d'une illumination tombant sur un intellect purement *possible* ; la voici, moins de dix ans plus tard, qui fonde la notion d'un intellect *agent*, *partie* de l'âme : « lumière intérieure », « imprimée en nous par nature ». On retrouve cette dernière idée chez le grand docteur franciscain de Paris : saint Bonaventure qui entend continuer son « maître et père » Alexandre de Halès[b][25].

L'intellect agent et l'intellect possible font, au XIIIᵉ siècle, figure de données communes ; mais chaque penseur élabore ces

a. Alexandre de Halès, né en Angleterre peu avant 1186, maître en théologie sans doute en 1220-21, l'un des premiers à commenter les *Sentences*, devient franciscain en 1236, cède sa chaire à Jean de la Rochelle ; l'un et l'autre meurent en 1245.

b. Jean de Fidanza, surnommé Bonaventure, né en 1221 à Bagnoreggio, près de Viterbe, entre dans l'ordre vers 1238, enseigne à Paris de 1248 à 1255, meurt en 1274.

notions à sa manière, au gré de ses réactions selon ses intérêts qui orientent ainsi une doctrine d'apparence toute abstraite. Saint Bonaventure parle le langage d'Aristote, mais sans garder la pensée de ses disciples. Demandons-nous, avec lui, quel est le sens de la décomposition péripatéticienne de l'esprit? – Les philosophes ont imaginé qu'une Intelligence agissait sur notre âme : notre foi n'admet pas cette influence. Des chrétiens ont posé que Dieu constituait notre intellect agent, notre âme se réduisant à l'intellect possible : ceux-là n'ont pas vu le problème qu'ils avaient à résoudre. Notre Dieu est bien « la vraie lumière, qui illumine tout homme ». Mais, procédant de lui, la pensée humaine n'apparaît pas toute passive; au contraire : « Encore qu'il opère, à titre principal dans l'opération de toute créature, Dieu a donné cependant à chacune une puissance active afin qu'elle procède à son opération propre. Aussi ne faut-il pas douter qu'à l'âme humaine, il n'a pas seulement donné un intellect possible, mais encore un intellect agent, l'un et l'autre étant quelque chose de l'âme même. » Cette fois encore, un théologien pose la nécessité d'un entendement actif. Cette activité et la passivité corrélative étant parties d'une même âme, nous ne saurions les concevoir comme si elles n'étaient point aussi unies que l'exige l'unité de l'être pensant et de son acte. Le principe actif perd sa transcendance; nous assistons à l'élimination de l'avicennisme, voire des conceptions incluses dans le texte même d'Aristote, où nous trouvions, d'un côté, un principe qui fait tout et ne subit rien : comment y aurait-il acte pur dans une créature et pure puissance dans une faculté spirituelle?

À une passivité qui ne va pas sans spontanéité est jointe une activité qui a besoin d'aide; les deux intellects ne sont pas toutes les conditions de la connaissance, c'est-à-dire de la certitude dans le jugement. Car tel est le connaître de l'homme : *cognitio certitudinalis*, terme caractéristique. L'une des questions, la plus classique, où saint Bonaventure explique que ce caractère de la connaissance suppose la présence à l'esprit des « raisons éternelles » : les idées divines, est une de ses questions « sur la science du Christ ». Liaison à ne point négliger : le fait d'un

Dieu-homme réunit les problèmes, ou le mystère, de la science divine et du savoir humain. La science du Christ comme Verbe s'étend à l'infinité des possibles, connaissables par des Idées identiques à l'essence divine : rayonnement intérieur à la Lumière incréée. Nous retrouverons le lieu de cette doctrine des Idées avec celle du Verbe. Se réclamant de Denys et d'Augustin, elle concerne ici la connaissance du Christ en tant que Dieu : reste à examiner celle du Christ en tant qu'homme. Examen lourd de sens : dans ce cas extrême d'union avec la divinité, le connaître humain, l'être fini vont manifester leur consistance ; il n'est pas question que l'infini absorbe tout, ni le surnaturel, la nature.

Revenons à l'acte humain de savoir avec certitude. Une telle connaissance suppose : du côté de ce que l'on sait, l'immutabilité ; du côté de celui qui sait, l'infaillibilité. Or une vérité créée ne saurait être absolument immuable ; elle ne l'est que relativement ; de même, la lumière d'une créature n'est pas infaillible par sa propre vertu : l'une et l'autre ont, en effet, procédé du non-être à l'être. Cette considération faite, revenons à nos données : comme objets, les choses d'expérience ; comme faculté de connaître, un intellect, possible et agent : ce ne sont jamais que créatures. On ne rend raison de la certitude qui affecte la connaissance qu'en recourant à l'incréé : « lumière qui donne l'infaillibilité à celui qui sait et vérité qui donne l'immutabilité à la chose sue ». Il nous faut atteindre cette lumière et cette vérité qui ne peuvent être un simple effet de Dieu, qui sont Dieu même. Les questions se suivent : identiques à l'essence divine, les Idées qu'implique la science du Verbe peuvent régler immédiatement notre pensée. Nous retrouvons la présence régulatrice qu'enseignait Grosseteste : nous voyons s'élaborer, appuyée de textes d'Augustin, la notion d'« illumination augustinienne ». Réglant l'acte de penser, la *ratio aeterna ut regulans* : Dieu en tant qu'Idée, agit sur l'esprit sans intermédiaire ; il ne devient jamais l'objet que l'on voit. Le contenu de notre science des choses ne vient pas des Idées, mais des choses : Aristote, en ce point, a raison contre Platon. Sinon le connaître de l'homme comme tel se confondrait avec celui du Verbe, la nature avec la grâce, la *science* avec la *sagesse*. Le sage seul atteint les raisons éternelles en le sachant – *scit se illas attingere*; la simple certitude du savoir n'implique pas cette conscience de son fondement divin, conscience qui suppose une influence transformante de Dieu sur l'homme. Tandis que la sagesse a un caractère mystique, la science se fonde sur une présence sans influence – p*raesentia sine influentia*. L'illumination requise par la certitude se situe au plus bas degré de la vie de l'esprit. À ce plan même, il faut que soient présents les Idées et le Verbe, leur lieu infini. Ce Verbe, la foi le reconnaît : *unus est magister vester Christus* – « Il n'est pour vous qu'un Maître, le Christ ». C'est la fameuse identification du Maître intérieur et du Christ, être de chair, que l'on retrouvera chez Malebranche.

Une formule de ce genre nous amène au centre de la pensée et de la vie même de saint Bonaventure, franciscain dès sa jeunesse, général de l'Ordre, auteur d'une vie du fondateur. Saint François s'était présenté comme « un simple et un ignorant », avait prévenu ses disciples des périls de la science. Les études cependant se développèrent chez les Frères Mineurs avec rapidité et éclat. Saint Bonaventure ne s'en étonne point ; au contraire : il admire que le mouvement franciscain se développe à l'image de l'Église qui a commencé par de simples pêcheurs pour progresser avec des Docteurs célèbres et expérimentés. Lui-même a suivi les leçons de Frère Alexandre de Halès ; il est entré dans l'Ordre au moment où les sages étaient déjà venus partager la vie des hommes simples. À un franciscain, il ne sera donc pas défendu d'étudier, mais l'objet de son étude devra être la sagesse chrétienne, *sapientia christiana*. Saint François pouvait redire la parole paulinienne : « Je n'ai jamais prétendu rien savoir pami vous, sinon Jésus-Christ, et Jésus-Christ crucifié » ; il faut que, même pourvus d'une science encyclopédique, ses disciples puissent répéter cela, en toute sincérité. De là, la conception du savoir que propose saint Bonaventure : *ipse (Christus) est medium omnium scientiarum*. Le Christ lui-même « est le milieu de toutes les sciences » : ce « christocentrisme » ne vaut pas seulement pour la théologie, mais pour tout le savoir, par exemple pour la métaphysique.

Un grand débat traverse l'histoire de cette discipline : la lutte d'Aristote contre le platonisme, car le Philosophe déteste les Idées de Platon – *exsecratur ideas Platonis*. Cette position d'Aristote explique toutes les erreurs que le péripatétisme arabe apporte à la chrétienté. Un seul exemple : s'il n'y a point d'Idées, Dieu ignore les autres êtres ; c'en est fait de la Providence qui inclut une connaissance de toutes choses en particulier. Dans le *Timée*, au contraire, on trouve la notion de providence ; en posant ses Idées, Platon s'engage au moins dans la bonne voie ; au bout se tient saint Augustin, dont le Verbe est le lieu des Idées. Quand on admet de cette façon, dans la divinité, un « art éternel », des « exemplaires », les grands problèmes métaphysiques s'éclairent, qu'on peut ramener à deux : comment les êtres sortent-ils de leur principe ? Comment y retournent-ils ? La manière dont la multitude des êtres procède d'un principe qui demeure immuable, les philosophes ne la comprennent point : « Ils nient qu'à partir d'un être un et le même, qui toujours demeure le même, existent des êtres divers » – *negant quod ab uno et eodem semper manente eodem, sint multiformia* –; pour Avicenne, il ne peut, de son Premier Être, procéder qu'*une* Intelligence. La création biblique consiste, au contraire, en la dépendance immédiate d'une diversité à l'égard de l'unité divine. On entre dans ce point de vue en croyant au Christ : « l'entrée de ces choses, dit Bonaventure, c'est l'intelligence du Verbe incarné qui est la racine de la compréhension de toutes choses ; aussi, qui ne possède pas cette entrée ne peut pénétrer. Et les philosophes tiennent pour impossible ce qui est suprêmement vrai, parce que l'entrée leur est fermée » : *Horum ostium est intellectus Verbi incarnati qui est radix intelligentiae omnium; unde qui non habet hoc ostium, intrare non potest. Philosophi autem habent pro impossibili quae sunt summe vera, quia ostium est eis clausum.* En face des philosophes, négateurs de la création, saint Bonaventure reprend le *Nisi credideritis, non intelligetis*. Ne croyant pas à l'Incarnation, les infidèles ne connaissent pas le

Verbe, dans lequel ont été créés le ciel et la terre. Le croyant, au contraire, peut se référer aux relations des Personnes dans la Trinité : le Père exprime, dans le Fils qu'il engendre, non seulement ce qu'il est, mais tout ce qu'il peut faire, et entre tout ce possible, le futur ; ressemblance de Dieu, le Verbe se trouve aussi l'exemplaire des choses ; sa génération coïncide avec la conception d'Idées, aussi riches que la multitude des possibles. « Art » du père et moyen de faire sortir de la divinité la multiplicité des êtres, le Fils apparaît, d'autre part, cette vérité même qui fonde toute connaissance assurée : en exposant la théorie de l'illumination, nous y avons montré le plus bas degré de la vie spirituelle, le premier moment du retour des créatures au Créateur. Que l'on traite de création ou d'illumination, le Verbe constitue la figure centrale : Dieu agissant comme exemplaire universel – *in ratione omnia exemplantis* –, voilà le point de vue du métaphysicien, qui tient là un principe du connaître identique à celui de l'être : *idem est principium essendi et cognoscendi.*

Ce principe nous est révélé dans le Christ ; en suivant saint Bonaventure, nous avons, par le moyen du Verbe, pensé les Idées en fonction de la Trinité : n'est-ce point mêler philosophie et théologie ? Il se peut. Mais si mélange il y a, le Docteur franciscain l'a consciemment opéré. Il n'ignorait pas que la philosophie vise à une science, œuvre de la raison, et que la théologie part d'une foi, fondée sur l'autorité. Il enseignait qu'entre savoir et croire, il y a la même différence qu'entre saisir un objet par l'intellect et y venir par amour. Mais quand cet objet est Dieu, on peut savoir et croire à la fois les mêmes choses de lui : quelle que soit leur nécessité, nos raisons ne nous procurent pas la vision de l'essence divine, intuition dont l'évidence chasserait la foi, dont l'absence creuse, au contraire, dans l'esprit la place de la foi. Quand un homme a prouvé l'unité de Dieu, il ne voit pas pour autant la divine manière d'être *un* compatible avec le fait d'être *trois* ; *il* faut donc qu'il y croie, sous peine d'errer. Nous voici en un point capital où le théologien rencontre le Dieu des philosophes, des péripatéticiens : « Supposons, dit-il, qu'un homme possède la science naturelle et métaphysique, laquelle s'étend aux substances suprêmes et qu'il arrive là pour s'y reposer; il ne le peut sans tomber dans l'erreur, à moins d'être aidé par la lumière de la foi, laquelle croit que Dieu est trine et un, suprêmement puissant et d'une bonté suprêmement efficace ». Saint Bonaventure ne trouvait pas dans le Premier être de l'aristotélisme arabe les caractères du vrai Dieu : une trinité de personnes; une puissance et une bonté qui, se moquant de la hiérarchie des causes, de la suite des Intelligences, constituent le principe immédiat, radical de tout le réel. « Si tu penses autrement, dit le théologien au philosophe, tu es, quant aux choses divines, un insensé » : *Si aliter credas, insanis supra Deum.* Le cortège des péripatéticiens prend ici la suite de l'*insipiens* anselmien. Il n'y a qu'un Dieu, celui de la foi, auquel, dans l'homme, doit répondre *une* pensée, qu'il s'agit de ne pas croire trop tôt achevée : s'arrêter, comme si c'était tout, aux attributs que la raison suffit à connaître, c'est méconnaître ce que la divinité possède au-delà, dans l'unité d'une même essence. De ce point de vue, les raisonnements philosophiques ne procurent de vérité qu'aux esprits qui n'ignorent point ce qui les dépasse : la révélation d'où part le théologien. N'exigeons pas du Docteur franciscain de ne plus penser à ce qu'il croit quand il fait de la métaphysique : ce serait lui demander de se placer délibérément hors des conditions, qu'il assigne en cette matière, à la pensée vraie. Il philosophera tendu vers une théologie. « La science philosophique est une voie vers d'autre sciences; qui veut s'arrêter là tombe dans les ténèbres ». Tel fut le sort des philosophes, qui ont vu dans la métaphysique un terme : leur sagesse a tourné en folie. « Celui qui s'est fié à la science philosophique a été rendu fou : quand il croit par cette science, sans lumière ultérieure, saisir le Créateur ». *Qui confidit in scientia philosophica…, stultus factus est, scilicet quando per istam scientiam sine ulteriori lumine credit se apprehendere Creatorem.* L'entrée en Occident d'Aristote et des Arabes laisse ici intacte la tradition de saint Anselme : l'opposition des thèses philosophiques aux articles de foi la confirme au contraire; les erreurs des philosophes montrent quel destin attend tous ceux qui essaient de comprendre sans croire : les mêmes qui ont su, de Dieu, beaucoup de choses vraies, se sont trompés en beaucoup d'autres. C'est le signe qu'avec le savoir, la foi ne devient pas superflue, qu'elle est absolument nécessaire.

De la connaissance du Créateur, l'influence de la foi descend dans la vision du monde. Connaître la créature, c'est en effet la voir *créée*, la saisir dans son rapport avec son principe. Car « on ne peut arriver à la connaissance de la créature qu'en passant par ce par quoi elle a été faite » : *ad notitiam creaturae perveniri non potest nisi per id per quod facta est*. Il faudra donc rapporter toute chose à son Idée, à son modèle dans le Verbe, la considérer comme une image ou plutôt un « vestige » (si la tradition réserve en effet la qualité d'« images » de Dieu aux seules âmes raisonnables, toute créature lui apparaît, dans son essence même, un « vestige » – imitation plus lointaine – du Créateur) : être vestige, ce n'est, pour aucune créature, un *accident – esse vestigium nulli accidit creaturae*. On méconnaîtrait donc l'essence des êtres en les traitant comme des choses posées absolument ; il faut, en les pensant, les rapporter aux raisons transcendantes qu'ils imitent, dont ils constituent, pour ainsi dire, les signes sensibles : *Creaturae possunt considerari ut res vel ut signa*. On peut traiter les créatures soit comme des *choses*, soit comme des *signes* : l'opposition de ces points de vue apparaît fondamentale. D'un côté, on voit le monde comme la physique aristotélicienne ; de l'autre, on le voit comme un symbolisme sacré. Et, de ce côté, celui de saint Bonaventure, nous ne retrouvons pas seulement l'assimilation traditionnelle du monde visible à un livre qui ne nous parle de Dieu ni moins ni autrement que l'Écriture ; nous retrouvons encore la vision neuve des êtres que venait d'apporter François d'Assise, à l'esprit de qui chacune de leurs qualités évoquait une vertu divine. Dans l'autre point de vue, nous trouvons la « philosophie naturelle » qui s'occupe d'analyser la nature des choses sans leur chercher une signification qui les dépasse. Aristote s'est enfoncé dans cette voie, en s'éloignant de son maître. Quand il posait ses Idées, Platon montrait, en effet, que le donné ne suffit point à la pensée ; homme de l'au-delà, ce fut un « philosophe illuminé » ; un don divin l'avait mis dans la bonne direction. Aristote, au contraire, représente vraiment la raison naturelle – trop naturelle, si l'on peut dire, puisque la nature des hommes a été désaxée par le péché d'Adam. La révélation de la première faute vient éclairer la situation du Philosophe, justifier encore le recours à la foi. Il suffit de brièvement décrire le déséquilibre qui a suivi la chute originelle, d'où procèdent de nouvelles chutes. Cette perte d'équilibre consiste en un moindre intérêt pour l'ordre intelligible et divin, en un plus grand attrait pour l'ordre sensible : aimés pour eux-mêmes, les êtres ne laissent penser à rien d'ultérieur, ne constituent plus des signes, mais des choses, ayant valeur en soi, figure d'absolu. Éliminez au contraire la concupiscence d'un cœur humain : dans l'esprit purifié, détaché, tous les êtres feront aussitôt penser au Dieu qui les a faits ; si on parvient au degré suprême, les créatures laisseront voir le créateur, comme par transparence, tel que François d'Assise le voyait en toutes choses. Ce saint était un mystique, un *extatique* : l'amour lui donnant une autre âme, il voyait le monde autrement que le reste des hommes. À propos de la connaissance des créatures, nous ne retrouvons pas seulement le problème anselmien de l'intelligence, mais, tout à la fois, le problème bernardien de l'amour ; dans l'*Itinerarium mentis in Deum* de saint Bonaventure – description d'une route qui conduit l'esprit *en* Dieu, – nous entendons l'écho d'Anselme et de Bernard, de Richard de Saint-Victor aussi : c'est l'union parfaite de la Scolastique et du mysticisme. Rappelons que le fondement divin de la *science* n'apparaît qu'à la conscience d'une âme transformée par la vraie *sagesse* : celle de Denys célèbre, expérience née d'une grâce ; il faut l'évoquer en terminant.

Aux cinquième et sixième chapitres de l'*Itinerarium*, l'intellect considère les choses divines en elles-mêmes. La première considération se fonde sur l'Être qui a dit : *Je suis celui qui suis* ; on retrouve « la métaphysique de l'Exode » ; c'est le point de vue de l'Ancien Testament, de l'unité de Dieu. Au chapitre suivant, il s'agit de la Trinité, du Nouveau Testament ; on part du Bien : « Personne n'est bon que Dieu seul ». En ce double point de départ, l'Écriture et la tradition nous proposent tout à tour, pour *nommer* Dieu, l'*Être* et le *Bien*. Quand on fixe son regard sur l'Être, on voit qu'il est, en soi, à tel point certain qu'on ne peut pas penser qu'il ne soit pas : *ipsum esse adeo in se certissimum, quod non potest cogitari non esse.* Ici, l'argumentation du *Proslogion* tend à la simplicité d'une évidence. Mais saint Bonaventure raisonne sur l'Être en le sachant identique à la Vérité qui nous illumine ; il dit ailleurs que « la vérité suprême est l'être même tel qu'on ne peut rien penser de plus grand ». Saint Augustin se joint donc à saint Anselme. Nous trouverions, cette fois, dans les textes les problèmes classiques en histoire de la philosophie : « vision en Dieu », « innéité » de son idée… Retenons seulement que le Docteur franciscain use encore de dialectique, et que s'il tend vers une évidence, il ne l'atteint pas du moins celle de l'essence même, donnée dans une intuition. Toute la suite manifeste cette situation intellectuelle. Quand il a fini de considérer à partir de l'*Être* les attributs de la nature divine, l'esprit se place à l'autre point de vue, celui du *Bien*, pour envisager les propriétés des Personnes : nous le voyons tourner, pour ainsi dire, autour de son objet. Cette nouvelle considération nous apporte une preuve de la Trinité dont voici le principe : « il est dit que le bien tend à se répandre ; le Souverain Bien tend donc à se répandre au suprême degré » – *bonum dicitur diffusivum sui ; summum igitur bonum summe diffusivum sui.* Quand il a montré que la diffusion du bien n'atteint le degré suprême qu'entre trois personnes divines, le théologien a accompli sa tâche. Nous n'avons pas le loisir de demander à saint Bonaventure ce qu'il doit ici à Richard de Saint-Victor et à Alexandre de Halès ; laissant le détail, retenons l'esprit de son argumentation : prouver que Dieu « est de telle façon qu'on ne peut le penser droitement sans le penser trine et un » – *sic est, quod non potest recte cogitari, quin cogitetur trinum et unum.* La Trinité apparaît, à notre pensée même, nécessaire, de la nécessité qui assure chez Anselme l'existence de Dieu. Cette intelligibilité du divin ne chasse pas cependant l'obscurité de la foi, ne la transforme pas en vision : en considérant les perfections de l'Être, l'esprit a déjà en lui de quoi être enlevé d'admiration – *habes unde subleveris in admirationem.* Quand il saisit par la communicabilité du Bien la nécessité de la Trinité, le théologien ne pense pas comprendre ce qui demeure incompréhensible : son admiration croît ; l'esprit est, au sens le plus fort, étonné – *in stuporem admirationis.* Dans l'âme grandit la part de l'affectivité : pour unir en un seule pensée toutes ces vérités dont on a prouvé, l'une après l'autre, la nécessité, il n'y a pas d'intuition centrale, on trouve seulement le sentiment d'un mystère qui s'étend. Une fois de plus, l'incarnation apparaît, donnée avec la Trinité. (Nous sommes toujours dans le sixième chapitre de l'*Itinerarium*, qui s'inspire du Nouveau Testament). L'objet que nous avons à considérer coïncide avec celui que découvrira la vie éternelle : « le seul vrai Dieu est Jésus-Christ qu'il a envoyé ». En méditant sur ce texte, on s'attache aux « conditions essentielles et personnelles » de la divinité, considérées non plus en elles-mêmes, mais dans leur rapport avec l'union plus qu'admirable – *supermirabilis* – de Dieu et de l'homme dans le Christ. Le Créateur et la créature sont donnés ensemble, tout en un : nous sommes dans une doctrine où, après avoir considéré l'Être absolu, le Bien en soi et la Trinité qui manifeste sa suprême fécondité, il reste encore l'Incarnation, laquelle, sur notre route, se situe au-delà, au-dessus. L'âme approche du moment où, la connaissance défaillant, elle ne parvient qu'en devenant tout entière sentiment : *ibi non intrat intellectus sed affectus.* Cette exaltation de l'amour, normale chez un disciple du Pauvre d'Assise, ne doit pas faire oublier la complexité de la notion d'extase : *excessus*, et son aspect intellectuel, en un sens le plus profond. Ce n'est pas l'absence d'intuition qui la définit, mais l'infinité de son objet. À l'*objectum excedens* répond, dans la connaissance, le *modus excessivus* : ainsi l'âme du Christ en extase dans la vision même du Verbe – *contuendo excedit*. Au dépassement du cœur de l'homme par « la joie du Seigneur » correspond le dépassement de tout esprit fini par le fondement infini du savoir. Son infinité exige, pour l'appréhender ou plutôt se laisser *prendre* par elle, une sortie de soi, un passage en l'autre : attitude mentale qu'exprime l'extase, même obscure.

L'œuvre de saint Bonaventure apparaît synthèse originale, l'apport des « philosophes » comptant moins que la tradition antérieure spéculative et spirituelle. En lui reconnaissant le caractère mystique que nous avons dit, on ne la ramène pas sur un plan affectif. Sa structure intellectuelle interdit d'y voir, comme on l'a fait, de la confusion « augustinienne », avant les distinctions thomistes. Peut-on même ne voir qu'une préparation du thomisme dans les écrits du dominicain Albert le Grand[a][26], maître de saint Thomas ? Dans l'état de nos connaissances, il vaut peut-être mieux ne pas décider de la signification de cette œuvre immense. Albert se présente comme un encyclopédiste qui veut faire part aux Latins des connaissances grecques, arabes et juives, principalement leur rendre intelligibles les livres d'Aristote. Il a conscience de son rôle dans la *translatio studii*, l'assume avec un enthousiasme de « Renaissance ».

L'historien demande que signifie Aristote pour Albert. Celui-ci ne voit pas seulement la technique abstraite et l'idée de nature, mais les natures concrètes des êtres, données seulement à l'expérience : il a voulu être un observateur. Dans l'ordre spéculatif, son péripatétisme est fort mêlé, principalement sous l'influence d'Avicenne et fort accueillant au platonisme. Si, par exemple, il traite de l'âme, il s'accorde avec Platon pour la définir en elle-même, comme esprit, substance incorporelle, et avec Aristote pour la dire forme du corps : caractère qui, dès lors, ne constitue pas son essence. Albert emprunte le principe de cette conciliation à Avicenne ; ailleurs il suit Averroès sur le rôle des deux intellects, mais réintégrés dans l'âme. De surcroît il fait intervenir tout au long de sa carrière une illumination par « l'universel intellect agent » : le Dieu d'Augustin et de Denys. Une inspiration dyonisienne tend peut-être à unifier une immense érudition philosophique et une théologie plus personnelle.

a. Albert de Bollstaedt, né en 1206 à Lauingen (Souabe), entré dans l'Ordre dominicain en 1223, enseigne à Paris (1240-48) où Thomas d'Aquin est son élève (1245-48), mais principalement à Cologne, meurt seulement en 1280.

Albert survivant à son disciple Thomas d'Aquin semble étonnamment fidèle aux positions de sa jeunesse. Moins organisée, philosophiquement bien moins originale que celle de son grand disciple, sa pensée apparaît plus ample, riche d'autres possibilités que le thomisme : des dominicains les développeront.

La renaissance du thomisme, à l'époque contemporaine, n'a point, autant qu'on l'attendrait, servi l'intelligence réelle de saint Thomas[a][27]. Nous avons certes une image précise de l'ensemble de ses thèses. Les thomistes y considèrent, dans l'intemporel, un système, une synthèse totale, d'une perfection unique. Attentifs aux sources, d'autres n'ont vu, dans la même œuvre, qu'« une marqueterie où se juxtaposent, nettement reconnaissables et distinctes les unes des autres, une multitude de pièces empruntées ». Devant la structure de la *Somme théologique* – suite de questions, divisées en articles, avec, chaque fois, l'appareil des arguments *pour* et *contre*, certains de nos contemporains se demandent « s'il existe un système thomiste et quel il est ». Pour répondre à cet état du problème, ne montrons pas dans les écrits de Thomas d'Aquin l'ajustage des concepts, plus ou moins réussi ; cherchons dans l'ordre des intentions, qui donnent l'unité aux pensées vivantes, composent et fondent les éléments reçus, – en se déterminant dans un temps et un milieu donnés : on peut détacher de son époque l'œuvre faite ; on ne comprend plus alors ce que l'auteur a voulu faire ».

Nous avons déjà quelque connaissance de l'atmosphère où baignaient les esprits, dans la première moitié du XIIIe siècle : l'influence d'Avicenne s'y mêlait à celle de saint Augustin ; même quand on ne « séparait » pas l'intellect agent, on réclamait une illumination divine pour toute connaissance certaine. Représentons-nous Thomas d'Aquin dans cet entourage : ses textes reprennent vie. Quand il commente les *Sentences*, il ne sépare pas, dans la théorie de l'intellect, Avicenne d'Aristote ; il voit

---

a. Thomas d'Aquin, né au château de Roccasecca, près d'Aquino, en 1225, étudie à Naples, puis à Paris et à Cologne sous Albert le Grand, devient maître en théologie en 1256, enseigne ensuite à Paris de 1256 à 1259, puis de 1268 à 1272 ; meurt en 1274.

tous les philosophes expliquer notre connaissance par l'action d'une intelligence séparée. L'avicennisme appliquait à la production des intelligibles en nous sa conception générale de la production des formes dans le monde : l'intellect séparé ne fait qu'un avec le *dator formarum*; ce que seul il donne, l'âme et le corps se préparent simplement à le recevoir; notre activité, comme celle des choses, vient d'un principe extérieur. Saint Thomas pense, au contraire, à un principe interne, à une *nature* qui accomplisse elle-même son opération. De ce point de vue, l'intellect agent devient une *partie* de l'âme, se multiplie avec les âmes individuelles, au lieu de rester unique dans sa transcendance. Intelligence ou Dieu. « Car il ne semble pas probable que dans l'âme raisonnable il n'y ait point de principe par lequel elle puisse déployer son opération naturelle : ce qui arrive, si l'on ne pose qu'un intellect agent, qu'on le dise Dieu ou Intelligence ». *Non enim videtur probabile quod in anima rationali non sit principium aliquod quo naturalem operationem explere possit : quod sequitur, si ponatur unus intellectus agens, sive dicatur Deus, vel intelligentia.* Ne refusons pas seulement à Averroès l'unité de l'intellect possible; mais à Avicenne, à la généralité des philosophes, celle de l'intellect agent. Autant d'hommes, autant de principes de ce genre. Voilà une exigence qu'on ne satisfera point en substituant le Verbe à l'Intelligence des Arabes. Thomas d'Aquin voit que des chrétiens ont accommodé l'avicennisme à l'*Évangile de Jean* : la doctrine arabe de l'Intelligence séparée « ne peut se défendre selon la foi ». C'est pourquoi certains docteurs catholiques, corrigeant cette opinion et la suivant en partie, ont posé avec assez de probabilité que Dieu même est l'intellect agent, puisqu'en adhérant à lui notre âme trouve la béatitude; et ils confirment cette idée par saint Jean, I, 9 : « il était la vraie lumière qui illumine tout homme… » – *hoc secundum fidem non potest sustineri. Et ideo quidam catholici doctores, corrigentes hanc opinionem et partim sequentes, satis probabiliter posuerunt ipsum Deum esse intellectum agentem, quia per applicationem ad ipsum, anima nostra beata est et hoc confirmant per hoc quod dicitur, Joh. 1, 9 : Erat*

lux vera, quae illuminat omnem hominem... Constatons ici la
claire conscience de la situation historique : du point de vue de la
foi, le Docteur dominicain comprend et apprécie « l'augustinisme avicennisant ». Pour l'écarter, il a seulement une notion de
la nature, constitutive de tout être. Cédons à la force de cette
idée : on n'exprimera plus l'illumination chère à saint Augustin
en parlant de *Dieu intellect agent.* Au contraire, on fera de l'intellect agent une partie de l'âme pour que l'âme agisse vraiment ;
l'illumination sera le don même de cette lumière naturelle,
efficace d'intelligibles qu'elle tire du sensible. La route du
thomisme ne s'écarte pas moins de la direction que suit saint
Bonaventure que de la ligne Guillaume d'Auvergne – Roger
Bacon. Ne cherchons plus dans la pensée un acte qui, telle la
cognitio certitudinalis, inclurait, à un titre spécial, l'assistance
divine : opération d'une créature tellement haute que la créature
y serait impuissante. De saint Augustin, gardons simplement
l'idée que Dieu se trouve au principe de nos intellections –
comme de toutes choses. Selon la remarque de Gilson, « le
problème de la connaissance n'est qu'un cas particulier du
problème de l'efficace des causes secondes ». Sur cette question,
le thomisme s'oppose au péripatétisme oriental : dans la *Summa
contra gentes*, Avicebron (le juif Ibn Gebirol)[28] paraît, avant
Avicenne, pour nous proposer une vision radicale de l'activité de
Dieu et de la passivité des choses : la volonté divine, principe
spirituel, traverse de son unique efficace tous les corps qui la
subissent et n'ont d'action qu'apparente. « Avicebron, nous
est-il dit, affirme qu'aucun corps n'est actif, mais que la vertu de
la substance spirituelle, traversant les corps, accomplit toutes les
actions qui semblent faites par les corps » : *ponit Avicebron quod
nullum corpus est activum, sed quod virtus substantiae spiri-
tualis, pertransiens per corpora, agit actiones quae per corpora
fieri videntur.* Le penseur juif se proposait d'exalter la puissance
de Dieu : grandir l'efficace de l'agent premier, c'est, pour lui,
célébrer son nom – *quanto magis virtus factoris primi, excelsum
nomen ejus.* Pour comprendre le thomisme, métaphysique du
XIIIe siècle, il faut entrer dans les conceptions physiques de ces

auteurs : Avicenne engage l'explication de notre connaissance dans une cosmogonie ; Gebirol montre que rien de corporel ne constitue une cause agissante. Quant à saint Thomas, sa position nous place en pleine *physique* d'Aristote, au centre même de cette science des *natures*. Les corps sont des composés de matière et de forme ; même inanimé, tout être concret inclut un principe d'activité, comparable à une tendance, à la vie même : la *nature* du feu fait qu'il chauffe, celle de l'homme qu'il engendre l'homme. Oublions un moment la révolution cartésienne, essayons de vivre au pays des formes substantielles ; considérons même le platonisme d'un point de vue aristotélicien : nous penserons alors que Platon a indûment séparé les formes des êtres, pour en faire ses Idées ; qu'en retour les choses sont devenues, dans sa doctrine, une matière toute passive ; que l'activité qu'elles présentent aux sens a dû être attribuée à quelque principe transcendant : Idées, Intelligence ou Dieu même, il importe assez peu ; dans tous les cas on vide les êtres sensibles d'une part essentielle de leur réalité, au profit d'un *au delà*. Saint Thomas fait procéder de Platon tous les penseurs qui, cédant à ce mouvement, ôtent aux êtres naturels leurs actions propres – *qui rebus naturalibus proprias subtrahunt actiones*. En prenant avec Aristote l'attitude inverse, notre dominicain maintient la réalité, de *ce* monde. Ainsi, dans la noétique : *partie* de l'âme, l'intellect agent appartient à la forme d'un corps ; l'homme thomiste est un « être naturel » qui, dans la connaissance même, garde son « action propre ». On peut en ce sens parler de *naturalisme* pour désigner ce que Thomas d'Aquin a choisi dans Aristote, à l'encontre d'Avicenne. Il ne semble pas qu'en cette affaire, son intention ait été d'écarter des dangers qui menaçaient la foi : les chrétiens avaient su corriger l'avicennisme. Pour expliquer le thomisme, il faut donc admettre une valeur – ou une apparence – rationnelle de l'idée de nature : l'historien, a dit Gilson[29], se trouve en face d'« une décision philosophique pure ». Il est vrai que cette notion centrale, chez Thomas d'Aquin comme chez Aristote, est celle même que Descartes éliminera pour fonder sa physique et la nôtre, celle aussi dont Malebranche dénoncera le paganisme latent. (Un monothéiste ne doit-il pas réserver à Dieu l'efficace ? Rappelons-nous le juif Gebirol). Nous touchons ici la difficulté la plus grave peut-être que l'on éprouve, aujourd'hui, à montrer dans le thomisme un mode de penser rationnel : quand on le présente comme une « philosophie chrétienne », on n'a point à faire accepter seulement l'union de ces deux termes, mais d'abord l'application du premier à l'œuvre d'une raison imbue de physique aristotélicienne. Nous constatons sur cet exemple à quel point Descartes nous sépare du Moyen Âge. Mais Malebranche nous conduit, par antithèse, à comprendre davantage le thomisme. Pour y donner la réponse inverse, il pose en effet la question capitale : comment accorder un monde de *natures* avec le Dieu biblique ? Le point de vue de saint Thomas était le suivant : « Dieu peut par lui-même produire tous les effets naturels ; il n'est cependant pas superflu que d'autres causes les produisent. Cela en effet ne vient pas d'un manque de puissance, mais d'une immensité de bonté : par bonté, Dieu a voulu communiquer aux choses sa ressemblance, à tel point non seulement qu'elles soient, mais aussi qu'elles soient causes à leur tour ». Cette vue deviendra classique dans l'École : la puissance de Dieu suffirait à tout ; sa bonté explique qu'il ait doué d'efficace les autres êtres. Priver les créatures d'une activité qui soit *leur*, c'est méconnaître le Créateur : *detrahere actiones proprias rebus est divinae bonitati derogare* – ôter aux choses leurs actions propres, c'est manquer à la bonté divine. Représentons-nous qu'attaché au *naturalisme* aristotélicien, Thomas d'Aquin aperçoive dans l'idée de Dieu de quoi le fonder ; nous tiendrons un moment décisif de sa pensée, que Gilson présente en ces termes : « Un monde de causes secondes efficaces, tel que celui d'Aristote, est seul digne d'un Dieu dont la causalité est essentiellement bonté ». Ce mouvement de générosité qui assimile les créatures au Créateur, le dominicain du XIIIe siècle l'a sans doute trouvé dans les écrits du Pseudo-Denys, lequel enseigne qu'entre toutes choses, la plus divine est de devenir coopérateur de Dieu : *omnium divinius est Dei cooperatorem fieri*. Si aujourd'hui, nous retrouvons avec peine l'espèce d'évidence qu'ont pu présenter à une pensée – physique – les formes substantielles, nous saisissons plus facilement le lien qu'a pu trouver un esprit religieux entre une Bonté créatrice et des créatures agissantes. Cette perspective sur le thomisme a l'intérêt de s'étendre au-delà, d'éclaircir la suite du Moyen Âge. Et parmi les causes secondes qui concourent efficacement à l'œuvre divine, il faut nous compter nous-mêmes, dont l'apôtre dit que nous sommes les coopérateurs de Dieu – *Dei sumus adjutores.* Telle est la dignité de l'humaine nature : dans ce naturalisme, un humanisme paraît, l'homme étant « nature dans la Nature », lors même qu'il connaît, et son action réglée par une « morale cosmique ». L'être connaissant n'est point sujet pur, opposé au monde, mais dans le monde, composé humain où l'âme se définit forme du corps : « Ce n'est pas le sens ou l'intellect qui connaît, mais l'homme par l'un et l'autre »; la nature de l'intellect humain tient à sa fonction : abstraire, donc à la structure du sensible, elle-même déterminée par la théorie de l'individuation et la notion de matière. Quant à l'éthique thomiste, on peut dire qu'elle se place « strictement au point de vue de la finalité métaphysique de la nature aristotélicienne » (Rohmer), – à condition de souligner « métaphysique » et d'évoquer par ce terme l'Être qui crée par bonté : dans ce contexte, l'homme qui a le sens de sa grandeur d'homme pourra « se juger digne de grandes choses » (Gauthier) – *se magnis dignificat* – en considération des dons qu'il a reçus de Dieu.

Pour comprendre le naturalisme thomiste, nous devons introduire une idée de Dieu. N'est-ce point quitter la pure philosophie pour la théologie ? Il ne semble pas : à côté de la théologie qui appartient à la doctrine sacrée – *theologia quae ad sacram doctrinam pertinet,* – la *Somme théologique* en connaît une autre qui constitue une partie de la philosophie – *quae pars philosophiae ponitur.* Disons qu'une « théologie naturelle » se distingue essentiellement – *secundum genus* – d'avec une « théologie révélée ». La manière de connaître fonde ici une telle diversité que les deux disciplines peuvent sans double emploi traiter du même objet. En effet, des vérités accessibles à la raison se trouvent avoir été révélées : ainsi l'idée même de Dieu que nous venons de rencontrer. Comment expliquer ce fait ? Alors que, par définition, la lumière naturelle suffit dans toute l'enceinte de la philosophie, nous avons sur ces matières une révélation. A quoi bon ? – La *Somme théologique* enseigne : « Les choses mêmes qu'au sujet de Dieu la raison humaine peut chercher, il était nécessaire que l'homme en soit instruit par la révélation divine ; en effet, cherchée par la raison, la vérité relative à Dieu n'arriverait à l'homme qu'en un *petit nombre d'esprits, après un long délai, mêlée à de nombreuses erreurs* ; de cette vérité cependant, dépend tout le salut de l'homme, qui est en Dieu » – *A paucis, et per longum tempus, et cum admixtione multorum errorum* : ainsi parle l'expérience de la philosophie, interrogée par le théologien. Conséquence : non seulement il était pratiquement nécessaire que Dieu révélât des vérités connaissables en lumière naturelle, mais ces vérités doivent être également considérées en tant que connaissables par la lumière divine : *divino lumine cognoscibilia* – ou, d'un mot, en tant que *revelabilia* : « révélables ». Appliqué aux vérités rationnellement accessibles de la théologie naturelle, ce terme signale leur double appartenance aux domaines de la foi et de la raison. Il s'agit à la fois de maintenir une distinction essentielle et de saisir une articulation vitale : dans les dernières éditions du *Thomisme* de Gilson, le point de vue du *révélable* fait comprendre comment la philosophie de saint Thomas « s'intègre » à la théologie, sans corruption de « la pureté de la révélation » ni de celle de la raison.

La théologie thomiste est « science de la révélation ». Déjà Guillaume d'Auxerre, dominicain de Paris, avait écrit : « Si la théologie ne comportait pas de principes, ce ne serait pas un art ou une science. Elle a donc des principes, à savoir les articles de foi, qui cependant ne constituent des principes que pour les croyants ; ce sont, pour eux, des choses connues par elles-mêmes, qui n'ont nul besoin de preuve venue d'ailleurs ». En reprenant ce thème, en assimilant les articles de foi à des principes, la théologie thomiste renonce à en donner des preuves : « Elle n'a pas moyen de les prouver, mais seulement de les défendre contre ceux qui les contredisent, – à la manière dont aucun art ne peut prouver ses principes ». Par définition, les principes sont des indémontrables, pour la science même qu'ils fondent : une discipline supérieure peut les démontrer – si elle existe ; quand Aristote en vient à la philosophie première, et rencontre des gens qui en refusent les principes, il ne peut que réfuter leurs arguments. Transposons : le théologien qui doit répondre aux objections de l'incroyant ne saurait prouver les articles de foi selon la notion de démonstration incluse dans l'idée de science. On constate cette impuissance sur le cas de la Trinité. Thomas d'Aquin connaît trois façons de prouver la pluralité des personnes divines : par l'infinité de la bonté qui se communique (rappelons-nous saint Bonaventure), par la tendance à partager la jouissance d'un bien (pensons à Richard de Saint-Victor), par le verbe et l'amour de notre âme, image de la divinité (c'est la méthode du *Monologion*). Notre Docteur refuse les deux premières déductions ; quant à la troisième voie, qu'il suit, il n'y trouve pas de preuve suffisante de ce qui se passe en Dieu, mais simplement un moyen de l'exposer. Il présente ainsi sa position : impossible de parvenir par la raison naturelle à la connaissance de la Trinité. En effet, un intellect qui part du sensible conclut des créatures au Créateur ; or – thèse classique en théologie – l'action créatrice est commune aux trois Personnes ; quand on atteint Dieu comme Créateur, on ne peut trouver que l'unité de son essence. Pour saint Thomas, la possibilité de prouver une vérité semble se confondre avec la possibilité de l'acquérir. Au contraire, sur la même question, chez Anselme, Richard et saint Bonaventure, on peut dire, avec Gilson encore, que « tout se passait en somme, comme si la raison humaine était capable de prouver des connaissances qu'elle était incapable d'acquérir ». L'intelligence constatait l'impossibilité de refuser la vérité reçue par révélation : en cela consistait la *nécessité* des raisons conduisant à « l'intelligence de la foi ». Le domaine de la preuve, disons de la démonstration, dans le thomisme apparaît mesuré par la lumière *naturelle* à l'homme, elle-même définie en référence au sensible.

Dans la défense d'un dogme, le théologien peut démontrer l'inanité des objections qui lui sont opposées; un dogme accepté comme prémisse, il peut aussi procéder à la déduction rigoureuse de conclusions. Mais lorsqu'il s'applique aux articles de foi même, vérités seulement révélées, le raisonnement théologique ne peut que servir à exposer – *declarare*, – à illustrer – *manifestare* –, ces vérités déjà posées, sans jamais contraindre l'esprit à les poser; jamais démonstratif, simplement « probable », plus ou moins « persuasif », devenant dérisoire s'il joue la démonstration, il se situe au plan des comparaisons ou images – *similitudines* – dont use abondamment le *De Trinitate* d'Augustin. Ces indémontrables dont l'évidence n'apparaît point, de quel droit sont-ils les principes d'une « science » ? Du droit divin de la foi qui, n'étant pas acquis humain, mais don transcendant, élève notre esprit au-dessus de lui-même, imprimant quelque chose du savoir divin – *impressio divinae scientiae*. Du théologien adhérant à la Révélation par cette « lumière infuse », on peut dire : « La foi est son principe prochain, mais son principe premier, c'est l'intellect divin auquel il croit ». Or dans cet intellect, et dans ceux des bienheureux qui voient Dieu, les vérités, pour nous de foi, constituent des évidences. N'isolons pas d'en haut la théologie des hommes d'ici-bas, considérons son rapport, sa « subalternation », à la science intuitive de Dieu et des bienheureux – *scientia Dei et beatorum* – où sont vus les principes qu'elle *croit*. Dans la mesure où, par la double grâce de la Révélation et de la foi, elle se trouve ainsi en continuité avec une connaissance divine qui, en un sens à préciser (Duméry), est elle-même *savoir*, l'œuvre du théologien apparaît « science ».

La même communication avec le savoir divin, dans la transcendance de la foi, permet à la théologie de se développer dans un ordre qui lui est propre : ayant reçu des vérités qu'il ne pouvait acquérir, le croyant ordonne en fonction de ces données transcendantes toute sa vie intellectuelle, qui ne suit plus l'ordre philosophique – qui part du sensible, s'élève vers Dieu. En même temps qu'une définition de la nature, le thomisme comporte un renversement de sa perspective : son plus juste interprète – que nous avons dû si souvent citer – a écrit qu'«il établit la raison dans le sensible comme dans son domaine propre, mais, en l'habilitant pour l'exploration et la conquête de ce domaine, il l'invite à tourner de préférence ses regards vers un autre qui n'est plus simplement celui de l'homme, mais celui des enfants de Dieu». Œuvre humaine, une philosophie pure devrait se conformer à la définition de l'homme : un intellect naturellement uni à un corps acquiert l'intelligible à partir du sensible ; l'ordre de sa connaissance va des choses à Dieu. La *Somme théologique*, la *Somme* même *contre les gentils* procèdent à l'inverse : du Créateur aux créatures. C'est l'ordre de la *doctrina sacra* qui, ayant reçu, par révélation, la vérité sur Dieu, imite en exposant ce donné la connaissance divine : la divinité se connaît et connaît par le fait toutes choses relativement à soi. N'appliquons point aux *Sommes* l'idée moderne d'un système autonome de la raison pure, où chaque vérité se présente à son rang, dans un ordre d'invention ; il s'agit d'un système de la foi, d'un ordre d'exposition, qui comportent à certains moments, selon leur utilité, des vérités purement rationnelles. Gilson a exprimé ainsi le point de vue thomiste sur la rationalité : «Lorsque saint Thomas parle en tant que philosophe, ce sont ses démonstrations seules qui sont en cause, et il importe peu que la thèse qu'il soutient apparaisse au point que la foi lui assigne, puisqu'il ne la fait jamais intervenir et ne nous demande jamais de la faire intervenir dans la preuve de ce qu'il considère comme rationnellement démontrable». L'historien peut ainsi trouver des questions philosophiques, mais traitées dans un ordre théologique : si, avec Gilson, il les présente dans cet ordre, il exposera «la philosophie de saint Thomas» de la seule manière dont le grand dominicain «l'ait lui-même exposée» – précisons : dont il devait l'exposer puisque, acceptant «une influence transcendante de la foi sur la raison», il envisageait les vérités rationnelles même sous cette autre lumière, à savoir comme «révélables», la «révélabilité» impliquant «la disponibilité permanente du savoir total en vue de l'œuvre du théologien».

Dans cet ordre, on commence par Dieu et en matière de problèmes philosophiques, par celui de son existence. La dimension proprement thomiste de ce dernier tient à l'interprétation qu'a donnée saint Thomas de la parole divine : *je suis celui qui suis.* « La métaphysique de l'Exode » [30] porte sur « du révélable qui a été révélé » : dans sa formulation thomiste, elle exprime la transcendance de Dieu comme être en disant, non pas, après Avicenne et Guillaume d'Auvergne, qu'Il n'a pas d'essence, mais plutôt que son essence consiste en *être* même : *essentia est ipsum suum esse.* Il s'agit (l'emploi du verbe le signale) du seul acte, de l'*acte* pur d'être, sans addition ni altérité : *esse tantum, purum esse.* Dieu, écrit Gilson, ne se situe pas au plan de l'essence ; « essence infinie à laquelle appartiendrait de plein droit l'existence », mais au plan de cette dernière : « acte absolu d'exister, à qui l'existence tient pour ainsi dire lieu d'essence ». La distinction de ces deux plans s'impose en effet au sein de tout être fini : au-delà de la forme, (que celle-ci constitue seule une substance incorporelle ou qu'elle s'unisse à la matière dans un composé) l'analyse thomiste discerne un acte même d'être – *ipsum esse in actu* –, acte « ultime » dans la substance finie, à l'égard duquel la forme même reste puissance. Cette relation de puissance à acte exprime l'altérité ou, selon le terme classique, la « composition réelle » de l'essence et de l'existence finies, en interdisant de réaliser l'une à part de l'autre, comme deux *choses* : tentation inhérente au terme « distinction réelle ». À cette tentation ont cédé des successeurs de saint Thomas comme l'augustin Gilles de Rome ; Gilson s'efforce de l'éviter en tenant l'équilibre subtil de l'interprétation que nous avons sommairement rapportée. Il ne dissimule pas la difficulté de saisir une telle position, inconcevable pour qui identifie « le réel au pensable et le pensable à ce qui est objet de concept ». Non seulement *l'esse* suprême qu'est Dieu se situe « strictement au delà de toute représentation possible », mais, transcendant l'essence, tout *esse* « transcende aussi le concept ». À condition de poser qu'à l'état pur, au degré surpême, exister n'implique ni devenir ni inquiétude – *aliquid fixum et quietum* –, le thomisme ainsi interprété peut être dit philosophie « de l'existence » et, par voie de conséquence, « du jugement » : à l'exister, acte non conceptualisable, correspond dans l'esprit l'acte de juger, dont la vérité, écrit Gilson, « se fonde moins sur l'essence des choses que sur leur *esse* ». Au delà de tout l'ordre des essences, le dynamisme du jugement apparaît « seul capable d'atteindre » l'*esse* divin, source du « dynamisme de l'existence ». Ici, les dernières éditions du *Thomisme* rejoignent presque les profondes réflexions du P. Maréchal sur *le thomisme devant la philosophie critique*. Elles interprètent, en tout cas, les preuves thomistes de l'existence de Dieu comme la découverte d'une nouvelle dimension de l'être. L'univers qui s'y manifeste n'est plus celui d'Aristote restauré par Averroès : dans tout donné, l'altérité nécessaire – *oportet quod esse suum sit aliud quod ipsum* – de l'acte d'être avec la chose même, fait paraître du créé. Sans perdre la substantialité de « l'être fait pour durer », les *natures* aristotéliciennes, – dont celle de l'homme en son unité – se fondent dans un « acte fini d'exister » qui renvoie à l'Acte infini : le Créateur. L'homme du XXe siècle, être historique, se voit rappeler par des théologiens que le Dieu de la Bible reste le Seigneur de l'histoire ; assumant le naturalisme du XIIIe siècle dans une transmutation de la métaphysique d'Aristote, la théologie naturelle de saint Thomas établit le Dieu de l'Exode seigneur des *natures*. Ce qui, au jugement de Gilson, portait d'un coup « la pensée occidentale aussi loin au delà de la métaphysique d'Aristote que, quatre siècles plus tard, Descartes allait la porter au delà de la physique qualitative des écoles ». On comprend que le destin du thomisme ainsi interprété apparaisse indépendant de celui de la physique aristotélicienne.

Saint Thomas fit école immédiatement, malgré le nombre et l'autorité de ses adversaires dans l'Église. Une vingtaine de propositions condamnées à Paris le 7 mars 1277, atteignent sa doctrine. Le 18 mars, l'archevêque de Canterbury, le dominicain Kilwardby, proscrit de l'Université d'Oxford[31] trente proposi-tions, thomistes pour la plupart. Son successeur, le franciscain Peckham, qui unit le traditionalisme en théologie à la curiosité scientifique, renouvelle en 1284 cette condamnation. En janvier 1285, il dénonce à Rome le thomisme : « Que la Sainte Église romaine daigne considérer que la doctrine des deux ordres est actuellement en opposition presque complète sur toutes les questions dont il est permis de disputer ; la doctrine de l'un de ces ordres délaissant et, jusqu'à un certain point, méprisant les sentences des Saints, se fonde presqu'exclusivement sur les positions des philosophes, de telle sorte que la maison du Seigneur s'est remplie d'idoles ». Constatons qu'aux contemporains mêmes, le thomisme présentait un aspect proprement philosophique. Il avait aussi une allure de Renaissance. En juin de la même année, Peckham écrit à l'évêque de Lincoln : « Vous savez que nous ne réprouvons nullement les études philosophiques, pour autant qu'elles servent aux mystères théologiques ; mais nous réprouvons ces nouveautés profanes qui, contre la vérité philosophique et au détriment des Saints, se sont introduites il y a environ vingt ans dans les profondeurs de la théologie, avec un rejet et un mépris manifestes des thèses des Saints ». La lettre oppose ensuite la doctrine « des fils de saint François, de frère Alexandre de Halès, de frère Bonaventure » à « la doctrine nouvelle qui lui est presque totalement contraire » : ne s'attaque-t-elle point à « l'enseignement de saint Augustin sur les règles éternelles et la lumière immuable » ? Nous voudrions évoquer le destin de « l'illumination augustinienne » chez les franciscains postérieurs à saint Thomas. Dans le choix inévitable et toujours arbitraire des auteurs, nous n'avons retenu ni Richard de Mediavilla[a][32], ni le « spirituel » Pierre Olivi[b]. En nous attachant à « l'école franciscaine » (mieux vaudrait dire : milieu, étant donné la diversité doctrinale), nous laissons de côté les maîtres séculiers dont Henri de Gand[c] qui ajuste une théorie de l'illumination à une doctrine de la connaissance naturelle où le

a. Richard de Mediavilla enseigne à Paris de 1283 à 1287.

b. Pierre Jean Olivi (Olieu), né à Sérignan vers 1248, meurt à Narbonne en 1298.

c. Henri de Gand enseigne à Paris de 1276 à 1292. Il faut au moins citer un autre maître séculier Godefroy de Fontaines (enseignement : 1285-1304).

« premier objet » de l'entendement humain n'est autre que Dieu, saisi sous la généralité de concepts « analogiques » tels que « l'être », « le vrai » ou « le bien ». Dans les premières années du XIVe siècle, Duns Scot élaborera sa noétique et bien d'autres aspects de sa pensée en l'opposant à celle d'Henri de Gand dont l'influence dépassera son siècle au moins par les critiques que certaines de ses thèses provoqueront.

Dans la noétique des franciscains, il n'y a pas progrès continu de l'aristotélisme. Après l'avoir étudiée d'Alexandre de Halès à Jean Peckham (qui meurt seulement en 1292), on a pu écrire : « L'illumination augustinienne, un instant déroutée, a repris finalement tous ses droits ». Nous avons vu qu'Alexandre de Halès et Jean de la Rochelle avaient fait de l'intellect agent une partie de l'âme ; tout en admettant cette lumière naturelle, saint Bonaventure montre son insuffisance à assurer notre connaissance, à fonder sa certitude. La croissance de l'aristotélisme, la présence du thomisme semblent avoir donné aux franciscains une conscience vive de l'originalité de l'augustinisme dont ils se réclamaient. Pour Aristote, nos sens constituent une passivité ; l'homme commence de connaître en recevant l'impression des choses ; dans la mesure où elle sent, l'âme vient ainsi sur le plan même des corps, dont elle pâtit. De cette manière, Thomas d'Aquin nous insérait dans le monde. Scandale au point de vue augustinien ! Un corps agirait sur de l'incorporel ; que devient, en ce cas, l'excellence de l'âme ? Le supérieur ne pâtit pas de l'inférieur. Un disciple de saint Bonaventure, Matthieu d'Aquasparta, insiste sur cette difficulté dont il demande la solution à saint Augustin : la sensation ne consiste pas en une passion de l'âme, issue du corps, mais en une action de cette âme sur elle-même, quand son corps se trouve modifié. Le détail de la doctrine nous importe peu. Retenons qu'Augustin veut – qu'Avicenne semble vouloir – que les facultés de sentir ne soient pas seulement passives, mais au contraire actives. Ainsi pourvu d'activité dès le sensible, l'esprit agira encore pour arriver à l'intelligible, mais sans y parvenir par sa seule lumière ;

d'où la nécessité de l'illumination divine, une action du Créateur sur des créatures qu'il fait situer parmi d'autres.

Ce n'est pas simplement l'*influence générale*, celle de la cause première sur toute cause seconde qui en reçoit la capacité d'agir : cette *influentia generalis* ne suffit point, puisque – saint Bonaventure nous l'a enseigné – la *cognitio certitudinalis* passe toute vertu créée ; il ne peut être question, d'autre part, d'*influence spéciale – influentia specialis* – telle que la grâce dispensée en vue du salut. D'un point de vue thomiste, où il faudrait choisir entre l'une ou l'autre, on trouvera que notre franciscain s'embarrasse. Mais lui formule, en pleine clarté, le point de vue bonaventurien : *in omni opere naturae rationalis, ut rationalis est, cooperatur Deus quodam specialiori modo et quodam specialiori influentia quam in operibus aliorum creaturarum.* À toute œuvre de la nature raisonnable agissant comme telle, Dieu coopère d'une façon plus spéciale, par une influence plus spéciale qu'aux œuvres des autres créatures. Nous tenons là un centre de perspective : alors que saint Thomas assimile la connaissance aux opérations d'une *nature*, les augustiniens[a][33] soulignent l'originalité de l'opération intellectuelle : du jugement. Ils s'attachent à ce dernier plus qu'à l'abstraction où ils trouvent d'ailleurs le même problème : comment passer du donné des sens à un intelligible, en laissant tomber les conditions de temps et de lieu, la mutabilité ? La transcendance de son acte manifeste celle de la créature raisonnable, *image* de Dieu, par rapport à toutes les autres, simples *vestiges* ? Être image tient à *sa* nature, la grâce étant d'un autre ordre, celui de la *ressemblance* à Dieu. Rien de plus normal, dans cette hiérarchie à *trois* degrés, qu'autrement présent et agissant dans la ressemblance que dans la simple image, Dieu le soit autrement dans l'image – par l'illumination – que dans le simple vestige. Vouloir n'admettre que *deux* plans : celui de la grâce et

---

a. Quelques dates : Matthieu d'Aquasparta étudiant à Paris vers 1268, maître en théologie en 1275, ministre général de l'Ordre en 1287-89, meurt en 1302. Roger Marston meurt en 1303. Vital du Four enseigne à Paris, Montpellier et Toulouse entre 1292 et 1300, meurt seulement en 1327.

celui de toutes les natures, ironiser sur cette « influence plus spéciale que la générale sans être spéciale », c'est s'interdire de comprendre l'interprétation augustinienne de la spécificité de l'esprit.

Si une action transcendante permet seule à la connaissance créée d'atteindre la certitude – *cognitio certitudinalis* –, l'ignorance de ce fondement divin ne condamnerait-elle pas la raison au scepticisme? Un texte de Matthieu d'Aquasparta suggère cette question : pour fonder le savoir, les principes de la philosophie naturelle ne suffisent point, il faut recourir à ceux de la théologie – *deficiunt principia philosophiae* (ou *physicae*) *et recurrendum ad principia theologiae*. Cependant le problème posé dans le contexte n'est pas d'échapper par la foi à un scepticisme philosophiquement inévitable, mais de discerner le fondement de certitudes incontestées : fondée pour l'averroïsme dans la permanence de l'espèce humaine, la vérité éternelle : « l'homme est un animal » ne peut pour le théologien se fonder en rien de créé. « La science » portant sur le nécessaire vise l'essence – *quidditas* –, abstraction faite de l'existence : une essence qui ne se réduit pas au pur objet d'une appréhension humaine possible – a*liquid tantum apprehensibile*, – mais s'appuie, dans l'illumination, à une Idée, identique à l'Éternel. La théologie n'intervient pas pour lever un doute ; elle permet de décrire un fait : l'objectivité du savoir, en lui reconnaissant une dimension transcendante. On comprend la force intemporelle de cet augustinisme.

Annonçant Malebranche, Peckham écrit : si nous sommes deux à concevoir une même vérité, c'est qu'entre nous, il y a unité de la lumière intellectuelle. Dans cette lumière, Augustin a reconnu le vrai Dieu ; nous pouvons y voir aussi l'intellect agent, qu'Aristote dit séparé, impassible, constamment en acte : ces caractères conviennent à Dieu seul. Nous retrouvons une formule d'augustinisme avicennisant. De même chez Roger Marston, où la prendra un autre franciscain, Vital du Four. On arrive ainsi à la fin du XIIIᵉ siècle. En disant intellect agent Dieu qui seul achève l'illumination de l'intellect possible, on se trouve – explique fort bien Marston – d'accord avec saint Augustin et la vérité catholique ; on a pour soi le texte du Philosophe et l'interprétation de ses disciples les plus grands : Alfarabi, Avicenne ; on est dispensé de soutenir impudemment qu'Aristote n'a point conçu l'intellect agent comme une substance séparée. Avis à Thomas d'Aquin, qu'attaque vivement Marston. Nous avons même une définition génétique de cette théorie de la connaissance, qui se défend si fort contre le thomisme : *sententia sancti Augustini de luce communi omnium, et Philosophi de intellectu agente, sic in concordiam redacta.* – C'est, mises d'accord, la pensée de saint Augustin sur la lumière commune des esprits et celle du Philosophe sur l'intellect agent. On montre que les autorités s'accordent ; on part des auteurs. Les essais de ce genre ne sont pas toujours sans fécondité, ni sans faiblesse non plus.

Un contemporain d'Olivi, Pierre de Trabibus (ou de Trabes) voit, à la fin du siècle, l'artifice de l'augustinisme avicennisant : « La thèse qui fait de la lumière éternelle l'intellect agent méconnaît les paroles et la pensée d'Augustin : on ne voit pas en effet qu'il ait jamais divisé l'intellect en possible et agent, ni traité la lumière éternelle d'intellect agent, quoique, d'après lui, cette lumière illumine notre âme ; quant à sa pensée, jamais il ne pense ni veut que l'intellect soit possible de cette possibilité qui fait poser aux philosophes un intellect agent, tout au contraire il veut partout que l'intellect soit agent quoiqu'illuminé par la lumière divine ». Les philosophes ont besoin d'intellect agent parce que, selon leur définition, l'intellect possible est passivité, réceptivité. Mais la doctrine de saint Augustin exclut toute possibilité passive d'une âme qui, supérieure au corps, n'a rien à en recevoir ; nous avons déjà vu Matthieu d'Aquasparta appliquer cette thèse à la sensation. L'intellect de Pierre de Trabibus est purement actif ; comme il n'agit pas constamment, on parle de sa possibilité, mais active. La nécessité d'un autre intellect dit agent, la distinction de deux intellects apparaissent sans fondement : les Saints n'ont jamais usé de cette division ; ceux qui suivent le Philosophe, au moins dans les mots, sont tous en mutuel désaccord. *Omnes inter se sunt discordes* : quand on analyse l'histoire des théories de l'intellect, au XIIIe siècle, on comprend ce sentiment de complication, de lassitude. Pierre de Trabibus dit aussi : *nec sancti inveniuntur unquam* (sic) *locuti fuisse.* « On ne trouve pas que les saints aient jamais parlé en ces termes ». La tradition d'Augustin et d'Anselme représente ici la transcendance de l'âme, l'activité de l'esprit. L'idée d'illumination se transforme : notre franciscain avoue ne pas comprendre la vision dans les raisons éternelles : *difficile est valde ad intelligendum* (« c'est chose bien difficile à saisir »). Voir quelque chose en Dieu, ne serait-ce pas simplement – si l'on reste dans l'ordre naturel – tenir de son action la faculté de connaître ? *Dicitur bene : videre in ipso, quia ipse efficit ipsum intellectum, dans ei esse et virtutem ad intelligendum. Et iste est modus communis naturalis cognitionis.* « On dit justement : voir en lui (Dieu), puisque c'est lui qui cause l'intellect en lui donnant l'être et la force de connaître. Tel est le mode commun de la connaissance naturelle ». Bel exemple de la complexité des problèmes historiques : si on définit l'augustinisme par une assistance particulière que Dieu prêterait aux opérations rationnelles, ceci en est la négation. Tout comme Thomas d'Aquin, Pierre de Trabibus réduit l'illumination au don d'un intellect. Victoire donc du naturalisme thomiste ? Peut-être, mais partielle. Car il ne s'agit ni de l'intellect, ni de l'homme d'Aristote, que leur passivité engageait dans le monde des corps. Pierre de Trabibus nous parle d'un intellect et d'une âme, venus d'Augustin, d'essence transcendante et active.

C'est d'un tel point de vue que, pour joindre le XIVe siècle au XIIIe, il faudrait envisager la doctrine de Duns Scot : nuancée, complexe, usant des deux intellects pour retrouver l'image de Dieu dans leur mécanisme compliqué. Essayons de retenir l'esprit dans lequel il est conçu. Notre franciscain ne veut point qu'on déprécie la nature de l'âme – *vilificare naturam animae.* Quand il écrit, en invoquant Aristote, qu'en aucune nature, il ne faut rien poser qui méconnaisse sa dignité – *in nulla natura ponendum est quod derogat ejus dignitati* –, on pense au naturalisme de saint Thomas. D'autant plus que Scot n'admet pas d'assistance divine particulière aux actes de connaissance, qu'il semble lui aussi, réduire l'illumination au don d'un intellect. Victoire encore du thomisme, dans l'entendement d'un adversaire. Une question se pose cependant : chez les Docteurs des deux Ordres, s'agit-il de la même lumière naturelle ? En métaphysique médiévale, la nature d'une puissance se définit par son objet : l'intellect humain, dans le thomisme, par l'essence de la chose sensible – *quidditas rei sensibilis* – dont tous nos concepts sont extraits. Aux yeux de Duns Scot, la thèse thomiste représente la pensée du Philosophe, mais un théologien ne saurait la défendre : *hoc non potest sustineri a theologo.* En donnant pour objet naturel à l'intellect l'*être*, qu'il soit sensible ou non, le théologien Duns Scot qui s'inspire, lui encore, d'Avicenne – oriente par sa définition même notre faculté de connaître vers les réalités intelligibles, dont le péché a séparé les fils d'Adam. Le Docteur franciscain voit et refuse le renversement de perspective par lequel, délaissant le sensible accordé à sa raison, l'homme thomiste se tourne grâce à la foi vers le pur intelligible et le divin. Si Thomas d'Aquin doit recourir ainsi à ce qu'on a nommé un « coup d'État » métaphysique, c'est aux yeux de Duns Scot – pour avoir trop voulu suivre le Philosophe qui – nous le verrons – n'a pas seulement erré sur Dieu, mais sur l'homme. Quand le scotisme exalte notre nature intellectuelle – *dignificare naturam* –, il s'agit de l'âme telle que le fait concevoir la Révélation, au delà de ce que la raison philosophique a pu validement en connaître. L'homme doit ici à la Révélation la découverte d'une capacité *naturelle*, un accroissement de sa *dignité*. Placé devant l'aristotélisme, le théologien Scot n'estime pas que la philosophie accorde *trop* à l'homme ; il juge qu'elle ne lui donne pas assez. Il ne se borne pas cependant à une exaltation de la lumière naturelle de l'intellect ; il sauve quelque chose de l'illumination. Duns Scot explique subtilement l'expression augustinienne *intelligere in regulis aeternis* en excluant toute intervention « spéciale » : dans la perspective de l'influence générale de Dieu coopérant à la connaissance de l'homme comme à toute action naturelle, l'entendement humain connaît les vérités nécessaires dans « les règles éternelles » : les idées divines. Celles-ci ne sont-pas, pour Scot, strictement coéternelles à l'essence divine, objet premier de l'intellect infini, lumière originaire : elles en sont des objets seconds qu'il produit, naturellement et nécessairement, dans leur « être intelligible », lumière éternelle encore, mais dérivée. Lorsque, moyennant le concours divin, un existant donné dans l'expérience fait connaître à un entendement fini une vérité nécessaire, c'est grâce à l'essence qu'il inclut, grâce à la nécessité introduite par l'entendement infini, source du possible, dans l'action contingente de la volonté créatrice. L'illumination ne se réduit pas au don de l'intellect, dans la création de l'esprit ; elle est *don* aux objets, par l'entendement divin, de leur structure nécessaire. Adéquat à l'essence infinie, l'entendement infini se situe non seulement au-dessus des existants, mais encore des intelligibles finis, ses productions. S'il est vrai que la doctrine des Idées mérite considération en philosophie de la religion ou critique de la théologie (Duméry), il faut retenir l'originalité de cette position scotiste.

Nous avons une idée de la suite franciscaine qui joint saint Bonaventure à Duns Scot. Laissant de côté Gilles de Rome, Docteur des Ermites de saint Augustin, Ordre dont le rôle intellectuel ne sera pas négligeable, revenons aux dominicains. Ceux-mêmes que l'histoire a retenus comme les premiers thomistes ne suivent pas tous leur Docteur dans sa distinction de l'essence et de l'existence ; certains préfèrent, sur ce point, en rester à Aristote ; on voit naître, selon le mot de Gilson, un « thomisme moins l'acte d'être ». Des dominicains non thomistes, le plus connu est Durand de Saint Pourçain[a][34]. On en fait souvent un précurseur de Guillaume d'Occam. Mais il s'oppose à ce dernier par une de ses principales thèses : à ses yeux, la relation constitue un mode d'être, *esse ad aliud*, irréductible à l'*esse in se* de la

---

a. Durand, né à Saint-Pourçain-sur-Sioule (Allier), malmené par son Ordre pour son opposition au thomisme, meurt évêque de Meaux en 1334. Dates des trois rédactions de son *Commentaire* : 1307-1308, 1312-1313, 1317-1327. Autre dominicain non thomiste : Jacques de Metz : enseigne entre 1295 et 1302. Gilles de Rome : né vers 1247, bachelier en théologie en 1276, meurt en 1316.

substance, à l'*esse in alio* de la qualité. Cette conception permet à Durand d'enseigner une noétique où les sens et l'intellect ne sont point passifs, mais essentiellement actifs. Le fait de sentir ou de connaître n'a rien d'une réalité absolue, qui s'ajouterait à l'âme pour la parfaire ; c'est une simple relation à l'objet. La perfection de l'âme est en effet telle qu'elle n'a rien à recevoir du dehors ; c'est une pure spontanéité qui se rapporte à tout objet qui se présente. On retrouve l'inspiration de franciscains tels que Pierre de Trabibus ; saint Augustin est cité ; on ne s'étonne pas que Durand nie l'intellect possible et l'intellect agent, les « espèces » aussi, formes qui, dans le thomisme, viennent actualiser nos facultés de connaître. Toutes ces négations se comprennent dans un mouvement de réaction contre la réceptivité de l'âme aristotélicienne.

L'ordre dominicain nous offre encore un groupe de penseurs qui mettent une continuité entre Albert le Grand et maître Eckhart. L'œuvre du maître de saint Thomas, avons-nous dit, était plus riche que celle de son disciple ; le courant néo-platonicien qui la traverse se continue chez Ulrich de Strasbourg et Thierry de Freiberg[a][35]. Le premier paraît s'inspirer principalement du *De Causis* ; le second utilise largement l'*Elementatio theologica* de Proclus, traduite par Guillaume de Mœrbeke. Thierry ne fut pas seulement un théologien : savant en optique, il a donné un remarquable travail sur l'arc-en-ciel. Pour le situer en histoire de la philosophie, traitons brièvement de sa doctrine de l'intellect agent : ce sera un dernier et bel exemple des spéculations et des intérêts que ce mot a couverts au XIIIe siècle. Posons d'abord le double mouvement du monde néoplatonicien, la *processio* et la *conversio* : toutes choses procèdent « intellectuellement » du premier principe pour y retourner de même. L'intellect agent sort de Dieu comme son *image* : les autres êtres ont

a. Ulrich de Strasbourg, contemporain de saint Thomas, est mort sans doute en 1278. Thierry de Freiberg est mort peu après 1310, après avoir étudié et enseigné à Paris dans le dernier quart du siècle. Autre dominicain : Berthold de Moosburg dont l'exposition des *Éléments de Théologie* de Proclus sera citée par Nicolas de Cues.

pour exemplaire une idée divine; lui, l'essence même. Les choses n'imitent qu'une idée : forme exemplaire d'un genre d'être déterminé – *forma exemplaris alicujus determinati generis entium.* Conformé à l'essence divine qui ne connaît pas cette limitation, l'intellect présente un caractère universel, total. Rassemblons les expressions remarquables : l'intellect agent procède comme image – en pleine conformité à l'intellect dont il procède – en pleine conformité à la substance divine – il procède en effet de la *raison* divine (au sens objectif d'essence) pour autant qu'elle est la raison de la totalité des êtres; *intellectus agens procedit ut imago – in omnimoda conformitate ad substantiam divinam – procedit enim a ratione divina prout est ratio universitatis entium.* La divinité ne contient pas seulement des raisons de chaque être, mais constitue la raison de tous : voilà ce dont sort l'intellect agent, parfaite image de Dieu et ressemblance de tout l'être – *imago Dei perfecta, similitudo totius entis.* Si nous réalisons la notion d'un intellect en acte par son essence – *intellectus in actu per suam essentiam* – nous voyons aussitôt que le même acte par lequel il sort de son principe l'y fait retourner : cet acte ne peut être en effet qu'un acte d'intelligence, ayant ce principe pour objet. Ce caractère définit *l'image* : « procéder en tant qu'image, c'est procéder en connaissant celui dont on procède, en sorte que cette connaissance elle-même soit la procession même et le fait de recevoir son essence » – *procedere in quantum imago est procedere cognoscendo eum a quo procedit, ita quod ipsa talis cognitio sit ipsa processio et acceptio suæ essentiæ.* La connaissance ici constitue l'être même : à ce texte du *De intellectu et intelligibili* de Thierry, nous pouvons en joindre un autre, de son *De visione beatifica* : les choses se passent ainsi « que l'émanation de l'intellect selon laquelle il émane par essence de son principe, soit sa propre conversion en son principe même » – *ut ejus emanatio, qua intellectualiter emanat per essentiam a suo principio, sit ipsius in ipsum principium conversio.* Il faut entendre ces formules pour constater ici l'intuition d'une coïncidence entre deux mouvements métaphysiques qui semblent inverses : « L'idée – comme l'a dit

M. Bergson d'une autre doctrine – que la "conversion" des Alexandrins, quand elle devient complète, ne fait plus qu'un avec leur "procession". Nous ne pouvons engager ici de comparaison entre notre dominicain et ses sources : à côté de Proclus et des Arabes, signalons la présence d'Augustin. L'intellect agent s'identifie non seulement à *l'imago Dei,* mais à la profondeur cachée de la mémoire – *abstrusae profunditas memoriae,* au fond de l'esprit – *abditum mentis* ; dans l'intellect possible, Thierry retrouve une pensée moins centrale, plus extérieure, l'*exterior cogitatio.* Les termes aristotéliciens se convertissent en expressions augustiniennes : ils servent à traiter de l'union à Dieu et de la vie intérieure. Parmi des hommes qui, tels les thomistes, concevaient l'intellect agent comme une faculté de l'âme, une manière d'accident, notre dominicain pose un intellect dans l'ordre de la substance, doué même d'une certaine causalité à l'égard de l'âme. Citons – sans la commenter – une formule : « L'intellect agent est le principe causal intrinsèque de l'âme » – *intellectus agens est principium causale animae intrinsecum.* C'est dans la vie de l'esprit, le principe vital, tel le cœur dans l'être vivant : *sicut cor in animali.* Il lui est essentiel de nous être intérieur : le concevoir unique pour tous les hommes, *séparé,* ce serait détruire notre vie – la plus haute : « Puisque la suprême vie de l'homme consiste à vivre intellectuellement, il n'est point vraisemblable que le principe intérieur de cette vie l'intellect agent – ne soit pas, pour chacun, sa propriété et intérieur à lui ». Les Arabes se trouvent rejetés. Et chacun de nous se voit en possession d'un principe de coïncidence avec Dieu. Usons encore d'une formule de M. Bergson : « Lorsque l'homme, sorti de la divinité, arrive à rentrer en elle, il n'aperçoit plus qu'un mouvement unique là où il avait vu d'abord les deux mouvements inverses d'aller et de retour ». C'est pour nous assurer une possibilité de ce genre que Thierry de Freiberg a sans doute construit sa théorie de l'intellect agent.

Pour achever cette suite de figures originales, présentons un laïque, tertiaire franciscain, Raymond Lulle [a][36]. Ermite et voyageur, troubadour religieux, logicien et apôtre, ce majorquain a laissé une surabondance d'ouvrages de tous genres : un érudit espagnol a fort bien dit qu'« il improvisait ses systèmes comme Lope de Vega ses drames ». Le latin n'est point sa seule langue doctrinale ; la majeure partie de ses œuvres fut écrite en catalan ; une part, traduite aussitôt, ou même composée en arabe. Cet homme des frontières de la chrétienté pense en fonction des Sarrazins, dont « certains lui paraissent fort instruits en philosophie » : il dispute avec leurs docteurs ; c'est une de leurs doctrines – l'averroïsme – qu'il retrouve et poursuit en terre latine, à Paris même, où il vient argumenter contre les 219 propositions condamnées en 1277. Pour convertir les infidèles, former des missionnaires, il préconise des collèges de langues orientales, dont il fit un essai à Miramar, dans son île de Majorque. Le franciscain Roger Bacon avait prêché aussi la connaissance des langues et proposé à des fins pratiques sa philosophie renouvelée par la « science expérimentale » : « j'ai considéré la philosophie, avait-il écrit au Pape, dans l'utilité considérable dont elle est pour la conversion des infidèles ; grâce à cette science, ceux qui ne peuvent être convertis seront du moins réprimés soit par les œuvres qu'elle permet d'accomplir, soit par la guerre qu'elle permet de mener contre eux ». Raymond Lulle appartient au même âge et esprit de croisade ou de mission : contre les Sarrazins il engage une guerre dialectique, en proposant à la chrétienté son *Ars magna*.

Cette intention pratique mise à part, à quelles idées essentielles répond « l'art de Lulle » ? On a considéré avec un intérêt amusé les tourniquets sur lesquels il inscrit ses concepts fondamentaux, soit absolus, soit relatifs. Nous n'en comprenons

a. Raymond Lulle, né à Palma de Majorque en 1232 ou 1235, consacre après sa « conversion » (1262) sa vie à la Croisade et à la conversion des infidèles. De là, non seulement sa doctrine, mais aussi ses démarches auprès des princes et des papes, ses voyages au pays des Tartares, en Arménie, en Afrique. Il enseigne à Montpellier et à Paris (1287-1289, 1297-1299, 1309-1311). Il meurt en 1316 au retour d'un dernier voyage d'apostolat où il a été torturé.

tout à fait ni le fonctionnement, ni le rôle dans la vie intellectuelle ; mais nous constatons que toute connaissance s'y réduit
à une combinaison des principes : « par un mélange ordonné
– nous est-il dit – des principes mêmes on désigne les secrets et
les vérités de la nature » – *per ordinatam mixtionem ipsorum
principiorum significantur secreta et veritates naturae*. L'ima-
gerie lullienne exprime l'idée d'une combinatoire universelle.
« Puisque chaque science possède ses principes propres, différents des principes des autres sciences, l'intellect requiert et
désire qu'il y ait une science générale à l'égard de toutes les
sciences, avec ses principes généraux, dans lesquels les principes
des autres sciences particulières soient enveloppés et contenus,
comme le particulier dans l'universel ». Dépassant les genres
sans communication, les disciplines séparées par leur spécificité,
au delà de la métaphysique, de la logique aristotéliciennes, le
Grand Art veut réaliser l'unité du savoir. Comment Lulle a-t-il
pu croire possible cette unification ? Son projet, a-t-on dit, « n'a
de sens que dans un système des connaissances et du monde aussi
complètement unifié que celui des augustiniens du XIIIᵉ siècle »
(Gilson). Considérant l'Écriture, Roger Bacon posait une
unique sagesse ; son *Opus majus* esquissait une encyclopédie.
En fonction de son symbolisme, saint Bonaventure écrivait un
opuscule sur la manière de réduire les *arts* à la théologie : *De
reductione artium ad theologiam*. Raymond Lulle se meut dans
cet univers de symboles, où toute créature parle du Créateur ;
nous lisons dans une de ses œuvres mystiques : « On demanda à
l'ami : Qu'est-ce que le monde ? Il répondit : Pour ceux qui
savent lire, c'est un livre dans lequel on apprend à connaître mon
Aimé ». Ne pourrait-on pas dire que *l'Ars magna* unifie les
connaissances humaines du point de vue de Dieu ? Les principes
absolus du savoir ne sont autres en effet que les *dignités* divines,
telles que bonté, grandeur, puissance, sagesse, gloire. Cette
technique intellectuelle se fonde sur les notions, éminemment
religieuses, de ces « qualités bénies » – *qualitates benedictae*.

Tout naturellement, la théologie usera du *Grand Art,* entrera
dans le jeu de ses nécessités, prouvera les articles de foi – devant

les infidèles. «Une religion universelle, appuyée sur une méthode de penser également universelle, voilà – nous dit M. Bréhier – l'idée que Lulle se fait de la catholicité. » Son œuvre continue celle d'Anselme; chez ce connaisseur de l'Islam, le personnage de l'infidèle se précise et s'affirme en face du chrétien. Pour comprendre le lullisme, il faut se représenter un mode de dispute où «le catholique dispose ses adversaires à l'intelligence de Dieu et des actes intérieurs de ses *dignités*». Même instruits et raisonnables, les Sarrazins savent en effet peu de choses de l'essence et des dignités divines; le chrétien se pose devant eux avec les données de sa croyance. S'il n'avait pas la foi, il ne pourrait point prouver; quand il aura prouvé, sa foi demeurera : «je me propose, déclare-t-il, de prouver d'une façon telle que la vertu de foi reste intacte » – *intendo taliter probare quod habitus fidei maneat integer.* En quoi consistent ces preuves, où la Trinité même se trouve incluse? – Elles empêchent de penser le contraire, de nier le dogme : «j'ai prouvé, dit encore Lulle, la Trinité divine de telle manière que l'intellect humain ne puisse pas raisonnablement comprendre (qu'elle ne soit pas)» – *probavi divinam trinitatem tali modo quod intellectus humanus non potest rationabiliter intelligere...* On a l'intelligence de la Trinité quand on peut réfuter ses adversaires : «pour autant qu'on a le moyen suffisant de confondre toutes les erreurs opposées à ce dogme » – *in quantum habeam sufficientiam ad confundendum omnes errores contra ipsum.* Si la preuve est de l'ordre de la réfutation, nous continuons de penser selon le mode anselmien. Le P. Longpré cherche dans Richard de Saint-Victor l'origine des *dignités* que Lulle attribue à Dieu et du genre d'argumentation qui en dépend : cette hypothèse semble heureusement orientée. En face de l'invasion philosophique qui porte «l'averroïsme», la tradition d'Anselme et de Richard se maintient, entend résoudre les problèmes posés à la pensée chrétienne par l'aristotélisme arabe. A travers la diversité spéculative du XIIIe siècle, ce même conflit se retrouve, dont le thomisme a été *une* des solutions.

Chapitre V

JEAN DUNS SCOT, GUILLAUME D'OCCAM

On a opposé Jean Duns Scot [a][37] à Thomas dAquin comme Kant à Leibniz, le critique au dogmatique. C'était décider de la signification de son œuvre, la situer dans une perspective sur l'histoire intellectuelle du Moyen Âge : avec le XIIIe siècle, l'âge des synthèses serait définitivement passé; l'historien devrait changer de métaphore, parler de dissociation, de dissolution. Il nous faudra nuancer cette vision d'un âge critique. A moins d'adopter le thomisme comme centre de références, il paraît difficile d'admettre avec Gilson que la condamnation de 1277 ait substitué une attitude défensive à l'« effort pour conquérir la philosophie en la rénovant ». D'ailleurs, même engagée « sur les instances de la théologie », une critique de la philosophie « par elle-même » n'équivaut pas à une critique de la philosophie par la théologie et, dans sa critique de la philosophie par la théologie et, dans sa critique même des philosophes, le théologien peut « créer du nouveau dans l'ordre philosophique ». Ces formules du même historien montrent quels problèmes

---

a. Jean Duns Scot, né à Littledean (Écosse) vers 1265, étudie à Oxford et Paris, partage sa vie et son enseignement entre ces deux villes : Oxford, vers 1300, 1305-1306; Paris, 1302-1303, 1304-1305, 1306-1307; envoyé à Cologne, y meurt en 1308.

posent à l'historien Duns Scot et Guillaume d'Occam[a][38], autre franciscain.

Duns Scot nous arrêtera quelque temps. Notre « esprit critique » traduit assez mal sa *subtilitas*, fameuse dans l'École : il s'agit d'une façon de penser plus complexe, où la rigueur tempère la hardiesse sans l'empêcher. Ses écrits nous font assister à la mise à l'épreuve, en de longs dialogues intérieurs, des conceptions qu'il fait siennes ; sa démarche est d'un chercheur, non d'un doctrinaire ; mais les matériaux une fois vérifiés, vient la construction, en flèche ; ou plutôt éprouver et construire ne font qu'un même mouvement. Cette attitude me paraît d'un grand intérêt pour nous : vu de notre temps, le Moyen Âge semble une époque de naïveté dogmatique ; le philosophe moderne y cherche en vain de la critique ; de là, tant d'études sur les « théories de la connaissance ». On a souvent oublié que d'âge en âge, l'attention des hommes ne va pas aux mêmes objets. Le XVIIIe siècle finissant réfléchira sur les conditions de possibilité d'une science mathématique de la nature. Au début du XIVe siècle, la réflexion a peut-être un autre centre : à quelles conditions une théologie est-elle possible ? Il faudrait alors chercher dans des spéculations sur la science de Dieu l'aspect réflexif de la pensée médiévale. Ainsi chez Duns Scot, dans le prologue – déjà cité – de son *Opus Oxoniense* ou, selon le terme adopté par l'édition critique, de son *Ordinatio*, un des plus beaux textes spéculatifs de l'Occident.

Avant de discuter la possibilité d'une théologie, il nous faut prendre conscience de sa nécessité pour nous-mêmes. Reportons-nous aux années 1300, après l'invasion aristotélicienne : à quoi bon spéculer sur la Révélation, si la simple raison suffit à tout ? Tel est l'esprit des philosophes : Aristote, ses disciples arabes, ceux qui voudraient les suivre. Là-contre, le

a. Guillaume d'Occam, né à Ockam (Surrey), peu avant 1300, étudie à Oxford en 1312-1318, y lit les *Sentences* en 1318-1320, est appelé à la Curie en 1324 pour y justifier son enseignement, s'évade d'Avignon en 1328 avec Michel de Césène, général des Franciscains, rejoint l'empereur Louis de Bavière, s'engage ainsi dans la querelle de la pauvreté et la lutte du Sacerdoce et de l'Empire – de là ses écrits politiques – meurt en 1349 ou 1350.

théologien doit justifier son office. Duns Scot le fonde dans la situation intellectuelle de l'homme : à un être qui agit selon sa connaissance, il est indispensable de déterminer la fin où il tend et les moyens qu'il a de l'atteindre.

Partons de ce principe philosophique. Le croyant pose comme fin de la vie la vue de Dieu : non pas le considérer en un de ces concepts que le métaphysicien forme à partir du sensible, mais vraiment le *voir,* « face à face », dans sa réalité suprasensible. Pour *vouloir* une fin, il faut estimer possible de l'atteindre : notre entendement se sait-il capable d'une intuition intellectuelle de Dieu ? Il pourrait le savoir s'il possédait déjà une telle intuition de sa propre nature. Mais toute notre connaissance part de la sensation et se compose de ce qu'elle en abstrait ; les seuls actes de connaître dont nous ayons l'expérience portent sur des objets sensibles ou les abstractions qui en sortent. Aristote a vu ce fait et en a tiré sa théorie de l'intellect : en ne nous posant pas capables de voir un intelligible tel que Dieu, il ne fait que suivre sa raison ; il est vraiment « le Philosophe ». Avicenne cependant constitue une objection : ce philosophe ne conçoit pas de même l'objet qui convient à notre entendement et le définit : d'après lui, ce serait l'*être,* selon toute son indétermination, sensible ou non. Duns Scot, qui fera sienne cette thèse, se demande si c'est une position de pur philosophe : Avicenne était musulman, croyait en l'immortalité ; il a conçu l'intellect humain en fonction d'un au delà où il saisirait le *supra*-sensible ; à la philosophie, il a mêlé sa croyance. En conclusion, « nous devons nier que ce soit *naturellement* que nous connaissions que *l'être* est le premier objet de notre intellect, en entendant cela selon toute l'indétermination de *l'être* au sensible et au non sensible » – *negandum, quod naturaliter cognoscimus ens esse primum objectum intellectus nostri, et hoc secundum totam indifferentiam entis ad sensibilia et insensibilia.* C'est en théologien que Duns Scot devra reprendre les vues d'Avicenne sur l'objet de l'entendement.

A propos des théories de l'intellect, nous avons touché à cette doctrine. Il faut maintenant l'éclaircir, car on se sent en plein paradoxe : une raison qui se méconnaît, tout naturellement ; une théorie de la connaissance qui se fonde sur une révélation. Il nous faut proposer une image schématique d'une doctrine encore en voie d'élaboration quand la mort interrompit le travail du chercheur. On peut y distinguer trois moments. *Au premier*, nous considérons une raison pure de toute révélation : l'histoire a réalisé cette condition en Aristote. De l'expérience que toute intellection se termine à des concepts, abstraits du sensible, il a conclu et pouvait seulement conclure que l'objet naturel de notre intellect consiste en « ce qu'est la chose donnée au sens » : *quidditas rei sensibilis.* De ce point de vue, l'intuition d'un pur intelligible nous ferait sortir de notre nature : ne dites point à l'homme aristotélicien qu'il désire *voir* Dieu. Ce serait pour lui vouloir l'impossible. Cette impossibilité, il n'a certes pas en lui de quoi la *démontrer,* mais rien non plus qui montre l'opposé. *Second moment* : le christianisme intervient du dehors, comme une *nouvelle* : la même *nature* humaine apparaît susceptible de différents *états* : avant la chute, – aujourd'hui, – dans l'immortalité et après la résurrection. L'humanité dont Aristote a donné la théorie, c'est l'état le plus bas de la nature humaine, celui où l'a fait tomber la faute d'Adam. Dans sa perspective de l'histoire, Duns Scot voit, entre le Philosophe et lui, la Révélation qui lui dit notre intellect capable d'intuition intellectuelle, de celle même de Dieu ; de l'objet qui définit notre intellect dans l'expérience, *pro statu isto*, il distingue son objet *ex natura potentiae* : l'*être* avicennien. La réflexion ne nous fait pas prendre possession de notre nature ; sans une parole divine, nous nous trompons sur nous-mêmes, à moins que nous ne consentions à ignorer notre essence, à ne point la définir. Bien que son erreur ne fut pas strictement nécessaire, le Philosophe était dans une situation dont il ne pouvait sortir ; le théologien se place au dehors. Mais de là, il ne reste point sans dialectique contre le philosophe ; il ne s'arrête point sur un recours à la foi : voici notre *troisième moment.* Duns Scot laisse l'adversaire former des objections pour montrer qu'il se contredit, détruit son propre savoir. Quand il persiste à nous enfermer dans la *quidditas rei sensibilis*, le strict aristotélicien oublie que lui-même fait de la métaphysique, science qui se définit par le même objet que l'intellect scotiste : l'*être* indéterminé, – de cette indétermination qui fonde l'universalité : ici celle d'une notion transcendant le sensible autant que la philosophie première transcende la physique. La métaphysique est un fait : le philosophe qui la pratique ne peut pas en refuser le fondement dans la nature humaine, fondement que lui montre le théologien.

Dans ses preuves de Dieu, Scot apparaît conscient de cette transcendance de la métaphysique : il argumente par la causalité efficiente, mais à propos de l'argument thomiste du Premier Moteur – principe immobile de tout le mouvement que nous observons, – il a cette remarque qu'on doit être plus métaphysicien pour prouver qu'il est premier, que physicien pour prouver qu'il est moteur. Puisque c'est en métaphysicien qu'il faut finir, lui-même commencera en métaphysicien : si patent qu'il soit, le mouvement n'est, après tout, qu'un fait, du sensible, du contingent ; il vaut mieux ne bâtir que sur les propriétés de l'être, la structure nécessaire du possible ; partir non d'un effet donné mais de la possibilité d'un effet, de l'*effectibile,* c'est se ménager la voie la plus sûre vers la plus haute idée de Dieu, accessible à nos raisonnements, celle même que Duns Scot met en question quand il se demande si, parmi les êtres, il y a un infini existant en acte : *Utrum in entibus sit aliquid actu existens infinitum*? Avec l'idée d'infini nous sommes au cœur du problème de la théologie.

Théologie : science de Dieu. Duns Scot a de la science une idée où l'on pourrait chercher l'influence de Robert Grosseteste et du mathématisme d'Oxford. On sait une chose quand on peut démontrer ses propriétés comme un géomètre le fait du triangle : est scientifique la connaissance *a priori,* – le Moyen Âge disait : *propter quid.* Pour déterminer ainsi des propriétés, il faut avoir de leur sujet une idée distincte : une intuition de son essence ou une notion équivalente. Selon les philosophes mêmes, cela nous manque à l'égard de Dieu. Déficience capitale : de l'être indéterminé, de *l'ens in communi*, on ne déduira pas plus ce qui est propre à l'essence divine qu'on ne fera sortir de la notion de figure les propriétés du triangle. Notons avant Descartes ce sentiment de l'inadéquation des idées générales, ce besoin de notions distinctes, particulières. Pour connaître Dieu, nous ne pouvons procéder *propter quid*, de façon vraiment scientifique ; il nous faut raisonner *quia,* – nous disons : *a posteriori,* – nous contenter d'une science au rabais. Ainsi ont fait les métaphysiciens qui connaissent Dieu seulement par les effets dont il est la cause ; les résultats qu'ils ont obtenus montrent que la voie n'est pas sûre, quand la raison s'y engage seule. Nous sommes après 1277, après la condamnation des erreurs des philosophes. Deux caractères paraissent aux chrétiens ceux du vrai Dieu : la liberté, la Trinité. A partir des effets sensibles, la métaphysique gréco-arabe infère, pour sa première cause, des caractères opposés, aboutit à des erreurs. Cette défaillance de la pure raison atteint la fin de l'homme et la manière d'y parvenir : les philosophes, en effet, n'ont pas connu que Dieu était librement cause, ni son essence communicable à trois personnes – *Deus contingenter causans, Essentia communicabilis tribus.* Ils n'ont pas démontré leurs erreurs, ils ne le pouvaient pas ; ils ont été « plutôt conduits » à nier ces vérités par l'expérience sensible d'où il leur fallait bien partir.

Le péripatétisme arabe, si mêlé de néo-platonisme, semble constamment présent à l'esprit de Scot : comme ils ne conçoivent à partir du Principe qu'une procession nécessaire, les philosophes n'envisagent qu'un retour également nécessaire. Le théologien repousse ce schéma : son Dieu traite en toute liberté avec les êtres qu'il a librement créés. La béatitude qu'il nous promet se présente comme un don : nous ne pouvons la vouloir comme si c'était notre dû. Nous devons certes mériter le salut ; mais nos mérites ne sont nécessaires et suffisants qu'en conséquence d'un décret divin : le chrétien ne va point à sa fin selon une consécution naturelle, un *processus* nécessaire. Sa liberté vit à l'ombre de la liberté divine. De l'une à l'autre, Duns Scot aperçoit une liaison capitale : afin de prouver contre les philosophes que Dieu est libre, l'*Opus oxoniense* infère de la contingence, donnée dans le monde – pour la « sauver » – une « première contingence » dans le principe du monde. C'est admettre que dans l'effet et dans la cause, la contingence ne se réduit pas à une privation, un simple manque d'être, mais constitue une réalité positive, un *modus positivus* : l'indétermination par plénitude d'une volonté, humaine ou divine. Au fond même de l'être, quelque chose échappe à la nécessité des natures, chère à la philosophie ; le monde devient libre pour l'histoire humano-divine que racontent les Écritures et où s'insère la vie du chrétien. Mais pour Duns Scot, la liberté de Dieu ne présente pas seule un caractère pratique ; il en est de même de la Trinité. Aux yeux de ce franciscain, aimer constitue l'acte suprême. Or, sans la foi trinitaire, l'homme se tourne vers l'essence infinie, qui est le souverain bien, comme si elle ne subsistait qu'en une personne, alors que dans son éternité, elle se communique à trois : l'erreur de la raison passe dans l'amour, qui perd sa rectitude, n'étant plus conforme à son objet. Rappelons-nous que la spéculation trinitaire n'est pas sans lien avec la mystique : nous concevrons qu'une certaine façon d'aimer réponde à l'*Essentia communicabilis tribus*, à la « communicabilité », à cette libéralité que la théologie met dans la nature suprême. Récapitulons avec la liberté : notre fin apparaît comme une Trinité qui se donne librement. Hors de ces caractères, de ces « conditions » dans lesquelles se présente l'essence infinie, il n'y a point de connaissance distincte de notre fin permettant d'y parvenir. Si le propre d'une religion est de valoir devant Dieu, il n'est pas de religion naturelle ; si la tâche d'une morale est de déterminer le rapport de l'homme au bien suprême, la morale naturelle est nécessairement inachevée. La raison percevant l'impossibilité d'un « salut philosophique », la Révélation s'insère dans la nature, le théologien est philosophiquement justifié de l'exposer. C'est là un premier aspect de l'introduction philosophique à la théologie qu'inclut l'œuvre de Scot.

La recherche métaphysique – *inquisitio metaphysica* – en prouvant l'existence d'un infini dans l'être lui apporte la notion la plus haute – *conceptus perfectissimus* – qu'un entendement humain puisse former de Dieu : celle d'un être infini, qui le vise dans son essence même. Mais Dieu n'est pas seulement être, il connaît, il veut; connaître et vouloir sont pareils à des propriétés qui s'attribuent à l'essence comme à leur sujet. De ce point de vue, nous apercevons la science *a priori* – *propter quid* – qui manque au philosophe : Dieu apparaît en lui-même matière de science; ce qui suppose entre l'essence et les attributs divins une distinction et un ordre assimilables à ceux qu'il y a entre un sujet et ses propriétés; et cette distinction, cet ordre intérieurs à la nature divine permettent d'y trouver le fondement de la Trinité. Tandis que l'infinité cartésienne interdira de rien distinguer dans la simplicité divine (pas même d'une distinction de raison : en pensée, et non entre des réalités – *ne quidem ratione*), l'infinité scotiste ne détruit, entre l'être, le connaître et le vouloir, ni distinction ni ordre; leur identité réelle n'empêche pas une non-identité *formelle* : terme scotiste fameux; l'éternité, d'autre part, exclut le discours au long du temps, mais une façon d'antériorité demeure : on a droit de discerner dans la divinité un ordre logique, des moments intemporels (ces *instantia naturae* sont fameux dans l'École). Selon ces moments, dans cet ordre, la science *a priori* de Dieu que nous n'avons pas en nous se réalise éternellement en lui; c'est l'absolu de la théologie – *theologia in se* – considérée en elle-même, dans sa pureté et sa plénitude, avant d'être communiquée à aucune créature. Puisque – nous l'avons dit – l'intellect divin ne trouve pas seulement dans l'essence infinie son objet premier, mais produit toutes les autres comme une infinité d'objets seconds, la théologie en soi est science totale. Jointe à celle de la non-identité formelle, la doctrine scotiste des Idées fonde cette présentation de la théologie « comme science ». Ce savoir réalisé en Dieu transcende toute acquisition possible d'un esprit fini : par une exigence de dépassement qui rappelle le *Proslogion*, l'horizon d'un entendement infini s'étend à *plus* de connaissable qu'aucun autre n'en peut naturellement connaître, à du connaissable que *lui seul* peut naturellement connaître. Une métaphysique qui prouve, en même temps qu'un infini dans l'être, un infini dans le savoir pose une science « transmétaphysique » que l'Absolu possède seul par nature, mais qu'il pourra communiquer par grâce, à différents degrés, si, objet naturellement caché à tous les autres esprits, il demeure libre de se montrer : *objectum voluntarium*. La connexion, l'identité est manifeste entre savoir absolu, théologie et Dieu qui *se* révèle. Nous retrouvons, sous un second aspect, l'introduction philosophique à la théologie : il s'agit toujours de la nécessité de celle-ci, non plus relativement à l'homme en quête de révélation, mais absolument, comme science propre à l'être infini.

La fonction chez Scot du concept d'être infini est de poser un au-delà de lui-même : terme ultime de la science de l'être en tant que notion de son Principe, il ne constitue cependant pas une *science* de Dieu. S'il nous faut prouver un infini dans l'être, c'est que la proposition : « l'être infini existe » n'est point évidente pour nous ; elle le serait pour un esprit qui bénéficierait d'une notion distincte de la déité, c'est-à-dire de l'essence divine comme telle, dans sa singularité – *deitas, essentia ut haec*. Ces termes désignent « le sujet de la théologie en soi », dans sa transcendance à l'égard de la métaphysique et de *notre* théologie même. De même, une notion singulière de Dieu nous montrerait son unicité, alors qu'une fois atteinte l'existence de « quelque infini », la dialectique scotiste doit prouver qu'il n'y en a qu'un. L'idée d'infini n'apporte pas plus l'évidence immédiate de l'unicité que de l'existence de son objet. Duns Scot ne rend une valeur à l'argument de saint Anselme que transposé en preuve de l'infinité d'un existant : le Premier (souvenir d'Avicenne) dont, l'ayant prouvé possible par soi et incausable, il a précédemment conclu qu'il existe par soi. Les preuves scotistes ne procèdent pas *a priori* d'une idée de Dieu, qu'elles construisent au contraire par leur progrès même, mais *a posteriori*, dans un style paradoxal : celui d'un argument par la cause efficiente qui ne part pas de faits contingents cependant manifestes – *ex contingentibus, tamen manifestis* –, mais se situe d'emblée au plan des natures, essences et possibilités (*de natura et quidditate et possibilitate*). De la causalité donnée, on retient seulement la possibilité qu'elle inclut : celle d'un effet – *effectibile* – en corrélation avec celle d'une cause – *effectivum* –, qui implique celle d'un *primum effectivum*, nécessairement existant, comme nous l'avons indiqué. Arbitraire à partir de la possibilité purement logique d'un concept, le passage du possible à l'être actuel ne fait point difficulté dans ce cas unique, s'il s'agit dès le départ d'être possible – *possibile reale* –, tel qu'on peut l'abstraire d'une donnée de fait. Le couple *effectibile-effectivum* exprime une structure d'ontologie comme le couple fini-infini auquel il conduit. Tout l'ordre des essences procède d'un existant nécessaire que Gilson dit n'être pas « infini parce qu'il est » mais être parce qu'infini, jugeant que, « les entraves de l'essence » surmontées sur son plan même, Scot découvre à sa manière « un au-delà de l'essence ».

Visant en Dieu le corrélatif de la finitude donnée en nous et dans les choses, notre idée d'être infini, « concept privatif », répond à notre situation dans le créé, mais sans pouvoir le préciser pleinement : la relation métaphysique du fini à l'infini n'inclut pas toute la dépendance théologique (c'est-à-dire révélée) de la créature à l'égard de la Toute-puissance créatrice, encore moins le rapport spécifique de l'esprit créé à la Trinité dont il est l'image. Comment, en effet, déceler l'imitation si l'on ignore le modèle ? Dans le dogme trinitaire, la foi pose une liaison inévidente pour la raison qui en conçoit les termes. Ceux-ci relèvent de la lumière naturelle, la révélation commune n'apportant sur Dieu aucune notion particulière comparable à l'intuition de son essence ; le théologien doit se faire métaphysicien pour élaborer des concepts applicables au divin, d'une généralité donc embrassant l'infini comme le fini : le donné révélé oblige ainsi la métaphysique à devenir savoir réellement « transcendant », au sens où la transcendance de l'être en fait la notion valable en Dieu comme dans le créé. Le travail du théologien philosophe pourra donc lever les contradictions apparentes qu'une philosophie trop liée au sensible signalerait dans le dogme. Mais Scot paraît tendre au-delà, à des « preuves », par une recherche complexe dont voici peut-être le schéma idéal : supposé que la foi nous présente la Trinité, nos spéculations y trouvent un objet de pensée sans contradiction interne, et en reconnaissent la perfection ; l'adversaire est réfuté, à savoir : le philosophe qui croit le dogme contradictoire, indigne de la divinité ; au croyant, les mêmes raisons font paraître absurde de renoncer à l'idée née de sa foi. Continuateur d'Anselme, Duns Scot sait limiter la portée d'une preuve théologique ; expliquant Richard de Saint-Victor, il s'explique lui-même : « encore que ce soient des raisons nécessaires, ce ne sont pas des raisons évidemment nécessaires » – *etsi sint necessariae rationes, tamen non sunt evidenter necessariae*. Nécessité sans évidence : le théologien reste un croyant.

Ces raisons nécessaires supposent un intellect qui parte du nécessaire, qui procède *ex necessariis* ; au point de départ de notre connaissance, il ne suffit pas de faits et de liaisons contingentes, il faut des contenus de pensée liés en nécessité : des essences. Puisque, dans notre condition actuelle, tout commence par les sens, l'intellect doit, de leurs données, tirer des *natures*. C'est le mot d'Avicenne : sa logique et sa métaphysique nous apprennent à concevoir une essence à l'état pur : *natura tantum*. Ainsi celle du cheval – l'*equinitas tantum* – ne se confond ni avec les chevaux particuliers qui seuls existent, ni avec l'idée générale que leur applique notre esprit ; entre cette singularité et cette universalité, elle demeure indéterminée : *natura indifferens*. De ce point de vue, Duns Scot pose les questions classiques de la noétique et de l'ontologie, le problème des universaux et celui de l'individuation : comment la même *nature* devient-elle d'un côté pensée générale, de l'autre chose individuelle ? Ne nous occupons pas ici de la constitution de l'individu ; voyons seulement dans la nature, point d'indifférence, l'idée communiquer avec le réel : l'être et l'unité vont de pair ; à tout degré d'être correspond un degré d'unité ; l'existence possède l'unité de l'individu, en termes d'école, l'unité numérique : *unitas numeralis* ; l'essence pure, non individuée, présente une unité propre, moindre que l'unité numérique : *unitas minor unitate numerali*. Avec cette expression fameuse, l'universel reçoit, à l'intérieur du singulier, un fondement distinct. Cette nature, qui fait le contenu de notre concept, l'intellect la trouve dans les données des sens. On traduit communément : partir du sensible, par : connaître d'abord le singulier ; en réalité, nous dit Scot, le sens n'atteint point la singularité comme telle ; il s'arrête à de l'indifférent. L'intellect scotiste n'a pas besoin de passer du particulier au général, puisque l'indétermination des natures les fait se retrouver dans tous leurs individus : l'indifférence de ces natures, ainsi communes – *naturae communes* –, assure l'universalité de leur empire. Etant entendu qu'aucune « réduction » n'a ici détaché les essences du réel pour en faire les purs objets d'un *Ego*, on peut évoquer la phénoménologie de Husserl : à des pensées de ce type, l'expérience ne fournit jamais que des exemples ; au travers, elles saisissent des essences ; l'*a priori* est leur climat. Il est vrai que, théologien, Duns Scot forme des raisons nécessaires sur un Dieu dont l'essence ne lui est pas donnée. Il dispose simplement d'un intellect qui conçoit l'*ens in communi* : pareille notion ne contient la nature d'aucun être ; elle ne constitue pas une espèce, ni même un genre ; elle n'est pas cependant sans rapport avec les *naturae communes* d'où notre esprit l'a tirée. Cette parenté semble essentielle : si indéterminé qu'il soit, l'*ens in communi* (ne traduisons pas l'*être en général* : il s'agit de *la nature de l'être*, comme par indétermination, comme toute *nature*, et prise en elle-même, avant que ne l'affecte la généralité qui vient de l'esprit) possède un contenu défini, nullement ambigu ; c'est la doctrine de l'*univocité de l'être* : « Cet être qui n'est rien d'autre qu'être » (Gilson), abstrait qui ne se réduit pas à un concept et se laisse traiter comme une essence : *natura entis* ; et les essences scotistes sont de l'ordre de « l'existible » ; leur science : la métaphysique est « science réelle ». Si elle s'applique au divin, elle le doit à des notions « transcendantes » du type de l'être univoque : sont élevées à la même transcendance, au-dessus des genres, de la finitude, les perfections que l'on attribue à Dieu ; traités comme des essences dont chacune reste elle-même, les attributs scotistes ne se perdent pas dans l'infini : c'est la doctrine de la *distinction formelle*, lien sans doute de l'école scotiste dont l'unité paraît tenir moins à des thèses communes qu'au mode de penser, à la technique spéculative que permet cette distinction fameuse.

Telles paraissent les conditions où Duns Scot poursuit, face aux « philosophes », la recherche d'Anselme et de Richard. Au service de la spéculation, le Docteur du XIVe siècle met sa formation avicennienne, oxfordienne : il sait en quoi consistent ses raisons et ce qui les fonde. Les vues qui en résultent sur la divinité ne demeurent point éparses dans son œuvre, mais s'organisent en vertu de l'idéal de science *a priori* que nous l'avons vu réaliser en Dieu. Ses constantes analyses de la pensée et du vouloir infinis donnent à sa théologie l'aspect d'une « psychologie divine ». Ce mot rend bien l'impression de hardiesse, d'arbitraire que donnent de telles constructions. Duns Scot reste cependant tendu vers une extrême rigueur : comment donc exprimer son effort en un terme évocateur, après six siècles ? Rappelons l'importance de la notion d'essence ; les actes divins, dans sa doctrine, se présentent comme des *intentions* : visant l'essence infinie comme leur premier objet, l'intellect et le vouloir divins constituent la Trinité ; on détermine ensuite comment ils « passent » à des objets seconds ; le théologien imite ainsi dans son discours ce qui n'est, en soi, qu'intuition, évidence, mais ordonnée : *evidentia ordinata.* Par tous ces caractères, la théologie scotiste ressemble à un essai de « phénoménologie », non de la conscience humaine, mais de l'Absolu : il s'agit d'exposer comment, à partir de l'essence infinie, par des actes de connaître et d'aimer, se constitue un Dieu vivant, créateur et sauveur d'autres êtres. En *se* révélant, le Dieu trine et libre nous appelle à cette tâche spéculative (ordonnée d'ailleurs à l'amour qui sauve) ; mais pour l'entreprendre, il faut un intellect qui se meuve dans les essences. Le réalisme des *naturae communes* fonde la possibilité de la métaphysique, discipline de la *natura entis,* instrument de l'exposition théologique.

Le franciscain français Pierre d'Auriole[a][39] paraît dans les histoires de la philosophie à titre de précurseur du nominalisme d'Occam, en compagnie de Durand de Saint-Pourçain. Lui aussi semble peu fait pour ce rôle. L'originalité de son œuvre lui mérite une autre place : connaissance étendue et précise des doctrines antérieures, discussion et exposé d'une abondante clarté, retour constant à quelques vues synthétiques, très conscientes, tels sont les premiers aspects de son *Commentaire sur les Sentences*. Duns Scot s'y trouve longuement critiqué notamment dans son analyse de la Trinité et sa théorie de la *natura communis* : le réel n'est à aucun degré, indifférent ; il n'y a donc pas à expliquer qu'il devienne, pour ainsi dire, singulier. « Chercher ce par quoi la chose, existant hors de l'intellect, est singulière, c'est ne rien chercher » – *quaerere aliquid, per quod res, quae extra intellectum est, est singularis, est nihil quaerere.* En déclarant vaine la recherche d'un principe d'individuation, notre philosophe n'écarte pas, en cette matière, toute question : il a un ensemble de spéculations sur l'individualité dont la cohérence n'apparaît pas aussitôt ; les problèmes semblent moins levés que déplacés. De l'autre côté, celui de l'esprit, nous trouvons pas mal de complexité dans ce qu'on a nommé son « conceptualisme ». On peut garder le mot en réservant le sens : n'y mettons d'abord que la négation du réalisme des *natures* scotistes, le refus de poser, dans l'individu, ce fondement *distinct* à l'universel ; remarquons aussi que *concipere, conceptio, conceptus*, tout cela évoque un thème et le ramène souvent chez notre théologien ; qu'à ce propos il déclare suivre Aristote contre Platon, nier les Idées au profit des concepts. Mais à tout aristotélisme, il faut demander ce qu'il garde du platonisme auquel il s'oppose.

Il s'agit toujours des essences, identifiées aux natures spécifiques : à l'*equinitas tantum* d'Avicenne, qu'il connaît, Pierre d'Auriole préfère un autre exemple et une autre

---

a. Pierre d'Auriole, ou Auriol, né aux environs de Gourdon, étudie à Paris en 1304, enseigne à Bologne (1312), Toulouse (1314), Paris (1317-1320) ; nommé archevêque d'Aix en 1321, meurt en 1322.

expression : *rosa simpliciter, la* rose – absolument – et non *les* roses – en particulier qui sont *telle* ou *telle. Tantum, simpliciter* : les adverbes ont leur importance ; tous deux évoquent la pureté des essences, mais le premier suggère une relative indétermination, le second un absolu de plénitude. On voit paraître *l'Idée* de la rose que toutes les roses « participent ». Nous lui refusons de subsister, à part de l'esprit ; celui-ci ne la voit pas seulement, il lui donne d'être, la conçoit. Mais entre le contenu de ce concept et les réalités individuelles, le rapport de participation demeure. En traitant Pierre d'Auriole d'empiriste, on a oublié que chez lui l'objet de la pensée contient plus que les choses ne peuvent réaliser : la vérité ne consiste pas en une conformité de l'esprit au réel ; il faut retourner la relation. Les choses sont vraies dans la mesure de leur fidélité à leur nature qui existe seulement dans la pensée : « La vérité d'une chose n'est rien d'autre que son essence ; être vrai n'est pas autre chose que suivre sa propre essence ; mais aucune essence n'est subsistante » – *veritas rei nihil aliud est quam ejus quidditas; nec esse verum est aliud quam assequi propriam quidditatem; nulla autem quidditas est subsistens.* Le concept garde le pouvoir régulateur de l'Idée sur les êtres : l'esprit appréhende toujours des essences et leur nécessité. Cette situation intellectuelle est parfaitement consciente : Platon a eu le tort de poser des intelligibles multiples comme un monde, une « forêt des natures » – *sylva naturarum*; supposons au contraire que toutes les essences subsistent, mais en devenant une seule : nous avons l'être même de Dieu, dont la plénitude toute simple condense, pour ainsi dire, en soi tout le monde des intelligibles : « Quelqu'un imagine-t-il toute entité subsistant ainsi (comme pure essence), il a, par le fait, la déité » (ce que Dieu est) – *si ergo quis imaginetur omnem entitatem sic subsistentem, habet utique deitatem.* De cela les choses créées ne sont que des imitations, des réductions, – entités diminuées : *entitates diminutae –*; nos concepts sont vrais dans la mesure où, notions d'essences, ils imitent l'essence suprême, dans la mesure où la déité est leur cause exemplaire : *isti conceptus veri sunt inquantum a deitate exemplati sunt.* En assurant l'équilibre de notre « conceptualisme » la notion augustinienne d'une première vérité sauve l'esprit de Platon. Il n'y a qu'une Idée, mais elle suffit, équivalant à tout le monde intelligible : le Dieu de Pierre d'Auriole est cette Idée consciente de soi ; ce prétendu nominaliste se donne ainsi le droit de raisonner, et il n'y manque pas, comme si le platonisme était vrai.

Selon cette perspective, toutes les essences se fondent en une seule ; la divinité n'admet aucune division interne, *nec re nec ratione* (ni en réalité, ni par la pensée) : l'explication scotiste de la Trinité est ruinée en son principe. Pierre d'Auriole ne peut manquer d'apporter une autre théorie ; l'esprit d'Anselme et de Richard se retrouve dans son *Commentaire*, servi par une technique différente de celle de Scot. Notre franciscain ne veut point de la formule thomiste : *articula fidei principia theologiae* ; les dogmes n'ont pas en théologie la place de principes, mais plutôt de conclusions. Non qu'il s'agisse de les démontrer d'une manière qui forcerait l'adhésion des philosophes, des païens ; on vise simplement à expliquer – *declarare* – l'objet auquel on adhère par la foi, à s'en faire une représentation intellectuelle, une espèce d'image non sensible – *imaginari per intellectum.* Au cours de cette exposition, le théologien trouve des vérités pleinement démontrables en raison naturelle, mais que les philosophes n'ont pas connues : « Il est de fait que l'Écriture divinement révélée nous contraint à nous mettre en chasse et recherche de beaucoup de vérités qui se déduisent pourtant de propositions connues en lumière naturelle. Et si Aristote avait eu ces mêmes occasions de recherche, il n'est pas douteux qu'il se serait beaucoup mieux élevé jusqu'à ces objets » – *Constat enim quod scriptura divinitus revelata cogit ad venandum et inquirendum multa vera quae nihilominus necessario ex propositionibus sequuntur notis in lumine naturali. Et si Aristoteles habuisset occasiones hujusmodi, non dubium quod ad eas multo excellentius ascendisset.* Texte précieux où paraît « l'esprit de la philosophie médiévale » et, si l'on veut, une idée de « la philosophie chrétienne ». A l'intérieur d'une théologie, sous son influence, la métaphysique se dilate sans briser sa nature. Nous pouvons appliquer au conceptualisme de Pierre d'Auriole sa propre psychologie du théologien métaphysicien : pour expliquer et se représenter dans l'intellect la Trinité que nous ne voyons pas, il faut disposer d'une image ; de là, on conclura au modèle. Cette image, ce sera notre âme. Entre le *De Trinitate* d'Augustin et notre auteur, il y a le *Monologion* et son exigence de preuve ; on choisit ici pour point de départ : *mens, notitia, amor*. L'esprit, la connaissance, l'amour. Retenons le second terme : la connaissance, le concept de l'homme va correspondre au Verbe divin. Dans cette correspondance, notre conceptualisme trouve plus de rigueur et de sens.

Et se connaissant, l'âme augustinienne vient pour ainsi dire *devant* soi, à titre d'*objet* ; mais, connaissance de l'esprit par l'esprit même, la *notitia* qui en résulte n'a avec la *mens* qu'une *essentia* ; cette même essence subsiste seulement selon deux modes ou, si l'on veut, en deux situations différentes : d'abord *en soi*, puis *devant soi – in se, ante se*. Quant à l'unité d'essence et diversité de modes, les choses ne se passent pas autrement en Dieu : le Verbe, c'est la divinité devenue *objet*, la déité posée dans ce mode d'être qui consiste à être vu – *deitas posita in esse prospecto*. Du Père au Fils, il n'y a – pour ainsi dire – d'autre changement que cette façon d'être. La « consubstantialité » des personnes divines nous devient plus claire si nous remarquons que, dans la connaissance de soi, l'âme se dédouble par un jeu de relations qui n'altère pas l'absolu de son essence. Comment établir cela ? En montrant que l'objet de toute connaissance, *devant* notre esprit, contient simplement, sous un mode d'être nouveau, l'essence de la chose qui subsiste *en* elle-même. Avec une étonnante virtuosité, Pierre d'Auriole entreprend cette tâche : il veut une psychologie trinitaire rigoureusement démontrée ; c'est bien un cas de philosophie intérieure à une théologie. La démonstration part d'une expérience, de l'exemple familier de *la* rose : « Car il est de fait que l'intellect se porte sur *la* rose et expérimente qu'elle lui est opposée à titre d'objet » – *constat enim quod intellectus fertur super rosam simpliciter et experitur illam sibi objeci objective*. Nous pensons des *natures*, presque des *Idées.* Dans ces universaux, nous tenons la réalité des individus, cela même qu'ils sont : « En effet, celui qui conçoit la rose a dans son intuition l'expérience de quelque chose d'absolument un, dont il est patent que c'est une chose pleinement la même que les roses particulières existant en dehors de l'esprit » – *concipiens enim rosam experitur in suo intuitu aliquid unum simpliciter, de quo constat quod est res omnino eadem rosis particularibus quae sunt extra.* Bel exemple de construction médiévale : la réflexion s'encadre dans une théologie, l'expérience du concept se réfère à une doctrine du Verbe, le « divin concept » ; la participation platonicienne ne dit pas toute la relation du concept à la chose ; il faut considérer encore la « consubstantialité » du Verbe avec le Père. Quand Guillaume d'Occam a rencontré cet extraordinaire conceptualisme, il l'a écarté.

Pour définir la pensée de Guillaume d'Occam, l'histoire doctrinale a reçu de la tradition scolastique le terme *nominalisme.* Nous lui chercherons un sens précis sans croire que le problème des universaux ait fourni à l'occamisme sa tâche centrale. Quand il pose cette question, à propos de la connaissance que nous pouvons avoir de Dieu, le franciscain anglais signale que, de la solution, dépendent bien des choses qu'il a dites ou dira dans la suite de son *Commentaire des Sentences* ; en partant des cinq questions qu'il y consacre à la nature de l'universel, notre analyse retrouvera l'ensemble de problèmes que la théorie des *naturae communes* nous a offert chez Scot et Pierre d'Auriole. Nous prendrons conscience d'un nouveau mode de penser.

Certaines vues d'Occam nous rappelleront certaines vues d'Abélard bien qu'entre ces « nominalismes » on ne puisse établir aucun rapport de filiation. Nous devons simplement retenir que, du XIIᵉ au XIVᵉ siècle, malgré la métaphysique du XIIIᵉ, les esprits ont en commun une première formation, qu'ils trouvent dans la logique d'Aristote, Porphyre, Boèce : il s'agit de l'instrument et de l'apprentissage du savoir, des fondements du régime mental. Traiter des universaux, c'est toujours écrire un *De generibus et speciebus.* Ces genres et espèces qui divisent le monde aristotélicien, ce sont dans l'intellect des *praedicabilia*, des prédicats possibles : toute science en effet se résout en propositions ; les propositions, en termes : sujets et attributs ; l'universel se définit un attribut possible de plusieurs sujets. Propositions et termes se présentent tantôt écrits, tantôt proférés et entendus, tantôt simplement pensés : *in scripto, in voce, in mente.* Mais la pensée se développe et se décompose parallèlement au langage : c'est une façon de langue intérieure, naturelle et universelle. Dans la proposition, le terme a un sens ; il s'y rapporte à une chose dont il est le signe, dont il tient la place : relation qu'exprime le verbe *supponere (pro).* La « logique des modernes », codifiée par Pierre d'Espagne, a complété l'antique *Organon,* matière de la « vieille » et de la « nouvelle » logiques du XIIe siècle ; Occam formule le problème des universaux à partir de la théorie de la *suppositio.* Mettons-nous par un exemple dans l'atmosphère logico-grammaticale où vivait et se plaisait son esprit. Soient *in voce* trois propositions : *homo est vox dissyllaba, homo currit, homo est species* (« l'homme est un mot de deux syllabes, l'homme court, l'homme est une espèce »). Que représente en chacune leur sujet ? Dans la première, le son même dont ce mot est fait : c'est la *suppositio materialis.* Dans la seconde, une des choses réelles, individuées qu'il signifie : *suppositio personalis.* Dans la troisième, quelque chose de commun à ces individus – *aliquod commune* – : c'est la *suppositio simplex.* Cet *aliquod commune,* voilà la matière du problème des universaux. Ici, le logicien cède la place au métaphysicien : « Ce quelque chose de commun est-il réel ou n'est-il pas réel, cela n'importe en rien au logicien, mais importe au métaphysicien » – *Utrum autem illud commune sit reale vel non sit reale, nihil ad logicum, sed ad metaphysicum.* Il s'agit de savoir quel genre de réalité, quel degré d'être vise le terme « homme » dans la *suppositio simplex* : est-ce quelque chose hors de l'âme, ou dans l'âme seule ? Le *Commentaire* classe les doctrines qui réalisent l'universel hors de l'esprit – *extra animam* – selon le plus ou moins de consistance qu'elles lui accordent ; quand il en vient à l'existence dans l'esprit seul – *tantum in anima* – il doit choisir entre une qualité réelle de cette substance et un simple objet de pensée, une manière de fiction : faut-il poser les universaux dans l'âme comme dans leur sujet ou seulement à titre d'objets – *subjective in anima an objective tantum*? La psychologie du concept se meut encore parmi les modes d'être. A partir d'une logique du langage, le nominaliste se pose consciemment des problèmes d'ontologie.

La dernière question laisse le choix entre trois hypothèses, toutes *probables*, sur la nature du concept. Il suffit de tenir la conclusion des quatre précédentes : refus à l'universel de toute réalité *extra animam*. On atteint *l'évidence* dans la réfutation du réalisme, dont toutes les formes se montrent absurdes l'une après l'autre. Comme chez Abélard, à travers ces négations, une affirmation paraît et se précise : la position d'un réel absolument singulier, indivisé. Accordons, pour commencer, à l'universel, le maximum de réalité : ce serait *une* chose ; et l'individu où il se réalise, *une* autre ; entre les *deux*, il y aurait « distinction réelle ». Les individus d'une espèce sont multiples ; deux possibilités s'offrent à la nature spécifique : ou bien demeurer une en tous, inchangée ; ou bien se multiplier, varier de l'un à l'autre, comme la partie avec le tout. Dans le premier cas, l'universel se ferme, pour ainsi dire, sur lui-même : on a seulement un individu de plus. Occam se représente ainsi le platonisme. Dans la seconde hypothèse, l'universel doit se charger en singulier : la singularité du tout prend les parties et les prend toutes avec une égale force. Ce même principe d'homogénéité va contre une troisième thèse, qui exprime la vraie pensée de Duns Scot, dont les deux premières étaient de fausses interprétations. A bien entendre ce maître, sa *natura communis* ne prétend point à l'unité de l'individu ; entre l'un et l'autre, il n'y a pas lieu à *distinction réelle*, mais simplement *formelle* ; ainsi la nature peut garder son indifférence. Occam voit toutes ces nuances, mais juge absurdes ce genre de distinction, les degrés d'unité et d'indifférence : il continue de poser un être en tous points égal à lui-même. « Ne sont d'aucune manière possibles dans la réalité des choses distinctes dont l'une soit plus indifférente que l'autre, ou dont l'une soit plus numériquement une que l'autre » : *nec sunt possibilia quaecumque a parte rei qualitercumque distincta, quorum unum sit magis indifferens quam reliquum, vel quorum unum sit magis unum numero quam reliquum.* Le réel apparaît aussitôt et tout entier singulier; le principe d'individuation devient inutile : on a justement remarqué que cette position n'était pas nouvelle; nous l'avons trouvée chez Pierre d'Auriole; Duns Scot la connaissait déjà, pour la rejeter. Quand le singulier ne demande plus d'explication, il reste cependant à exposer la possibilité de l'universel, à la fonder dans la réalité même. Si Socrate n'avait pas réellement plus de rapport avec Platon qu'avec un âne, la notion d'homme ne se vérifierait pas davantage sur Socrate et Platon que sur Socrate et l'âne. Aussi genres et espèces ne constituent pas de pures fictions; comme le réalisme, le nominalisme reconnaît leur fondement réel, mais le conçoit autrement. Comparant Socrate et Platon à Socrate et l'âne, les réalistes déduisent : « Il y a entre ces êtres une plus grande convenance…, donc ils conviennent en quelque *nature* » – *est major convenientia…, ergo conveniunt in aliqua natura.* Occam, au contraire : « Il y a plus grande convenance entre Socrate et Platon qu'entre Socrate et cet âne; ce n'est pas en raison de quelque chose qui se distingue d'eux en quelque manière que ces êtres conviennent, mais par eux-mêmes ils conviennent davantage » – *est major convenientia inter Socratem et Platonem quam inter Socratem et istum asinum; non propter aliquid aliquo modo distinctum, sed seipsis plus conveniunt.* Le réaliste fait de la convenance des êtres une communauté de nature, la participation à une même essence, pensable à part; le nominaliste laisse les individus parfaitement indivisés : la ressemblance qu'exprime le concept va de tout l'un à tout l'autre. C'était reprendre l'attitude d'Abélard. Le nominalisme exclut du réel un fondement *distinct* de l'universel.

Nous avons dépassé la distinction *réelle*, la distinction *formelle* : l'École connaît encore la distinction *de raison*. Dernière chance du réalisme : la *natura communis* n'a plus d'actualité au sein de l'individu; on l'y met en puissance; notre connaissance seule l'actualise et la distingue. Ces réserves ne nous font pas sortir de l'absurde. Par définition, le singulier nie la possibilité qui constitue l'universel *in potentia* : « entre pouvoir être attribué à plusieurs sujets et ne pas pouvoir être attribué à plusieurs sujets (définition logique du singulier), il y a contradiction » – *posse praedicari de pluribus et non posse praedicari de pluribus contradicunt*. Un contradictoire n'inclut pas l'autre, mais l'exclut ; individu, le réel repousse hors de soi toute ombre d'universalité. Les universaux se réduisent à des concepts, aussi extérieurs aux choses que les mots que nous proférons à leur sujet : « l'universel n'*est* pas plus *dans* la chose que ce mot : « Homme » n'*est dans* Socrate ou *dans* les choses qu'il signifie » – *universale non est in re non plus quam haec vox : « Homo » est in Socrate vel in illis quod significat*. Sens obvie de l'évocation du rapport *res-vox* : l'universel est un signe, rien de plus. Le nominalisme d'Occam consiste à tenir cette position sans faiblesse. Là où des historiens voient des anticipations à sa doctrine, le rigoureux franciscain apercevait encore le réalisme et son absurdité. Ainsi chez Pierre d'Auriole et Henry de Harclay[40], chancelier de l'Université d'Oxford. Le conceptualisme du premier ne veut pas que la nature scotiste divise l'individu ; l'idée générale contient pourtant cela même que les choses sont ; malgré son universalité, « la rose » pensée s'identifie aux roses particulières. La *natura communis* constitue chez Scot un degré d'être et un objet de pensée, chez Pierre d'Auriole, un simple objet de pensée : dans les deux cas, il s'agit d'*essences*, distinctes des choses et qui leur seraient cependant identiques. Guillaume d'Occam est le négateur de ces essences. Il pourchasse la même absurde identité du réel et de l'universel dans l'enseignement d'Henry de Harclay. Ce maître d'Oxford voit bien que poser une réalité, c'est se donner un individu : toute chose posée hors de l'âme se trouve par le fait singulière » – *omnis res posita extra animam est singularis eo ipso*. Mais, après cet heureux départ, il continue mal. A l'entendre, le singulier engendre dans l'intellect une connaissance à deux degrés : notion distincte qu'exprime le nom propre ; notion

confuse, présente sous le nom commun. Dans la proposition :
« Socrate est homme », sujet et attribut sont un même être :
« Socrate en son absolu *est* Socrate, même confusément conçu ».
Socrates absolute est Socrates ut tamen confuse conceptus.
L'universel serait du singulier, vu d'une certaine façon. Autant
dire qu'au gré de notre esprit, un homme deviendra un âne !
Henry de Harclay s'exprime en réaliste qui identifie l'universel
et le singulier. De l'un à l'autre, Occam veut une distinction
radicale. S'il n'y a point d'essences distinguées des existants
singuliers, les universaux se rapportent à l'être comme des signes
qui ne sont pas plus les choses que les noms mêmes ne sont les
réalités qu'ils désignent.

Ce mot de *chose – res –* nous enfonce dans un monde sans
couleur, tout logique. Toute chose est un individu. Dépouillons
ce dernier terme de tout prestige sensible ; il nous reste des
propriétés abstraites ; être indivis en soi et divisé du reste. Nous
voici au problème des distinctions, si important dans la
technique de l'École, que l'on retrouvera dans les *Principes* de
Descartes : Occam ne le rencontre pas seulement à propos des
universaux et du singulier, mais encore des attributs et de l'être
divins ; en théologie, il repousse également la distinction
formelle des scotistes et la distinction *de raison* dont usent, entre
autres, les thomistes. Le rejet de ces distinctions implique une
« critique de l'abstraction », si abstraire signifie « penser à part ce
qui ne peut être donné à part ». Occam annonce Hume déclarant :
« Tout ce qui est discernable est différent et tout ce qui est
différent est séparable » (Laporte). Mais ici la négation de toute
distinction n'impliquant pas séparabilité est une thèse de métaphysique qui se lie à une théologie. Pour le logicien, distinction
signifie non-identité ; quand deux choses *a* et *b* ne sont pas
parfaitement identiques, elles vérifient des contradictoires ; au
moins celles-ci : « *a* est identique à *a* », « *b* n'est pas identique à
a ». Inversement, quand nous avons deux contradictoires, nous
ne pouvons identifier leurs sujets : de l'opposition entre les
propositions, on infère la distinction entre les êtres. *Contradictio
est via potissima ad probandam distinctionem rerum* : « la

contradiction est la méthode la plus efficace pour prouver la distinction des choses ». Par cette voie, on n'atteint jamais qu'un même genre de distinction : on est parti de l'opposition des contradictoires qui n'admet pas de degrés. « Tous les contradictoires répugnent également » – *omnia contradictoria habent aequalem repugnantiam* : entre « âne » et « non âne », « Dieu » et « non Dieu », « être » et « non être », Occam trouve une répugnance égale qui, les termes de nos propositions étant des signes, suppose dans l'être une distinction homogène, celle dite *réelle*. Logique et ontologie se joignent. *Distinctio vel non identitas* : la non-identité d'une chose avec une autre est aussi réelle que son identité avec elle-même, que cette indistinction intérieure qui la fait la même – *eadem res*. Du point de vue d'une chose ainsi comprise : de sa position, en poser une autre équivaut à ne point la poser, elle ; aucun acte, même divin, ne saurait fondre dans la position d'un même existant les sujets réels de deux prédicats contradictoires. L'ontologie révèle ici une vigueur que ne réduira pas la théologie ; si loin que s'étende l'horizon de sa puissance, le Dieu d'Occam ne saurait à la fois poser une chose et ne la point poser. Pour revenir à l'exemple des universaux, disons qu'il pourrait bien ne créer aucun des individus qui constituent le monde, mais qu'une fois créé dans la singularité que nous avons constatée, aucun de ces êtres ne peut, par la puissance divine même, devenir commun à d'autres – *nec per potentiam divinam potest communicari*. C'est liée à cette ontologie qu'il faut envisager la théologie de la Puissance qui répond seule à la question : où trouver le pouvoir capable de faire exister l'un sans l'autre les termes d'une distinction réelle ? Dans une théologie qui attribue au Tout-puissant de faire tout ce qui peut être fait sans contradiction, rien de contradictoire à séparer ce qui n'est point lié d'identité. Dieu, s'il l'avait voulu, aurait créé seule une chose, n'importe laquelle, présentement donnée avec d'autres ; Occam n'a pas inventé cette thèse : il note qu'on en déduisait avant lui (chez les franciscains) la possibilité d'une matière subsistant sans forme. Lui, cependant, fait un usage tel de ce « principe commun », en physique même, voire en logique, qu'à son époque et à la nôtre on y a vu un principe d'unité systématique de sa doctrine. C'était signaler une situation historique. *Est divinae potentiae attribuendum* : on *doit* attribuer à Dieu une puissance que limite seulement une contradiction manifeste. Par ce thème de l'absolue liberté divine, Guillaume d'Occam s'opposait au principe de l'aristotélisme arabe : un Dieu qui agit par nécessité de nature. Continuant le mouvement de réaction chrétienne, marqué par la condamnation de 1277, sa doctrine paraît « une philosophie de croyant ». D'autant plus qu'il fonde la Toute-puissance dans l'article de foi : *credo in Deum omnipotentem* et la tient pour philosophiquement indémontrable. Mais cette pure théologie ne s'articule pas simplement avec une pure logique, valable seulement au plan des termes ; le jeu de l'identité et de l'exclusion prend l'être même, avec une force autonome : métaphysique sommaire peut-être, mais vigoureuse. Si, par « chose », nous entendons *ce* qui ne peut se diviser, mais pourrait bien exister à part, le nominalisme paraît une *ontologie de la chose* où une *logique du langage* se rencontre avec une *théologie de la Toute-puissance.*

Être « séparable de tout autre absolu » (aucune relation créée n'a de réalité propre), cette propriété des choses – *passio theologica* – relève du théologien qui les juge créatures ou plutôt « créables », comme le Créateur les *voit*. Soulignons ce dernier mot. S'il n'y a pas d'essences distinctes des existants : natures communes, intelligibles divins, Idées…, on ne saurait concevoir de connaissance en Dieu qu'une *intuition*, identique à son être, ayant pour objet sa réalité et toute autre, y compris l'horizon du possible, aussi étendu que son pouvoir de réalisation – *posse facere.* Ici, l'adéquation du connaître et de l'être s'accomplit moins, pourrait-on dire, dans un *savoir* absolu que dans une *expérience* absolue dont chacun des objets – *primo diversa, creata de novo* – se présente avec une originalité radicale, dans la nouveauté de sa création. La négation occamiste des essences trouve ici son sens et sa limite : est niée toute entité distincte de l'existant, non toute structure nécessaire de ce dernier. La proposition : « l'homme est un animal » ne renvoie certes pas à

un archétype éternel; elle ne peut se référer qu'à un existant et ce
ne peut être, dans l'univers du théologien, l'éternité de l'espèce
humaine selon Aristote et Averroès; dans la contingence du créé,
la nécessité de l'assertion ne disparaît pas, elle devient
hypothétique: « si l'homme est, l'homme est un animal ».

Et le nominalisme des concepts n'empêche pas, nous le
savons, leur universalité. Dans ce monde où subsiste la distinction des vérités nécessaires et des vérités contingentes, l'invo-
cation de la toute-puissance divine – *potentia Dei absoluta* –
permet l'épreuve dialectique qui, dans l'objet d'une investi-
gation, sépare de l'accidentel l'essentiel: les prédicables sont
valides tant que la chose reste posée. Occam, nous le verrons,
traite ainsi de la grâce justifiante; son analyse de la connaissance
(abstractive, intuitive, expérimentale) se présente dans ce
contexte: vue de cette façon, elle n'implique pas le scepticisme
qu'on a cru y trouver en assimilant la *potentia absoluta* au malin
génie cartésien.

Le second « principe » d'Occam d'après l'auteur, son
contemporain, du *Tractatus de principiis theologiae* [41] est une
maxime qu'il n'a point inventée, mais qui se liera à son nom:
pluralitas non est ponenda sine necessitate ponendi. Il ne faut
pas poser de pluralité qu'il n'est point nécessaire de poser. Les
Docteurs du XIIIᵉ siècle se mouvaient dans un monde d'entités
que leur critique du XIVᵉ trouve inutilement multipliées: essence
distinguée de l'existence; relations qui prétendent à une réalité
autre que l'absolu de leurs termes; espèces intermédiaires entre
la faculté de connaître et l'objet extérieur; puissances de l'âme
distinctes à la fois de cette substance et de ses actes; intellect
agent et intellect possible... Autant de victimes du terrible
franciscain et de son exigence d'économie (toutes d'ailleurs ne
lui appartiennent pas en propre). Cette idée de simplicité,
d'origine aristotélicienne, perd ici tout sens métaphysique: il
s'agit seulement de la rigueur d'un esprit qui ne veut pas avancer
sans preuve contraignante. Ne mettons pas le principe d'économie de pensée sur le même plan que le principe de la toute-
puissance, maître en ontologie: ce qui est règle de notre intellect

ne l'est point de l'action divine. Dieu fait souvent avec plus de moyens ce qu'il peut faire avec moins : *frequenter facit Deus mediantibus pluribus quod potest facere mediantibus paucioribus.* Le théologien se trouve devant une cause première qui s'adjoint des causes secondes dont elle pourrait se passer, étant Toute-puissance : ne répondant pas à une nécessité, la causalité seconde ne se laisse pas déduire; Guillaume d'Occam la constate, dans un monde créé, avec surabondance. A l'historien, son Dieu fournit la vivante antithèse du Dieu de Malebranche et de Leibniz, qui agira toujours par les voies les plus simples. Le principe d'économie ne nous fait pas retrouver *a priori* la construction divine de la nature et de la grâce; il écarte les imaginations humaines et nous laisse devant les faits, donnés dans l'expérience ou révélés par l'Écriture.

Bien que sa critique atteigne d'autres maîtres, elle vise principalement Duns Scot quand il s'agit des problèmes de Dieu : exposition des dogmes ou théologie naturelle – Scot disait : *inquisitio metaphysica de Deo.* Le fondement scotiste de cette recherche métaphysique disparaît avec le rejet nominaliste des *naturae communes*; les données sensibles ne laissent plus voir comme sur des exemples, ces essences qu'on en détachait pour raisonner *a priori.* Au lieu de construire sur la *natura entis*, le métaphysicien signifie seulement par la notion univoque d'être tout le donné. Quand il lui faudra prouver Dieu, il n'argumentera pas donc sur le possible et sa constitution nécessaire, mais sur le réel et sur la manière dont il se conserve : l'expérience nous montre des effets et des causes; comme une série infinie de causes simultanées est impossible, les causes conservatrices d'un effet donné sont en nombre fini. La conservation des choses, sur laquelle Occam met l'accent, suppose un premier efficient, hiérarchiquement au-dessus de tous ses effets : *primum efficiens, nobilius omni effectu.* La primauté atteinte au terme de cette démonstration n'est pas telle qu'on puisse en conclure démonstrativement l'unicité de ce «premier». Dans l'effort pour rejoindre Dieu, la preuve occamiste s'arrête en deçà de celle de Scot; reprise d'une thèse antérieure à ce dernier : est indémontrable le monothéisme du premier article de foi – *Credo in unum Deum.* On peut penser que *l'être* implique chez Scot une puissance de position *a priori* selon un ordre des essences et signifie pour son critique un donné sans dynamisme. Cependant le caractère démonstratif des preuves de Dieu ne semble pas, au XIVe siècle, contesté par des nominalistes seulement.

En revanche, on voit clairement ce que devient le Dieu de la théologie dans le mode nominaliste de pensée qui connaît seulement la distinction réelle. L'unité de l'être divin excluant toute multiplicité de choses, on se trouve devant une indivision radicale : une perfection indistincte et en réalité et pour la pensée – *una perfectio indistincta re et ratione.* « Les attributs divins ne répondent pas à des perfections essentiellement, formellement distinctes » : ce ne sont que divers signes d'une même chose. A la différence des théologiens du XIIIe siècle, les Saints que suit Pierre Lombard parlaient seulement des *noms* divins : *non posuerunt distinctionem nisi in nominibus et unitatem in re significata.* Par le Maître des *Sentences*, le nominalisme du XIVe siècle communique ici avec celui du XIIe. Corollaire : dans cette simplicité donnée, on ne peut discerner des moments ; Occam déclare absurde en toute occasion l'ordre que Duns Scot établit en Dieu. C'en est fait de la « psychologie divine » en quoi consiste la théologie scotiste. Même révélé, l'Absolu ne se laisse pas expliquer : il nous oppose un abîme de simplicité dans lequel notre analyse ne trouve plus où se prendre.

Lorsqu'entendement et volonté se fondent dans l'essence divine toute simple, leur distinction ne peut plus, comme chez Henri de Gand et Scot, fournir un point de départ à une exposition, sinon une preuve, de la Trinité. Est-il même possible d'exposer cette vérité de foi sans apparence de contradiction ? Des prémisses : « l'Essence est le Fils », « le Père n'est pas le Fils » ; un théologien ne conclut pas : « donc le Père n'est pas l'Essence » ; il tient l'opposé : « cependant le Père est l'Essence ». Pour se mettre en règle avec la logique, les scotistes introduisent des distinctions formelles, lesquelles n'éclaircissent rien selon Occam, qui ne croit pas la distinction formelle plus facile à tenir que la trinité de personnes avec l'unité d'essence – *non credo distinctionem formalem faciliorem ad tenendam quam trinitatem personarum cum unitate essentiae*. La Trinité paraît contradictoire; la raison ne trouve pas dans sa nature de quoi lever la difficulté et avancer dans le mystère; devant ce donné impénétrable, l'esprit s'arrête dans la foi pure. Pareille critique semble atteindre la *fides quaerens intellectum*, en terminer avec toute théologie spéculative.

Il y a pas mal de ressources dans une formation aristotélicienne : quand un objet échappe à la science, il reste la dialectique. L'évidence et la nécessité sont inaccessibles; si on veut raisonner à toute force, on cherchera des probabilités capables de persuader. De là, toutes les nuances que l'on peut observer dans l'attitude des théologiens nominalistes sur les questions trinitaires. Ainsi, ce problème : la tradition nous dit que le Fils est *engendré*, que l'Esprit *procède*; en quoi se distinguent *génération* et *procession*? Duns Scot fonde, sans trop de difficulté, cette distinction dans la non-identité de l'entendement et du vouloir. Dans la divinité occamiste, totalement identique à soi, on ne trouve aucune raison de diversité. Occam en avance une pourtant, dont il note l'insuffisance. Son grand disciple du XVe siècle, Gabriel Biel, qui reprend la même attitude sans plus d'illusions, explique que le maître n'a pas voulu manquer à son état de théologien, a voulu satisfaire à l'honneur professionnel : *cum tamen turpe sit theologo non posse credendorum qualemcumque intellectum et rationem dare...* N'est-ce pas une honte pour un théologien de ne pouvoir donner quelque intelligence et raison des choses qu'il faut croire? D'autres théologiens du XIVe siècle, le dominicain Robert Holkot et le général des Augustins, Grégoire de Rimini[a] ont déclaré la tâche impossible[42] : le premier refuse de rien ajouter aux formules de la foi trinitaire. La réserve du second a été violemment critiquée par Pierre d'Ailly : la dignité même de la foi exige qu'elle

a. Quelques dates : Robert Holkot, qui enseigna à Cambridge, meurt en 1349; Grégoire de Rimini, qui enseigna à Paris dix ans environ, à partir de 1341, meurt en 1358; Gabriel Biel, qui enseigna à Tübingen, meurt en 1495.

s'accompagne de dialectique; «notre foi, dit ce célèbre nominaliste, est vraie et très salutaire; cela donc ne conviendrait point qu'on ne puisse pas la défendre ni la soutenir avec des arguments probables » – *fides nostra est vera et saluberrima, et per consequens inconveniens esset quod non posset defendi et probabiliter sustineri.* C'est une tradition essentielle dans l'Église que la spéculation trinitaire; il faut maintenir l'étude de la foi – s*tudium fidei.* On arrivera bien à se représenter quelque chose de ce que l'on croit, à le faire paraître vrai : *imaginari, apparere sic esse.* Une certaine représentation, des vraisemblances : l'idéal anselmien vit encore chez des occamistes, si pauvres que nous paraissent ses moyens de réalisation.

L'esquisse ci-dessus proposée de la figure intellectuelle de Guillaume d'Occam resterait trop incomplète si on n'y ajoutait quelques traits évoquant son attitude pratique. Nous parlerons plus loin de sa conception de la grâce justifiante. Si tout l'ordre du salut manifeste à ses yeux la liberté souveraine de Dieu, cette souveraineté ne détruit pas la nature, sa consistance et sa valeur à son plan. Gilson notait récemment que l'éthique naturelle, fondée sur la droite raison et l'expérience, constitue pour Occam une des sciences «les plus sûres»; M. de Lagarde a montré la force chez lui de la notion de droit naturel : constatations faites pour étonner seulement ceux qui voudraient déduire d'une idée, sinon d'une passion, de la puissance divine toute une doctrine, plus complexe et équilibrée. Elle n'implique point par son «nominalisme», nous le savons, de scepticisme de principe à l'égard du concept, de l'universel, du nécessaire; le génie de son auteur se situe sans doute à «la coïncidence d'intérêts philosophiques et d'intérêts religieux sans aucune origine commune». Une partie de ces intérêts se manifeste dans les écrits politiques de ses vingt dernières années, œuvres polémiques dont l'argumentation touffue mêlée d'invectives exprime une passion profonde. Le redoutable franciscain y combat notamment la thèse théocratique selon laquelle le Souverain Pontife aurait reçu du Christ une plénitude de pouvoir – *plenitudo potestatis* – lui donnant au temporel comme au spirituel un droit de commander limité seulement par les lois naturelle et révélée. S'il invoque l'idée traditionnelle de la loi évangélique comme loi de liberté – *lex libertatis* –, c'est sans « anarchisme », en reconnaissant qu'elle impose aux hommes un certain joug, mais plus léger que celui de l'ancienne Loi : « Evidemment la loi chrétienne ne comporte pas une si grande servitude que la loi mosaïque. Mais si le Pape, par précepte et disposition du Christ, possédait une plénitude de pouvoir telle qu'en droit et sans exception, sa compétence s'étende dans le temporel et le spirituel à tout ce qui n'est opposé ni à la loi divine ni au droit naturel, la loi chrétienne serait une loi de servitude horrible, incomparablement plus grande que ne le fut celle de la Loi ancienne ». Entendre « négativement » la liberté du chrétien, concevoir un droit de l'Ordre franciscain ou de l'Empire opposable aux décisions pontificales, c'est pour Occam rappeler simplement aux théocrates la limitation de tout pouvoir d'homme, leur interdire d'utiliser l'autorité du Christ contre les droits et les libertés – *jura et libertates* – que leurs semblables tiennent de la nature et de Dieu même, leur demander enfin comment le Vicaire du Christ peut tenir une suprême puissance temporelle du Sauveur qui l'a refusée pour lui-même en assumant humanité, souffrance et mort – *homo passibilis et mortalis*. Le même esprit anime la défense de la pauvreté et celle de l'indépendance de l'empire à l'égard du Sacerdoce.

CHAPITRE VI

ASPECTS DES XIVe ET XVe SIÈCLES

Ne pouvant, en un dernier chapitre, présenter un tableau valable de la vie intellectuelle des XIVe et XVe siècles, si pleine encore d'inconnu, nous en retiendrons seulement des aspects. Laissant de côté « le retour des Belles Lettres » (Pétrarque, contemporain d'Occam…), la continuité de l'averroïsme et bien d'autres faits de culture ou courants de pensée, on peut situer quelques problèmes : mystique spéculative, critique et spéculation en métaphysique et théologie, philosophie ou science de la nature, analyse des conditions du salut.

Avant qu'enseignât Guillaume d'Occam, Maître Eckhart[a][43] avait écrit et prêché. Les livres abondent sur ce dominicain saxon accusé d'hérésie en 1326 devant l'évêque de Cologne et dont vingt-sept propositions furent, après sa mort, condamnées par le pape Jean XXII. Ici, on défend, du point de vue de l'Église, sa pensée, sinon ses expressions ; là, on maintient qu'il fut un libre esprit. Dans l'état présent de publication et de connaissance des textes, il paraît difficile de retrouver le sens originaire de thèses à situer dans leur milieu théologique. Ce serait une tâche ultime, après une étude complète. Cette étude reste à faire : quand on a dit

---

a. Eckhart, né vers 1260 à Hochheim, près de Gotha, peut-être élève d'Albert le Grand à Cologne, étudie et enseigne à Paris en 1300-1302, provincial de Saxe en 1303-1307, prêche avec grand succès, notamment à Strasbourg, enseigne à Cologne où il est cité en 1326 devant le tribunal de l'évêque ; il en appelle au pape le 13 février 1327, année sans doute de sa mort. La condamnation de Jean XXII survint le 27 mars 1329.

d'Eckhart qu'il était un mystique, il faut expliquer en quoi consiste ce mysticisme. Richard de Saint-Victor et saint Bonaventure nous ont appris à ne pas opposer, trop facilement, mystique et scolastique. Qu'évoque, pour nous, ce dernier terme ? Une formation d'esprit, un régime mental. En ce sens, notre dominicain est un scolastique : la conception de son *Opus tripartitum* en témoigne. Cette œuvre, en grande partie perdue, comportait trois parties : un *Opus propositionum*, où, dans quatorze traités, l'auteur soutenait plus de mille thèses, – *propositiones tenet mille et amplius* : – un *Opus quaestionum*, où des questions étaient discutées, dans l'ordre de la *Somme* de Thomas d'Aquin ; – un *Opus expositionum*, exposition de l'Écriture, traitée comme lieu d'autorités. L'*Opus propositionum* commande les deux autres. On se trouve ainsi devant une première proposition : l'Être est Dieu – *Esse est Deus*, – une première question : Dieu est-il ? – *Utrum Deus sit*, – une première autorité : « Dans le principe, Dieu a créé le ciel et la terre » – *In principio creavit Deus caelum et terram*. On montre la vérité de la proposition ; de là, on tire la réponse à la question – *ex propositione jam declarata* (de la proposition déjà expliquée), – et l'explication de l'autorité – *ex praemissa propositione* (de la proposition d'abord posée). Telle est la méthode, présentée par le Maître, qui ajoute : « À partir de cette première proposition, si l'on raisonne bien, on résoud toutes les questions relatives à Dieu ou presque, et on explique clairement par la raison naturelle la plupart des textes qui parlent de lui même obscurs et difficiles ». Répondre à des questions, interpréter des textes : dialectique et exégèse (les commentaires bibliques tiennent une grande place dans l'œuvre d'Eckhart), nous retrouvons les conditions médiévales de la *doctrina sacra*. Il convenait d'en signaler la présence, sans préjuger pour autant de la signification d'écrits les uns en latin d'école, les autres en langue germanique qui ont valu à l'auteur des titres tels que « créateur de la prose allemande », « père de la spéculation allemande ». Ces jugements sur l'influence du Maître ne concernent pas notre propos. Prenons simplement comme point de départ de quelques réflexions les plus anciens écrits latins où l'on peut retrouver « le noyau primitif et essentiel » (G. della Volpe) de ce mysticisme, le fondement qu'il assigne à l'union avec Dieu : dans une doctrine apparemment opposée à la proposition première de *l'Opus tripartitum* sur l'identité de l'Être avec Dieu.

Dans l'année scolaire 1302–1303, Eckhart enseigne à Paris comme maître en théologie ; il a une dispute avec un autre maître, le franciscain Gonzalve de Valbonne, aux côtés duquel se trouve Duns Scot, bachelier sententiaire. Replaçons dans ces circonstances une question : *Utrum in Deo sit idem esse et intelligere*, qui dépend d'une autre sur l'intellection chez l'ange. « Est-ce en Dieu la même chose qu'*être* et *connaître* ? » (il s'agit de connaître par l'intellect) : le dominicain allemand ne pose pas seulement l'identité en Dieu de l'intellection, comme de toute action, avec l'être : « l'être même est le connaître même » – « par l'être même (Dieu) opère tout », *ipsum esse est ipsum intelligere – per ipsum esse omnia operatur*. Il donne à cette identification le sens d'une certaine primauté de l'intellect sur l'être : « Par ce qu'Il connaît, par cela Il est » – « c'est le connaître même qui est le fondement de l'être même » ; *quia intelligit ideo est – est ipsum intelligere fundamentum ipsius esse*. Il y a une transcendance du connaître : « Connaître est plus haut qu'être » – *intelligere est altius quam esse*. L'être, c'est en effet ce qu'Aristote divise en ses dix catégories, du défini, du déterminé en genre et espèce ; le connaître, au contraire, apparaît – comme tel – avec un caractère d'indétermination, d'infinité : « L'intellect et le connaître, c'est quelque chose d'indéterminé » ; « une action de ce genre (connaître par l'intellect) est purement infinie » – *intellectus et intelligere est aliquid indeterminatum – talis actio (sc. intelligere) est infinita simpliciter*. Nos deux questions se réfèrent – celles-là encore ! – au *De anima* aristotélicien : un intellect qui doit s'étendre à tout ne saurait être mêlé de rien en particulier, restreint par une nature. Cette « illimitation » de l'intelligence en acte traduit ici la transcendance de Dieu, sa pureté – *puritas essendi* – à l'égard de l'être défini par la détermination, comme causé ou « créable ». En opposant à l'être ainsi entendu, ce pur connaître, on distingue le créé de l'incréé ; un sermon latin qu'annotera Nicolas de Cues enseigne que si dans les êtres sans matière, intellectuels, on ne retrouve pas l'unité divine – *sunt non unum*, – c'est que leur essence n'est point leur être (*esse*) ; ou plutôt que leur être n'est pas connaître – *quia ipsorum esse non est intelligere* – au sens absolu que ce dernier terme présente pour Eckhart. Tandis que pour maintenir l'être au plan du créé, les questions de Paris citent le *De Causis*, elles se réfèrent à la Bible pour exalter le connaître, invoquant la primauté du Verbe, tout entier tourné vers l'intellect qui le dit – *se toto est ad intellectum, et est ibi dicens et dictum* –, et, thème durable, le caractère incréé de la Sagesse. Et le maître parisien ne se laisse point opposer le texte fameux de l'*Exode* qui justifiait pour Thomas d'Aquin et Duns Scot leur usage de l'être (d'ailleurs différemment conçu) en théologie : anticipant une exégèse moderne, il répond qu'en disant : *Ego sum qui sum*, Dieu ne révèle pas son nom, mais refuse de se nommer.

Dans la suite de sa carrière, en relevant l'être au point de l'identifier à Dieu – *esse est Deus* – le dominicain allemand ne renonce point à sa haute idée du connaître. Il voit attaquer, il défend à la fin de sa vie, la thèse suivante : *Una virtus est in anima, si anima esset tota talis, tunc esset increata.* « Il y a, dans l'âme, une vertu – l'intellect – telle que si l'âme était tout entière telle, elle serait incréée ». Dieu, explique le Maître, a créé l'homme à son image : « en sorte qu'il soit intellect, comme est intellect Dieu lui-même, lequel est intellect pur, incréé, n'ayant avec personne rien de commun ». Distinguons deux pensées liées ici : entre l'incréé, la divinité et l'intellect pur, il y a équivalence ; en nous qui ne sommes pas purement intellect, l'intellect est l'image de Dieu, le temple, où, en nous, il demeure. La liaison des deux pensées résulte du caractère absolu, de la pureté du connaître sur lequel on raisonne : notion capable de manifester à la fois la transcendance de Dieu et la possibilité de s'unir à lui. Comme le notera Nicolas de Cues en marge du sermon allemand déjà cité, si en Dieu seul il n'y a pas d'être autre que connaître, c'est seulement dans l'intellect qu'on trouvera « Dieu en tant que

Dieu ». On s'unit à lui en s'élevant dans l'intellectualité – *ascendere ad intellectum*. Au sens mystique du terme connaître, « nous ne pouvons connaître Dieu que si nous sommes Dieu en quelque manière » (V. Delbos) : telle est, chez Eckhart, la vertu de l'intellect dont il maintient l'excellence, établie par lui au début de sa carrière contre Gonzalve de Valbonne.

Ce franciscain ne voulait pas que ce soit l'action de connaître qui rende l'homme *déiforme* (parfaitement semblable à Dieu), mais l'acte d'aimer : *diligere est major deiformatio quam intelligere*. Comme raison pourquoi l'âme est agréable à Dieu, Eckhart avait posé le fait de savoir : « On est agréable à Dieu précisément par ce que l'on sait » – *aliquis praecise est Deo gratus quia sciens*. Étonnement de Gonzalve : que devient la valeur de la charité quand nous abandonnons un *volontarisme* selon lequel nous rejoignons Dieu par la faculté d'aimer, supérieure à celle de connaître ? Le Maître dominicain restera fidèle cependant à son *intellectualisme*, situant la grâce du seul côté de l'intellect – *in solo intellectu* –, lieu de l'image divine et de l'union mystique. Celle-ci se présentera donc comme « une extension du savoir » ou plutôt comme le savoir même, atteignant sa pureté, l'unité qu'il est en Dieu. Celui d'Israël étant, d'après le sermon latin déjà cité, Dieu voyant et de voyants : *Deus Israel Deus videns Deus videntium*. Saisissable au seul intellect, principe d'union, – *solo intellectu capitur* –, totalement intellect, raison d'unité, Il est le Dieu un – *qui est intellectus se toto Deus unus est*. En remarquant que le dire un et le dire totalement intellect sont ici « une seule et même chose », Gilson suggère peut-être comment surmonter une difficulté qui apparaît au degré suprême de la doctrine ou plutôt de l'expérience du théologien mystique.

Le lieu du salut, identique au principe ultime, se situe, semble-t-il, au delà de la Trinité et de ses processions, mouvement éternel dans une Unité d'indistinction et de repos. Déjà signalée à propos d'Érigène, cette difficulté ne se présente pas seulement aux mystiques chrétiens qui se souviennent de l'Un néo-platonicien ; on la retrouve dans la spéculation de Scot. Sa métaphysique lui permet de concevoir, entre l'essence divine et les propriétés constitutives des personnes, une distinction telle qu'il faut envisager cette essence à part des personnes, comme un objet possible d'intuition et d'amour béatifiant. En fait, dans l'ordre de salut librement établi par Dieu, la première n'est pas donnée sans les secondes, mais il reste absolument possible – *de potentia Dei absoluta* – qu'elle le soit. Dans un contexte bien différent, la mystique d'Eckhart, un dialecticien d'ailleurs, n'offre-t-elle point, à part de la Trinité, en dehors des relations et de la vie interpersonnelles, la solitude et « le désert » de la Déité : essence qui, selon la formule traditionnelle, « n'engendre pas », distincte donc du Père qui est, par sa paternité même, « fécondité, germination, production » ? Cette distinction, dit un texte, s'impose « selon notre mode de connaître ». Mais s'agit-il ici de connaissance par concepts extérieurs au réel, séparables les uns des autres ? L'impossibilité de distinguer deux objets se manifeste peut-être par l'identification dialectique que signale Gilson : « L'unité est paternité », – identification compréhensible s'il s'agit de l'unité d'un intellect impliquant un Verbe, dans l'identité d'une réflexion sur soi... En approchant d'un point de vue d'où essence et Père apparaissent inséparables, on pressentirait la cœxistence, soulignée par Rudolf Otto, de deux aspects du divin selon le Maître thuringien : arrêt et repos, d'une part, et d'autre part, flux, « ébullition », vitalité.

Cette mystique où un Verbe incarné peut conduire à son Père et à la déité en lui, suppose la notion d'un savoir ou d'un connaître – *intelligere* – qui soit Dieu ; elle n'exclut pas que l'*être* – *esse* – soit également Dieu, à condition évidemment qu'on trouve à ce terme un sens autre que celui adopté par les questions de Paris. Avec l'*Opus propositionum*, ce nouveau sens se découvre dans une dialectique très simple, dépendante de l'idée de création : si toutes choses sont par l'être, comme tous les objets blancs sont tels par la blancheur ; – *sicut omnia sunt alba ab albedine* –, il faut que, pour rester le Créateur, Dieu soit l'*être* : *omne, quod est, per esse est. Esse autem Deus est.* Identique à Dieu, spécialement à l'Esprit Saint sans doute, l'*être* qui, comparable à la blancheur, agit comme une forme, se situe dans le monde comme l'âme dans le corps : l'âme conçue à la manière d'Albert le Grand (Muller-Thym). Divin, donc unique, cet *esse* fait immédiatement exister non pas telle ou telle créature, mais le tout du créé : l'univers que la cause première a en vue d'abord, avant ses parties – *totum universum est Primo intentum a causa prima*. L'unité du monde dans la création répondant à celle du Créateur, Eckhart voit « périr » une question, la difficulté d'Avicenne qui « pèse » encore sur ses contemporains : comment du principe unique dériver immédiatement la multiplicité des êtres ? Autant et plus que cet aspect cosmique, il faut signaler le sens religieux de cette ontologie ; après Rudolf Otto, Gilson évoque à son propos la doctrine luthérienne de la justification : l'être, dit-il, y est « imputé aux êtres par Dieu sans jamais devenir leur être propre », toujours en train d'être créé, tel le juste de Luther, toujours en voie d'être justifié, par une justice imputée, jamais « propre ». Eckhart écrit d'ailleurs : *Justus ut sic totum suum esse accipit ab ipsa justitia* –, le juste comme tel reçoit tout ce qu'il est de *la* justice elle-même, qui est Dieu, terme transcendant de l'analogie selon laquelle cette perfection est attribuée à une créature. Faut-il croire, pour autant, avec R. Otto, que cette mystique spéculative soit « colorée » ou plutôt « pénétrée » par la doctrine chrétienne de la justification ?

Comme le note Gilson, les continuateurs d'Eckhart sont des « maîtres de la spiritualité chrétienne » : Jean Tauler[a], Henri Suso[44], Jean Ruysbrœck. L'œuvre du premier exercera une influence sur Luther qui éditera sous le titre de *Théologie germanique* un ouvrage issu de ce milieu spirituel. Dans un de ses sermons, Tauler signale, sur la doctrine d'un « fond » ou d'une « pointe » de l'esprit, – *abditum… apex mentis* – la continuité de pensée entre Albert le Grand, Dietrich de Freiberg et Maître Eckhart. *L'ornement des noces spirituelles* de Ruysbrœck est vivement critiqué par Jean Gerson qui utilisant le nominalisme, entend dégager la théologie mystique, qu'il exalte, d'implica-

a. Tauler : 1300-1361, Suso : 1300-1365, Ruysbrœck : 1293-1381, Gerson : 1363-1429.

tions spéculatives périlleuses et en faire un instrument de réforme spirituelle et universitaire : il s'agit d'arracher les théologiens à cette vaine curiosité dans les choses de la foi qui entraîne des franciscains même comme le scotiste Jean de Ripa à analyser, à diviser, par le jeu des « distinctions formelles » l'essence de Dieu. C'est au contraire la fécondité des écrits mystiques pour la spéculation qui attire le cardinal Nicolas de Cues[a] vers Eckhart, aussi bien que vers Érigène et Proclus : ce grand érudit, cet humaniste continue la tradition dyonisienne et l'élaboration médiévale de l'idée d'infini ; pour considérer celui-ci comme tel – *infinitum ut infinitum* – il faut le savoir inconnu – *ignotum* –, à la manière finalement des mystiques dans leur « vision du Dieu invisible » ; en faisant coïncider les opposés (maximum, minimum, nécessaire, impossible), la méthode de la « docte ignorance » contredit la logique aristotélicienne dont Nicolas constate, au milieu du XVe siècle, que ses contemporains ne peuvent se détacher sans une véritable conversion. Dans cette doctrine d'un Absolu impliquant tout, même les contradictoires, d'un intellect en opposition avec la raison discursive, Aristote est délibérément abandonné, mais le Christ demeure, avec la grâce et la foi : objet, après Dieu et le monde, du troisième et dernier livre du *De docta ignorantia*.

Nicolas d'Autrecourt, maître parisien condamné en 1346[45], est un bel exemple, un cas extrême de critique qui a retenu l'attention des historiens de la philosophie, dans l'ignorance d'ailleurs – où nous restons – de tant d'autres doctrines de l'époque. Chez Aristote et son commentateur Averroès, Nicolas trouve une multitude de thèses : sont-elles vraiment *démontrées* ? le philosophe les *savait-il* ? Telle étant la question, il a dû y répondre par la négative : les principales doctrines du péripatétisme ne comportent pas de démonstration, ne constituent pas de science. Cette conclusion est énoncée d'un ton de défi, avec un accent triomphal. Nous sommes en pleine dispute.

a. Nicolas de Cues : 1401-1464.

Raisonnons en strict logicien. Rappelons-nous Guillaume d'Occam : toute notre connaissance s'analyse en propositions, se règle sur le principe de non-contradiction. L'évidence logique se confond avec l'identité, se réduit au premier principe. Dans un esprit qui connaît seulement l'évidence ainsi réduite – *evidentia reducta in primum principium*, – le raisonnement ne saurait construire ; purement analytique, le discours ne fait rien paraître de nouveau : « Toute chose apparente en conséquence du discours est apparente avant le discours » – *quaecumque est res apparens esse consequenter discursui est apparens ante discursum.* Tout ce que nous posons doit nous être donné avant de raisonner. Quatre siècles plus tard, Kant remarquera qu'un entendement strictement logique ne peut lier une existence à une autre ; Nicolas d'Autrecourt n'a point une attitude si différente : « Du fait qu'on connaît qu'une chose *est*, on ne peut inférer avec évidence qu'une autre chose soit » – *ex eo quod aliqua res est cognita esse, non potest evidenter inferri quod alia res sit.* S'il n'y a point d'inférence du même à l'autre, on ne saurait conclure des apparences sensibles à une substance, ni tenir pour nécessaire le lien causal : accident et substance, cause et effet ne se lient pas sous peine de contradiction, dans une évidence. Même défaut d'évidence dans la finalité ou dans la position, entre les choses, de degrés de perfection. Aucune des notions fondamentales de l'aristotélisme ne se trouve logiquement fondée. Cette critique du XIVᵉ siècle atteint même ce qui, à nos yeux d'historiens, constitue l'intuition centrale de la philosophie naturelle d'Aristote : l'idée d'un changement réel, qui morde sur les substances, passe du non-être à l'être ou inversement, constitue *génération* ou *corruption.* Une des thèses de Nicolas affirme là-contre qu'« on ne peut montrer avec évidence que toutes choses ne soient point *éternelles* », inengendrées, incorruptibles – *non potest evidenter ostendi, quin quaelibet res sit aeterna.* Sait-on vraiment que certaines choses ne sont pas éternelles ? Par exemple, les qualités sensibles. Une couleur fait place à une autre ; la connaissance de cette altération s'analyse en propositions contradictoires : position de la première couleur ;

négation de cette même couleur. Nous demeurons dans une pensée où toute certitude se met en forme logique, y compris la conscience du changement. Redoutable moyen de critique. À un moment donné, nous cessons de voir un objet : la couleur; nous concluons qu'il n'existe plus. Cette inférence ne s'impose point. On pourrait en effet supposer qu'au lieu de se corrompre, les formes naturelles se divisent en parties si petites qu'elles échappent à nos sens : dans une telle perspective d'atomisme, on aurait des choses éternelles. Voilà donc l'expérience qu'a faite sur le péripatétisme Maître Nicolas : il part d'une notion toute logique de l'évidence, que l'adversaire ne peut, semble-t-il, refuser, qui paraît dans l'esprit du temps, puis constate l'impossibilité d'avoir aucune certitude qu'il existe des substances matérielles, des causes, des fins, des degrés de perfection, de la génération et de la corruption.

Nous avons demandé au Philosophe ses évidences; nous ne trouvons partout qu'inévidence. Incapables de démontrer l'essentiel de leur doctrine, ses disciples ne *savent* pas ce qu'ils enseignent. Un mot qui revient sans cesse caractérise cette première épreuve : *evidenter.* Une seconde expérience – toujours sur Aristote – s'institue d'un autre point de vue; qui tient dans le terme : *probabile,* ou plutôt dans l'expression : *conclusio probabilior conclusione opposita* (une thèse plus probable que la thèse opposée). On passe d'un point de vue à l'autre dans la question de l'éternité des choses, opposée à la possibilité de la corruption, de la chute de l'être au non-être. Nous avons montré que les péripatéticiens n'ont pas de certitude de la corruption; auronsnous, à l'opposé, une certitude de l'éternité, conçue sur le même type? Nicolas d'Autrecourt ne le croit pas : il affirme qu'être corruptible, cela répugne, implique contradiction – *esse corruptibile includit repugnantiam et contradictionem,* – mais cette contradiction n'apparaît pas dans les termes qui constituent le sujet de la proposition et la proposition ne se prouve point par une simple analyse de concepts – *per explicationem conceptuum.* Pour en donner une preuve, notre ennemi d'Aristote n'interroge pas la simple notion d'être corruptible, il l'engage dans une idée de l'univers : on ne peut dire, explique-t-il, qu'« un être constituant une partie d'un ensemble toujours également parfait, soit corruptible » – *ens pars totius semper aequaliter perfecti, corruptibile*. D'où vient cette conception d'un Tout dont la perfection toujours égale empêcherait que ne périsse aucune de ses parties ? D'une exigence de finalité, d'un principe du meilleur : une seule disposition des choses apparaît explicable, la bonne ; car il y en a une infinité d'autres, de mauvaises ; le mal est un indéterminé. Si on quitte le bien pour sa négation, on ne trouve pas plus de raison pour telle manière d'être que pour telle autre, et cela, à l'infini : parce que le mal, ou la négation du bien, est un infini ; s'il se réalisait dans une certaine disposition, il pourrait, par la même raison, se réaliser dans une autre disposition ou d'une infinité de manières – *quia malum sive negatio boni est infinita, et ideo, qua ratione fieret secundum unam dispositionem, eadem ratione secundum aliam vel modis infinitis*. La formule est digne de Leibniz. À ce principe, Nicolas en joint trois autres : l'idée d'une connexion mutuelle de tous les êtres ; celle que rien n'existe que pour le bien de l'ensemble ; celle enfin que l'univers est en perfection toujours égal à lui-même. Dans cette perspective, aucune réalité n'existe en vain, aucune non plus ne pourrait disparaître sans désordre : la corruption d'un être est inconcevable ; nécessaire, l'éternité de chacun. L'argumentation se développe en pleine conscience de ses principes de finalité, du meilleur : « Il m'a fallu, dit Nicolas, recourir à la cause finale et montrer qu'il vaut mieux dire les choses éternelles » – *oportuit me recurrere ad causam finalem et ostendere quod melius est dicere res aeternas*. La thèse de l'éternité des choses apparaît plus valide que son opposée : *magis est assentiendum quam oppositae* (nous devons y adhérer davantage qu'à l'opposée). On ne pose point, en thèse, qu'aucun être ne périsse. On propose cette hypothèse, comme la plus vraisemblable.

Ce qui se trouve en question, c'est toujours la réalité d'un changement substantiel, le rythme de la *nature* aristotélicienne qui passe de la naissance à la mort : *corruptio unius, generatio alterius*. La réfutation se fait en deux moments : Aristote ne saurait, d'une part, démontrer sa thèse ; et, d'autre part, dans l'ordre même des preuves qui ne constituent pas des démonstrations, son adversaire l'emporte. De cet ordre du *probabile,* Nicolas d'Autrecourt nous offre une remarquable conscience : on met en présence deux thèses opposées ; chacune fait valoir ses raisons ; la discussion, voilà l'épreuve décisive ; quant au juge, c'est tout esprit amoureux du vrai, sans partialité dans l'affaire ; à lui d'apprécier le degré de probabilité de l'une et l'autre opinion, et de quel côté il s'en trouve un excès – *gradus probabilitatis excedens.* Cet aspect probable résulte des arguments que l'on a fournis : Nicolas ayant formulé ses raisons, ses contemporains ne peuvent plus reconnaître aux idées de génération et de corruption leur validité traditionnelle ; leur probabilité se trouve présentement réduite au profit de la notion opposée ; mais dans l'avenir, quelque autre dialecticien pourra renverser cet avantage. Le *probabile* constitue une valeur momentanée, transitoire, n'a rien de définitif. C'est pourquoi, de deux thèses, la plus probable n'est pas nécessairement la vraie, et si fortes soient-elles, les probabilités n'entrent jamais en concurrence avec les certitudes de la foi. Après avoir montré comment dans l'atomisme qu'il propose les justes seraient récompensés et punis les méchants, Nicolas d'Autrecourt peut remarquer que cette hypothèse, la plus vraisemblable en l'état présent des esprits, perdra peut-être un jour sa validité : « Adhérons, conclut-il, à la loi du Christ et croyons que jamais la récompense des bons et la punition des mauvais n'aura lieu autrement qu'il n'est dit dans cette loi sacrée ». Ailleurs : « Il est vrai, je le sais, et la foi catholique l'affirme, que toutes choses ne sont pas éternelles ; et je ne crois pas y contredire : je dis seulement que selon les apparences naturelles auxquelles nous participons présentement, l'éternité des êtres est plus probable que la thèse opposée ».

Il ne s'agit, en effet, que de montrer la vanité de l'aristotélisme, métaphysique et philosophie naturelle, – en se plaçant à son point de vue même, qui est double : scientifique et dialectique. À la lumière de son premier principe, on établit qu'Aristote ne sait pas ce qu'il affirme ; en usant de notions philosophiques telles que la finalité, on fait voir l'improbabilité d'une telle conception centrale, constitutive de la physique péripatéticienne, – tout en posant d'ailleurs, avec le Philosophe, que le vrai ne coïncide pas nécessairement avec le plus probable. Nicolas d'Autrecourt pouvait présenter ses discussions comme des exercices d'école, mais, consciemment, ces exercices se retournaient contre l'École, la tradition universitaire. Tout un régime mental se trouve mis en question : ayant considéré « la doctrine d'Aristote et de son commentateur Averroès et les mille thèses qu'ils affirment », alors qu'on peut avec autant de proba-bilité soutenir l'opposé, ce maître ès arts voit ses contemporains « passer dans l'étude de cette doctrine vingt ou trente ans de leur vie, jusqu'à l'âge de la décrépitude ». Citons un autre passage de l'étonnant prologue de son traité *Exigit ordo executionis...* « J'ai considéré la manière dont, à cause des termes logiques d'Aristote et d'Averroès, tous ces hommes abandonnaient les choses de la morale et le soin du bien commun ». Nicolas lui-même est un logicien, mais qui emploie l'instrument logique à prouver l'inanité de la scolastique. Cédant à une espèce d'inspiration prophétique, il aperçoit dans l'avenir « des hommes divins qui ne consumeront plus toute la durée de leur vie dans des discours logiques ou dans l'analyse des propositions obscures d'Aristote, mais qui communiqueront au peuple l'intelligence de la loi divine ». Quand on a constaté le peu de certitude de la philo-sophie naturelle et de la métaphysique qui la continue, comment ne pas se tourner vers la morale ? Cette critique de la tradition spéculative veut faire adhérer les esprits à la seule loi du Christ. Notre héros ne s'étonne pas des oppositions qu'il suscite : ne joue-t-il pas l'ami de la vérité qui s'est levé, parmi les hommes endormis, sonnant sa trompette pour secouer leur sommeil, – *cum insurrexit amicus veritatis et suam fecit sonare tubam ut dormientes a somno excitaret*? C'est déjà, a-t-on dit, au milieu du XIVᵉ siècle, le ton de la Renaissance, ou de la Réforme... Si Aristote, au Moyen Âge, représente plus que des thèses, même solidaires : un mode de pensée converti en tradition d'école, c'est toute une culture qui, au jugement de Nicolas d'Autrecourt, apparaît essentiellement vaine.

Même si l'on peut trouver, à son époque, d'autres symptômes de crise, sa pensée garde un caractère extrême qui tend à l'isoler. On a souvent admis qu'elle tire simplement les conséquences de principes posés par Occam, mais ce sont, en noétique, des positions de ce dernier que tiennent les adversaires de Nicolas. Le procédé de celui-ci : n'admettre d'évidence que réductible à celle du principe d'identité, est dénoncé par son contemporain, Jean Buridan[a46], représentant majeur du « terminisme », c'est-à-dire du nominalisme. Celui-là refuse de laisser ruiner les sciences physiques et morales – *scientiae naturales et morales* – sous prétexte que leurs vérités ne s'imposent point sous peine de contradiction et ne lient pas la puissance de Dieu, toujours capable de s'affranchir de l'ordre naturel qu'il a librement institué. Supposé un tel ordre – *ex suppositione naturae* – il existe une zone d'évidence relative – *evidentia ex suppositione* – beaucoup plus étendue que celle de l'évidence absolue – *evidentia simplex* (E.A. Moody). On retrouve cette attitude « modérée » chez un autre maître parisien, le Cardinal Pierre d'Ailly[b47]. Ce nominaliste ne majore pas la valeur des preuves aristotéliciennes. Sur celle d'une première cause, il remarque : « On voit sur ce raisonnement que, dans la philosophie ou la doctrine d'Aristote, il n'y a point ou peu de raisons évidemment démonstratives. En effet, cette raison semble la plus manifeste de toutes celles qu'Aristote ait jamais formées. Concluons aussi que la philosophie ou la doctrine d'Aristote mérite plutôt le nom d'opinion que de science. En conséquence, ces gens sont fort répréhensibles qui adhèrent avec entêtement à l'autorité d'Aristote ». Notre théologien reprend toutefois l'argumentation classique et travaille à lui donner la plus haute probabilité. Nous ne sommes pas en effet dans un monde intellectuel où l'on exige, en tous les cas, une évidence absolue. La pensée vit ici de ce probable que Descartes

---

a. Jean Buridan, né à Béthune, recteur de l'Université de Paris en 1328 et 1340, actif encore en 1358, a laissé l'œuvre d'un maître ès-arts.

b. Pierre d'Ailly : 1350-1420, lit les *Sentences* en 1375.

voudra exclure de l'ordre spéculatif. Il y a des degrés d'évidence. En fait, dit Pierre d'Ailly, il n'est point nécessaire qu'une évidence soit suprême ; davantage, il y a des degrés dans l'évidence : *de facto non est necesse evidentiam, de aliquo esse summam, immo in evidentia sunt gradus*. À côté d'une évidence inconditionnée, qui coïncide avec celle du principe de non-contradiction, Pierre d'Ailly admet une évidence conditionnée – *evidentia conditionata* – laquelle vaut seulement dans l'hypothèse d'un ordre naturel établi et respecté par Dieu : étant donnés son influence générale (et non spéciale) et le cours habituel de la nature et l'absence de miracle – *stante Dei influentia generali et cursu naturae solito nulloque facto miraculo*. Il y a un ordre de certitudes qui s'impose, admis seulement un ordre naturel : ce sont toutes les connaissances qui incluent la position des causes secondes, de *natures* douées d'efficace. Nous avons noté dans l'étude d'Occam, que Dieu pouvait tout faire par sa seule puissance : on ne *démontrera* jamais qu'un autre être agisse véritablement. Ainsi, comme l'admettent le célèbre franciscain et notre cardinal, nous ne sommes pas assurés en toute rigueur de l'existence d'objets, causes de notre perception : de façon miraculeuse, le Créateur peut causer une impression dans nos sens, sans le concours d'aucune créature. Pour échapper à ce genre de doute, il faut et il suffit qu'on accorde, dans le cas en question, l'absence de miracle. Il en est de même pour chaque cas de causalité. Ce n'est point que Pierre d'Ailly, ni Occam nient la réalité des causes secondes, douées d'efficace : ils posent seulement que, subordonnée au Tout-Puissant de la Bible, la nature aristotélicienne n'est jamais absolument assurée d'exercer sa vertu propre. Ne serait-il pas dès lors absurde de demander une certitude supérieure au *probabile* dans des matières essentiellement dépendantes de la liberté divine. Quoi qu'on en ait pensé, ces théologiens ne critiquent pas l'idée même de causalité naturelle ; ils l'appliquent aux faits, en toute confiance, comme il sied à de bons aristotéliciens ; ils ne visent point à mettre de simples constances à la place d'une efficience obscure, mais colorent d'une réserve théologique de principe la certitude de la causalité seconde. La vision des choses ne change pas tellement ; son degré d'évidence se trouve seulement précisé. Cet exemple des causes efficaces nous montre des esprits en repos dans ce « probable » dont le sens doit, semble-t-il, être précisé en chaque cas. On pourrait donner d'autres exemples de modération terministe : Buridan et son disciple Marsile d'Inghen[a][48] rappellent qu'il ne faut pas exiger la même rigueur de preuve du métaphysicien que du mathématicien.

Alors que, nous l'avons signalé au chapitre précédent, des occamistes cherchent encore une certaine intelligence de la foi, l'ardeur et l'originalité spéculatives n'abandonnent pas tous ceux de leurs contemporains qui appartiennent à d'autres écoles, ont une autre formation. Ainsi, dans l'ordre franciscain, les scotistes pour lesquels être disciple ne consiste pas à suivre le maître et ne le point critiquer, témoin l'indépendance d'esprit d'un François de Meyronnes ou d'un Jean de Ripa qui vont nous fournir, au XIVe siècle[b], deux exemples significatifs de spéculation scolastique : une doctrine de l'être comme perfection ; une doctrine de l'essence divine « forme » de l'âme sauvée.

Dans la première question de son *Commentaire des Sentences* (rédaction définitive), François de Meyronnes[49], selon l'École « prince des scotistes », demande si le premier principe – d'identité ou de non-contradiction – formulé par Aristote vaut en théologie ; sa réponse est affirmative, les difficultés logiques que soulève la Trinité étant levées par la distinction formelle, celle de « formalités » multiples au sein d'une même réalité absolument indivisée – *plures formalitates in eadem re penitus indivisa*. Concernant l'être univoque de Scot, premier dans une ontologie formelle, discipline universellement valable, ce premier principe métaphysique n'est pas imposé aux objets, mais trouvé en eux – *invenitur*. Aussi indépendante de l'existence des choses que de l'acte d'un esprit, son objectivité,

a. Marsile d'Inghen, mort en 1396, recteur d'Heidelberg.
b. François de Meyronnes meurt en 1325. Les *Determinationes* de Jean de Ripa sont de 1358 ou 1359 ; nous devons de les connaître à M. l'abbé A. Combes qui en a réalisée l'édition en 1957, Paris, Vrin.

celle, dirions-nous, d'une «proposition en soi» rappelle la «séparation» des Idées platoniciennes – *videtur quoddam ens separatum* – que, la distinguant de la caricature qu'Aristote en a faite, François de Meyronnes attribue aux «essences» scotistes et qu'il faut donc évoquer pour comprendre les «formalités». À «formaliser» d'ailleurs, on ne se perd pas dans l'irréel, on reste au plan d'un possible dont la nature est de passer à l'existence – *natum moveri in rerum natura*. L'être sans plus – *ens simpliciter* – qui n'est pas un morceau d'existant, se présente à ce plan, comme une pure essence. Cette «raison formelle», sujet du premier principe, objet de la philosophie première, a primauté sur toutes les autres, dans *notre* connaissance. Il faut ici souligner «notre». Car une autre «raison quidditative» : la divinité ou *déité,* est première absolument, donc *sur* l'*être* même – *deitas est omnino prior ente.* La distinction et le rapport entre métaphysique et théologie se fondent sur ceux de ces deux «formalités». Il faut en effet concevoir à ce plan la nature divine envisagée en elle-même, à part des personnes; la traiter en «réalité», ce serait substituer à la Trinité une «quaternité» : François de Meyronnes évite ainsi le danger qui menace, selon Pierre d'Auriole, la théologie trinitaire de Scot.

L'absolue primauté et la simplicité radicale de la déité interdisent d'y inclure l'être, de le concevoir comme une «partie» de cette «quiddité». Constatant cette altérité entre Dieu en tant que Dieu et «l'être qui n'est qu'être», on demandera sans doute : comment Dieu *est-il* être? Réponse : l'infinité de toutes les perfections les identifie les unes aux autres, dans le respect de leur distinction formelle, or l'être est une de ces perfections pures – *perfectio simpliciter* – qui, communiquées par création, se retrouvent au degré fini dans le créé et, relevées en pensée au degré infini, nous permettent de concevoir le Créateur. Comme toutes les perfections communicables, donc communes aux créatures et à l'incréé, l'être appartient à la sphère de la connaissance naturelle, tandis qu'incommunicable en dehors du cercle des personnes divines, la déité reste naturellement inconnaissable à tout esprit créé : «racine de toutes les perfections» dans le mystère que Denys a décrit d'après l'expérience de saint Paul. Ainsi envisagée dans sa «précision ultime», l'essence divine se situe au-delà de l'être, au delà de l'infinité même qui est un de ses modes : celui par lequel, posée dans la grandeur ou l'intensité d'être, elle se trouve avoir toutes les perfections (des perfections communicables, dont l'être ou plutôt «l'entité») dans une identité excluant toute détermination progressive, toute indétermination potentielle. Cette dialectique de l'autre et du même, logique de l'infini, équilibre l'analyse des «formalités» qui ne divise pas Dieu.

Plus complexe et difficile que celle de François de Meyronnes, la technique de Jean de Ripa[50] lui vaut de représenter aux yeux de Gerson ces virtuoses de la distinction formelle – *formalizantes* – qui l'imaginent plus fréquente et plus profonde que Scot ne l'a conçue. Laissant de côté le destin de cette distinction dans la seconde moitié du XIVᵉ siècle et les thèses paradoxales, voire condamnées, qu'elle inspire, retenons plutôt la manière dont un «théologien prolixe, mais étonnamment vigoureux» (A. Combes), formule en son «algèbre métaphysique» les problèmes d'union de l'âme à Dieu dans la béatitude et corrélativement dans la justification ou plutôt la sanctification – *in sanctificatione et in beatitudine.* La tradition théologique qui lie ces questions à celle de la science du Christ, signalée plus haut à propos de saint Bonaventure, a gardé le nom de Jean de Ripa en lui attribuant, sur la vision de Dieu, une doctrine qu'il a rejetée «avec autant d'énergie que de précision». S'il donne à l'essence divine un rôle de «forme» dans la connaissance – *formalis notitia* – qu'en peut avoir une âme sauvée, c'est en écartant une «information» proprement dite, ou communication de l'être même de Dieu – *informatio et communicatio divini esse* – : notions qui semblent définir le salut pour certains de ses contemporains – *moderni* – invoquant à ce propos la christologie d'Hugues de Saint Victor. Si être objet de connaissance – *notitia objectiva* – ne décrit pas pleinement la fonction de l'essence infinie dans la béatitude, c'est que présent en lui-même immédiatement, à la faculté de connaître, ce Dieu immense – *Deus immensus* – la parfait en la modifiant par une action vitale – *vitalis immutatio*. Absolument inaccessible à tout esprit créé, ce qui exclut la notion d'une béatitude naturelle, l'essence divine agit comme une grâce, une lumière immense – *lux immensa –,* la créature étant surnaturellement élevée au-dessus d'elle-même, infiniment – *infinita supra se supernaturaliter elevatur*. L'objet ici ne se situe pas simplement à l'horizon du connaître pour le «terminer» – *notitia objectiva praecise terminativa*; il s'unit à la faculté de la connaissance tendant en lui – *unio intentionalis*. Union du même genre que celle reconnue par Pierre Lombard à la suite d'Augustin, entre notre volonté et l'Esprit Saint, Grâce Incréée, dans la sanctification ou justification qui nous rendent «agréables à Dieu» – *gratificatio*. À cette doctrine du Maître des *Sentences*, que nous retrouverons à la fin de ce chapitre, Jean de Ripa applique sa puissance d'élaboration technique.

Qu'il s'agisse de vision divine ou d'état de grâce, l'essentiel est de distinguer les deux types de relation entre une forme et ce dont elle est forme – *percipere distinctionem de habitudine informationis et vitalis immutationis*: dans son *Commentaire des Sentences* et ses *Determinationes*, notre franciscain fait front à ses adversaires en s'armant de cette distinction. S'il assigne à l'incréé un rôle «formel», à l'égard du créé, c'est après avoir élaboré la notion de forme dans son rapport avec celles de matière d'abord, d'acte vital ensuite, tel que la perception ou la vision, et l'avoir liée à une action n'impliquant pas, avec ce en quoi elle agit, un rapport d'«information», c'est-à-dire d'inhérence et de composition. Et, plus ou moins intense, l'action des formes se fait ici, comme chez les physiciens de l'époque, par degrés, et degrés infinis. On devine quel intérêt présentent ces analyses philosophiques d'un Prologue «aux proportions insolites» qui introduit à la connaissance théologique par l'analyse de son degré suprême, constitutif de la béatitude. On y invoque «les philosophes» qui ont, à leur manière et non sans erreurs, traité de cette dernière comme union – *copulatio* – d'un intellect agent identifié à Dieu avec l'intellect possible d'Averroès. A une exposition systématique de la doctrine péripatéticienne des intellects qui vient le situer dans la tradition (signalée par B. Nardi) reliant Siger de Brabant aux averroïstes italiens de la Renaissance, Jean de Ripa joint une interprétation du platonisme qui conduit également au concept d'union formelle – *copulatio formalis* – de l'âme avec Dieu. L'emploi ainsi fait de tant d'érudition et de technique signale le « puissant intérêt » qu'avait « pour l'École à cette époque » le problème du salut et de ses conditions, dans la béatitude de l'au-delà et, ici-bas, dans l'anticipation de la vie chrétienne, voire de l'union mystique.

Les travaux de Pierre Duhem [51], au début de notre siècle, ont fait envisager la philosophie naturelle du XIVe comme une préparation de la science des XVIe et XVIIe, notamment chez les maîtres parisiens Buridan, Albert de Saxe [52] et Nicole Oresme [a][53]. Les écrits de ce dernier ne permettaient-ils pas d'évoquer Copernic et le mouvement de la terre, Galilée et la loi de la chute des corps, Descartes et la géométrie analytique ? Depuis lors, le développement des études – galiléennes, d'une part, des médiévaux (en particulier : recherches d'Anneliese Maier), d'autre part, – a réduit chez ces derniers la dimension de « précurseurs de Galilée » ; on peut écrire que « pour l'histoire de la pensée scientifique, la conception populaire de la Renaissance s'avère profondément vraie » (Koyré). Rendre justice au Moyen Âge n'oblige pas à diminuer l'âge suivant.

Un fait est à retenir : la mise en discussion de l'autorité d'Aristote en physique. Un contemporain d'Occam, le scotiste Jean Marbres, écrit dans son *Commentaire sur les huit livres de la Physique* que, telle qu'Aristote nous l'a livrée, la philosophie naturelle est erronée, mal fondée – *philosophia naturalis tradita ab Aristotele est erronea, et insufficienter tradita*. Et il précise : « Je dis qu'Aristote s'est mal et faussement exprimé non seulement du point de vue du théologien, mais du point de vue

---

a. Albert de Saxe enseigne à Paris dès 1351, premier recteur de l'Université de Vienne en 1365, meurt en 1390. Nicole Oresme, maître en théologie en 1362, traduit en français l'*Éthique* et la *Politique* d'Aristote, auteur d'un traité de la monnaie, meurt en 1382.

même du physicien et de la vérité philosophique, soit qu'il n'ait pas eu pleine connaissance des choses naturelles, soit que, l'ayant, il ait affirmé l'opposé ». La difficulté historique est de préciser jusqu'où l'extension de cet état d'esprit a conduit des hommes qui travaillent normalement à partir de textes d'Aristote : la mise en doute, le rejet même de certaines thèses n'équivaut pas à cette « mutation » des « cadres de l'intelligence elle-même », que paraît impliquer l'avènement de « la physique classique » – celle qui a régné du XVIᵉ siècle à la révolution scientifique du XXᵉ.

Des médiévaux semblent avoir presque levé l'obstacle que son aspect qualitatif oppose à une théorie mathématique du réel. Mais ni l'identification par Oresme des qualités, grandeurs intensives – *intensiones* – à des figures – *configurationes* –, ni les systèmes de « calcul » des oxfordiens Bradwardine et Swineshead[a][54] n'apportent ce langage mathématique dans lequel la science classique interrogera la nature et en obtiendra réponse. D'ailleurs, au XIVᵉ siècle, « on est toujours resté à un calcul *a priori*, sans qu'on ait cherché un contact avec l'expérience... » (A. Maier) [55].

Bradwardine « calcule » ainsi les rapports (*proportiones* : un moderne est tenté de dire « fonction ») entre les facteurs du mouvement tels qu'on les conçoit à son époque : ce ne sont point – pas même « la vitesse » – des quantités mesurables. La dynamique des physiciens de Paris s'oppose cependant à celle d'Aristote ; la notion centrale y est celle d'*impetus*, élan imprimé au mobile par le moteur : dès l'Antiquité, le fait du jet a constitué une difficulté majeure pour les commentateurs de la *Physique*. Un mouvement « violent », qui ne répond pas à la *nature* du mobile, n'exige-t-il pas l'action continue d'un moteur ? Le moteur une fois séparé du mobile, le mouvement devrait cesser. Une fois lancé, le projectile continue sa route : Aristote l'explique par une réaction du milieu ambiant. L'explication par un *impetus* que le moteur aurait laissé – *vis derelicta* – dans le mobile a aidé les physiciens, Galilée même, à s'éloigner de

a. *Fellow* de Merton College, 1348, auteur de *Calculationes*.

l'aristotélisme; elle laisse cependant les esprits dans «une conception entièrement différente» de la mécanique classique où le mouvement (uniforme) se conserve de lui-même.

Si l'inertie entendue de cette manière n'a l'évidence d'un principe que pour des corps situés dans l'espace isomorphe et infini de la géométrie, on doit être attentif à la critique de la notion aristotélicienne du lieu, caractéristique du cosmos : « Une place pour chaque chose et chaque chose à sa place » (Koyré). D'où l'intérêt des spéculations qui tendent à réaliser, au delà des limites de l'Univers l'espace apparemment « imaginaire » : « Vide de corps, dit Bradwardine, mais non vide de Dieu ». La théologie intervient ici ; Newton y recourra encore. Mais la mise en question de l'aristotélisme brise déjà par endroits l'image du monde.

Après la mystique spéculative, la tension entre critique et spéculation et la philosophie naturelle, le *volontarisme* attire l'attention, comme une des notes apparemment dominantes des XIVe et XVe siècles. Ce terme classique, mais à éclaircir, s'applique soit à l'homme, soit à Dieu. Nous le connaissons dans son application à l'homme : il s'agit du problème de la béatitude ; par quelle puissance, intellect ou volonté, l'âme entre-t-elle en possession du Bien absolu, en jouissance de la divine Trinité ? Notion commune : cet acte ou état de béatitude se trouve dans la faculté la plus haute : *frui est in potentia nobilissima.* Pour les franciscains Scot et Occam, l'union à Dieu s'opère par un acte de vouloir. C'est l'amour qui possède et qui jouit. Nous retrouvons le thème de l'excellence de la charité : aux formules d'Aristote qui exaltent une contemplation tout intellectuelle, un texte scotiste oppose l'autorité de saint Paul ; à l'autorité du Philosophe, celle de *notre* philosophe à nous chrétiens – qui est l'Apôtre même – *philosophus noster, scilicet Paulus.* En cette matière, Guillaume d'Occam ne se sépare point de son prédécesseur, auquel nous l'avons vu si souvent s'opposer. Selon la même tradition et inspiration, les nominalistes identifient la grâce qui sauve avec la vertu de charité : l'Écriture en effet, pense Gabriel Biel, leur attribue indifféremment les mêmes propriétés, la même excellence. C'est toujours le volontarisme auquel s'est opposé Maître Eckhart.

Avant Gonzalve de Valbonne, Duns Scot refuse la primauté du connaître sur l'être. Connaître, dit-il, n'est pas premier en Dieu, mais ce qui est premier et donne d'être, c'est l'être même – *intelligere non est primum in Deo, sed primum dans esse est ipsum ens.* À se représenter ainsi la source de l'être, on ne s'éloigne pas de la définition qu'a donnée de soi le Dieu de l'*Exode.* Ce qui, dans le divin, est absolument premier, c'est l'essence comme telle : *primum omnino in divinis est essentia ut essentia.* N'imaginons pas comme dernier fond du réel une volonté. Ici, le paysage métaphysique est autre : en un sens (excluant la « quaternité » : François de Meyronnes expliquera que, l'essence seule n'étant pas réelle, l'émanation – *profluxus realis* – commence avec le Père), Scot met au principe de la Trinité l'essence communicable. Dans l'ordre des productions, la génération du Verbe précède la procession de l'Esprit, qui est Amour. Ainsi le connaître va devant, le vouloir vient ensuite : « La *motion* absolument première, c'est la *motion* naturelle de l'intellect divin par son objet » (à savoir : l'essence divine) – *omnino prima motio est naturalis motio intellectus divini a suo objecto.* Devant ces textes sur la primauté et de l'essence et de l'acte de connaître, on se demande où découvrir un « primat du vouloir », dont on a communément entendu parler à propos de Scot et de son école. Rien de tel ne paraît tant que les actes divins se rapportent seulement à la divinité même. Mais quand il s'agit d'autres objets, l'ordre se renverse ; non seulement pour créer, mais pour connaître, la volonté passe première. En effet, simplement possible, une créature ne constitue pas un objet de pensée pleinement déterminé : à Duns Scot, le créé apparaît du contingent, qui non seulement peut être ou n'être pas, mais être encore ceci ou ne l'être pas (pour comprendre cette vue, il suffit de penser aux actes de la liberté humaine). Le pur possible, c'est de l'ambigu, de l'indéterminé. Comment va-t-il se définir, se déterminer dans la connaissance divine ? – Par la décision même de le créer : *décret, détermination* de la volonté qui laisse

contingent cela même qu'elle pose. C'est l'une des idées
maîtresses de la doctrine – dans son opposition, que nous avons
dite, au « nécessitarisme » arabe – : la liberté dans le principe
divin sauve la contingence dans le monde qui en sort (Nous ne
pouvons traiter des implications de cette idée ni de son avenir
chez Jean de Ripa ou Thomas Bradwardine). Il ne faut donc pas
se représenter des possibles tout constitués dans l'entendement
divin, tels que la volonté n'aurait plus qu'à les choisir et réaliser.
L'acte créateur est ici constitutif non seulement des choses en
elles-mêmes, mais de certains objets dans la pensée absolue.
Nous tenons un bel exemple de cette « phénoménologie divine »
dont nous avons parlé : une initiative de la volonté se trouve
requise pour que du contingent apparaisse à l'intellect, y constitue un objet. Vouloir, cette action est amour. Un tel amour ne
saurait se régler sur ses objets comme sur des valeurs préexis-
tantes. La bonté des créatures procède, au contraire, de l'acte
créateur : « Toute chose autre que Dieu est bonne parce que
voulue par Dieu » – *omne aliud a Deo est bonum quia a Deo
volitum.* Nous voici au *volontarisme* : primat de la volonté divine
à l'égard de tout bien créé. Il s'agit d'un amour, qui ne doit rien à
ses objets, mais leur donne tout : « Car en Dieu, aimer est cause
de la bonté (de l'objet) ; c'est pourquoi il n'y a là aucun devoir
d'aimer » – *in Deo autem diligere est causa bonitatis et ideo
nullum ibi est debitum diligendi.* Il y a, dans l'éternité, une espèce
d'invention des êtres, d'où naissent leur valeur et leur existence
temporelles. Nous voyons combien se trouve fondée chez Duns
Scot ce que M. Bréhier a fort bien appelé « l'affirmation sans
réticence de ce que l'on pourrait appeler le caractère historique
de la vision chrétienne de l'univers », – d'un univers constitué
dans sa notion éternelle même par une action libre. Cette action
consistant à donner, le Dieu scotiste apparaît *libéralité.* Selon
qu'ils reçoivent plus ou moins, les êtres sont meilleurs ou moins
bons, forment une hiérarchie, et comme tout acte, même divin, se
rapporte à son objet, il faut penser que l'amour créateur « passe »
de l'un à l'autre, en commençant par le plus haut, qui est le
Christ, incarnation du Verbe. Dans ce trait capital de la théologie

scotiste, nous retrouvons la tendance à analyser «la vie créatrice»: au principe, il y a une libéralité, libre, mais ordonnée. L'ordre de prédestination, où le Christ est premier, fait comprendre sans la nécessiter l'histoire du salut et la nature, sa condition.

Cet ordre intérieur au vouloir éternel disparaît dans la pensée d'Occam, ennemi de toute «psychologie divine». Le refus des distinctions en Dieu interdit toute priorité de l'essence sur l'intellect, de l'intellect sur la volonté ou inversement. Dieu est être, connaître, amour, tout à la fois, dans une absolue simplicité. Mais, ces distinctions abolies, la relation demeure la même entre la volonté créatrice et la valeur des créatures. Dieu ne doit rien à personne: «D'aucun, Dieu n'est le débiteur d'aucune manière» – *Deus nulli debitor est quocumque modo.* Toute bonté créée procède de son vouloir: « Par cela même qu'il veut, lui, c'est bien fait, et justement » – *eo ipso quod ipse vult, bene et juste factum est.* Cela est dit à propos du principe d'économie, contre ceux qui voudraient en user pour régler l'action divine: la divinité donne sans avoir à compter. Le volontarisme nous place cette fois devant un acte gratuit, rebelle à toute analyse puisqu'il s'identifie à une essence radicalement simple; on peut appliquer à Occam ce que M. Baruzi a écrit de Luther: son Dieu est «don, don en soi, don absolu ».

Que nous donne-t-il? – En nous sauvant, *Lui-même*, spécialement son Esprit – cette troisième personne qui n'est pas moins divine que les deux autres. L'ardeur de mystiques comme saint Bernard ou Richard de Saint-Victor ne se réfère pas seule à cette doctrine; on la retrouve dans les questions les plus abstraites des *Commentaires sur les Sentences.* Si spéculative qu'elle paraisse, la théologie demeure la science du salut: la béatitude est au bout; les vertus – foi, espérance, charité – sont les voies qui y conduisent; si l'une d'elles se révèle identique à Dieu, celle-là nous fait toucher au terme: *per virtutes fruimur, non eis, nisi forte aliqua virtus sit Deus, ut caritas.* En ces termes, Pierre Lombard enseignait que, moyens d'accès à la béatitude, les vertus ne sont pas l'objet dont jouit le bienheureux à moins que l'une d'entre elles, la charité, ne soit Dieu. Selon le Maître des

Sentences, les vertus de foi et d'espérance constituent des
« qualités de l'âme », quelque chose de créé ; la vertu de charité
consiste au contraire en de l'incréé : l'Esprit qui, traditionnellement, est amour. Avant de la critiquer, Thomas d'Aquin
signale à quel mobile répond cette thèse : *et hoc dicebat Magister*
propter excellentiam caritatis. Le Maître disait cela à cause de
l'excellence de la charité : il s'agissait d'exalter la charité qui
nous sauve, de la montrer transcendante à toute créature, de n'en
pas faire seulement un don de Dieu, mais Dieu même, se donnant
à l'âme. Au XIIIᵉ siècle, l'aristotélisme venait d'introduire dans
cette question un terme ignoré de Pierre Lombard : dans le
langage philosophique, les vertus, – dispositions à accomplir
certains actes, – s'appellent des *habitus.* Les vertus que connaissent les philosophes, l'homme les *acquiert* : ce sont, dirions-
nous, des habitudes ; le Moyen Âge dirait des *habitus acquis.*
Mais la foi et l'espérance des théologiens, l'homme ne peut se les
donner ; Dieu les met dans l'âme : voilà l'idée capitale d'*habitus*
infus. Devant la distinction XVII du Livre I des *Sentences*, les
commentateurs de Pierre Lombard se demandent si, seule des
trois vertus, la charité ne peut être assimilée à un tel *habitus*,
forme créée. En opposition avec le Maître, Thomas d'Aquin
admet cette assimilation. Dans un acte d'aimer, pense-t-il, qui
procéderait seulement de l'Esprit divin, l'âme humaine se
trouverait *mue*, ne serait point principe de mouvement. Que
deviendraient alors la spontanéité, constitutive de l'action
volontaire, la volonté, source du mérite ? – Le caractère de
volontaire serait ôté ; exclu, le caractère de *mérite* : *sic etiam*
tolleretur ratio volontarii, et excluderetur ratio meriti. D'autre
part, l'action d'une *nature* tire sa perfection du fait qu'elle
procède du dedans ; ne faisons point l'amour de Dieu, acte
suprême de l'homme, plus imparfait que les actions naturelles !
esset actus iste imperfectior actibus naturalibus. On retrouve ici,
avec l'idée de la coopération humano-divine, le *naturalisme*
thomiste. Puisque nous sommes – selon l'Écriture – incapable de
nous sauver par nos seules forces naturelles, nos vertus acquises,
il nous faut une force divine, un don infus : si c'est un *habitus*,

– une fois reçu, nous *l'avons,* il nous appartient; forme créée, il entre en composition et fait corps avec notre substance; de l'homme divinement enrichi, renouvelé, l'acte qui le sauve émane de façon volontaire, méritoire. Le P. Chenu l'a fort bien dit: du point de vue thomiste, « la charité de Pierre Lombard n'était pas *notre* amour de Dieu au sens total d'une appartenance humaine »; un *habitus,* c'est un « avoir ». Nous apercevons ici l'unité de la théologie avec la philosophie : il s'agit du salut d'une *nature*; cela ne se fait pas du dehors, par une grâce étrangère. Rien de plus opposé à l'esprit futur de la réforme luthérienne. Harnack, qui a vu l'importance de la question, ne s'y est pas trompé : à l'entendre, la grande erreur de la théologie médiévale serait d'avoir voulu que nous *méritions* le salut, que le libre arbitre *coopère* avec la grâce, elle-même assimilée à une *vertu*, principe d'une valeur *à nous* intérieure et propre. En s'éloignant de Pierre Lombard, les Docteurs du XIIIᵉ siècle s'opposaient par avance à l'esprit de l'Église évangélique. Ces doctrines abstraites touchent au fond de la vie religieuse. Aux XIVᵉ et XVᵉ siècles, de même, la thèse du Maître des *Sentences* est communément rejetée dans l'École. Duns Scot, Occam, les nominalistes accordent sans doute que les choses *pourraient* se passer comme le dit Pierre Lombard : l'*habitus* de charité constitue une de ces causes secondes dont n'a nul besoin, en rigueur, une cause première toute puissante. Mais cette possibilité ne se réalise point : pour nous sauver, nous recevons ce don créé, par un acte de la libéralité de Dieu, par un de ces faits de surabondance qui paraissent dans son œuvre. Avec cette notion d'« avoir » reçu, les idées de spontanéité volontaire, d'œuvre propre, méritoire, se retrouvent dans les doctrines scotistes et occamistes. Dans l'ordre de la grâce où il s'accomplit, la nature humaine coopère toujours à son propre salut. Guillaume d'Occam, Pierre d'Ailly, Gabriel Biel estiment indémontrable la causalité créée et la tiennent pour un *probabile* – aux yeux de la raison. Mais, parmi les données de la foi, ils mettent la notion du mérite, l'idée de notre efficace : ces théologiens ne trouvent pas dans l'Écriture ce que Luther devait « y découvrir », un Évangile du serf arbitre. Le *naturalisrme* évoqué à propos de saint Thomas demeure, pour l'interprétation de la mentalité ultérieure, un thème essentiel.

Nous savons la tendance de Duns Scot à exalter la nature, au delà du thomisme même : ce *dignificare naturam* nous est apparu dans la conception de l'intellect. On pourrait observer le même mouvement dans la notion de la volonté, dans l'estime du libre arbitre. Ici, Occam et Gabriel Biel continuent Scot : tous ces théologiens posent une capacité *naturelle* d'aimer Dieu par-dessus toutes choses. Dans les limites du présent essai, il nous faut prendre cette thèse seule et sans nuances : abstraction faite de l'ordre universel qui lui assigne son sens exact, sans tenir compte des conditions de fait qui, chez Biel, par exemple, le réduisent, pour la pratique, à un cas-limite. Cette position de principe manifeste un état d'esprit, une attitude de fond. Gabriel Biel raisonne ainsi : aimer Dieu par-dessus toutes choses répond à un commandement de la droite raison ; à un tel commandement, la volonté peut se conformer par ses forces naturelles. Telle est la cohérence de notre nature. Si la volonté ne pouvait que manquer à la raison, son acte serait nécessairement mauvais ; elle-même serait naturellement mauvaise, – *alioquin esset naturaliter mala.* Biel, « le dernier, a-t-on dit, des Scolastiques », demeure fidèle à Occam et Duns Scot, malgré les violentes critiques de Grégoire de Rimini, lequel appliquait, avec une rigueur étonnante et d'aspect inhumain, une parole de saint Augustin selon laquelle « le libre arbitre suffit au mal, mais sert de peu pour le bien, à moins d'être aidé par le Bien tout-puissant » *liberum arbitrium ad malum sufficit, ad bonum autem parum est nisi ad juvetur ab omnipotente bono.* Tout acte moralement bon inclurait une assistance spéciale de Dieu, absente de l'acte mauvais ou des actions purement physiques : cette thèse vaudrait même pour Adam, avant la chute. Il ne s'agit pas d'une considération de fait, en rapport avec notre misère après le péché, mais d'une position de principe : « Éloignons, dit Grégoire, cette pensée que des créatures peuvent devenir d'elles-mêmes meilleures que le Créateur ne les avait faites ». Pour Gabriel Biel, au contraire, le libre arbitre doit – en principe – pouvoir accomplir le bien tout comme le mal – *pari ratione*; une volonté capable seulement de faillir lui semble mauvaise par nature. Il n'a pas besoin de raisonner plus avant; sa réfutation de Grégoire de Rimini lui apparaît ainsi définitivement fondée : dans toute doctrine de la création, une nature, c'est un don de Dieu, où le bien coïncide avec l'être même. La *Genèse* ne dit-elle pas du Créateur au soir de la création qu'il « a vu toutes les choses qu'il avait faites, et qu'elles étaient très bonnes » : *vidit Deus cuncta quae fecerat, et erant valde bona*? Le *naturalisme*, qui exalte dans l'humanité le libre arbitre, s'accorde avec un optimisme de fond : la faute d'Adam peut survenir; puisque ses fils restent des hommes, il faut qu'une nature substantiellement bonne demeure sous leur péché d'origine. Tenons avec Gilson, pour « le résultat essentiel » de la pensée médiévale, l'affirmation d'une « bonté intrinsèque », active, efficace, de la nature, principalement en l'homme. Pareille idée de la valeur humaine, fondée en Dieu, éclate dans ce que nous avons rapporté de Duns Scot. Ajoutons simplement un trait. Les philosophes de la religion ne voient d'ordinaire dans le fait d'*être créé* qu'un aspect négatif, une leçon de déficience : la découverte de notre finitude, de notre quasi-néant devant l'Infini. Chez le grand Docteur franciscain, ce sentiment de constituer une créature présente pour l'homme un aspect positif, lui apporte une leçon de force et de dignité : notre nature intellectuelle procède de Dieu qui seul fait les âmes; un tel être qui naît par création ne pourrait se corrompre que par annihilation. L'œuvre du Créateur, une créature ne peut aucunement la détruire, même en soi, par sa faute; voilà pourquoi notre péché ne mord pas sur la valeur substantielle de notre nature. « Parce que la nature intellectuelle n'est *créable* que par Dieu, et, de ce fait, se trouve purement incorruptible pour la créature au point qu'aucune créature ne peut la détruire, l'être qui pèche ne peut donc par son acte rien détruire de sa nature » : *quia natura intellectualis a solo Deo est creabilis, et ex hoc simpliciter est incorruptibilis respectu creaturae ita quod nulla creatura potest eam destruere, ego peccans per actum suum non potest aliquid de natura sua destruere*. Du fait d'être créé, de venir *immédiatement* de Dieu, l'homme tient une nature incorruptible, qui demeure intacte dans le pécheur même. C'est un principe : *naturalia manent integra*. Deux siècles avant Luther, cette métaphysique optimiste est orientée en sens opposé de toute doctrine qui, avec le Réformateur, tiendrait la nature humaine pour viciée à fond, vraiment *corrompue* par le péché originel. La force de cet optimisme, de ce naturalisme qui se lie à la théologie de la création se manifeste, après Scot, chez Occam et Biel : nous allons, en conclusion, retrouver le second ; nous savons que chez le premier l'idée de la souveraine liberté de Dieu, reconnue dans la contingence radicale de l'ordre de la grâce, coexiste avec l'affirmation vigoureuse, en morale et en droit, d'un ordre de la nature, de la raison et de la liberté humaines.

Notre analyse retrouve – combien approfondi – son point de départ : l'humanisme médiéval. Il ne s'agit pas d'un artifice d'exposition : nous n'avons eu qu'à suivre le cours de l'histoire. Nous voici au moment de quitter le Moyen Âge : l'unité du christianisme occidental touche à sa fin. Dans la *Disputatio contra scolasticam theologiam* de 1517, Luther[56] attaque – sur le libre arbitre, les forces de la nature – Gabriel Biel, qui représente, à ses yeux, l'École ; c'est en suivant une question de son *Commentaire sur les Sentences* que sont posées, pour le contredire, bon nombre des thèses de la *Disputatio*. Derrière le nominaliste qu'il critique, Martin Luther aperçoit Duns Scot, son maître en « pélagianisme » – évoqué ainsi dans une lettre de 1516 : *cum Scoto suo, quantum pelagizet Gabriel...* (avec son Duns Scot, combien *pélagise* Gabriel Biel…). Si, par trop dépaysé, l'esprit cherche dans l'univers mental du Moyen Âge, des traits, un mouvement d'humanité vivante, il trouve, au milieu, en fonction de tout ce transcendant et ce surnaturel, un humanisme incluant un naturalisme que l'on peut exprimer par la formule scotiste : *dignificare naturam*, à condition de ne pas oublier que Celui qui crée les natures, révèle le sens de cette création et opère leur salut en les unissant à Lui, est le Dieu de charité manifesté dans le Christ.

Que, pour la pensée médiévale, celui-ci se soit révélé comme le Fils qui renvoie au Père de la théologie dogmatique, cela sépare-t-il absolument cette pensée des philosophies ultérieures ? L'historien de la philosophie peut en douter qui sait qu'interpréter le message chrétien et la personne même de Jésus a été un problème pour Spinoza, Hegel ou Bergson.

HISTOIRE DE LA PENSÉE MÉDIÉVALE ET PROBLÈMES THÉOLOGIQUES CONTEMPORAINS

Pour traiter devant un maître en théologie des rapports entre l'étude historique de la pensée médiévale et la position de problèmes théologiques par les contemporains de l'historien, j'ai simplement dégagé quelques leçons d'une expérience intellectuelle de plus d'un demi-siècle qui commença par les premières réflexions d'un apprenti philosophe. Ne convient-il pas qu'un historien pense historiquement les problèmes qu'il s'est posés à partir d'une situation : situation de départ inévitablement liée à des circonstances de temps et de lieu dont il faut voir comment elles ont favorisé, ou du moins non empêché, la découverte d'une problématique théologique étendue ? La reconnaissance de la situation initiale éclairera le progrès vers des conclusions nécessairement provisoires, les seules permises par l'inachèvement naturel de la recherche.

I

La situation initiale fut, au lendemain de « la Grande Guerre » européenne de 1914-1918, dans le passage des années 1920 aux années 30, celle d'un jeune catholique français, apprenti philosophe, qui s'engageait dans l'étude de la scolastique latine. Il avait dès l'adolescence entendu l'écho de la crise moderniste de son Église : il connaissait la double controverse qu'à l'aube de cette crise avait provoquée la philosophie de *L'Action* (1893) de Maurice Blondel ; il n'ignorait ni l'incompréhension qui l'accueillit chez les théologiens majeurs du néo-thomisme alors dominant dans le catholicisme, ni la mise en question de sa rationalité philosophique par le maître le plus admiré de la philosophie universitaire, Léon Brunschvicg, qui avait à cette occasion exprimé son doute fondamental sur la possibilité de répondre dans l'unité d'une pensée aux deux exigences de la philosophie moderne et d'une foi dogmatique[1].

Il faut se replacer en ce moment de l'histoire de la philosophie française pour comprendre une approche de la philosophie médiévale par référence au grand philosophe et théologien français du XVIIe siècle, Malebranche. Concentration en Dieu seul de toute causalité existante, son *occasionalisme* est consciemment *anti-scolastique* : il suppose une interprétation de la Physique aristotélicienne de l'École comme une survie du polythéisme païen ; par contre le mécanisme de la nouvelle physique présentée par Descartes, notamment dans l'assimilation du corps humain à une machine, ouvre l'accès au pur spirituel[2]. La connexion établie par Léon Brunschvicg entre histoire des sciences, spécialement de la physique mathématique, et histoire de la philosophie explique qu'à son idéalisme critique le système de Malebranche soit apparu une chance unique de *philosophie chrétienne* : notion vivement controversée en ce temps, chez les philosophes et les théologiens

---

1. La publication de la thèse de Maurice Blondel, *L'action, essai d'une critique de la vie et d'une science de la pratique*, 1893, réimprimée en 1950, a été suivie par celle, dans les *Annales de Philosophie Chrétienne*, année 1896, d'une *Lettre sur les exigences de la pensée contemporaine en matière d'apologétique et sur la méthode de la philosophie dans l'étude du problème religieux*, réimprimée en 1956. La lecture de cette *Lettre* fit revenir « sur son premier jugement » concernant *L'Action* Léon Brunschvicg qui, dans un compte rendu anonyme de la *Revue de Métaphysique et de Morale* en novembre 1893, avait averti son auteur qu'il trouverait « parmi les défenseurs de la Raison des adversaires courtois mais résolus », le rationalisme moderne ayant « été conduit par l'analyse de la pensée à faire de la notion d'immanence, la base et la condition même de toute doctrine philosophique ». Sur le lien de cette controverse entre immanence philosophique et transcendance du surnaturel et l'idée laïque de l'Université de la IIIe République, cf. notre conférence au Colloque de Bologne, 8-9 décembre 1984, *Una nova pace constantiniana ?,* Marietti, 1985, p. 56-63, « Laicita e transcendenza ».

2. Cf. notre *La pensée au Moyen Âge*, 1938, p. 116-118.

français [1]. Pour un apprenti philosophe, lui aussi de mentalité post-cartésienne, spontanément étranger à un monde de « formes substantielles », c'était une difficulté majeure de comprendre comment l'application à l'homme de la notion aristotélicienne de *nature* avait été dans l'École un facteur d'*humanisme* [2]. La motivation religieuse que cette application a trouvée dans la générosité d'un Dieu qui veut des coopérateurs ressortait de la confrontation des Scolastiques avec le « malebranchisme », philosophie d'une *expérience religieuse* (Henri Gouhier, 1926) qui par rigueur occasionnaliste excluait la notion traditionnelle de *concours divin*, accompagnement par la Première Cause de l'efficience de causes secondes : thème théologique passé du Moyen Âge au catholicisme post-tridentin et aux universités de la Réforme [3].

La problématique où se situe cette notion s'imposait par ailleurs au jeune historien à la suite d'une double rencontre : avec Jean Duns Scot, avec Martin Luther.

L'intérêt pour la scolastique franciscaine conduisit à discerner dans « l'humanisme médiéval » chez Jean Duns Scot un humanisme proprement *théologique* signifiant un *dignificare naturam (hominis)* par opposition à un *vilificare*, l'annonce évangélique de la vie éternelle découvrait aux hommes une capacité de leur nature que leur commune situation leur faisait ignorer ; dogmatisée dans la tradition de l'Église, la Révélation leur précisait la raison de cet *état* de leur *nature – status iste –* : le

1. Cf. notamment le débat dans le *Bulletin de la Société française de philosophie*, séance du 21 mars 1931.

2. Présenté au « point de départ » de *La pensée au Moyen Âge*, le thème de « l'humanisme médiéval » se retrouve en conclusion de ce livre de 1938, comme de sa réédition révisée *Philosophie du Moyen Âge* de 1958.

3. Henri Gouhier, *La philosophie de Malebranche et son expérience religieuse*, 1926, du même auteur, même année, *La vocation de Malebranche*, p. 114-120 : « la critique du concours divin » est liée à « l'intuition initiale du "malebranchisme", vue d'un accord entre religion chrétienne et philosophie moderne par la médiation des causes occasionnelles ». Le problème du concours divin dans la théologie de la Réforme a été remarquablement présenté par Karl Barth au volume 13 de l'édition française de sa *Dogmatique*, p. 89-149 : « Dieu accompagne sa créature ».

péché d'Adam. Liée dans l'histoire de la théologie catholique jusqu'à la veille de Vatican II à la question disputée du « désir naturel de la vision divine », l'interrogation sur la capacité en l'homme d'accéder par grâce à la béatitude divine renvoie en *philosophie* franciscaine, s'il en est une, chez Scot comme chez Bonaventure, à une anthropologie *théologique* dépendant de la Parole par laquelle Dieu, en Se révélant, découvre aux hommes qu'ils sont par l'esprit à Son image. Héritage d'Aristote et de ses commentateurs plus ou moins néo-platoniciens, la problématique scolastique de l'intellect, ou plutôt *des* intellects, se lie à la distinction des *états* successifs de *la nature* humaine aux diverses étapes *de l'histoire du salut*[1].

Cette histoire, Duns Scot appelle à la considérer dans sa source : *l'élection* divine de *prédestinés dont le Christ est le premier* dans la création de son humanité, incarnation du Verbe divin à penser *sans présupposer aucun péché*[2]. Ayant appris d'Émile Bréhier, par ailleurs critique véhément de la notion de « philosophie chrétienne », l'irréductibilité au schéma néo-platonicien émanation-retour de la représentation chrétienne de l'univers dominée par une suite irréversible d'événements, nous étions conduit par les textes à reprendre, pour sa justesse fondamentale, le discernement dès 1931, chez Duns Scot, par cet historien de la philosophie, d'une « affirmation sans réticence de ce qu'on pourrait appeler le caractère historique de la vision chrétienne de l'univers : création, Incarnation, imputation des mérites du Christ, ce sont, de la part de Dieu, des actes libres… qui auraient pu ne pas avoir lieu… ». C'est dans cette contingence radicale que notre essai de 1934 sur les doctrines de la *prédestination au XIVᵉ siècle* situait la primauté scotiste du Christ,

---

1. Cf. *La pensée au Moyen Âge*, p. 120 : « tout se passe comme si Duns Scot et saint Bonaventure considéraient principalement des *états* de la raison dans des situations historiques… ».

2. Chapitre premier de notre ouvrage de 1934, *Justification et prédestination au XIVᵉ siècle*, réimprimé en 1981 : « Au point de départ : Duns Scot… § 2, la prédestination ». Citations d'Émile Bréhier, *Histoire de la philosophie*, t. III : *Moyen Âge et Renaissance*, Paris, 1931, p. 531 et p. 209 ; aux p. 18 et 198 de *La pensée au Moyen Âge*.

principe d'un *ordo intentionis* qui, découvrant la motivation de l'*ordo executionis*, manifeste une rationalité interne à la gratuité du salut.

Cette « concentration christologique » d'une théologie médiévale évoquait à la fois en notre siècle la théologie protestante barthienne et post-barthienne, et dans le catholicisme tridentin les disputes entre « prédétermination » ou « prémotion » divines et « science moyenne » dont apparaissaient les sources médiévales[1].

En motivant la création par l'Incarnation le malebranchisme du *Traité de la Nature et de la Grâce* (1680) introduit dans un *système* de la raison, Verbe éternel, les dogmes d'une foi catholique antijanséniste, expression du Verbe incarné, liée ici à la philosophie scientifique de l'époque, tout comme la spéculation sur les mondes possibles dans la *Théodicée* de Leibniz. Les *Réflexion sur la prémotion physique*, dernier ouvrage de Malebranche, manifeste la même rationalisation du christianisme par un christocentrisme dont la structure contraint de préciser : « Scot n'est pas Malebranche »[2].

Dans les mêmes années 30 une rencontre avec Luther plaça dans un horizon œcuménique notre réflexion sur Duns Scot : il s'agissait de Luther 1515-1517, dans une première approche du *Römerbrief* et de la *Disputatio contra scolasticam theologiam*. On trouve dans les Scholies sur l'Épître aux Romains une dialectique de la *resignatio ad infernum pro Dei voluntate* liée à

---

1. Globalement manifeste dans la chapitre « Future contingents », dû à Calvin Normore de *The Cambridge History of Later Mediaeval Philosophy*, 1982, la référence de la problématique du XVIe siècle à celle du XIVe vient d'être éclairée en 1984 sur un cas remarquable dans la thèse en voie de publication de Jean-François Genest, *Prédétermination et liberté créée à Oxford au XIVe siècle : Buckingham contre Bradwardine*.

2. À la différence de Malebranche, pour Duns Scot, comme pour Ockham, l'action divine n'est pas liée par un « principe d'économie » ; sur le rapport entre le « malbranchisme » (terme du XVIIe siècle) et la tradition théologique de l'Incarnation voulue pour elle-même dans laquelle Scot se situe, H. Gouhier, *La philosophie de Malebranche*, p. 24-26. – Nous avons notamment contesté l'assimilation du christocentrisme de Scot à celui de Malebranche dans *Creati in Christo Jesu* du Père H. M. Féret, O. P. (cf. *infra* p. 289, note).

l'affectivité d'une expérience personnelle : par cette méditation du mystère de l'élection le radicalisme du premier luthéranisme renvoie à la spéculation médiévale sur l'amour mystique. Il appelait à situer spirituellement « le non élu de Luther qui, une fois transporté dans le plan divin, reconnaît comme juste le jugement de Dieu » et annonce « le non élu de Leibniz qui substitue à son désir égoïste une adhésion à la beauté des perspectives universelles ». Ce « non élu de Leibniz » est semblable à celui de Malebranche soumis par l'Ordre qui s'impose à Dieu même à des lois de la grâce aussi générales que celles de la nature[1].

Ainsi référé à la théologie des métaphysiciens classiques du XVIIe siècle, nous étions invité aussi par les études d'Hermann Schwamm (1930, 1934) à nous reporter à la problématique du XIVe siècle scolastique : mode de prédestination tant des élus que des réprouvés, problème du concours divin « prédéterminant » ou « simultané », aporie de *Deus auctor peccati*. L'écho des disputes du XIVe siècle, poursuivies jusqu'au seuil du XVIe, s'entend dans des remarques du *Römerbrief* : « ... *non contingenter sed necessario salventur electi... Ubi sunt libertas arbitrii, contingentia rerum* » : annonce des thèses 31 et 32, énoncées en 1517 *contra Scholasticos* pour dénoncer les formulations vides de sens – *vanissima commenta* – de ces « théologiens logiciens » qui raisonnaient sur le dogme de la prédestination en distinguant une *necessitas consequentiae* d'une *necessitas consequentis* ou le *sensus divisus* du *sensus compositus* d'une proposition[2].

1. Nous avons expliqué en 1935-1936 la *Luthers Vorlesung über den Römerbrief. 1515-1516* dans l'édition de Johannes Ficker, 1923, cf. spécialement à 1,24, p. 21-24 et à 8,28, p. 208-215. – Sur le « non élu » de Luther et de Leibniz, Jean Baruzi, « Luther interprète de saint Paul », *Revue de Théologie et de Philosophie*, année 1928, p. 28, cité dans *Justification et prédestination*, p. 133.

2. Hermann Schwamm, *Das göttliche Vorherwissen bei Duns Scotus und seinen ersten Anhängern*, Innsbruck, 1934. – Suite des thèses 43 et 44 contre le *dictum commune* de l'École : *sine Aristotele non fit theologus*, la thèse 44 de la *Disputatio contra scholasticam theologiam* déclare que le *dictum commune : theologus non logicus est monstrosus haereticus* constitue une *monstrosa et haeretica oratio*.

Luther ayant écrit en 1516 à son ami Johann Lang que Gabriel Biel « pélagisait », à la suite de Scot – *cum Scoto suo quantum pelagiset* –, notre explicitation des implications philo-sophico-théologiques, nous conduisait en 1937-1938 à une confrontation « Luther-Scot » dans l'horizon œcuménique où nous plaçait de nouveau la référence scotiste *de potentia absoluta* à l'identification par Pierre Lombard (I Sent. Dist. 17) de la charité, grâce justifiante, à l'Esprit incréé : le *Lehrbuch der Dogmengeschichte* d'Adolf Harnack nous appelait à reconnaître un évangélisme dans cette thèse du Lombard méconnue par les scolastiques, spécialement à l'Université de Paris [1].

Dans le même temps et le même horizon œcuménique, *Fides quaerens intellectum* de Karl Barth nous avertissait en 1931 qu'une nouvelle analyse de la preuve anselmienne de l'existence de Dieu dans le *Proslogion* pouvait éclairer le « programme théologique » d'un théologien de notre siècle élaborant une dogmatique d'Église. Après avoir contesté en 1934 l'interpré-tation barthienne de cette preuve dite plus tard « ontologique », Gilson, notre maître en médiévisme, reprenait, en 1936, dans *Christianisme et philosophie*, le problème de la possibilité de la théologie naturelle, *pars philosophiae*, selon Thomas d'Aquin, déclarant que la négation par Barth de cette possibilité était dans la stricte logique du calvinisme. Il expliquait qu'une *théologie naturelle chrétienne* (s'il est permis de reprendre la terminologie d'Émile Brunner) n'est concevable que dans le catholicisme romain. Dans ce contexte le rapport à la métaphysique de la théologie de Scot où démontrer l'existence de Dieu, Premier

1. Lettre à Johann Lang, citée par Otto Scheel, *Dokumente zu Luthers Entwicklung (bis 1519)*, Tübingen, 1929, p. 293, n. 749. Le *Lehrbuch* d'A. Harnack, t. III de l'édition de 1910, p. 620-621, est cité dans l'Introduction de notre *Luther commentateur des* Sentences *(Livre I, Distinc-tion XVII)*, p. 1-4, qui discute l'interprétation de la thèse de Pierre Lombard sur l'identité entre vertu théologale de charité et Esprit Saint : c'est à partir de l'interprétation par Harnack de cette thèse que nous avons envisagé les rapports entre la doctrine luthérienne de la justification et l'analyse du salut, spécialement *de potentia absoluta*, chez Duns Scot, et le scolastiques post-scotistes et procédé à la confrontation « Luther-Scot » en conclusion de *La pensée au Moyen Âge* de 1938, p. 199-205, reprise en 1958 dans les dernières pages (p. 216-222) de *Philosophie au Moyen Âge*.

être, demande d'« être plus métaphysicien pour prouver qu'il est premier que physicien pour prouver qu'il est moteur » suscite l'intérêt d'un esprit post-cartésien, pour ce dépassement de la conception aristotélicienne de la métaphysique comme promotion d'une Physique [1].

Lors de la rencontre au printemps 1934 à Paris de Karl Barth avec Gilson chez les Dominicains du Saulchoir et de la *Vie Intellectuelle*, le dogmaticien protestant nous apparut dans la dimension que lui donnait la connexion de sa théologie avec *l'actualité historique – theologische Existenz heute –* ; son action contre le nazisme répondait en effet à la préoccupation de jeunes catholiques français qui, ayant rêvé de réconciliation franco-allemande au temps de la République de Weimar, percevaient maintenant dans la montée des fascismes la possibilité d'un nouveau conflit mondial. L'urgence qui en résultait d'un engagement politique les conduisait à la recherche d'une *théologie de l'histoire* applicable à l'histoire sociale et politique en cours. C'était essayer de répondre à la situation spirituelle d'avant-guerre que Maurice Merleau-Ponty, philosophe éminent de ma génération, devait évoquer en 1945 (article reproduit en 1948 dans *Sens et Non-Sens*), en rappelant son passé de jeune catholique : il reliera alors au souvenir d'une discussion, à la table de quelques religieux dominicains, sur la doctrine catholique du pouvoir établi une dénonciation de l'« ambiguïté politique du christianisme » explicable à son avis par la dogmatique de la prescience divine : « regard infini, écrira-t-il, devant lequel nous sommes sans secret, mais aussi sans liberté, sans désir, sans avenir… ». Nous ne pouvions nous-même chercher une théo-

---

1. Sur le rapport entre la métaphysique des théologiens médiévaux et celle d'Aristote, « promotion directe de sa métaphysique », il faut relire le très suggestif exposé d'É. Gilson, « Les recherches historico-critiques et l'avenir de la Scolastique », au premier Congrès Scotiste International de septembre 1950, *Scholastica ratione historico-critica instauranda*, p. 133-142 : il y est dit que « le jugement » de Duns Scot en la matière « s'impose ici à tous, thomistes aussi bien que scotistes ».

logie qui nous permette, pour une part, de « faire l'histoire » sans devenir conscients des implications théoriques du problème[1].

Nous fûmes aidé à les préciser par la soutenance d'une thèse de philosophie : l'*Introduction à la philosophie de l'histoire* de Raymond Aron, événement mémorable de l'année 1938, treize jours après l'occupation de l'Autriche par l'armée de Hitler; l'anthropologie philosophique que supposait cet *Essai sur la connaissance historique* mettait en question la philosophie universitaire du progrès représentée en premier par Léon Brunschvicg. Cette « philosophie critique de l'histoire » confirmait cependant des chrétiens dans leur dessein de penser leur foi et leurs engagements selon une rationalité de la contingence historique.

II

Entre recherches historiques sur la pensée médiévale et problèmes théologiques du XXe siècle, de multiples connexions étaient donc manifestes dans notre situation d'historien à la veille de la guerre mondiale : la situation intellectuelle d'un chrétien s'ordonnait autour de la notion d'*histoire* utilisée dans deux tâches dont la diversité doit être marquée, d'une part penser théologiquement le salut comme histoire et d'autre part penser théologiquement l'histoire du temps que l'on vivait, objet par ailleurs d'études scientifiques tout à fait profanes.

---

1. Sur Barth à Paris en 1934, Eberhard Busch, *Karl Barth. His life from letters and autobiographical texts*, 1976 (édition allemande 1975), p. 243. M. Merleau-Ponty, *Sens et Non-Sens*, p. 352 -362. – L'intelligence de la situation philosophico-théologique en France de l'avant-guerre à nos jours demande que l'on renvoie ici au compte rendu de la soutenance de thèses de Raymond Aron par le P. Gaston Fessard S.J., reproduit p. 34-49 de l'ouvrage posthume publié en 1981, *La philosophie historique de Raymond Aron* : témoin éminent de l'influence de Hegel sur la philosophie et la théologie françaises à la suite spécialement des fameuses *Leçons sur la phénoménologie de l'Esprit* d'Alexandre Koyré, professées de 1933 à 1939, publiées en 1947. Le P. Fessard a élaboré et tenu à jour, de 1936 à son décès en 1978, une théologie *de l'actualité historique* (titre d'un de ses ouvrages, 1960) : problème de l'époque.

Notre séjour aux États-Unis durant la guerre mondiale a imposé une dimension décidément œcuménique à notre problématique de l'actualité historique : tandis que dans l'amitié de l'exil nous la confrontions avec celle, délibérément thomiste, de Jacques Maritain, nous étions averti de la liaison chez Reinhold Niebuhr entre *théologie de l'histoire* et option à la fois sociale et politique. Cette connexion nous rappelait le rapport présupposé par la thèse de Raymond Aron entre philosophies de la connaissance historique et de la décision politique, impliquant l'une et l'autre une anthropologie philosophique. En marquant sa distance par rapport à l'anthropologie théologique de Karl Barth, Niebuhr ramenait sur la carrière du théologien suisse une attention qui s'étendit de son passé aux progrès ultérieurs de sa pensée : passé notamment de pasteur en milieu industriel comme celui de Niebuhr à Detroit. La différence théologique entre ce dernier et Paul Tillich, grande figure de l'émigration allemande aux États-Unis, nous intéressa au « socialisme religieux » que cet aumônier évangélique de la guerre européenne de 1914-1918 avait conçu dans la période révolutionnaire qui suivit. Les enseignements de ces trois grands théologiens protestants nous préparaient à saisir les problèmes des *théologies politiques* plus récentes [1].

Barth nous ayant appelé à situer « sous le toit de l'Église » le *fides quaerens intellectum* anselmien, c'est *dans le temps de l'Église* postérieur à l'événement unique et central de l'Incarnation que la spéculation médiévale nous est apparue conçue par les médiévaux eux-mêmes. En accord avec l'exégèse de notre collègue Oscar Cullmann dans *Le Christ et le temps* (1947), notre collègue et ami Henri-Charles Puech, historien de l'Antiquité chrétienne, comme nous de formation philosophique, soumit en 1950 au Congrès International d'histoire des religions des

---

1. Deux références suffiront sur l'effet de notre séjour aux États-Unis dans le fascicule II-III (1944-1945) de la revue *Renaissance* de l'École Libre des Hautes Études (*New School for Social Research*), université française en exil, p. 446-460, notre « À propos de "Christianisme et Démocratie" » (de Jacques Maritain, 1943), et p. 463-470 le compte rendu par Georgette Bérault (Vignaux) de R. Niebuhr, *Nature and Destiny of Man*, 1943, annonce de *La théologie de l'histoire chez Reinhold Niebuhr*, thèse de 1956 à l'Université de Strasbourg, publiée en 1957.

réflexions sur *Le temps dans le christianisme des premiers siècles*, qu'il confronta en 1952 avec *Le temps selon la Gnose* : après avoir dégagé la « conception spécifique du temps… connaturelle à l'essence du christianisme », il demandait si, présente dans le Nouveau Testament, éclatante chez Irénée, cette conception n'avait pas été par la suite « reléguée au second plan sous l'effet d'une contamination… de la pensée chrétienne » par « la mentalité philosophique d'un hellénisme privilégiant l'intemporel ». Nous étions ainsi appelés à nous demander si cette conception initiale, fondamentale, du christianisme comme « religion historique… *Heilsgeschichte* » n'était pas demeurée au Moyen Âge « agissante sous les formulations philosophiques qui la masquaient » ; nous avons esquissé en 1974 un premier bilan de cette recherche sur *la philosophie médiévale dans le temps de l'Église*.

L'étude critique qu'un dominicain du Saulchoir, le P. Chifflot, publia en 1948 sur *Christ et le temps*, apporta une réflexion originale sur l'ordre des Sommes théologiques, qui procèdent de Dieu aux créatures à l'inverse de la démarche philosophique aristotélicienne. L'opposition entre l'un et l'autre avait rapport à deux problèmes de l'époque : le choix d'un mode d'enseignement de la philosophie thomiste alors officielle dans l'Église catholique ; le choix d'un mode d'exposition de cette philosophie adéquat à sa réalité historique. C'est en répondant à cette seconde question, que mon maître Gilson avait traité du système de saint Thomas comme « philosophie chrétienne ». Dans son ouvrage de 1943, *La théologie comme science au XIIIe siècle*, le P. Marie-Dominique Chenu, régent jusqu'en 1942 de l'école dominicaine du Saulchoir, avait expliqué comme « scientifique » l'*ordo disciplinae* de la *Summa theologiae*, en l'opposant à l'*ordo historiae* de l'Écriture. En plaçant le Christ au centre du Temps, Oscar Cullmann donna paradoxalement occasion au P. Chifflot de justifier l'ordre d'une *Somme Théologique* qui ne traite du Verbe incarné que dans sa *Tertia pars* ; il écrivait : « … parce qu'elle est chrétienne, la pensée de saint Thomas reste *historique* comme le christianisme lui-même.

Mais parce qu'elle est *rationnelle*, parce qu'elle attaque (au sens chimique du mot) le donné chrétien au moyen d'un réactif aussi puissamment ahistorique que la pensée d'Aristote, elle aboutit en fait à une intelligence particulièrement lucide de ce que ce donné a d'*irréductiblement historique* »; quelques pages plus loin, une fois noté que l'«étude systématique des structures », la *Secunda pars* de la *Somme* traite, de façon apparemment complète, du retour de la créature raisonnable vers Dieu, il était expliqué que le report en *Tertia pars* de l'étude du Christ, voie de ce retour par son humanité, manifestait « la résistance irréductible que *le fait* de la Rédemption oppose à toute tentative de le *déduire* de ce qu'est Dieu ou de ce qu'est l'homme ». Ce défi typiquement dominicain à la thèse scotiste sur «le motif de l'Incarnation» était, dans «l'école du Saulchoir», en rapport avec une assimilation du scotisme à la rationalisation « malebranchiste » de la christologie : nous avions écarté cette assimilation en situant la primauté scotiste du Christ dans l'ordre d'intention divine, intérieur à une contingence originaire – *prima contingentia* – où l'Incarnation précède toute prescience du péché; se référant à un article de 1941 du Père H.M. Féret, «Creati in Christo Jesu », l'*Introduction* du Père Chenu *à l'étude de saint Thomas*, publiée en 1950, motivait le rejet de la thèse scotiste sur le motif de l'Incarnation par l'impossibilité de situer *a priori* la prédestination du Christ « dans la série dialectique des décrets divins ». Tel fut le contexte où nous maintenions une primauté absolue du Christ que dans le langage réformé du XVIIe siècle (1618, Synode de Dordrecht) on pourrait dire *supralapsaire*. En adoptant cette perspective on saisit la rationalité de l'histoire du salut dans l'acte divin qui en est la source : une rationalité du même genre que celle qu'une philosophie critique de la connaissance historique appelle à discerner. Nous étions préparé à accueillir sur la révélation chrétienne le point de vue de notre interlocuteur : *Offenbarung als Geschichte* (1961), rencontré en 1964 dans sa Christologie[1].

---

1. H.C. Puech, «La gnose et le temps », *Eranos Jahrbuch*, XX, 1952. – «La philosophie médiévale dans "le temps de l'Église" », *Mélanges d'histoire*

Manifeste dans le changement de titre de *La pensée au Moyen Âge* (1938), devenu dans sa réédition révisée de 1958 *Philosophie au Moyen Âge*, le développement de nos analyses historiques nous avait conduit à parler de *philosophie de la religion*. Nous entendons par là l'application à une religion positive, donnée historique, de concepts éprouvés et articulés rationnellement. En 1973, nous exposions à la Société Française de Philosophie *la place* que cette notion offrait à la pensée médiévale sans la briser ni la fragmenter *dans l'histoire de la philosophie*, sa continuité de fait et l'unité idéale que lui désire le philosophe. Le recours à cette notion est à situer dans le contexte hégélien en France d'après-guerre. Son lien avec le catholicisme français d'avant-guerre apparaît dans le long débat, poursuivi de 1948 à 1964 entre deux disciples et interprètes de Maurice Blondel, Henri Duméry et le P. Henri Bouillard. Nous fûmes confirmé, dans cette notion de philosophie de la religion, par l'usage qu'en fit dans l'interprétation même de la théologie thomiste un théologien de Louvain, G. van Riet (1963); elle nous permit de mieux situer historiquement la dialectique d'Anselme et l'itinéraire de saint Bonaventure en même temps que la pensée de Duns Scot. Celui-ci est un philosophe de la religion par la rationalité qu'il introduit dans son univers, totalité de la nature et de la grâce, la « primauté absolue » de l'Incarnation intérieure à la libre intention divine de prédestination, de création et de providence, source de l'histoire du salut et de l'histoire humainement universelle. S'il est permis d'appliquer à cette interprétation philosophique de la situation médiévale un terme de théologiens catholiques d'après le Concile de Vatican II :

des religions offerts à Henri-Charles Puech, 1974, p. 549-555; M.-D. Chenu, *La théologie comme science au XIII*ᵉ *siècle*, 1943 (*pro manuscrito*), édition revue et augmentée 1957; Th. G. Chifflot, « Saint Thomas et l'histoire », dans *Approches d'une théologie de l'histoire*, 1960, p. 87-102), « Creati in Christo Jesu » a paru dans *Sciences philosophiques et théologiques* qui, pendant l'occupation nazie, remplaça la *Revue des sciences philosophiques et théologiques*. – Sur l'école du Saulchoir, édition en 1985 avec des études historiques complémentaires de l'essai de 1937, M.-D. Chenu, *Une école de théologie : le Saulchoir*, inscrite à l'Index par décret romain de 1942. – Wolfhart Pannenberg, *Grundzüge der Christologie*, 1964.

Grundrisse der heilgeschichtlichen Dogmatik (1965), nous
dirions que notre regard sur le Moyen Âge renvoie virtuellement
à une dogmatique scotiste de l'histoire du salut[1].

En situant au plan de rationalité d'une philosophie de la
religion l'insertion de la christologie de Wolfhart Pannenberg
dans une problématique philosophique de l'histoire, nous répon-
drions à la critique de cette christologie que la distinction entre
foi et raison d'Ignace Berten a inspirée à ce théologien catholique : critique mettant en cause la rationalité d'*Offenbarung als
Geschichte*. En reprenant ce mode historique de présentation
rationnelle du christianisme, nous pourrions aussi écarter la
dissociation critique que Merleau-Ponty crut devoir faire dans la
dogmatique trinitaire entre une « religion du Père » forcément
« conservatrice » et une « religion du Fils » virtuellement « révolutionnaire ». Revenons cependant au Moyen Âge, à sa philosophie de la religion chez Duns Scot et sa suite dans les trois
domaines de la métaphysique, de la morale et de la logique[2].

C'est principalement comme métaphysicien que Duns Scot
apparaît dans l'*Introduction* à ses *positions fondamentales* de
1952, admirable travail historique que le thomiste Gilson offrit
aux scotistes. Dialectique complexe d'une recherche spéculative

---

1. *Sur la place du Moyen Âge dans l'histoire de la philosophie*, Séance du
4 novembre 1973. – H. Duméry, *La philosophie de l'action*, 1948 ; H. Bouillard,
Blondel et le Christianisme, 1961 ; H. Duméry, *Raison et Religion dans la
Philosophie de l'action*, 1963. G. Van Riet, article de la *Revue Philosophique de
Louvain*, année 1963, p. 44-61, « Y a-t-il chez saint Thomas une philosophie de la
religion ? ». – Notamment nos études : *L'histoire de la philosophie dans l'œuvre de
saint Anselme*, Congrès anselmien d'Aoste, 1973 ; *Le christocentrisme de saint
Bonaventure et le problème d'une philosophie de la religion*, Congrès bonaventurien de Padoue, 1974 ; *Métaphysique de l'Exode, philosophie de la religion (à
partir du « De primo principio » selon Duns Scot)*, Mélanges Vanni Rovighi, 1978.
On doit retenir l'ordre dans lequel se présentent chez Scot dans l'intention divine
la prédestination, la Création et la providence : la primauté du Christ dans la
prédestination lui subordonne la création et la providence ; cette dernière est donc
envisagée d'un point de vue christologique, comme la prédestination, traitée en
premier pour l'humanité du Christ ; cf. la problématique de Karl Barth aux
chapitres VII et XI de sa *Dogmatique*.

2. Ignace Berten, *Histoire, Révélation et Foi, dialogue avec Wolfhart
Pannenberg*, 1969.

de la science suprêmement désirable de l'*être*, élucidation laissée inachevée de l'univocité de l'*ens in communi*, c'était consciemment une « métaphysique de l'Exode » à laquelle Dieu a appelé les hommes en révélant à Moïse son nom. On ne saurait la situer complètement dans l'histoire de la philosophie sans se reporter à l'histoire des religions du Livre : judaïsme, christianisme et Islam. Inférant des propriétés de l'*ens in communi* l'existence et l'unicité d'un *ens infinitum* l'*inquisitio metaphysica de Deo* valide le concept le moins imparfait que notre intellect fini peut *pro statu isto* former de Dieu, objet de la *doctrina sacra*. Cette *inquisitio* constitue une « théologie naturelle » qui, prévenant, pour ainsi dire, la critique barthienne, n'entre pas en concurrence avec la Parole de Dieu et l'intelligence que les théologiens en proposent dans l'Église. Poser l'infinité d'un absolu de l'être et d'un intellect adéquat, c'est, en effet, concevoir un savoir *transmétaphysique* parce que dépassant tout savoir accessible aux intellects finis ; s'il y a dans l'infini divin un savoir théologique adéquat à son objet – *theologia in se* –, la communication de ce savoir à un intellect fini suppose une initiative de l'objet infini qui se montre, de Dieu qui Se révèle à quelque degrés : la notion d'*objectum voluntarium* est à la racine de tout l'ordre du salut, proprement *surnaturel*. C'est une introduction *philosophique* à une connaissance ultraphilosophique – *theologia in nobis* – qu'apporte la métaphysique de Scot[1].

À l'articulation de nature et grâce dans l'action de l'homme chrétien, un théologien catholique Jean Rohmer a discerné chez Scot en 1939 la spécificité d'une *finalité morale* irréductible par son désintéressement radical, à toute interprétation eudémoniste ; la reprise scotiste de la notion anselmienne de rectitude du vouloir voulue pour elle-même le conduisait à évoquer le formalisme moral de Kant. Le Congrès Scotiste International de 1966 apporta un remarquable approfondissement de la notion scotiste de charité naturelle par un autre théologien catholique, Fernand Guimet : une méditation sur la *conformité* de l'éthique

---

1. Sur métaphysique et théologie, notre compte rendu de *Jean Duns Scot* d'É. Gilson dans *Critique*, année 1963, p. 134-141.

chrétienne *à la droite raison*, qui confirmait notre première vue
d'un «humanisme théologique» et appelait une réflexion
ultérieure sur *valeurs morales* et *valeurs de salut*, l'autonomie
des premières et la transcendance des secondes. Celle-ci a été, de
Scot à Gabriel Biel, liée à la doctrine de l'*acceptatio*, à la
spéculation sur le Don incréé – l'Esprit Saint, Dieu même – et ses
relations *de potentia Dei absoluta* ou *de potentia ordinata* avec
la grâce créée, *habitus* infus. L'équilibre ainsi conçu entre la
transcendance du surnaturel, constitutive de l'ordre religieux, et
l'autonomie de la raison morale, nous fait retrouver une remarque
de notre jeunesse : ayant relevé dans un passage de la correspondance de Descartes une déclaration *Deum... non esse conside-*
randum nisi qualem omnes boni esse cupierent si deesset,
Hamelin ajoutait que Kant n'aurait pas désavoué cette formule [1].

«Être moral» malgré l'amplitude de sa Puissance, le Dieu
vérace de la philosophie cartésienne a été contesté au nom de
témoignages bibliques par les théologiens des *Sixièmes objec-*
tions aux *Méditations sur la philosophie première*. Tullio
Gregory a discerné en 1974 les origines de la théorie de «la
tromperie divine» dans les Disputes de l'École aux XIVe et
XVe siècles. On entre alors dans un champ spéculatif présentement en voie d'exploration méthodique du fait des plus récents
intérêts pour la logique, son histoire au Moyen Âge et la philosophie analytique (cf. *Cambridge History of Later Mediaeval*

1. Fernand Guimet, «Conformité à la droite raison et possibilité surnaturelle
de la charité (attaches traditionnelles et structures dialectiques de la doctrine
scotiste)», *Acta* du Congrès Scotiste International de 1966, p. 539-597 du tome III.
– Notre contribution «Valeur morale et valeur de salut», *Acta* du Congrès de 1981,
p. 53-67. – O. Hamelin, *Le système de Descartes*, p. 227.

Le terme «dogmatique» désignant un enseignement donné dans une
collectivité placée «sous le toit de l'Église», notre interprétation de la théologie
scotiste se situe au plan d'une philosophie personnelle de la religion chrétienne. La
rationalité christologique de cette philosophie est liée à la primauté absolue de
l'Incarnation dans le primordial *ordo intentionis* de la prédestination : c'est par
rapport à l'Incarnation qu'il faut donc penser la rédemption et, préalablement, la
prescience du péché. C'est dans l'*ordo executionis* que vit le chrétien : son adhésion de foi au dogme du péché originel coïncide avec la découverte qu'un homme
est, et pouvait donc être, Dieu; la révélation de l'Incarnation impliquant sa possibilité apparaît comme le fondement de «l'humanisme théologique» de Duns Scot.

Philosophy, 1982). Les recherches en cours ne renouvellent pas seulement l'analyse des modes classiques de la connaissance divine des futurs contingents, elles font découvrir toute une problématique de la communication possible – même *de potentia absoluta* – de la prescience de l'Éternel à ses créatures dans le temps : aporie de logiciens en *materia revelationum* qu'on appela *subtilitates anglicanae* à l'Université de Paris. On se trouve ainsi engagé dans la discussion de la vérité des propositions relatives tant au passé qu'au futur, du problème de penser en forme logique la réalité du temps. Dans ce contexte, on peut se demander si, en disant que Dieu connaît les *futura contingentia ut futura sibi* (*Lectura I, Dist.* 39, Q. 4 à 5, n. 29), Duns Scot n'a pas suggéré la notion d'un avenir *pour Dieu*, fondement d'une théologie de l'histoire [1].

---

1. T. Gregory, « Dio ingannatore e gente maligno. Nota in margine alle *Meditationes* di Descartes », *Giornale critico della filosofia italiana*, LIII (1974), p. 477-516. – J.-F. Genest, « Pierre de Ceffon et l'hypothèse du Dieu trompeur », dans *Preuves et raisons à l'Université de Paris, logique, ontologie et théologie au XIVᵉ siècle*, Actes d'un Colloque de 1981 publiés en 1984, p. 197-214. Sur l'état présent de la problématique, Calvin G. Normore, « Divine Omniscience, Omnipotence and Future Contingents : An Overview », dans *Divine Omniscience and Omnipotence in Medieval Philosophy*, Dordrecht, 1985, p. 3-22. – Sur la citation de la *Lectura*, notre *Lire Duns Scot aujourd'hui*, vol. I des *Acta*, publiés en 1978, du Congrès Scotiste International de Padoue, 1976, p. 33-46.

Mettant en question la réponse par l'infinité parfaite du Dieu chrétien à l'absolu d'une double exigence métaphysique et morale, l'hypothèse de « la tromperie divine » pourrait être interprétée comme la contestation par les théologiens bibliques de la toute puissance du Dieu moral des philosophes Descartes et Kant : ce serait un nouvel aspect de la relation entre *valeurs morales et valeurs de salut*.

NOTES COMPLÉMENTAIRES

page 97

1. On lira quelques pages intéressantes sur Alcuin et la Renaissance carolingienne dans Kurt Flasch, *Introduction à la philosophie médiévale*, p. 1-13. Pour la philosophie, voir surtout John Marenbon, *From the Circle of Alcuin to the School of Auxerre : Logic, Theology and Philosophy in the Early Middle Ages*, Cambridge, 1981.

page 99

2. L'œuvre principale de Jean Scot Érigène (Johannes Scottus Eriugena) existe maintenant dans une édition critique dans la série Corpus Christianorum : *Johannis Scotti seu Eriugenae « Periphyseon »*, editionem novam a suppositis quidem additamentis purgatam, ditatam vero appendice in qua vicissitudines operis synoptice exhibentur curavit Eduardus A. Jeauneau, 5 vol., Turnhout, Brepols, 1996-2003 (CCCM 161-165), traduction française complète : Jean Scot Érigène, *De la division de la nature, Perphyseon*, introduction, traduction et notes par Francis Bertin, 4 vol., Paris, 1995-2000. Vignaux fait allusion aux travaux de René Roques dont on pourra lire : *Libres sentiers vers l'érigenisme*, Rome, Lessico Intellettuale Europeo, 1975. Excellente bibliographie commentée : Mary Brennan, *Guide des études érigeniennes, A Guide to Eriugenian Studies*, Fribourg-Paris, Éditions universitaires-Cerf, 1989 (excellente bibliographie commentée de 1930-1987). Sur la philosophie de Jean Scot, je recommande : Werner Beierwaltes, *Eriugena. Grundzüge seines Denkens*, Franfurt a. M., Klostermann, 1994.

page 105

3. Le traité *De la nature et de la dignité de l'amour* de Guillaume de Saint-Thierry est disponible dans une édition bilingue : Guillaume de Saint-Thierry, *Deux traités de l'amour de Dieu*, textes, notes critiques, traduction par M.-M. Davy, Paris, Vrin, 1953.

page 106

4. On trouve une mise au point sur le problème que pose aujourd'hui l'École de Chartes dans l'article de Thomas Ricklin consacrée à ce courant

dans le *Dictionnaire du Moyen Âge*, p. 269-271. Voir également Jacques Verger, *La Renaissance du XIIᵉ siècle*, Paris, Cerf, 1996.

page 108

5. Nous devons à Dominique Poirel une excellente introduction à Hugues de Saint-Victor : *Hugues de Saint-Victor*, Paris, Cerf, 1998, où l'on trouvera tous les renseignements utiles. Didascalicon : *Hugonis de Sancto Victore Didascalicon. De studio legendi*, A critical Text by Charles Herny Buttimer, Washington, The Catholic University Press, 1939 ; Hugues de Saint-Victor, *L'art de lire. Didascalicon*, introduction, traduction et notes par Michel Lemoine, Paris, Cerf, 1991. Voir également le choix de textes : *Hugues de Saint-Victor et son école*, introduction, choix de textes, traduction et commentaires par Patrice Sicard, Turnhout, Brepols, 1991.

page 112

6. L'édition critique des œuvres d'Anselme de Cantorbéry a été réalisée par Franciscus S. Schmitt (1938-1961). Cette édition est réimprimée dans l'édition bilingue des œuvres : *L'œuvre d'Anselme de Cantorbéry*, sous la direction de Michel Corbin, 5 vol., Paris, Cerf, 1986-1990. On peut mentionner par ailleurs deux éditions du *Proslogion*, celle d'Alexandre Koyré, Paris, Vrin, 1992, et celle de Bernard Pautrat, Paris, GF-Flammarion, 1993. La meilleure biographie est celle de Richard W. Southern, *Saint Anselm, A Portrait in a Landscape*, Cambridge, Cambridge University Press, 1990. Quelques études fondamentales en français : Alexandre Koyré, *L'idée de Dieu dans la philosophie de saint Anselme*, Paris, Leroux, 1923 ; Joseph Moreau, *Pour ou contre l'insensé ? Essai sur la preuve anselmienne*, Paris, Vrin, 1967 ; Jules Vuillemin, *Le Dieu d'Anselme et les apparences de la raison*, Paris, Aubier, 1971. L'ouvrage du théologien suisse Karl Barth (1886-1968), auquel Vignaux se réfère, est : *Saint Anselme. Fides quaerens intellectum (La preuve de l'existence de Dieu)*, 2ᵉ éd., Genève, Labor et Fides, 1985. Voir aussi « Saint Anselme, Barth et au-delà ». – La traduction de Pautrat inclut, p. 109-144, un intéressant dossier sur la réception de l'argument anselmien (textes de Thomas d'Aquin, Descartes, Spinoza, Leibniz, Kant, Hegel). Le volume collectif : *Analyse et théologie. Croyances religieuses et rationalité*, sous la direction de Sacha Bourgeois-Gironde, Bruno Gnassounou, Roger Pouivet, Paris, Vrin, 2002, permet de se faire une idée sur les discussions de l'argument ontologique en philosophie analytique. On y trouvera les références bibliographiques nécessaires pour explorer ce vaste domaine. Vignaux lui-même a plusieurs fois interprété divers aspects de la pensée anselmienne : « Structure et sens du *Monologion* », « Note sur le chapitre LXX du *Monologion* », « La méthode de saint Anselme dans le *Monologion* et le *Proslogion* », *De saint Anselme à Luther*, p. 76-130.

page 126

7. La plus récente biographie d'Abélard est celle Michael T. Clanchy, *Abélard*, Paris, Flammarion, 2000. Pour un premier contact avec cet auteur important, on peut recommander le très précieux choix de texte de Jean Jolivet, *Abélard ou la philosophie dans le langage*, Fribourg-Paris, Éditions universitaires-Cerf, 1994. – Parmi les traductions françaises mentionnons : Abélard, *Conférences. Dialogue d'un philosophe avec un chrétien, un juif et un chrétien. Connais-toi toi-même. Éthique*, introduction, traduction nouvelle et présentation par Maurice de Gandillac, Paris, Cerf, 1993 ; Abélard et Héloïse, *Correspondance*, préface d'Étienne Gilson, traduction d'Octave Gréard, présentée et annotée par Édouard Bouyé, Paris, Gallimard, 2000 ; Abélard, *De l'unité et de la trinité divines (Theologia summi boni)*, introduction, traduction et notes par Jean Jolivet, Paris, Vrin, 2001 ; Abélard, *Des intellections*, texte établi, traduit, introduit et commenté par Patrick Morin, Paris, Vrin, 1994. – Le livre de Jean Jolivet, *La théologie d'Abélard*, Paris, Cerf, 1997, contient les indications essentielles sur les éditions critiques des œuvres théologiques, il faut y ajouter les œuvres logiques, en particulier la *Dialectica* (éd. Lambert-Marie De Rijk, Assen, Van Gorcum, 1970 ; 2ᵉ éd.). Une nouvelle édition du très important Commentaire du *Peri Hermeneias (Logica ingredientibus)* par Klaus Jacobi est en préparation. Pour la chronologie des œuvres, cf. Constant J. Mews, « On Dating the Works of Peter Abelard », *Abelard and his Legacy*, Aldershot, Variorum, 2001, p. 73-134. – Études importantes : Jean Jolivet, *Arts du langage et théologie d'Abélard*, 2ᵉ éd., Paris, Vrin, 1982 ; John Marenbon, *The philosophy of Peter Abelard*, Cambridge, Cambride University Press, 1997. L'ouvrage d'Alain de Libera, *L'art des généralités. Théories de l'abstraction*, Paris, Aubier, 1999, contient un chapitre remarquable sur Abélard, p. 281-498. On peut ajouter que le texte essentiel sur les universaux, extrait du *Commentaire du Peri Hermeneias (Logica ingredientibus)* a été traduit en français : *Œuvres choisies d'Abélard*, textes présentés et traduits par Maurice de Gandillac, Paris, Aubier Montaigne, 1945, p. 77-127.

page 133

8. *Sancti Bernardi Opera*, 8 vol., éd. par J. Leclercq, C. H. Talbot, H. M. Rochais, Rome 1957-1977. L'édition bilingue dans la collection *Sources chrétiennes* est basée sur cette édition critique (Paris, Cerf, depuis 1990, 13 vol. parus). L'étude d'Étienne Gilson, *La théologie mystique de saint Bernard*, Paris, Vrin, 1934, reste fondamentale. Jean Leclercq, *Recueil d'études sur saint Bernard et le texte de ses écrits*, 4 vol., Rome, Storia e Letteratura, 1962-1987 (indispensable pour une approche scientifique de cet auteur). Deux ouvrages collectifs remarquables : *Bernard de Clairvaux. Histoire, mentalités, spiritualités. Introduction générale aux œuvres*

complètes de Bernard de Clairvaux, Paris, Cerf, 1992 ; *Saint Bernard et la philosophie*, publié par Rémi Brague, Paris, P.U.F., 1993.

Pour se familiariser avec le contexte où il faut situer l'activité et l'œuvre de Bernard, on lira avec un immense profit : Jean Leclercq, *L'amour des lettres et le désir de Dieu. Initiation aux auteurs monastiques du Moyen Âge*, 3ᵉ éd. corrigée, Paris, Cerf, 1991.

page 138

9. Richard de Saint-Victor, *La Trinité*, texte latin, introduction, traduction et notes de Gaston Salet, réimpression de la première édition revue et corrigée, Paris, Cerf, 1999. Voir aussi : Jean Châtillon, *Trois opuscules spirituels de Richard de Saint-Victor*, textes inédits accompagnés d'études critiques et de notes, Turhhout, Brepols, 1986. L'étude récente de P. Cacciapuoti, « *Deus existentia amoris* ». *Teologia della carità e teologia della Trinità negli scritti di Riccardo di San Vittore († 1173)*, Turnhout, Brepols, 1998, informe sur l'état actuel de la recherche. Sur les divers aspects de l'école de Saint-Victor on consultera : *L'abbaye parisienne de Saint-Victor au Moyen Âge : communications présentées au XIIIᵉ Colloque d'humanisme médiéval de Paris (1986-1988)*, études réunies par Jean Longère, Turnhout, Brepols, 1991.

page 143

10. L'ouvrage de Jacques Verger, *L'essor des Universités au XIIIᵉ siècle* (cité dans la bibliographie générale) rapporte parfaitement l'état de la recherche sur le développement des universités. Quelques études sur les méthodes d'enseignement : *Les questions disputées et les questions quodlibétales dans les Facultés de Théologie, de Droit et de Médecine*, éd. par B. Bazán *et al.*, Turnhout, Brepols, 1985 ; Alfonso Maierù, *University Training in the Middle Ages*, Leiden, Brill, 1994 ; *Manuels, programmes de cours et techniques d'enseignement dans les universités médiévales*, éd. par Jacqueline Hamesse, Louvain-la-Neuve, Publications de l'Institut d'Études médiévales, 1994 ; Palémon Glorieux, « L'enseignement au Moyen Âge. Techniques et méthodes en usage à la Faculté de Théologie de Paris au XIIIᵉ siècle », *Archives d'histoire doctrinale et littéraire du Moyen Âge* XXXV (1969), p. 65-186 (encore très utile) ; O. Weijers, *Le maniement du savoir. Pratiques intellectuelles à l'époque des premières universités (XIIIᵉ-XIVᵉ siècles)*, Turnhout, Brepols, 1996 ; Olga Weijers, *La « disputatio » dans les Facultés des arts au Moyen Âge*, Turnhout, Brepols, 2002. Deux ouvrages sont importants pour l'étude précise du vocabulaire : Pierre Michaud-Quantin, *Universitas. Expressions du mouvement communautaire dans le Moyen Âge latin*, Paris, Vrin, 1970 ; Olga Weijers, *Terminologie des universités au XIIIᵉ siècle*, Rome, Ateneo, 1987. Pour l'organisation de l'enseignement de la philosophie voir aussi : *L'enseignement de la philosophie au*

XIIIe siècle. Autour du « Guide de l'étudiant » du ms. Ripoll 109, Actes du colloque international édités, avec un complément d'études et de textes, par Claude Lafleur avec la collaboration de Joanne Carrier. Index et bibliographie avec l'assistance de Luc Gilbert et de David Piché, Turnhout, Brepols, 1997 ; *L'enseignement des disciplines à la Faculté des arts (Paris et Oxford, XIIIe-XVe siècle*, Actes du colloque international édités par Olga Weijers et Louis Holtz, Turnhout, Brepols, 1997.

page 144
11. Peter of Spain (Petrus Hispanus Portugalensis), *Tractatus, called afterwards Summule logicales*, First Critical Edition from the Manuscripts with an Introduction by L. M. De Rijk, Assen, Van Gorcum, 1972. L'identification de Pierre d'Espagne avec le Pape Jean XXI a récemment été contestée.

page 145
12. Allusion à l'habilitation de Heidegger : *Traité des catégories et de la signification chez Duns Scot*, traduit de l'allemand par Florent Gaboriau, Paris, Gallimard, 1970.

page 146
13. *Libri IV Sententiarum*, 2 vol., Grottaferrata, Spicilegium Bonventurianum, 1971-1981. Pour l'œuvre et la pensée voir : Marcia L. Colish, *Peter Lombard*, 2 vol., Leiden, Brill, 1994.

page 147
14. Pour le platonisme médiéval, cf. Tullio Gregory, « The Platonic Inheritance », dans Peter Dronke (éd.), *A History of Twelfth-Century Western Philosophy*, Cambridge, Cambridge University Press, 1988, p. 54-80, mais encore Raymond Klibansky, *The Continuity of the Platonic Tradition during the Middle Ages*, Hamburg, Meiner, 1989 (reprint de l'édition de 1939), et *Néoplatonisme et philosophie médiévale*, Actes du Colloque international de Corfou, 1995, édités par L. G. Benakis, Turnhout, Brepols, 1997. Il existe une traduction française du *Liber de causis : La demeure de l'être. Autour d'un anonyme*, sous la direction de Pierre Magnard, Paris, Vrin, 1990. Voir également : Cristina d'Ancona Costa, *Recherches sur le* Liber de causis, Paris, Vrin, 1995.

page 147
15. Sur l'entrée d'Aristote en Occident : Fernand Van Steenberghen, *La philosophie au XIIIe siècle*, 2e éd., mise à jour, Louvain-Paris, Peeters, 1991, mais également les articles sur l'*Aristoteles latinus* de Bernard G. Dod et Charles Lohr dans *The Cambridge History of Later Medieval Philosophy*, p. 45-98.

page 148

16. Sur Avicenne, on pourra consulter le long article sur cet auteur dans *Encyclopaedia Iranica*, vol. III, 1987, p. 66-110, mais aussi Dimitri Gutas, *Avicenna and the Aristotelian Tradition*, Leiden, Brill, 1988 ; Dag N. Hasse, *Avicenna's* De anima *in the Latin West. The formation of a Peripatetic Philosophy of the Soul, 1160-1300*, London, The Warburg Institute, 2000 ; Jean Jolivet/Roshdi Rashed, *Études sur Avicenne*, Paris, Les Belles Lettres, 1984 ; J. R. Michot, *La destinée de l'homme selon Avicenne : le retour à Dieu et l'imagination*, Louvain, Peeters, 1986 ; Meriem Sebti, *Avicenne et l'âme humaine*, Paris, P.U.F., 2000.

On peut ajouter qu'il existe une excellente traduction d'une partie de la grande encyclopédie d'Ibn Sina : *Métaphysique du Shifā*, 2 vol., introduction, traduction et notes par Georges C. Anawati, Paris, Vrin, 1978-1985. Sur la réception d'Avicenne dans le monde latin cf. *Avicenne en Occident*, Recueil d'articles de Marie-Thérèse d'Alverny réunis en hommage à l'auteur ; avant-propos de Danielle Jacquart, Paris, Vrin, 1993. Le livre de Jean Jolivet, *La théologie des Arabes*, Paris, Cerf, 2002, est très précieux, autant pour sa présentation des doctrines musulmanes que pour l'aperçu de l'influence dans le monde latin. Excellente vue d'ensemble sur la réception de la philosophie arabe en Occident : *The Introduction of Arabic Philosophy in Europe*, edited by Charles E. Butterworth and Blake Andrée Kessel, Leiden, Brill, 1993.

Le chapitre sur Moïse Maïmonide dans Colette Sirat, *La philosophie juive médiévale en terre d'Islam* (voir bibliographie générale), p. 179-232, fournit une très complète introduction à la pensée de ce philosophe très important. On peut compléter cette première approche avec la lecture de Leo Strauss, *Maïmonide*, traduction française de Rémi Brague, Paris, P.U.F., 1988. Outre la traduction française du *Guide des Égarés*, traduit de l'arabe par Salomon Munk, préface de Claude Birman, suivi du *Traité des huit chapitres*, traduit de l'arabe par Jules Wolf, préface de Franklin Rausky, nouvelle édition revue par Charles Mopsik, Paris, Verdier 1979, on lira avec profit le *Traité de logique*, traduit de l'arabe, avec une introduction et des notes par Rémi Brague, Paris, Desclée de Brouwer, 1996. La traduction de S. Munk, selon les spécialistes, datant d'ailleurs de 1857, n'atteint pas la précision de celle en anglais de Shlomo Pinès, *The Guide of the Perplexed*, Chicago 1963. L'ouvrage de cet érudit *La liberté de philosopher, De Maïmonide à Spinoza*, traduction, introduction et notes de Rémi Brague, Paris, Desclée de Brouwer, 1997, renferme d'ailleurs plusieurs études magnifiques sur Maïmonide et sa réception dans le monde latin.

page 152

17. Pour une première information sur David de Dinant et Amaury de Bène, on peut lire les articles qui sont consacrés à ces deux auteurs dans le *Dictionnaire du Moyen Âge*, p. 47-48, 391-392 (Elena Casadei).

page 153

18. Sur Guillaume d'Auvergne voir : Guillaume d'Auvergne, *De l'âme (VII, 1-9)*, traduction et notes par Jean-Baptiste Brenet, Paris, Vrin, 1998. Cette traduction est précédée d'une très ample introduction qui fournit les information essentielles sur la pensée et l'œuvre de Guillaume.

page 156

19. Le lecteur francophone dispose de trois introductions à la pensée d'Ibn Rushd : Roger Arnaldez, *Averroès, un rationaliste en Islam*, Paris, Balland, 1998 ; Abdurrahmân Badawi, *Averroès (Ibn Rushd)*, Paris, Vrin, 1998 ; Dominique Urvoy, *Averroès. Les ambitions d'un intellectuel musulman*, Paris, Flammarion, 1998. Pour un premier aperçu, on consultera : Maurice Rouben Hayoun, Alain de Libera, *Averroès et l'averroïsme*, Paris, P.U.F., 1991. Pour le monde latin la traduction du *Grand Commentaire du traité de l'âme d'Aristote* a été décisive. Le commentaire du troisième livre existe dans une excellente traduction, richement annotée : *Averroès, L'intelligence et la pensée. Grand Commentaire du De anima, Livre III (429 a 10-435 b 25)*, traduction, introduction et notes par Alain de Libera, Paris, GF-Flammarion, 1998. Bien que ce texte n'ait pas été traduit en latin durant le Moyen Âge, il est du plus haut intérêt pour la compréhension de la philosophie d'Ibn Rushd : Averroès, *Le livre du discours décisif*, introduction par Alain de Libera, traduction inédite, notes et dossier par Marc Geoffroy, Paris, GF-Flammarion, 1996. À consulter également : Averroès, *L'Islam et la raison*, anthologie de textes juridiques, théologiques et polémiques, traduction de Marc Geoffroy, précédée de *Pour Averroès* par Alain de Libera, Paris, GF-Flammarion, 2000. Averroès, *La béatitude de l'âme*, éditions, traductions annotées, études doctrinales et historique d'un traité d'Averroès, par Marc Geoffroy et Carlos Steel, Paris, Vrin, 2001. Deux ouvrages collectifs importants sont à signaler : *Averroes and the Aristotelian Tradition. Sources, Constitution and Reception of the Philosophy of Ibn Rushd (1126-1198)*. Proceedings of the Fourth Symposium Averroicum (Cologne, 1996), Leiden, Brill, 1999 ; *Multiple Averroès*, Actes du Colloque international organisé à l'occasion du 850e anniversaire de la naissance d'Averroès, 1976, éd. Jean Jolivet et R. Arié, Paris, Les Belles Lettres, 1978.

page 159

20. Le texte de la condamnation de 1277 a récemment été édité et traduit en français : *La condamnation parisienne de 1277*, nouvelle édition du texte

latin, traduction, introduction et commentaire par David Piché; avec la collaboration de Claude Lafleur, Paris, Vrin, 1999. Cet ouvrage ne remplace pas celui de Roland Hissette, *Enquête sur les 219 articles condamnés à Paris le 7 mars 1277*, Louvain-Paris, Éditions universitaires-Vander-Oyez, 1977. Pour une interprétation philosophique et historique des condamnations médiévales, cf. Luca Bianchi, *Censure et liberté intellectuelle à l'Université de Paris* (bibliographie générale). Voir aussi le très ample ouvrage collectif : *Nach der Verurteilung von 1277. Philosophie und Theologie an der Universität von Paris im letzten Viertel des 13. Jahrhunderts. Studien und Texte*, herausgegeben von Jan A. Aertsen, Kent Emery Jr. und Andreas Speer, Berlin, W. de Gruyter, 2001.

Le volume de François-Xavier Putallaz et Ruedi Imbach, *Profession : philosophe. Siger de Brabant*, Paris, Cerf, 1997, contient quelques renseignements pour une étude approfondie de ce célèbre maître-ès-arts, mais l'ouvrage de Fernand Van Steenberghen, *Maître Siger de Brabant*, Louvain-Paris, Éditions universitaires-Vander-Oyez, 1977, reste indispensable. Un texte intéressant et important de Boèce de Dacie a été traduit en français, le traité *De summo bono* dans : *Philosophes médiévaux des XIIIᵉ et XIVᵉ siècles*, p. 151-166 (Ruedi Imbach et M.-H. Méléard). Sur l'historiographie mouvementée de l'averroïsme voir Ruedi Imbach, « L'averroïsme latin », *Gli studi di filosofia medievale fra Otto et Novecento* (voir bibliographie générale), p. 191-208.

page 164

21. Les travaux de James McEvoy sur Grosseteste font autorité et fournissent tous les renseignements nécessaires pour l'étude de cet auteur intéressant : *The Philosophy of Robert Grosseteste*, Oxford Clarendon Press, 1982; *Robert Grosseteste et la théologie à l'Université d'Oxford (1190-1250)*, Paris, Cerf, 1999; *Robert Grosseteste*, Oxford University Press, 2000.

page 167

22. Vignaux se réfère ici aux travaux de Alistair Cameron Crombie, en particulier à l'ouvrage : *Robert Grosseteste and the Origins of Experimental Science 1100-1700*, Oxford, Clarendon Press, 1953. Un autre ouvrage capital de cet historien des sciences a été traduit en français : *Histoire des sciences, de saint Augustin à Galilée*, 2 vol., traduit de l'anglais de Jacques d'Hermies, Paris, P.U.F., 1958.

page 168

23. Pour se faire une idée de l'état de la recherchée sur le franciscain, on consultera l'ouvrage collectif : *Roger Bacon and the Sciences : Commemorative Essays*, edited by Jeremiah Hackett, Leiden, Brill, 1997. David C. Lindberg aborde les questions de philosophie naturelle : *Roger Bacon's*

philosophy of nature, A Critical Edition with English translation, introduction, and notes of *De multiplicatione specierum* and *De speculis comburentibus*, Oxford, Clarendon Press, 1983. D'autres aspects de sa pensée sont traités par Camille Bérubé, *De la philosophie à la sagesse chez saint Bonaventure et Roger Bacon*, Rome, Istituto storico dei cappucini, 1976. Sa philosophie du langage et du signe joue un rôle important dans le livre d'Irène Rosier, *La parole comme acte* (bibliographie générale). L'article d'Alain de Libera, « Roger Bacon » dans le *Dictionnaire du Moyen Âge*, p. 1228-1231, est un modèle de concision et de clarté ; il contient une foule d'informations, notamment une bibliographie des éditions. On lira également avec intérêt le bref essai que Klaus Hedwig consacre à cet auteur dans : Theo Kobusch (éd.), *Philosophie des Mittelalters*, Darmstadt, Wissenschaftliche Buchgesellschaft, 2000, p. 140-151, et la présentation de Franco Alessio, *Introduzione a Ruggero Bacone*, Bari, Laterza, 1985 (avec de très précieuses indications bibliographiques). À ma connaissance, un seul texte de Bacon est traduit en français, la très intéressante *Lettre à Clément V* où il expose brièvement sa science expérimentale dans *Philosophes médiévaux des XIIIᵉ et XIVᵉ siècle* (Jean-Marie Meilland), p. 123-148.

page 174

24. Un texte extrêmement intéressant de Jean de la Rochelle, sa *Summa de anima*, édité par J. G. Bougerol, Paris, Vrin, 1995, vient d'être traduit en français et permet d'apprécier la manière dont les problèmes psychologiques ont été traités dans les années 1230-1235 donc juste avant les synthèse d'Albert le Grand et Thomas d'Aquin : Jean de la Rochelle, *Somme de l'âme*, introduction, traduction et notes par Jean-Marie Vernier, Paris, Vrin, 2001.

25. La meilleure introduction historique à l'œuvre de Bonaventure est celle de Jacques Guy Bougerol, *Introduction à saint Bonaventure*, Paris, Vrin, 1988. On y trouvera tous les détails concernant la chronologie et les éditions des œuvres du franciscain. Pour les problèmes d'authenticité, il faut consulter : Balduinus Distelbrink, *Bonaventurae scripta : authentica, dubia vel spuria : critice recensita*, Roma, Istituto storico dei cappucini, 1975.

Il existe aussi un utile *Lexique de saint Bonaventure*, publié sous la direction de Jacques Guy Bougerol, Paris, Éditions franciscaines, 1969. Pour ce qui est de la philosophie de Bonaventure, le livre d'Étienne Gilson, *La philosophie de saint Bonaventure*, Paris, Vrin, 1953, reste incontournable. L'ouvrage très original de Joseph Ratzinger, *La théologie de l'histoire de saint Bonaventure*, Paris, P.U.F., 1988, met au premier plan le conflit entre philosophie (aristotélisme) et théologie ; pour une perspective un peu différente, cf. Ruedi Imbach, « Bonaventura : Collationes in Hexaëmeron », dans Kurt Flasch, *Interpretationen. Hauptwerke des Philosophie : Mittelalter*, Stuttgart, Reclam, 1998, p. 270-291. Parmi les traductions françaises, il faut citer : *Breviloquium*, texte latin et traduction française (par différents auteurs), 8 vol., Paris, Éditions franciscaines, 1967-1968 ; *Le Christ maître*, introduction, texte, traduction et notes par Goulven Madec, Paris, Vrin, 1998 ; *Itinéraire de l'esprit vers Dieu*, introduction, traduction et notes par H. Duméry, Paris, Vrin, 1994 ; *Les six jours de la création*, traduction, introduction et notes de Marc Ozilou, préface d'Olivier Boulnois, Paris, Cerf, 1991 ; *Les six lumières de la connaissance humaine* (*De reductione artium ad theologiam*), texte latin de Quaracchi et traduction française, introduction et notes par Pierre Michaud-Quantin, Paris, Éditions franciscaines, 1971 ; *Les Sentences. Questions sur Dieu, Commentaire du premier livre des Sentences de Pierre Lombard*, introduction générale, traduction, notes et index de Marc Ozilou, avant-propos de Ruedi Imbach, Paris, P.U.F., 2002. De Vignaux, cf. « Note sur la considération de l'infini dans les *Quaestiones de scientia Christi* », *De saint Anselme à Luther*, p. 131-154. Il existe d'ailleurs une traduction de ce texte : *Question disputées sur le savoir chez le Christ*, introduction et notes par Ed.-H. Wéber, Paris, O.E.I.L., 1985.

page 185

26. Il est recommandé de commencer l'étude de la philosophe d'Albert le Grand par le remarquable article d'Alain de Libera dans le *Dictionnaire du Moyen Âge*, p. 26-29. Du même auteur : *Albert le Grand et la philosophie*, Paris, Vrin, 1990. Le très brillant exposé sur la philosophie d'Albert le Grand de Loris Sturlese dans sa *Storia della filosofia tedesca nel medioevo. Il secolo XIII*, Florence, Olschki, 1996, p. 69-125, mérite de figurer parmi les meilleures pages sur le dominicain allemand. Pour la biographie voir : James A. Weisheipl, « The Life and Works of St. Albert the Great », *Albertus Magnus and the Sciences. Commemorative Essays*, Toronto, Mediaeval Studies, 1980, p. 13-52. Une édition critique des œuvres est en cours depuis 1951 (Münster, Aschendorff, appelée *Editio Coloniensis*) mais pour le reste des ouvrages il faut encore se contenter de l'édition, très fautive, en 38 volumes de A. et E. Borgnet, Paris 1890-1899. À ma connaissance, il n'existe qu'une seule traduction scientifique en français : Albert le Grand, *Commentaire de la Théologie mystique de Denys le Pseudo-Aréopagite, suivi de celui des Épîtres I-V*, introduction, traduction, notes et index par Edouard-Henri Wéber, Paris, Cerf, 1993. Quant à l'école albertinienne, cf. *Albert der Grosse und die deutsche Dominikanerschule. Philosophische Perspektiven*, publié par Ruedi Imbach et Christoph Flüeler, Freiburger Zeitschrift für Philosophie und Theologie, 32 (1985), p. 1-271. *Albertus Magnus und der Albertismus. Deutsche philosophische Kultur des Mittelalters*, von Maarten J. F. M. Hoenen und Alain de Libera, Leiden, Brill, 1995. Bilan de l'état de la recherche : Henryk Anzulewicz, « Neuere Forschungen zu Albertus Magnus.

Bestandesaufnahme und Problemstellungen», *Recherches de Théologie et Philosophie médiévales*, 66 (1999), p. 163-209.

page 186

27. La biographie intellectuelle de Jean-Pierre Torrell, *Initiation à saint Thomas d'Aquin, Sa personne et son œuvre*, Fribourg-Paris, Éditions universitaires-Cerf, 2ᵉ éd., 2002, comporte un catalogue complet des œuvres et des éditions de saint Thomas. Je me contente donc d'indiquer quelques traductions importantes : *Somme contre les gentils, Livre sur la vérité de la foi chrétienne contre les erreurs des infidèles*, traduction inédite par V. Aubin, C. Michon et D. Moreau, 4 volumes, Paris, GF-Flammarion, 1999 ; *Somme théologique*, trad. de Aimon-Marie Roguet, 4 vol., Paris, Cerf, 1984 ; *Les lois*, texte traduit et présenté par Jean de la Croix Kaelin, Paris, Téqui, 2000 (ST I-II, 90-97) ; *Questions disputées sur la vérité : Question I*, introduction, traduction et notes par Ch. Brouwer et M. Peeters, Paris 2001 ; *Question II, De la vérité ou la science en Dieu*, trad. S.-Th. Bonino, préface R. Imbach, Fribourg-Paris, Éditions Universitaires-Cerf, 1996 ; *Question IV, Du verbe*, trad. B. Jolles, Paris, Vrin, 1992 ; *Question X, L'esprit*, trad. K. S. Ong-Van-Cung, Paris, Vrin, 1998 ; *Question XI, Le maître*, trad. B. Jolles, Paris, Vrin, 1983 ; *Question XV, Raison supérieure et raison inférieure, Question XVI, De la syndérèse*, trad. par J. Tonneau, Paris, Vrin, 1991 ; *Commentaire sur l'Évangile de saint Jean*, I, éd. sous la direction de M.-D. Philippe, Paris, Cerf, 1998 ; *Commentaire de l'Épître aux Romains*, trad. J.-E. Stroobant de Saint-Eloy, avant-propos par G. Berceville, Paris, Cerf, 1999 ; *Commentaire sur les Psaumes*, trad. J.-E. Stroobant de Saint-Eloy, avant-propos par M. D. Jordan, Paris, Cerf, 1996 ; *Commentaire de Traité de l'âme d'Aristote*, introduction, traduction et notes J.-M. Vernier, Paris, Vrin, 1999 ; *Du royaume*, trad. G. M.-M. Cottier, Paris, Cerf, 1946 ; *Les principes de la réalité naturelle*, trad. J. Madarin, Paris, Nouvelles Éditions latines, 1963 ; *L'unité de l'intellect contre les averroïstes*, éd. par A. de Libera, Paris, Flammarion, 1994 ; Thomas d'Aquin/Thierry de Freiberg, *L'être et l'essence*, trad. A. de Libera et C. Michon, Paris, Seuil, 1996 ; *Les raisons de la foi, Les articles de la foi et les sacrements de l'Église*, introduction, traduction et annotation par G. Emery, Paris, Cerf, 1999. On peut ajouter deux anthologies : *Saint Thomas moraliste*, par É. Gilson, Paris, Vrin, 1974 (textes sur la morale) ; *Saint Thomas, L'être et l'esprit*, textes choisis et traduits par Joseph Rassam, Paris, P.U.F., 1971. Parmi les études les plus importantes, je mentionne : J. A. Aertsen, *Nature and Creature, Thomas Aquinas's Way of Thought*, Leiden, Brill, 1988 (problème des transcendantaux, important) ; M.-D. Chenu, *Introduction à l'étude de saint Thomas d'Aquin*, 2ᵉ édition, Montréal-Paris, Vrin, 1954 (toujours indispensable et suggestif) ; Leo J. Elders, *La métaphysique de saint Thomas d'Aquin dans*

une perspective historique, Paris, Vrin, 1994 ; L.-B. Geiger, *Penser avec Thomas d'Aquin*, études thomistes présentées par R. Imbach, Fribourg-Paris, Éditions universitaires-Cerf, 2000 ; Ét. Gilson, *Le Thomisme, Introduction à la philosophie de saint Thomas d'Aquin*, 6ᵉ édition, Paris, Vrin, 1986 (incontournable) ; E. Kretzmann, E. Stump, *The Cambridge Companion to Aquinas*, Cambridge University Press, 1993 ; N. Kretzmann, *The Metaphysics of Theism, Aquinas's Natural Theology in Summa contra Gentiles I*, Oxford, Clarendon Press, 1997 ; R. Pouivet, *Après Wittgenstein, saint Thomas*, Paris, P.U.F., 1997 (très intéressante approche analytique) ; F.-X. Putallaz, *Le dernier voyage de Thomas d'Aquin*, Paris, Salvator, 1998 (un roman qui introduit de manière originale à certaines grandes questions) ; F.-X. Putallaz, *Le sens de la réflexion chez Thomas d'Aquin*, Paris, Vrin, 1991 ; F.-X. Putallaz et R. Imbach, *Profession philosophe : Siger de Brabant*, Paris 1997 (la discussion entre Thomas et Siger) ; L. Renault, *Dieu et les créatures selon Thomas d'Aquin*, Paris, P.U.F., 1995 ; Ph. W. Rosemann, *Omne ens est aliquid, Introduction à la lecture du système philosophique de saint Thomas d'Aquin*, Louvain-Paris, Peeters, 1996 ; J.-P. Torrell, *Saint Thomas d'Aquin, maître spirituel*, Initiation 2, Fribourg-Paris, Éditions universitaires-Cerf, 1996.

page 188

28. Salomon b. Juda Ibn Gabirol (1021-1022, mort entre 1054 et 1058) que les Latins ont connu sous le nom d'Avicebron, est l'auteur d'une importante œuvre poétique en hébreu mais il a également composé un ouvrage philosophique en arabe, traduit en latin au XIIᵉ siècle sous le titre *Fons vitae*. Ce texte a été traduit en français par Jacques Schlanger : Salomon Ibn Gabirol, *Livre de la Source de vie*, Paris, Aubier, 1970. La critique de son hylémorphisme universel par Thomas d'Aquin a été analysée par Fernand Brunner, *Platonisme et aristotélisme. La critique d'Ibn Gabirol par saint Thomas d'Aquin*, Louvain-Paris, Éditions universitaires-B. Nauwelaerts, 1965. Du même auteur : *Métaphysique d'Ibn Gabirol et de la tradition platonicienne*, Aldershot, Variorum Reprints, 1997. La récente traduction italienne accompagnée de l'édition de l'abrégé hébreu : Shelomoh ibn Gabirol, *Fons Vitae, Meqor hayyîm, Edizione critica e traduzione dell'Epitome ebraica dell'opera*, a cura di Roberto Gatti, Genova, Il nuovo melangolo, 2001, comporte une très ample introduction historique et doctrinale.

page 189

29. Vignaux fait ici allusion aux six éditions du *Thomisme* dont la dernière date de 1965. Dès la première édition (sur la base de cours de 1913-1914), Gilson présente la philosophie de Thomas selon l'ordre théologique. La conviction que Thomas travaille d'abord en théologien ira s'accentuant au cours des années et Gilson exprimera sa conviction profonde en 1960

affirmant «que les notions philosophiques les plus originales et les plus profondes de saint Thomas ne se révèlent qu'à celui qui le lit en théologien», *Le philosophe et la théologie*, Paris, Fayard, 1960, p. 229 ; réimp., Vrin, 2004.

page 196

30. L'expression *Métaphysique de l'Exode* a été forgée par Gilson, en particulier dans *L'Esprit de la philosophie médiévale*, p. 51. L'historien français désigne par là un type de métaphysique selon laquelle il y a identité entre être et Dieu, conformément à *Exode* 3,14 où Dieu se désigne en disant «Je suis celui qui suis». Selon Gilson cette identité est la pierre d'angle fondant toute philosophie chrétienne dont Moïse est l'initiateur. À propos de cette problématique voir Vignaux : «Présentation», *Dieu et l'être, Exégèse d'Exode 3, 14 et de Coran 20, 11-24*, Paris, Études augustiniennes, 1978, p. 7-13 ; «Métaphysique de l'Exode, philosophie de la religion (à partir du *De primo principio* selon Duns Scot) 17», *Rivista di filosofia neo-scolastica*, LXX (1978), p. 135-148 ; «Métaphysique de l'Exode et univocité de l'être chez Duns Scot», *Celui qui est, interprétations juives et chrétiennes d'Exode 3,14*, Paris, Cerf, 1986, p. 103-126.

page 197

31. Sur les condamnations d'Oxford voir Alain Boureau, *Théologie, science et censure au XIIIe siècle. Le cas de Jean Peckham*, Paris, Les Belles Lettres, 1999.

page 198

32. On trouvera des renseignements sur Richard de Mediavilla chez François-Xavier Putallaz, *Figures franciscaines. De Bonaventure à Duns Scot*, Paris, Cerf, 1997, p. 175-177 (œuvres et éditions), et dans l'article «Richard of Middletown» de Richard Cross, *A Companion to Philosophy in the Middle Ages*, p. 574-578. L'ouvrage déjà ancien de Edgar Hocedez, *Richard de Middletown : sa vie, ses œuvres, sa doctrine*, Louvain-Paris, Spicilegium Sacrum Lovaniense-Honoré Champion, 1925, est encore utile.

Les études sur Pierre de Jean Olieu (Olivi) ont considérablement progressé ces dernières années. Une édition critique des œuvres d'Olieu est en cours de publication depuis 1999 aux Editiones collegii s. Bonaventurae ad Claras Aquas (Grottaferrata). Le premier volume est dédié au catalogue des manuscrits : Antonio Ciceri, *Petri Iohannis Olivi Opera. Censimento dei manoscritti*, Grottaferrata, Editiones collegii s. Bonaventurae, 1999.

L'état de la recherche est bien représenté dans Alain Boureau, Sylvain Piron (éds.), *Pierre de Jean Olivi (1248-1298). Pensée scolastique, dissidence spirituelle et société*, Paris, Vrin, 1999. Excellente introduction biographique : David Burr, *L'Histoire de Pierre Olivi, franciscain persécuté*, traduit par François-Xavier Putallaz, Fribourg-Paris, Éditions universitaires-

Cerf, 1997. L'ouvrage d'Efrem Bettoni, *Le dottrine filosofiche di Pier Giovanni Olivi*, Milan, Vita e Pensiero, 1959, est pour le moment encore la seule présentation complète de la pensée philosophique de cet auteur primordial. Les informations que donne François-Xavier Putallaz, *Figures franciscaines*, p. 25-31, 167-173 (éditions), sont très utiles. Cet ouvrage contient également des données sur Matthieu d'Aquasparta, p. 51-58, 164-116 (éditions).

Henri de Gand : Une bibliographie complète a été composée par Raymond Macken, *Bibliographie de Henri de Gand*, Leuven, Edition Medieval Philosophers of the Former Low Countries, 1994. Du même auteur, qui est un des initiateurs de l'édition critique des œuvres de Henri : *Essays on Henri of Ghent*, 3 vol., Leuven, Edition Medieval Philosophers of the Former Low Countries, 1994-1996. De l'édition critique de ses *Quodlibeta*, commencée en 1979, huit volumes ont paru jusqu'à présent (sous la direction de R. Macken, J. Decorte, R. Wielockx, G. A. Wilson). La meilleure vue d'ensemble reste toujours : Jean Paulus, *Henri de Gand. Essai sur les tendances de sa métaphysique*, Paris, Vrin, 1938. Parmi les publications récentes, on peut mentionner : *Henry of Ghent and the Transformation of Scholastic Thought. Studies in memory of Jos Decorte*, Guy Guldentops and Carlos Steel (eds.), Leuven, Leuven University Press, 2004 ; Matthias Laarmann, *Deus primum cognitum : die Lehre von Gott als dem Ersterkannten des menschlichen Intellekts bei Heinrich von Gent († 1293)*, Münster, Aschendorff, 1999 ; Pasquale Porro, *Enrico di Gand : la via delle proposizioni universali*, Bari, Levante, 1990 ; W. Vanhamel (éd.), *Henry of Ghent. Proceedings of the International Colloquium on the Occasion of the 700th Anniversary of His Death*, Louvain, Peeters, 1996.

Godefroy de Fontaines : Le livre de John F. Wippel, *The Metaphysical Thought of Godefrey of Fontaines : A Study in Late Thirteenth-Century Philosophy*, Washington DC, The Catholic University of America Press, 1981, offre une synthèse très complète. Du même auteur on peut lire la brève mais substantielle présentation dans *A Companion to Philosophy in the Middle Ages*, p. 272-280.

page 200
33. Sur ces auteurs, on consultera pour une première information les articles respectifs dans *A Companion to Philosophy in the Middle Ages* : Matthieu d'Aquasparta par R. E. Houser, p. 423-431 ; Roger Marston par Gordon A. Wilson, p. 626-629 ; Vital du Four par A. G. Traver, p. 670-671. On peut compléter ces informations par F.-X. Putallaz, *Figures franciscaines*, p. 32-38 (Roger Marston), p. 51-58 (Matthieu d'Aquasparta).

page 205

34. Pour une information solide sur les œuvres et les éditions de Durand voir : Thomas Kaeppeli, *Scriptores ordinis praedicatorum medii aevi*, vol. I, Rome, S. Sabina, 1970, p. 339-350 (compléments vol. IV, Rome, S. Sabina, 1993, p. 73-74). Sa condamnation a été étudiée par Joseph Koch, *Durandus de S. Porciano O. P. Forschungen zum Streit um Thomas von Aquin zu Beginn des 14. Jahrhunderts*, Münster, Aschendorff, 1927 ; les *Kleine Schriften* du même auteur (2 vol., Rome, Storia e Letteratura, 1973) renferment plusieurs études fondamentales sur Durand. Le court exposé de Russel L. Friedman dans *A Companion to Philosophy in the Middle Ages*, p. 249-253 fournit une première orientation. Sur Jacques de Metz cf. Joseph Koch, « Jakob von Metz O. P., der Lehrer des Durandus de S. Prociano O. P. », *Kleine Schriften*, vol. I, p. 133-200.

On trouve une très remarquable biographie de Gilles de Rome (Egidio Romano) par Francesco Del Punta, Silvia Donati et Concetta Luna dans *Dizionario biografico degli Italiani*, vol. 42, Rome, Istituto della Enciclopedia Italiana, 1993, p. 319a-341a (avec une ample bibliographie des éditions et de la littérature secondaire).

page 206

35. L'édition critique des œuvres de Dietrich de Freiberg est achevée, *Opera omnia*, 4 vol. Hamburg, Meiner, 1977-1985. Les trois premiers volumes sont précédés d'importantes introductions doctrinales de Kurt Flasch. Les meilleures études synthétiques sur la philosophie de Thierry sont : Kurt Flasch, *Philosophie des Mittelalters*, p. 450-462 ; Loris Sturlese, *Storia della filosofia tedesca nel medioevo. Il secolo XIII*, p. 181-275.

La *Summa de bono* d'Ulrich de Strasbourg est en cours de publication (Hamburg, Meiner, depuis 1987) comme celle du Commentaire de Berthold de Moosburg (*Expositio super Elementationem theologicam Procli*, Hamburg, Meiner, depuis 1984, 5 vol. parus jusqu'à ce jour). Le très important *Préambule* de ce commentaire monumental a été traduit en français par Alain de Libera dans *Philosophes médiévaux des XIIIᵉ et XIVᵉ siècle*, p. 347-371. Le lecteur soucieux de s'informer sur la pensée de ce dominicain lira avec profit les pages que lui consacre Alain de Libera, *Introduction à la mystique rhénane*, Paris, Seuil, 1994, p. 317-442. On trouvera dans ce même volume aussi la seule présentation française de la pensée d'Ulrich de Strasbourg, p. 99-162.

page 209

36. L'article Raymond Lulle, de Charles Lohr dans *A Companion to Philosophy in the Middle Ages*, p. 553-558, est une excellente introduction à la pensée de Lulle. Pour approfondir cette première approche, on pourra lire :

Armand Llinarès, *Raymond Lulle*, philosophe de l'action, Grenoble, Imprimerie Allier, 1963 ; *Raymond Lulle*, Paris, Cerf, 1986 ; M. Cruz Hernandez, *El pensamiento de Ramón Llull*, Madrid, Editorial Catalia, 1977 ; Louis Sala-Molins, *La philosophie de l'amour chez Raymond Lulle*, Paris, Mouton, 1974. Une traduction française du livre culte de R. D. F. Pring-Mill, *El microcosmos lul·lià* (1961), par Iñigo Atucha avec une introduction de Anthony Bonner est sous presse (Fribourg-Paris, Academic Press-Cerf, 2004). Ce volume contient aussi une traduction de la *Vita coaetanea*, une autobiographie de Lulle qui en dit long sur l'activité et les projets du philosophe de Majorque. Plusieurs traductions françaises d'A. Llinarès facilitent l'accès à la pensée lullienne : *L'Art bref*, traduction, intrroduction et notes, Paris, Cerf, 1991 ; *Principes et questions de théologie de la quadrature et triangulature du cercle*, Paris Cerf, 1989. On peut aussi recommander un choix de textes intéressant : *Lulle, L'arbre de philosophie d'amour, Le livre de l'ami et de l'aimé et choix de textes philosophiques et mystiques*, introduction, traduction, notes par Louis Sala-Molins, Paris, Aubier-Montaigne, 1967. L'œuvre la plus connue et peut-être la plus attachante est le *Livre du gentil et des trois sages* dont il existe deux traductions françaises : *Le livre du gentil et des trois sages*, traduit du catalan et présenté par Dominique de Courcelles, Paris, Éditions de l'éclat, 1992 ; *Le livre du gentil et des trois sages*, traduction du catalan, introduction et notes par Armand Llinarès, Paris, Cerf, 1993. Le recueil d'Anthony Bonner, *Selected Works of Ramon Llull (1232-1316)*, 2 vol., Princeton, Princeton University Press, 1985, est précédé d'une ample introduction et se termine par un catalogue chronologique complet et très utile des œuvres de Lulle (p. 1257-1304). Pour terminer notons la bibliographie de R. Brummer, *Bibliographia lulliana : Ramon-Llull-Schrifttum 1870-1973*, Hildesheim, Olms, 1976.

page 213

37. L'introduction de François-Xavier Putallaz à Duns Scot, *Traité du premier principe, Tractatus de primo principio*, texte latin établi par Wolfgang Kluxen, traduit du latin par Jean-Daniel Cavigioli, Jean-Marie Meilland et François-Xavier Putallaz, sous la direction de Ruedi Imbach, Paris, Vrin, 2001, contient un très utile catalogue commenté des œuvres et des éditions du docteur subtil (p. 24-27). Plusieurs traductions françaises de textes scotistes, outre celle, déjà citée du *Traité du premier principe*, sont à disposition : *Sur la connaissance de Dieu et l'univocité de l'étant. Ordinatio I, distinction 3, première partie. Ordinatio I, distinction 8, première partie. Collatio 24*, introduction, traduction et commentaire par Olivier Boulnois, Paris, P.U.F., 1988 ; *Le principe d'individuation*, introduction, traduction et note par Gérard Sondag, Paris, Vrin, 1992 (*Ordinatio II, distinction 3, partie I*) ; *L'image*, traduction et commentaire de Gérard Sondag, Paris, Vrin,

1993 (*Ordinatio I, distinction 3, 3ᵉ partie, questions 1-4*); *La théologie comme science pratique (Prologue de la* Lectura*)*, introduction, traduction et notes par Gérard Sondag, Paris, Vrin, 1996 ; *Prologue de l'*Ordinatio, présentation et traduction de Gérard Sondag, Paris, P.U.F., 1999 (édition bilingue).

Meilleures introductions à la pensée de Scot : Bernardino Bonansea, *L'uomo e Dio nel pensiero di Duns Scoto*, Milano, Jaca Book, 1991 ; Olivier Boulnois, *Duns Scot, la rigueur de la charité*, Paris, Cerf, 1998 ; Richard Cross, *Duns Scotus*, Oxford, Oxford University Press, 1999. Études indispensables pour une étude approfondie : Olivier Boulnois, *Être et représentation : une généalogie de la métaphysique moderne à l'époque de Duns Scot (XIIIᵉ-XIVᵉ siècle)*, Paris, P.U.F., 1999 ; Étienne Gilson, *Jean Duns Scot. Introduction à ses positions fondamentales*, Paris, Vrin, 1952 ; *John Duns Scotus, Metaphysics and Ethics*, Edited by Ludger Honnefelder, Rega Wood, Mechthild Dreyer, Leiden, Brill, 1996 (avec une trentaine d'articles des meilleurs spécialistes) ; Hannes Möhle, *Ethik als scientia practica nach Johannes Duns Scotus : eine philosophische Grundlegung*, Münster, Aschendorff, 1995 ; Giorgio Pini, *Categories and Logic in Duns Scot : an Interpretation of Aristotle's Categories in the Late Thirteenth Century*, Leiden, Brill, 2002 ; Johannes Söder, *Kontingenz und Wissen : die Lehre von den «future contingentia» bei Johannes Duns Scotus*, Münster, Aschendorff, 1999. Dans son exposé Vignaux se réfère en passant à l'ouvrage de Jean Rohmer, *La finalité morale chez les théologiens se saint Augustin à Duns Scot*, Paris, Vrin, 1939.

page 214

38. L'édition critique des œuvres du franciscain Guillaume d'Ockham comporte trois séries : a) *Opera politica*, 4 vol., éd. H.S. Offler *et al.*, Manchester, Manchester University Press, 1940-1997. b) *Opera theologica*, 10 vol., éd. Gedeon Gál *et al.*, saint Bonaventure NY, Franciscan Institute, 1967-1984. c) *Opera philosophica*, 7 vol., ed. Philotheus Boehner, Gedeon Gál *et al.*, saint Bonaventure NY, Franciscan Institute, 1974-1988. Il existe une bibliographie très utile : Jan P. Beckmann, *Ockham-Bibliographie 1900-1990*, Hamburg, Meiner, 1992. Plusieurs ouvrages de synthèse sont à recommander, à commencer par *The Cambridge Companion to Ockham*, edited by Paul Vincent Spade, Cambridge, Cambridge University Press, 1999, qui contient des articles sur tous les aspects de la pensée du franciscain. Également très importantes sont les études suivantes : Marylin McCord Adams, *William Ockham*, 2 vol., Notre Dame, University of Notre Dame Press, 2ᵉ éd. revue, 1989 ; Pierre Alféri, *Guillaume d'Ockham : Le singulier*, Paris, Minuit, 1989 ; Jan P. Beckmann, *Wilhelm von Ockham*, München, Beck, 1995 ; Joël Biard, *Guillaume d'Ockham. Logique et philosophie*, Paris, P.U.F., 1997 (excellente introduction) ; Joël Biard, *Guillaume d'Ockham et la*

théologie, Paris, Cerf, 1999 ; Armand Maurer, *The Philosophy of William of Ockham in the Light of Its Principles*, Toronto, Pontifical Institute of Mediaeval Studies, 1999 ; Cyrille Michon, *Nominalisme. La théorie de la signification de Guillaume d'Ockham*, Paris, Vrin, 1994 ; Claude Panaccio, *Les mots, les concepts et les choses : La sémantique de Guillaume d'Ockham*, Montréal-Paris, Bellarmin-Vrin, 1991. Parmi les traductions en français, il faut citer en premier lieu celle de la *Summa logicae* : Guillaume d'Ockham, *Somme de logique*, traduction, introduction et notes de Joël Biard, 3 vol. parus, Mauvezin, T.E.R., 1988-2003. Voir aussi la traduction du Prologue, très caractéristique de la Physique dans *Philosophes médiévaux des XIIIe et XIVe siècles*, p. 292-306 (R. Imbach, M.-H. Méléard). On doit ajouter que le *Lexique philosophique de Guillaume d'Ockham. Étude des notions fondamentales*, Paris, 1958, de Léon Baudry rend de grands services à qui veut étudier avec précision les textes du franciscain. Parmi les œuvres politiques le *Breviloquium* a été traduit en français : *Court traité du pouvoir tyrannique sur les choses divines et humaines – et tout spécialement sur l'Empire et sur ceux qui sont assujettis à l'Empire – usurpé parc eux que certains appellent « Souverains pontifes »*, traduction du latin et introduction par Jean-Fabien Spitz, Paris, P.U.F., 1999.

page 226

39. Il existe une édition partielle du *Commentaire des Sentences* de Pierre d'Auriole qui contient le prologue et les distinctions 1 à 8 du premier livre (2 vol.), éd. par Egidius M. Buytaert, New York, Franciscan Institute, 1952-1956. Un numéro spécial de la revue *Vivarium* a été consacrée en 2000 à cet auteur (sous la direction de Russel Friedman et Lauge O. Nielsen. Brève synthèse par Lauge Olaf Nielsen dans *A Companion to Philosophy in the Middle Ages*, p. 494-503. Pour une étude approfondie : Chris Schabel, *Theology at Paris. 1316-1335 : Peter Auriol and the Problem of Divine Foreknowledge and Future Contingents*, Aldershot, Asgahte, 2000. Vignaux a dédié une des ses permières etudes à cet auteur : « Note sur la relation du conceptualisme de Pierre d'Auriole à sa théologie trinitaire » (1934), *De saint Anselme à Luther*, p. 155-173.

page 234

40. Sur cet auteur voir Mark G. Henninger dans *A Companion to Philosophy in the Middle Age*, p. 305-313 (avec bibliographie).

page 238

41. *Le* Tractatus de principiis theologiae *attribué à Guillaume d'Occam*, édition critique de L. Baudry, Paris, Vrin, 1936. Le traité a été réédité dans le cadre de l'édition complète des œuvres d'Ockham : *Opera philosophica* VII, p. 507-639.

page 241

42. Sur Robert Holcot : Fritz Hoffmann, *Die theologische Methode des Oxforder Dominikanerlehrers Robert Holcot,* Münster, Aschendorff, 1972. L. A. Kennedy, *The Philosophy of Robert Holcot, Fourteenth-Century Skeptic*, Lewiston NY, Mellen, 1993. L'édition du Quodlibet 3 par P. Streveler et K. Tachau dans *Seeing the Future Clearly: Questions on Future Contingents*, Toronto, Pontifical Institute, 1995, contient une introduction informative sur l'œuvre et la pensée de Holcot.

Le Commentaire des *Sentences* de Grégoire de Rimini est publié par Damasius Trapp : *Lectura super primum et secundum Sententiarum*, 6 vol., Berlin, W. de Gruyter, 1979-1984. L'article de Jack Zupko sur cet augustin dans *A Companion to Philosophy in the Middle Ages*, p. 283-290, expose quelques points fondamentaux de sa doctrine.

Sur l'importance de Gabriel Biel : Heiko A. Oberman, *The Harvest of Medieval Theology : Gabriel Biel and Late Medieval Nominalism*, 3th ed., Durham, Labyrinth Press, 1983 ; Leif Grane, *Contra Gabrielem. Luthers Auseinandersetzung mit Gabriel Biel in der Disputatio contra Scholasticam Theologiam* 1517, Copenhague, Gyldendal, 1962. Le texte fondamental est : *Collectorium circa quattuor libros Sententiarum*, 4 vol., éd. H. Rückert, M. Elze, R. Steiger, W. Werbeck, U. Hofmann, Tübingen, Mohr, 1973-1992.

page 245

43. Bibliographie de Maître Eckhart : Niklaus Largier, *Bibliographie zu Meister Eckhart*, Fribourg, Éditions universitaires, 1989. Deux excellentes introductions facilitent l'étude de ce dominicain : Alain de Libera, *Maître Eckhart et la mystique rhénane*, Paris, Cerf, 1999 ; Kurt Ruh, *Introduction à Maître Eckhart : théologien, prédicateur, mystique*, traduit de l'allemand par Janine de Bourgknecht et Alain Nadeau, Présentation de Ruedi Imbach et Alain Nadeau, Fribourg-Paris, Éditions universitaires-Cerf, 1997. Parmi les différentes traductions de l'œuvre allemande, il faut préférer : *Traités et sermons*, traduction, introduction, notes et index par Alain de Libera, Paris, GF-Flammarion, 1993. Une partie de l'œuvre latine est disponible en traduction française : *Le Commentaire de la Genèse, précédé des Prologues*, texte latin, introduction, traduction et notes par F. Brunner, A. de Libera, É. Wéber, É. Zum Brunn, Paris, Cerf, 1984. *Le Commentaire de l'Évangile selon saint Jean. Le prologue* (chap. 1, 1-18), texte latin, avant-propos, traduction et notes par A. de Libera, É. Wéber, É. Zum Brunn, Paris, Cerf, 1989. Les célèbres questions parisiennes sont publiées dans une édition bilingue richement commentée : *Maître Eckhart à Paris. Une critique médiévale de l'ontothéologie. Les Questions parisiennes*, n° 1 et n° 2, études, textes et introductions par É. Zum Brunn, Z. Kaluza, A. de Libera, P. Vignaux, É. Wéber, Paris, École des Hautes Études, 1984.

page 251
44. Sur Tauler et Suso, voir Alain de Libera, *Eckhart, Suso, Tauler et la divinisation de l'homme*, Paris, Bayard, 1996.

page 252
45. La magistrale biographie de Nicolas d'Autrécourt de Zénon Kaluza contient une foule de renseignements non seulement sur la doctrine de ce philosophe et sa condamnation mais encore sur la vie universitaire à Paris durant la première moitié du XIVᵉ siècle : *Nicolas d'Autrécourt, ami de la vérité*, Paris, Histoire littéraire de la France, 1995. On peut recommander l'édition bilingue de la correspondance : Nicolas d'Autrécourt, *Correspondance, Articles condamnés*, introduction, traduction et notes par Christophe Grellard, Paris, Vrin, 2001. L'article que Vignaux avait consacré à cet auteur en 1931 dans le *Dictionnaire de théologie catholique* reste un modèle du genre.

page 258
46. L'introduction de Joël Biard, *Sophismes*, texte traduit, introduit et annoté, Paris, Vrin, 1993, contient des indications essentielles pour une première approche de cet auteur ; le lecteur qui cherche à approfondir ses connaissances consultera : Jack Zupko, *John Buridan. A portrait of a Fourteenth-Century Arts Master*, Notre Dame, University of Notre Dame Press, 2003. Il trouvera p. 275-277 une liste commentée des œuvres et des éditions de Buridan. Voir aussi l'ouvrage collectif : *The Metaphysics and Natural Philosophy of John Buridan*, edited by J. M. M. H. Thijssen and Jack Zupko, Leiden, Brill, 2001. L'édition de Benoît Patar, *La* Physique *de Bruges de Buridan et le* Traité du ciel *d'Albert de Saxe. Étude critique, textuelle et doctrinale*, 2 vol., Longueuil, Les presses philosophiques, 2002, mérite d'être citée pour sa très complète introduction à la fois historique et doctrinale.

47. Sur les œuvres de Pierre d'Ailly (Petrus de Alliaco), voir Marguerite Chappuis et Olaf Pluta, « Die philosophischen Schriften des Pierre von Ailly. Authenzitität und Chronologie », *Freiburger Zeitschrift für Philosophie und Theologie*, 33 (1986), p. 593-615. Une partie intéressante de son Commentaire de la *Consolation de philosophie* est publiée dans : Marguerite Chappuis, *Le traité de Pierre d'Ailly sur la Consolation de Boèce*, Amsterdam, Grüner, 1993. Aspects doctrinaux : Olaf Pluta, *Die philosophische Psychologie des Peter von Ailly : ein Beitrag zur Geschichte der Philosophie des späten Mittelalters*, Amsterdam, Grüner, 1987.

page 260
48. Deux ouvrages collectifs récents font le point sur l'état actuel de la recherche concernant Marsile d'Inghen : *Marsilius von Inghen. Werk und Wirkung. Akten des Zweiten Marsilius-von-Inghen-Kongresses*, heraus-

gegeben von Stanislaw Wielgus, Lublin, Readcja Wydawnictw Kul, 1993; *Philosophie und Theologie des ausgehenden Mittelalters. Marsilius von Inghen und das Denken seiner Zeit*, herausgegeben von Maarten J. F. M. Hoenen und Paul J. J. M. Bakker, Leiden, Brill, 2000. Pour des recherches bibliographiques: «Marsilius von Inghen. Bibliographie. Appendix zu der geplanten Edition der wichtigsten Werke des Marsilius von Inghen», *Bulletin de Philosophie médiévale*, 31 (1989), p. 150-167 (compléments dans 32 (1990), p. 191-195). Pour la doctrine cf. Maarten J. F. M. Hoenen, *Marsilius of Inghen. Divine Knowledge in Late Medieval Thought*, Leiden, Brill, 1993.

49. Sur cet auteur voir: B. Roth, *Franz von Meyronnes. Sein Leben, seine Werke, seine Lehre vom Formalunterschied in Gott*, Werl, Franziskus-Druckerei, 1936; Heribert Rossmann, «Die Sentenzenkommentare des Franz von Meyronnes OFM», *Franziskanische Studien*, 53 (1971), p. 129-227; «Die Quodlibeta und verschiedene sonstige Schriften des Franz von Maironis», *Franziskanische Studien*, 54 (1972), p. 1-76; *Die Hierarchie der Welt. Gestalt und System des Franz von Meyronnes OFM*, Werl, Dietrich Coelde Verlag, 1972. Paul Vignaux, «L'être comme perfection selon François de Meyronnes», *De saint Anselme à Luther*, p. 253-312. Parmi les éditions modernes de ses textes, mentionnons: François de Meyronnes, Pierre Roger: *Disputatio: 1320-1321*, publié par Jeanne Barbet, Paris, Vrin, 1961 (avec une préface de Paul Vignaux, p. 7-10).

page 262

50. L'article de Zénon Kaluza, «La nature des écrits de Jean de Ripa», *Traditio*, 43 (1987), p. 257-298, expose l'état de la recherche sur ce docteur sur lequel Vignaux a beaucoup travaillé, cf. en particulier: «Pour lire Jean de Ripa», *De saint Anselme à Luther*, p. 313-332. Comme Vignaux le rappelle lui-même, Mgr Combes est à l'origine de la redécouverte de cet auteur (cf. *De saint Anselme à Luther*, p. 9, 20-21). On lira aussi: «*In Memoriam*: André Combes (1899-1969) », *Archives d'histoire doctrinale et littéraire du Moyen Âge*, XXVII (1970), p. 7-8.

page 264

51. Sur l'importance de Pierre Duhem (1861-1916) pour l'histoire des sciences cf. l'article que John E. Murdoch lui consacre: «Pierre Duhem and the history of late medieval science and philosophy in the latin west», *Gli Studi di filosofia medievale fra Otto e Novecento*, p. 253-302.

52. Cf. Joël Biard (éd.), *Itinéraires d'Albert de Saxe: Paris-Vienne au XIVᵉ siècle*, Paris, Vrin, 1991; sur la doctrine sémantique et logique: Christoph Kann, *Die Eigenschaften der Termini: eine Untersuchung zur «Perutilis Logica» Alberts von Sachsen*, Leiden, Brill, 1994. Voir aussi:

Albert of Saxony's twenty-five disputed questions on logic : a critical edition of his Questiones circa Logicam, by Michael J. Fitzgerald, Leiden, Brill, 2002.

53. Sur Nicole Oresme voir les volumes collectifs : *Autour de Nicole Oresme, Actes du colloque Oresme organisé à l'Université de Paris XII*, édités par Jeannine Quillet, Paris, Vrin, 1990 ; P. Souffrin et A. Segonds (éd.), *Nicolas Oresme. Tradition et innovation chez un intellectuel du XIVᵉ siècle*, Paris, Les Belles Lettres, 1988. L'article que Benoît Patar consacre à Oresme dans son *Dictionnaire abrégé des philosophes médiévaux*, p. 178-180, informe de manière précise sur les éditions qu'il convient d'utiliser.

54. Cf. Jean-François Genest et Katherine Tachau, « La lecture sur les *Sentences* de Thomas Bradwardine », *Archives d'histoire doctrinale et littéraire du Moyen Âge*, LVII (1990), p. 301-306. Et surtout : J.-F. Genest, *Prédétermination et liberté créée à Oxford au XIVᵉ siècle : Buckingham contre Bradwardine*, Paris, Vrin, 1992 ; Gordon Leff, *Bradwardine and the Pelagians : a Study of His « Causa Dei » and Its Opponents*, Cambridge, Cambridge University Press, 1957. Le traité sur les futures contingents existe en édition critique : Jean-François-Genest, « Le *De futuris contingentibus* de Thomas Bradwardine », *Recherches Augustiniennes*, XIV (1979), p. 281-336. L'œuvre principale doit être consultée dans un ancienne édition : *Thomae Bradwardini Archiepiscopi Summa de causa Dei contra Pelagium et de virtute causarum ad suos Mertonenses libri tres*, Londres 1618 (réimpression anastatique, Francfort, Minerva, 1964).

Quant à Swineshead, il faut distinguer deux personnages :

a) Roger Swineshead (Rogerus de Swyneshed, Swisset) qui est aujourd'hui reconnu comme un important logicien et qui aurait obtenu sa maîtrise en théologie vers 1335 et serait mort vers 1365. Il est l'auteur de deux traités de logique, les *Insolubilia* (Paul V. Spade, « Roger Swyneshed's *Insolubilia*. Edition and comments », *Archives d'histoire doctrinale et littéraire du Moyen Âge*, XLVI (1979), p. 177-220), et les *Obligationes* (Paul V. Spade, « Roger Swyneshed's *Obligationes*. Edition and Comments », *Archives d'histoire doctrinale et littéraire du Moyen Âge*, XLIV (1977), p. 243-285) ; voir aussi E. Jennifer Assworth, « Autour des *Obligationes* de Roger Swyneshed : la *nova responsio* », *Les Études philosophiques*, 1996, p. 341-360. Sur le personnage, voir James Weisheipl, « Roger Swyneshead O. S. B., logician, natural philosopher an theologian », *Oxford Studies Presented to Daniel Callus*, Oxford, Clarendon Press, 1964, p. 231-252.

b) Richard Swineshead (Ricardus de Swyneshed, Swisset) est l'auteur du *Liber calculationum* (Venise, 1520), il fut essentiellement mathématicien. À son propos, voir E. Sylla, « The Oxford calculators », *The Cambridge History of Later Medieval Philosophy*, p. 560-563.

page 265

55. Anneliese Maier (1905-1971) a complètement renouvelé l'étude de la philosophie de la nature du Moyen Âge. Sur ses travaux et leur importance voir Alfonso Maierù, « Anneliese Maier e la filosofia della natura tardo-scolastica », *Gli Studi di filosofia medievale fra Otto e Novecento*, p. 303-330. Malheureusement ses travaux n'ont pas été traduit en français.

page 274

56. Vignaux a consacré un de ses premiers travaux à Luther : *Luther Commentateur des Sentences*. Il est revenu sur le sujet : « Sur Luther et Ockham », *De saint Anselme à Luther*, p. 451-460 ; « Luther lecteur de Gabriel Biel », *De saint Anselme à Luther*, p. 461-480.

PETIT GUIDE POUR L'ÉTUDE
DE LA PHILOSOPHIE MÉDIÉVALE

OUVRAGES D'INTRODUCTION ET OUVRAGES DE SYNTHÈSE

Parmi les ouvrages qui donnent une vue d'ensemble de la philosophie médiévale, on peut recommander particulièrement :

BIANCHI Luca (éd.), *La filosofia nelle Università. Secoli XII-XIV*, Firenze, La Nuova Italia, 1997.

> Ouvrage d'une grande richesse qui offre une excellente présentation des conditions historiques et des grands thèmes de la philosophie universitaire au Moyen Âge.

A Companion to Philosophy in the Middle Ages, edited by Jorge J. E. Gracia and Timothy B. Noone, Oxford, Blackwell, 2003.

> Contient une courte présentation de 138 philosophes médiévaux, accompagnée d'une bibliographie. Ouvrage indispensable.

COULOUBARITSIS Lambros, *Histoire de la philosophie ancienne. Figures illustres*, Paris, Grasset, 1998.

> Ce fort volume de plus de 1300 pages aborde à la fois la philosophie antique et la pensée médiévale. Les pages consacrées à la philosophie byzantine sont précieuses (Pléthon).

DE RIJK Lambert Marie, *La philosophie au Moyen Âge*, Leiden, E. J. Brill, 1985.

> Ouvrage extrêmement suggestif, en particulier les chapitres sur la méthode scolastique, la supposition et le criticisme médiéval.

FLASCH Kurt, *Introduction à la philosophie médiévale*, traduit de l'allemand par Janine de Bourgknecht, Préface de Ruedi Imbach et François-Xavier Putallaz, Paris, Flammarion, 1998.

> (première édition Fribourg, Éditions universitaires, 1992 ; édition originale 1987)

– *Das philosophische Denken im Mittelalter. Von Augustin zu Machiavelli*, 2ᵉ édition révisée, Stuttgart, Philipp Reclam jun., 2000.

> Une des présentations les plus originales et les plus complètes de la pensée médiévale.

FLØISTAD Guttorm, *Contemporary philosophy. A new survey*, vol. 6 : Philosophy and Science in the Middle Ages, co-editor Raymond Klibansky, 2 vol., Dordrecht, Boston, London, Kluwer, 1990.

Indispensable pour une vue d'ensemble de la recherche de 1960 à 1990 : une cinquantaine d'articles recensent les études sur les principaux auteurs et courants de pensée.

GILSON Étienne, *La philosophie au Moyen Age. Des origines patristiques à la fin du XIVᵉ siècle*, Paris, Payot, 1999 (première édition 1944).

– *L'esprit de la philosophie médiévale*, Paris, Vrin, 1998 (2ᵉ édition : 1943)

Contrairement à l'autre ouvrage de Gilson, qui suit l'ordre chronologique, celui-ci est organisé de manière thématique.

JOLIVET Jean, *La philosophie médiévale en Occident*, dans *Histoire de la philosophie*, I, vol. 2, sous la direction de Brice Parain, Paris, Gallimard, 2001, p. 1198-1563.

Bien que la première édition de cette histoire date de 1969, elle reste la plus abordable et la plus complète en langue française.

LANDGRAF Artur Michael, *Introduction à l'histoire de la littérature théologique de la scolastique naissante*, édition française par Albert-M. Landry, traduction de l'allemand par Louis-B. Geiger, Montréal-Paris, Institut d'Études médiévales-Vrin, 1973.

Adaptation française d'un ouvrage de 1948, avec une précieuse mise à jour bibliographique (jusqu'en 1972).

LE GOFF Jacques, *Les intellectuels au Moyen Âge*, Paris, Seuil, 1985.

Ouvrage classique dont la lecture reste intéressante.

LIBERA Alain de, *La philosophie médiévale*, Paris, P.U.F., 1989.

Ce volume de la collection « Que sais-je ? » comporte, outre un très utile chapitre sur la littérature philosophique du Moyen Âge, une approche thématique englobant les quatre disciplines principales de la philosophie : logique, physique, métaphysique et éthique.

– *Penser au Moyen Âge*, Paris, Seuil, 1991.

Selon les termes de l'auteur, il est question de l'expérience de la pensée des intellectuels au Moyen Âge. Riche en perspectives, ce livre touche autant à la perception de l'astrologie, la sexualité et le rapport entre Orient et Occident qu'à la mystique médiévale. Se lit avec plaisir.

– *La philosophie médiévale*, Paris, P.U.F., 1998.

L'originalité de ce livre réside dans le fait qu'il traite non seulement de la philosophie latine (de Boèce à Nicolas de Cues) mais également de la philosophie juive, musulmane et byzantine.

LUSCOMBE David, *Medieval Thought*, Oxford, University Press, 1997.

MARENBON John, *Early medieval philosophy, 480-1150. An Introduction*, London-New-York, Routledge, 1988.

– *Later medieval philosophy, 1150-1350. An Introduction*, London-New-York, Routledge, 1991.

– (ed.), *Medieval Philosophy*, London-New York, Routledge, 1998.

Medieval Philosophers, edited by Jeremiah Hackett, Detroit-London, Gale Research Inc., 1992.

Ce volume fait partie du *Dictionary of Literary Biography* et contient un grand nombre de brèves présentations d'auteurs médiévaux. très utile.

Philosophes médiévaux des XIIIᵉ et XIVᵉ siècles, Anthologie de textes philo-sophiques, sous la direction de Ruedi Imbach et Maryse-Hélène Méléard, Paris, 10/18, 1986.

STURLESE Loris, *Storia della filosofia tedesca nel medioevo. Il secolo XIII*, Florence, Olschki, 1996.

The Cambridge History of Later Medieval Philosophy : from the rediscovery of Aristotle to the desintegration of scholasticism, 1100-1600, Norman Kretzmann, Anthony Kenny, Jan Pinborg (éd.), Cambridge University Press, 1984.

Ouvrage essentiel pour l'approche analytique de l'histoire de la philosophie médiévale.

VAN STEENBERGHEN Fernand, *Introduction à l'étude de la philosophie médiévale*, Recueil de travaux offerts à l'auteur par ses collègues, ses étudiants et ses amis, Préface de Georges Van Riet, Louvain-Paris, Publications universitaires-Béatrice Nauwelaerts, 1974.

Ouvrage important qui contient des portraits de médiévistes célèbres ainsi que des chapitres intéressants sur divers courants philosophiques.

– *La bibliothèque du philosophe médiéviste*, Louvain-Paris, Publications universitaires-Béatrice Nauwelaerts, 1974.

Ce volume réunit un nombre considérable de comptes rendus. Utile pour s'informer rapidement sur certaines études.

Deux entreprises italiennes méritent une place à part en raison de leur orientation et de leur ampleur :

D'ONOFRIO Giulio, *Storia della teologia*, 3 vol., Casale Monferrato, PIEMME, 1996.

Ouvrage collectif contenant d'excellentes bibliographies.

Lo spazio letterario del Medioevo, 1. *Il Medioevo latino*, Guglielmo Cavallo, Claudio Leonardi, Enrico Menestò (dir.), 5 vol., Rome, Salerno Editore, 1992-1998.

Cet ouvrage collectif monumental aborde notamment la production des textes, leur circulation, leur réception. Accompagné d'une très vaste bibliographie de la littérature médiolatine.

LEXIQUES, RÉPERTOIRES

BENOÎT Patar, *Dictionnaire abrégé des philosophes médiévaux*, Montréal, Les Presses philosophiques, 2000.

Très utile.

Dictionnaire des auteurs grecs et latins de l'Antiquité et du Moyen Âge, traduit et mis à jour par Jean Denis Berger et Jacques Billen, Préface par Jacques Fontaine, Turnhout, Brepols, 1991.

Peter SCHULTHESS et Ruedi IMBACH, *Die Philosophie im lateinischen Mittelalter : ein Handbuch mit einem bio-bibliographischen*

Repertorium, Zürich, Artemis & Winkler, 2000. Ce livre contient un répertoire de notices bio-bibliographiques sur 600 auteurs médiévaux.

Il faut également mentionner deux autres lexiques qui proposent des descriptions d'œuvres philosophiques :

Encyclopédie philosophique universelle. III. Les œuvres philosophiques. Dictionnaire, volume dirigé par Jean-François Mattéi, t. 1, *Philosophie occidentale* : IIIe millénaire av. J.-C.- 1889, Paris, P.U.F., 1992 (Moyen Âge-Renaissance, p. 357-906).

Grosses Werklexikon der Philosophie, herausgegeben von Franco Volpi, 2 vol., Stuttgart, Alfred Kröner Verlag, 1999.

Trois encyclopédies du Moyen Âge regroupent de précieux renseignements sur les auteurs et les doctrines :

Dictionnaire du Moyen Âge, Littérature et philosophie, Préface Jean Favier, Introduction d'Henri-Jean Martin, Paris, Encyclopedia Unversalis-Albin Michel, 1999 (articles extraits de l'*Encyclopedia universalis*).

Dictionnaire du Moyen Âge, Claude Gauvard, Alain de Libera, Michel Zink (dir.), Paris, P.U.F., 2002.

Dictionnaire encyclopédique du Moyen Âge, André Vauchez (dir.), 2 vol., Paris, Cerf, 1997.

PHILOSOPHIE JUIVE

HAYOUN Maurice Rouben, *La philosophie juive médiévale*, Paris, P.U.F., 1992.

SIRAT Colette, *La philosophie juive médiévale en terre d'Islam*, Paris, Éditions du CNRS, 1998.

– *La philosophie juive médiévale en pays de Chrétienté*, Paris, Éditions du CNRS, 1998.

Les deux volumes de C. Sirat sont indispensables.

PHILOSOPHIE EN TERRE D'ISLAM

ARKOUN Mohammed, *Pour une critique de la raison islamique*, Paris, Maisonneuve-Larose, 1982.

ARNALDEZ Roger, *Aspects de la pensée musulmane*, Paris, Vrin, 1987.

BADAWI Abdurrahmân, *Histoire de la philosophie en Islam*, 2 vol., Paris, Vrin, 1987.

FAKHRI Majid, *Histoire de la philosophie islamique*, Paris, Cerf, 1989 (traduit de l'anglais).

History of Islamic Philosophy, Seyyed Hossein Nasr and Oliver Leaman (ed.), 2 vol., New York-London, Routledge, 1996.

Actuellement la meilleure source d'information.

Aspects particuliers

Sur la conception de la philosophie au Moyen Âge et l'historiographie de la philosophie médiévale :

Gli studi di filosofia medievale fra Otto e Novecento, Contributo a un bilancio storiografico, a cura di Ruedi Imbach e Alfonso Maierù, Rome, Storia e Letteratura, 1991.

Important pour une approche critique de l'histoire de la philosophie médiévale.

Philosophie im Mittelalter. Entwicklungslinien und Paradigmen, herausgegeben von Jan P. Beckmann, Ludger Honnefelder, Gangolf Schrimpf und Georg Wieland, Hamburg, Meiner, 1987.

Philosophie in der Geschichte ihres Begriffs, Historisches Wörterbuch der Philosophie, Sonderdruck, herausgegeben von Karlfried Gründer, Basel, Schwabe Verlag, 1990.

Was ist Philosophie im Mittelalter ? Qu'est-ce que la philosophie au Moyen Âge ? What is Philosophy in the Middle Ages ? Akten des X. Internationalen Kongresses für mittelalterliche Philosophie der Société Internationale pour l'Étude de la Philosophie Médiévale, 25. bis 30. August in Erfurt, herausgegeben von Jan A. Aersten und Andreas Speer, Berlin, Walter de Gruyter, 1998.

L'ouvrage *Medieval Scholarship. Biographical Studies on the Formation of a Discipline*, vol. 3, *Philosophy and the Arts*, edited by Helen Damico, New York, 2000, contient des portraits des principaux historiens de la philosophie, dont Martin Grabmann, Étienne Gilson, Marie-Dominique Chenu, Philotheus Boehner.

Pour la terminologie philosophique, on se référera à un très riche volume collectif :

L'élaboration du vocabulaire philosophique au Moyen Âge, Actes du Colloque international de Louvain-la-Neuve et Leuven, 1998, édités par Jacqueline Hamesse et Carlos Steel, Turnhout, Brepols, 2000.

Universités, enseignements, condamnations :

BIANCHI Luca, *Censure et liberté intellectuelle à l'Université de Paris (XIIIe-XIVe siècles)*, Paris, Les Belles Lettres, 1999.

MAIERÙ Alfonso, *University Training in Medieval Europe*, translated by D. N. Pryds, Leiden, Brill, 1994.

ROUSE Richard H., ROUSE Mary A., *Manuscripts and their Makers. Commercial Book Producers in Medieval. Paris, 1200-1500*, London-Turnhout, Harvey Miller Publishers, 2000.

VERGER Jacques, *L'essor des Universités au XIIIe siècle*, Paris, Cerf, 1997.

WEIJERS Olga, *Le maniement du savoir. Pratiques intellectuelles à l'époque des premières universités (XIIIe-XIVe siècle)*, Turnhout, Brepols, 1996.

Philosophie naturelle, médecine :

GRANT Edward, *The Foundations of Modern Science in the Middle Ages, Their Religious, Institutional and Intellectual Context*, Cambridge University Press, 1996.

– *La physique au moyen âge, V^e-XVe siècle*, Paris, P.U.F., 2000.

JACQUART Danielle, THOMASSET Claude, *Sexualité et savoir médical au Moyen Âge*, Paris, P.U.F., 1985.

LINDBERG David C., *The Beginning of Western Science. The European Scientific Tradition in Philosophical, Religious, and Institutional Context, 600 B.C to A.D. 1450*, Chicago-London, University of Chicago Press, 1992.

Logique, sémantique, théories de l'argumentation, théorie de la connaissance :

Argumentationstheorie. Scholastische Forschungen zu den logischen und semantischen Regeln korrekten Folgerns, herausgegeben von Klaus Jacobi, Leiden, Brill, 1993.

DE RIJK Lambert Marie, *Logica Modernorum. A Contribution to the History of Early Terminist Logic*, 3 vol., Assen, Van Gorcum, 1962-1967.

LIBERA Alain de, *La querelle des universaux. De Platon à la fin du Moyen Âge*, Paris, Seuil, 1996.

– *La référence vide*, Paris, P.U.F., 2002.

PANACCIO Claude, *Le discours intérieur : de Platon à Guillaume d'Ockham*, Paris, Seuil, 1999.

PERLER Dominik, *Théories de l'intentionnalité au Moyen Âge*. Avant-propos de Ruedi Imbach et Cyrille Michon, Paris, Vrin, 2003.

ROSIER Irène, *La parole comme acte. Sur la grammaire et la sémantique au XIIIe siècle*, Paris, Vrin, 1994.

Métaphysique :

AERSTEN Jan A., Medieval Philosophy and the Transcendentals. The Case of Thomas Aquinas, Leiden, Brill, 1996.

COURTINE Jean-François, *Suárez et la métaphysique*, Paris, P.U.F., 1990.
Contient un intéressant chapitre sur la métaphysique scolastique (pp. 9-154).

GILSON Étienne, *L'être et l'essence*, Paris, Vrin, 1962.

Sur la science divine, Textes présentés et traduits sous la direction de J.-C. Bardout et O. Boulnois, Paris, P.U.F., 2002.

Mystique :

LIBERA Alain de, *Introduction à la Mystique Rhénane*, Paris, Seuil, 1994.

RUH Kurt, *Geschichte der abendländischen Mystik*, 4 vol., München, C. H. Beck, 1990-1999.

Éthique, Philosophie politique :

FOLLON Jacques, MCEVOY James, *Sagesses de l'amitié II, Anthologie de textes philosophiques patristiques, médiévaux et renaissants*, Fribourg-Paris, Éditions universitaires-Cerf, 2003.

HENDERSON BURNS James (dir.), *Histoire de la pensée politique médiévale*, Paris, P.U.F., 1993.

CANNING Joseph, *Histoire de la pensée politique médiévale : 300-1450*, Fribourg-Paris, Éditions universitaires-Cerf, 2003.

Esthétique :

BRUYNE Edgar de, *Études d'esthétique médiévale*, vol. 1, Préface de Maurice de Gandillac, Paris, Albin Michel, 1998 ; vol. 2, Postface de Michel Lemoine, Paris, Albin Michel, 1998.

On signalera pour finir :

A History of Women philosophers, volume II. *Medieval, Renaissance and Enlightenment Woman Philosophers. A. D. 500-1600*, Mary Ellen Whaite (ed.), Dordrecht-Boston-London, 1989.

DRONKE Peter, *Woman Writers of the Middle Ages*, Cambridge, Cambridge University Press, 1984.

IMBACH Ruedi, *Dante, la philosophie et les laïcs*, Fribourg-Paris, Éditions universitaires-Cerf, 1996.

INDEX DES NOMS

TABLE DES MATIÈRES

PAUL VIGNAUX
LA PHILOSOPHIE AU MOYEN ÂGE

ACHEVÉ D'IMPRIMER
EN MARS 2004
PAR L'IMPRIMERIE
DE LA MANUTENTION
A MAYENNE
FRANCE
N° 109-04

Dépôt légal : 1er trimestre 2004